Die Frau
mit dem roten Sackerl

Peter Neumann

novum ⬙ pro

Dieses **Buch ist** auch als
e-book
erhältlich.

w w w . n o v u m v e r l a g . c o m

Bibliografische Information
der Deutschen Nationalbibliothek:

Die Deutsche Nationalbibliothek
verzeichnet diese Publikation in
der Deutschen Nationalbibliografie.
Detaillierte bibliografische Daten
sind im Internet über
http://www.d-nb.de abrufbar.

© 2016 novum Verlag

ISBN 978-3-99048-406-7
Lektorat: Volker Wieckhorst
Umschlagfoto:
Castenoid | Dreamstime.com
Umschlaggestaltung, Layout & Satz:
novum Verlag

Gedruckt in der Europäischen Union
auf umweltfreundlichem, chlor- und
säurefrei gebleichtem Papier.

www.novumverlag.com

EINLEITEND

Ein Spaziergang im Wiener Belvederepark

Langsam spazierten Josef und Petra durch den Belvedere-Park inmitten Wiens. Ein herrlicher Vorfrühlingssamstag war dieser 21. Februar 2015. Die Sonne zeigte ihre wohltuende Stärke und leckte die letzten Schneereste auf.

Josef sah erschrocken auf seine Armbanduhr und wollte es nicht glauben: „Halb fünf ist's schon! Das hätt' ich wirklich nicht gedacht."

„Macht doch nichts", lachte Petra. „Uns jagt keiner, wir haben Zeit. Überhaupt heute, bei dem herrlichen Wetter, das schon Frühlingssehnsüchte aufkommen lässt."

„Stimmt, so schön wie heute war das Wetter lange nicht", freute sich auch Josef und gab seiner nach fast 55 Ehejahren immer noch Geliebten einen kräftigen Kuss. Sie genossen vom Oberen Belvedere, dem herrlichen Barockschloss, das 1717–1723 von Johann Lucas von Hildebrandt für Prinz Eugen von Savoyen erbaut wurde, einen herrlichen Blick auf das Untere Belvedere und auf die Wiener Innenstadt bis hin zum Rathaus.

Während sie so vor sich hin schlenderten, fiel Josef ein: „Weißt du, bald feiern wir den 60. Jahrestag der Staatsvertragsunterzeichnung. Kannst du dich noch daran erinnern?"

„Ja, geregnet hat's und kalt war's", lachte Petra, „aber das hat mir nichts ausgemacht, wir waren trotzdem alle froh und glücklich, dass wir endlich frei waren."

„Stimmt", freute sich auch Josef, „nach 21 Jahren waren wir endlich wieder frei. Nach vier Jahren Ständestaatsdiktatur, sieben Jahren Nazidiktatur und zehn Jahren Besatzungszeit. Ich habe mir das unmöglich vorstellen können."

„Das war unser Glück", frohlockte Petra, „aber was wäre passiert, hätte es diesen Staatsvertrag nicht gegeben?"

Josef atmete tief durch: „Es war ja nicht der Staatsvertrag allein, für den wir natürlich sehr dankbar sein dürfen, er war nur das Endprodukt einer Reihe anderer positiver Ereignisse, die zu ihm hinführten. Angefangen hatte es im September 1945, als im niederösterreichischen Landhaus die erste Länderkonferenz nach dem Krieg stattgefunden hatte. Es ging damals darum, dass auch die Vertreter der westlichen und südlichen Bundesländer sowie die drei westlichen Besatzungsmächte die Renner-Regierung anerkennen, die bis dato nur von der Sowjetunion akzeptiert worden war. Und diese von Karl Renner geführte Regierung bestand nur aus Vertretern Wiens, Niederösterreichs, dem Burgenland und dem nördlichen Oberösterreich, also aus dem Gebiet der damaligen sowjetischen Besatzungszone.

Politisch setzte sich die Regierung aus Mitgliedern der SPÖ, der ÖVP und der KPÖ zusammen. Den Westen störten hierbei besonders die kommunistischen Minister, ganz speziell der Innenminister, ein ehemaliger Tito-Partisan, der sogar in der Partisanenuniform öffentlich aufgetreten war. Unter anderem seinetwegen wäre die Konferenz um ein Haar gescheitert. Die Vertreter der westlichen und südlichen Bundesländer saßen ja am Abend des 26. September 1945 bereits auf gepackten Koffern …"

„So schlimm war das?", unterbrach Petra ihren Mann.

„Sehr wohl! Beinahe wäre alles schief gelaufen, hätte es nicht den Linzer Bürgermeister gegeben, der das Ganze gerettet hatte, indem er vorgeschlagen hatte, dem Innenminister einen Staatssekretär aus Westösterreich zur Seite zu stellen, der ihn gewissermaßen kontrollieren sollte. Also aus dem damals geteilten Oberösterreich kam die Rettung der Konferenz."

„Wäre sie nicht gekommen, was wäre dann wohl passiert?", fragte Petra besorgt.

„Du, denken wir einmal darüber nach, wie unser beider Leben hätte verlaufen können, hätte der Linzer Bürgermeister Dr. Heinz Koref diese kluge Idee nicht gehabt und die Länderkonferenz wäre tatsächlich gescheitert …"

KAPITEL 1

Wechselbäder

Das war Josef Pospischil aus der Großen Mohrengasse 35 im 2. Wiener Gemeindebezirk am Dienstag nach Ostern, dem 3. April 1945: 14 Jahre jung, 166 cm groß, 61 Kilo schwer, hellblaue Augen, kurzes blondes Haar.

Vater Rudi diente mit seinen knapp 43 Lenzen an der Ostfront in einem Bewährungsbataillon, besser gesagt, in dem, was davon noch übrig war. Dieses seiner sozialdemokratischen Gesinnung halber. Er hatte kein Hehl aus seiner Einstellung gemacht. Aber es hätte viel, viel schlimmer kommen können …

Die ein gutes Jahr jüngere Hilde half als Putzfrau bei einigen älteren Damen und in kleinen Geschäften aus. Als Mutter von drei Kindern hätte sie zwar im Haushalt genug zu tun gehabt, aber der Sold von der Wehrmacht hielt sich in bescheidenen Grenzen. Josef war der Älteste, seine beiden Schwestern Sissi und Poldi weilten zwölf beziehungsweise elf Jahre auf unserem Planeten.

Nach dem Februar-Aufstand von 1934 wanderte der Schutzbündler Rudi Pospischil auf Dollfuß' Befehl ins Anhaltelager Wöllersdorf. Dreieinhalb Wochen vor dem „Anschluss" daraus entlassen, werkte er nur kurze Zeit wieder in seinem Maurerberuf, bis er gleich Anfang September 1939 in den Krieg geschickt wurde.

Soweit so gut. Heute lasen die Pospischils im „Völkischen Beobachter" auf Seite eins:

„An die Bevölkerung Wiens! Wiener und Wienerinnen!
Die Zeit der Bewährung ist gekommen. Der Russe, schon ein traditioneller Feind des alten Österreich, nähert sich unserer Stadt. Jeder von uns wird seine Pflicht bis zum Äußersten tun. Aber auch jeder Helfer ist uns willkommen. Heute habe ich die Ehre,

meinen alten Freund, den Oberstgruppenführer Generaloberst der Waffen-SS, Sepp Dietrich, bei Ihnen einzuführen, dessen kampferprobte SS-Männer bei uns eingesetzt werden. Er ist Ihnen und allen deutschen Volksgenossen als Führer der SS-Leibstandarte ,Adolf Hitler' seit Langem ein klarer Begriff geworden …
Von Schirach, Reichsleiter"

Unter diesem Aufruf schrieb der Eingeführte:

„Wiener und Wienerinnen!
Ich bin kein Mann der großen Worte und der geschliffenen Rede. Überdies zählen heute Taten viel, Worte wenig. Wenn ich mit meinen Männern mich der Verteidigung dieser schönen Stadt zugeselle, so geschieht dies mit dem festen und unverbrüchlichen Vorsatz, alles nur Menschenmögliche zu tun, dieses Bollwerk des deutschen Südostens unserem deutschen Vaterland zu erhalten. Mehr dazu versprechen, wäre verwegen. Der Kampf wird hart, der Erfolg schwer. Sie, meine Wiener und Wienerinnen, kennen den Feind aus früheren Generationen Ihrer Geschichte. Sie kennen aber auch die europäische Aufgabe, der sich Wien niemals entzogen hat. Halten wir zusammen, kämpfen wir zusammen. Es geht nicht um uns, es geht nicht um die Partei, es geht um unser Land.
Heil unserem Führer!
Sepp Dietrich
SS-Oberstgruppenführer, Generaloberst der Waffen-SS"

Hilde schüttelte den Kopf: Komisch, zum ersten Mal seit dem „Anschluss" lese ich in einer Wiener Zeitung wieder den Namen Österreich. Der Schirach weiß nur zu gut, dass wir Wiener bereit sind, für Österreich zu kämpfen, aber kaum für Deutschland …

Donnerstagfrüh hämmerte jemand kräftig gegen die Wohnungstür. Blockwart Gruber, auf Befehl Schirachs handelnd: „Jetzt in diesen schweren Tagen müssen wir unserem geliebten Führer umso ergebener dienen! Wir sind es ihm schuldig, denn er hat unendlich viel für uns Wiener getan. Josef, wir müssen in der Taborstraße eine Panzersperre bauen! Eine Ehrenpflicht für einen Hitlerjungen! Du weißt, wie ein deutscher Junge zu sein hat?"

„Flink wie ein Windhund, zäh wie Leder, hart wie Kruppstahl!"

Der Blockwart klopfte ihm anerkennend auf die Schulter. Konnte Josef mit 14 auch noch nicht offiziell zum Volkssturm eingezogen werden, das war erst ab 16 möglich, und das jetzt sollte auch nur ein Hilfseinsatz der Hitlerjugend werden, so hätte ein Widerspruch dennoch böse Folgen gehabt, was Hilde wusste, und so ließ sie den Ältesten schweren Herzens ziehen und betete, dass ihm in diesen letzten Tagen des Nazispuks nicht noch etwas zustoßen würde, weil die ersten sowjetischen Panzerspitzen gestern Simmering erreicht hatten …

Die große Schlacht um Wien hatte Punkt acht an diesem 6. April begonnen. Gegen Mittag hörte Hilde schon aus ihrem kleinen Radio, das sie im großen Kleiderschrank unter der Bettwäsche versteckt hielt, von der BBC in deutscher Sprache, dass die Rote Armee bereits in den westlichen Vororten Wiens kämpfte. Im Nordwesten stießen Truppenverbände der 3. Ukrainischen Front auf Pötzleinsdorf und Gersthof vor und im Südwesten durch den Lainzer Tiergarten auf Speising, Hietzing und Liesing. Befohlen von Marschall Tolbuchin.

Und es war auch schon der Südbahnhof besetzt …

„Und da verheizen die Braunen noch unsere Jugend und die Alten. Hoffentlich hat der Wahnsinn bald ein Ende." Hilde flüsterte es natürlich nur für sich, während sie eine Grießsuppe kochte. Es wurde immer schwieriger, etwas Essbares zu ergattern. Wie denn auch? Lebensmittel gelangten kaum mehr in die Stadt.

Am Freitag erließ Marschall Tolbuchin den Aufruf: „Bürger von Wien! Unterstützt die Rote Armee bei der Befreiung der Hauptstadt Österreichs!"

Trotzdem hatten Josef, sein Schulfreund und Banknachbar Martin und andere Hitlerjungen sowie ältere Männer, die nicht mehr fronttauglich waren, aber trotzdem zum Volkssturm requiriert wurden, quer über die Taborstraße in Höhe der Kirche zum Heiligen Josef die besagte Panzersperre errichtet. Kurz vor fünf stand sie und sollte die Rote Armee allen Ernstes stoppen.

Den Einsatz schloss Blockwart Gruber, seine rechte Hand zum Hitlergruß erhebend, stramm stehend, mit einem flammenden Bekenntnis: „Wir deutschen Wiener Hitlerjungen und wir tapferen deutschen Wiener Männer haben unseren Beitrag zur weltgeschichtlichen Mission der nationalsozialistischen Bewegung geleistet! Der Feind ist in seine, ihm gebührenden, Schranken gewiesen worden!"

Am Freitag Dakapo. Eine zweite Panzersperre musste her! Auch wieder quer über die Taborstraße, aber diesmal nahe beim Augarten und ohne ideologisches Geplappere …

Indes sich die Burschen und die Volksstürmer sinnlos abmühten, drängten die Sowjets in der Sandleitengasse Sepp Dietrichs Waffen-SS-Verbände in Richtung Hernalser Hauptstraße zurück, wie Hilde wieder aus dem Radio vernahm. Einige Stunden hielten sie noch den größten Wiener Gemeindebau, bis Rotarmisten aus Dornbach über die Oberwiedenstraße und die von ihr abzweigenden Seitengassen vordrangen und die Deutschen einkesselten. Vom Dornbacher Friedhof kam weitere Verstärkung. Ein regelrechtes Trommelfeuer veranstaltete die Rote Armee in der Triester Straße. In nur vier Stunden gelangte sie zum Matzleinsdorfer Platz. Dort allerdings hatten sich Wehrmachtsverbände in den Bahnanlagen verschanzt, welche die Rotarmisten rundum angriffen. Die Verluste auf beiden Seiten waren unverhältnismäßig hoch.

Schwere Gefechte tobten auch um das Lainzer Krankenhaus samt angrenzendem Altersheim. Beides diente zum Großteil als Wehrmachtslazarett. Die Jagdschlossgasse war von besonders vielen Pferde- und Soldatenleichen übersät. Solches unter anderem auch deshalb, weil fanatische Hitlerjungen, unter ihnen die beiden Gruber-Söhne, wahllos Panzerfäuste auf berittene Sowjetsoldaten schmissen. Aus gut getarnten Verstecken, versteht sich.

Josef lauschte am Abend gespannt dem deutschsprachigen Kommentator von Radio Moskau, der berichtete, wie sich am Gemeindeberg versprengte SS-Männer in den Gartenhäusern verbarrikadierten und auf vom St. Veiter Tor vorrückende Rotarmisten feuerten, welche nun jedes noch so winzige Haus durchstöberten. Unter anderem ein einstöckiges Holzhaus zwischen dem Gemeindeberg und der Wlassakstraße. Juri und Mischa, zwei blutjunge Soldaten aus Kiew, schlugen mit dem Gewehrkolben gegen die Scheiben der Eingangstür und konnten von innen öffnen. Vorsichtig beäugten sie den Vorraum, das WC, die beiden Wohnräume, die Küche und stiegen schließlich in das Obergeschoss hinauf.

„Nietschewo doma!" Sie wollten gerade umkehren, als Mischa die Kellerluke in der Küche auffiel. Sie vorsichtig öffnend, staunte er nicht schlecht: Drei Männer saßen ängstlich zusammengekauert in dem kleinen Verlies.

„Bitte lasst uns leben, wir sind Juden!", flehte der vorn Hockende die Sowjetsoldaten an.

„Oni jidi!", erklärte Juri seinem Kameraden, der anscheinend kein Deutsch verstand, und die Männer nickten erwartungsvoll.

„Wij wsjo swobodnie!", rief Mischa den Männern freudig, seine Arme in die Luft streckend, zu: „Gitler konjez! Wojna konjez!"

„Wir alle frei! Hitler kaputt! Krieg ist Ende!" Juri jubelte genauso aus vollem Herzen, und die drei Männer fielen den beiden Sowjetsoldaten erleichtert um den Hals. Sieben Jahre des Versteckens und der permanenten Angst waren vorbei …

Marschall Tolbuchin hatte in einer Vorstadtvilla seinen Gefechtsstand errichtet. Von hier aus befahl er den Angriff auf die Wiener Innenstadt. Und da sollten allen Ernstes zwei Panzersperren in der Taborstraße noch den Endsieg garantieren?

Oh ja, Blockwart Gruber hatte wirklich noch am Freitag, dem 7. April 1945, unverdrossen von der „Alpenfestung" gefaselt, „die jedem Sturm trotzt und uns in wenigen Tagen den grandiosesten Triumph der Weltgeschichte bescheren wird. Aber dann wird alles erzittern und den Verrätern wird klar, wie sehr sie der jüdisch-bolschewistischen Weltverschwörung aufgesessen waren …"

Niemand wagte einen Zweifel zu äußern, denn wer wollte noch so kurz vor Kriegsende durch ein unbedachtes Wort am nächsten Baum enden?

Bitte, zwei Tage später, am Weißen Sonntag, hingen Major Biedermann, Hauptmann Alfred Huth und Oberleutnant Rudolf Raschke am Floridsdorfer Spitz. Jeder mit dem Spruch versehen: „Ich habe mit den Bolschewiken paktiert. Darum sterbe ich als ehrloser Lump."

Hatten sie etwas damit zu tun, dass vom Stephansdom eine rot-weiß-rote Fahne wehte …?

Am Montag berichtete Radio Moskau, die Rote Armee habe gestern Währing erreicht und sich an der Volksoper schwere Kämpfe mit der SS geliefert. Diese hatte sich in einem nahen Haus an der Ecke Gürtel/Währinger Straße verschanzt, aber heute war alles erledigt …

Zu alldem wüteten jede Menge Brände in der Stadt, und man hörte neben dem Geschützdonner fürchterliche Detonationen, weil die SS ungeheuer viel in die Luft sprengte. Nicht nur kriegswichtige Objekte, sondern auch Fabriken zivilen Charakters. Getreu der „Taktik der verbrannten Erde". Dem Feind sollte nur Verwüstung in die Hand fallen.

„Übrig bleibt ja ohnehin nur ein rassisch minderwertiges Volk, das getrost untergehen kann, denn die wertvollen Arier sind im Kampf gefallen", propagierten die NS-Ideologen …

Oh, es ging längst nicht mehr um die Erhaltung des „Bollwerkes im Südosten des „Großdeutschen Reiches", sondern lediglich ums nackte Überleben …

Und die Wiener wollten nicht „bis zum letzten Blutstropfen" kämpfen und die Stadt der totalen Vernichtung preisgeben und hingen lieber weiße Fahnen aus den Fenstern, sobald die Rote Armee in ihre Straße einrückte.

Hilde hatte Angst um Josef. Wenn der Gruber wieder die Burschen holte. Nachmittags drang lauter Geschützlärm vom Schwedenplatz rüber. Fanatische SSler wollten die Rotenturmstraße um jeden Preis halten.

„Geh nicht mehr in die Nähe der Tür! Wenn's klopft, kriech unters große Bett!" Die strengen Worte der Mutter konterte Josef nicht, weil auch er keine Lust verspürte, zu guter Letzt noch als Kanonenfutter missbraucht zu werden.

Am Dienstag erreichte die Rote Armee die Ringstraße, die Donaukanalbrücken wurden von abziehenden Wehrmachtseinheiten zerstört, den Donaubrücken war dieses längst am Samstag widerfahren. Auf „Führerbefehl!"

Schließlich gab die Wehrmacht am Abend den Widerstand um den Floridsdorfer Schlingerhof auf. Der große Gemeindebau hatte unter den brutalen Häuserkämpfen schwer gelitten. Mittwochvormittag stürzte die Pummerin von St. Stefan dröhnend in die Tiefe.

„Da seht ihr, was die Russen für gottlose Barbaren sind!", ätzte Blockwart Gruber. Obwohl er wusste, dass die Rote Armee damit nichts zu tun hatte, sondern der Glockenturm Feuer von nebenan brennenden Häusern gefangen hatte.

Am Nachmittag wollte der „kampferprobte" Nationalsozialist selbst das Weite suchen. Es sind ihm wohl seine markigen Sprüche im Hals stecken geblieben.

Bis zur Blumauergasse kam er, als ihn beherzte Wiener aufgriffen und in einen Keller sperrten, bis sich die Sowjets seiner annahmen.

Die Förstergasse bestand aus nur zehn Häusern und bis zum Mittwoch, dem 11. April 1945, kannte sie nur, wer sie kennen musste. Josef zum Beispiel, weil sein Freund Martin im Haus Nr. 5 wohnte und er sich abends zuvor hergeschlichen hatte, um nicht noch mal zum Barrikadenbau oder einem ähnlichen Schwachsinn geholt zu werden. Jetzt, da die Front immer näher rückte, wurden derartige Einsätze zunehmend gefährlicher, und aus Furcht vor Glas- und Bombensplittern infolge der Kampfhandlungen hielten sich die Mieter nunmehr fast ausschließlich im Keller auf, was es Gruber leicht gemacht hätte, Josefs habhaft zu werden.

Von seinem Abgang hatte Josef natürlich erst später erfahren, aber die Nachbarschaft hätte beileibe noch einige weitere Naziaktivisten für sinnlose Kriegsspielereien zu bieten gehabt …

Ein paar Tage vorher, als Wien zum Verteidigungsbereich erklärt wurde, tauchten in der Förstergasse und den benachbarten Gassen ältere Wehrmachtsangehörige aus dem Altreich auf. Josef und Martin fragten die durchwegs netten Männer nach dem Sinn ihres Hierseins:

„Wir müssen die Augartenbrücke sichern", antwortete Hans, der Älteste und körperlich Größte, in unverkennbarer Dresdener Mundart, während sein rechts neben ihm stehender Kumpel Otto seinem Herzen so Luft machte, wie es Berliner zu tun pflegen: „Det Janze is een riesenjroßa Scheiß! Mir brummt der belämmerte Kriech schon lange schwer im Magen! Meine schönsten Jugendjahre hab ick für den Jefreiten aus Braunau verplempert!"

„Glaubt's uns, wir wären alle lieber zu Hause bei unseren Familien", legte Walter aus Fulda noch ein Scheuferl zu, „würden am Tage unserer zivilen Arbeit nachgehen und abends und sonntags bei Frau und Kindern sein."

„Ja, so haben wir's uns alle mal gedacht, doch für mich gibt's kein Daheim mehr. Bei dem großen Angriff im Februar ist mein Wohnhaus in Flammen aufgegangen. Wie's weitergehen soll, weiß keiner." Hans kämpfte gegen die aufkommenden Tränen …

Martins Mutter lud die drei Männer zum Kaffee ein, Malzkaffee, versteht sich. Ihr taten sie einfach leid. Sie werkte nicht aus Berechnung, was hätte sie erhoffen können?

Zu einer weiteren Begegnung kam es aber nicht mehr, denn nachdem nun die Rote Armee die Außenbezirke erobert hatte, wurden die Wehrmachtsangehörigen noch am späten Nachmittag von der SS abgelöst.

„Muss das sein, wo wir die Russen schon hören?" Martins Mutter sorgte sich sehr um ihre jüdische Nachbarin, die nur noch hier wohnte, weil sie in einer Mischehe lebte und dadurch bisher verschont geblieben war. Jeder wusste: Die SS machte jetzt mit allen Juden kurzen Prozess. Jetzt noch, in letzter Minute, wo die Befreiung schon hörbar und förmlich greifbar war …

An besagtem 11. April hatten sich Stoßtrupps der Roten Armee bis an den Donaukanal vorgetastet. Die Bewohner der Häuser 5 und 7 hockten dicht zusammengedrängt in den Kellern. So auch Josef, Martin und seine Mutter. Die Kerzen flackerten. Der wilde Lärm der Schlacht drang in die entferntesten Winkel. Gesprochen wurde nur wenig, jeder wartete gespannt. Bis gegen halb vier ein Oberscharführer mit zwei SS-Männern in den Flur des Hauses 7 stürzte und sich brüllend vor den Kellereingang stellte: „Alles, was im Keller ist, raus zur Ausweisleistung! Auch die aus Nummer 5! Die sollen durch den Mauerdurchschlag kommen!"

Einen Augenblick herrschte Totenstille, bis die Ersten zögernd die Stiege raufkamen.

„Juden und Jüdinnen vortreten!"

Sechs Frauen und vier Männer waren es, darunter Martins Nachbarin. Der Herr Oberscharführer prüfte sichtlich erregt die Kennkarten und befahl die Vorgetretenen, sich in eine Reihe zu stellen. Das galt auch der Ältesten unter ihnen, einer 81-jährigen, schwer kranken Frau. Die anderen wurden angehalten, sich in den Keller zurückzubegeben.

Josef legte ein Holzscheit zwischen die schwere Kellertür und beobachtete durch den schmalen Spalt, was sich oben zutrug. Er konnte nicht viel sehen, aber deutlich hören …

Eine Frau warf sich vor dem Oberscharführer auf die Knie und flehte ihn mit erhobenen Händen an, ihr den Mann zurückzugeben. „Er ist unschuldig. Er hat nix verbrochen."

Die Frau sank halb ohnmächtig zu Boden und wurde von ihren Leidensgenossen auf einen im Gang stehenden Lehnsessel gesetzt. Die Männer umarmten ihre Frauen, küssten ihre Kinder. Der Herr Oberscharführer grinste. Eine Handbewegung von ihm genügte, und die beiden gedrillten SS-Männer stießen das erste Opfer auf die Straße. Die Zurückgebliebenen lauschten angespannt, hörten aber nur das, was seit Stunden Sache war: das Heulen und Krachen der Granaten, das Surren der Flugzeuge und das Tacken der Maschinengewehre. Ungefähr drei Minuten später holten die beiden SS-Männer das zweite Opfer, bis nach einer halben Stunde neun Personen auf die Straße gestoßen worden waren, leider auch Martins Nachbarin.

Nur noch die Frau Josefine war da.

„Ich bitt' Sie, Herr Leutnant, ich hab' zwei Söhne im Feld …"

Aber sie wurde schon gepackt und auf die Straße getrieben. Ein SS-Mann ging vor, der andere hinter ihr. Er stieß ihr ab und zu den Kolben in den Rücken, damit sie schneller gehen sollte. Die Füße der vor Angst zitternden Frau schlurften durch Glasscherben, vorbei ging's am Haus 5, jetzt kam die Haasgasse.

„Ich hab' zwei Söhne im Feld", murmelte die alte Frau unaufhörlich.

„Zwei Söhne im Feld, bitte hier ist ein Feldpostbrief." Halb blind vor Angst und Aufregung torkelte sie hinter dem breitschultrigen SS-Mann her. Wumm! Ganz in der Nähe haute eine Granate in das Dach eines Hauses, sodass die Ziegel nur so herumspritzten.

„Bitt' schön, ich hab' zwei Söhne …" Und nun geschah etwas Merkwürdiges. Vor dem unbewohnten Haus Nr. 4, ganz in der Nähe des Bombentrichters, standen fünf SS-Männer mit schussbereiten Gewehren und Maschinenpistolen. Und als die Frau abermals mit klagender Stimme beteuerte, dass sie zwei Söhne im Felde habe, schickte sie einer der SS-Männer einfach zurück.

„Mach, dass du wieder in den Keller kommst!" Was sich Frau Josefine nicht zweimal sagen ließ. Sie eilte ins Haus Nr. 5 zurück. Doch nicht, ohne einen scheuen Blick in den tiefen Bombentrichter geworfen zu haben und darin die reglose Gestalt eines Mannes gesehen zu haben.

In der Glockengasse sind an diesem 11. April 1945 zwei russische Zwangsarbeiter aus dem fernen Wladiwostok, die vor einigen Wochen geflüchtet waren, von blindwütigen SS-Männern erschossen worden. Das Haus, das sie versteckt gehalten hatte, war in Brand geraten. Als Hilde gerade hoffte, beim Bäcker Berger einen Laib Brot zu erstehen. Im wahrsten Sinne des Wortes, da sie eine geschlagene Stunde warten musste. Sie kriegte den letzten und erinnerte sich, wie das in diesen Tagen, Wochen, Monaten, Jahren, war …

Bis zum Februar 1934 half ich montags und donnerstags bei der Roten Hilfe in der Taborstraße 1 mit … Sie wischte sich die Tränen aus den Augen … Wir konnten vielen Arbeiterfamilien unter die Arme greifen, weil wir Sozialdemokraten eine starke Gemeinschaft waren. Darum bekämpften uns auch die Bürgerlichen, aber tot gekriegt haben sie uns nie. In der Illegalität, während des Ständestaates, wurde uns dann Hilfe aus einer Quelle zuteil, die wir nie und nimmer erwartet hätten, nämlich von den amerikanischen Quäkern aus der Singerstraße 16. Unter ihren Fittichen machten wir weiter. In den Elendsjahren unter Dollfuß und Schuschnigg hatten wir auch mehr als genug zu tun.

Seit dem 12. Februar 1934 ist's leider nicht mehr, wie's mal war. Du hast doch seitdem immerzu Angst, dass sie dich holen, erst die Ständestaat-Polizei, dann die Gestapo. Bei jedem Klopfen an der Tür schreckst du zusammen, ja, bei jedem undefinierbaren Geräusch. Oder seit die Nazis spät am Abend die Häuser ableuchten. Ob jemand am Fenster steht. Oder sich aus dem Haus schleicht.

Seit Krieg ist, kamen noch die Angst vor den Luftangriffen und die ständige Sorge um den Mann an der Front dazu. Kein Wunder, dass du in der Nacht kaum ein Auge zumachst …

Ach, einmal wieder ohne Angst ins Bett gehen oder unbeschwert im Sonnenschein durch den Augarten spazieren. Muss das herrlich sein! Vor allem, wenn der Augarten wieder das ist, was er mal war! Ohne die scheußlichen Flaktürme.

Am Freitag, dem 13. April 1945, um 14 Uhr hatte die Schlacht um Wien ihr Ende …

Josef musste nicht mehr heimlich Radio Moskau oder BBC hören. Zum ersten Mal vernahm er völlig frei aus dem Äther: „Die Bevölkerung Wiens und anderer Teile Österreichs haben der Roten Armee Unterstützung gewährt und die Deutschen daran gehindert, die Kämpfe zum Stehen zu bringen … Was aber wohl das Bedeutendste ist, sie haben die Ehre der österreichischen Nation gerettet."

Als Josef hörte, Österreich würde wieder neu erstehen, fragte er sich: Wozu brauche ich das? Österreich, das hieß für ihn als Erstes Hungern und Frieren. Papa saß als Schutzbündler wegen seiner Teilnahme an den 1934er-Februarkämpfen im Anhaltelager Wöllersdorf und Mami musste zusehen, wie sie mit ihren Reinigungsarbeiten über die Runden kam. Räumte sie die Backstube vom Bäcker Berger in der Glockengasse auf, was leider nur an den seltenen freien Tagen der Bedienerin Wally vorkam, empfand das Josef so, als ob Weihnachten, Ostern und sein Geburtstag zusammenfielen. Kehrte Mami doch dann entweder mit Semmeln, Brot und manchmal sogar Kuchen heim. Natürlich war das keine Frischware, aber das erwartete Josef auch nicht, war es doch schon ein großes Fest, in einen Marmeladekrapfen von gestern zu beißen. Wie gesagt, das kam nur höchst selten vor. Sonst regierte Schmalhans die Küche und dieser Faulpelz ließ gern Mahlzeiten ausfallen.

Fleisch kam nicht mal jeden Sonntag auf den Tisch. Gesichert war lediglich das Schweinsschnitzel am Heiligen Christtag und der kleine, vom Herrn Pfarrer geweihte Schinken am Heiligen Ostersonntag.

An sich sollte dieser die vierzigtägige vorösterliche Fastenzeit beenden, bloß Josef fand keinen Unterschied zwischen der Fastenzeit und der Nichtfastenzeit …

Die Kirche und das ständestaatliche Tamtam in der Schule war dann auch das Zweite, was Josef mit Österreich verband.

Gleich am ersten Schultag fielen ihm rechts neben der Tafel die Bilder des Herrn Bundespräsidenten Miklas und des Herrn Bundeskanzlers Schuschnigg unter einer rot-weiß-roten Kruckenkreuzfahne ins Auge. Darüber ein hölzernes Kruzifix.

Fräulein Wegner gab jedem ein kleines Papierfähnchen und schwenkte ihr eigenes lachend abwechselnd hin und her.

„Das ist die Fahne unserer Heimat Österreich", erklärte sie den weit die Augen aufreißenden Kindern, „lasst uns damit winken! Wir wollen uns darüber freuen, dass wir in diesem schönen Land glücklich leben können!"

Glücklich leben? Josef stießen die Worte der Lehrerin sauer auf, sein Leben war bitte alles andere als glücklich. Sein soeben wieder knurrender Magen bestätigte dieses gerade erneut äußerst eindrucksvoll, und an der sich schnell verfinsternden Mimik seiner Mitschüler las er unschwer ab: Sie empfanden ähnlich. Die deprimierenden Gedanken verflogen etwas, als ein kleiner dicklicher Priester mittleren Alters im violett-weißen Talar Weihrauch streuend eintrat, sodass der ganze Raum im Nu in eine sakrale Atmosphäre eintauchte. „Der Herrgott möge euch segnen, damit ihr fleißig lernt und gute Menschen werdet!", begründete Fräulein Wegner diese Aktion. Ihre Stimme klang ehrfürchtig. Hatte sie sich vom Weihrauchduft betören lassen?

Der Priester leierte ein schnelles, kaum vernehmbares „Gegrüßet seist du, Maria …" sowie ein Vaterunser herunter und huschte eilig aus dem Klassenzimmer.

Lesen, Schreiben, Rechnen, Singen, Malen, Turnen – das stand natürlich schon auf dem Programm, aber das heilige Vaterland hatte absoluten Vorrang. Selbst im Religionsunterricht rangierte es vor der heiligen Gottesmutter Maria und dem Herrn und Heiland Jesus Christus.

Die Heilige Mutter Kirche trichterte ja allen Volksgenossen ein, Österreich sei ein christlicher Ständestaat, welcher die Parteienherrschaft beendet habe, und an dieser Stelle stünde nunmehr die Vaterländische Front, die Heimat aller patriotischen katholischen Österreicher. Somit war's logisch, dass auf der ersten Seite des Katechismus der Generalappell der Vaterländischen Front vom 11. September 1933, verfasst und als berühmte Trabrennplatzrede vom Herrn Bundeskanzler Dollfuß gehalten, zu lesen war. Bloß: Wer verstand den Inhalt? Ein Kind, das soeben das Alphabet lernt, wohl am allerwenigsten. Gut, in der ersten Klasse wurden die Dollfuß-Tiraden auch noch nicht behandelt, der Katechismus sollte die Kinder ja über die gesamte Schulzeit begleiten. Trotzdem konnte sich Hilde nicht vorstellen, wie ein Mensch auf diese abstrusen Ideen kommen konnte, als sie sich die Dollfuß Parolen zu Gemüte führte: „Die Zeit des kapitalistischen Systems, die Zeit kapitalistisch-liberalistischer Wirtschaftsordnung ist vorüber, die

Zeit marxistischer materialistischer Volksverführung ist gewesen! Die Zeit der Parteienherrschaft ist vorbei! Wir lehnen Gleichschalterei und Terror ab, wir wollen den sozialen, christlichen, deutschen Staat Österreich auf ständischer Grundlage, unter starker autoritärer Führung! Autorität heißt nicht Willkür, Autorität heißt geordnete Macht, heißt Führung durch verantwortungsbewusste, selbstlose, opferbereite Männer …

Ständischer Neubau ist die Aufgabe, die uns in diesen Herbstmonaten gestellt ist. Der Berufsstand ist die Ablehnung klassengemäßer Zusammenfassung des Volkes.

Berufsauffassung besagt die gemeinsame Arbeit, die die Menschen einigt. Wir wollen dafür in den Organen des öffentlichen Lebens die Voraussetzungen schaffen. Der Mensch will im Betriebe nicht nur eine Nummer sein, sondern will auch als Mensch gewertet und behandelt werden. Ständische Auffassung berechtigt und verpflichtet den Herrn ebenso wie den Knecht. Wir werden daher wieder zurückgreifen müssen auf ältere Formen, aber nicht nur formalistisch, sondern es muss uns zum Bewusstsein kommen, dass die Arbeit die Menschen einigt."

Wunderbar! Dann gebt den Menschen Arbeit und sorgt dafür, dass man von seinem Arbeitslohn auch leben kann! Hilde war außer sich. Wissen die da oben überhaupt, was hier unten wirklich läuft? Halten die das ganze Volk für blöd? Hilde arbeitete auch nach dem Verbot der Partei im Februar 1934 in der Illegalität weiter und traf sich regelmäßig mit einigen Genossinnen, um Flugblätter zu verteilen oder andere Einsätze vorzubereiten. Allerdings kamen sie nie zur gleichen Zeit am gleichen Ort und am gleichen Wochentag zusammen. Nach jedem Treffen legten sie fest, wann und wo die nächste Sitzung stattfinden sollte. Womit es sich als äußerst nützlich erwies, immer zu erscheinen …

Josef wusste von diesen Aktivitäten lange nichts. Erst im Krieg hatte ihm Hilde davon vorsichtig berichtet, allerdings ohne Namen zu nennen. Vorsicht ist nicht nur die Mutter der Porzellankiste …

Im Juli 1934 wurde Kanzler Dollfuß von Nationalsozialisten ermordet, sein Amt übernahm der Justizminister Kurt Schuschnigg. Und die faschistische Gefahr aus Deutschland wurde immer bedrohlicher. Entgegen etlicher Sozialdemokraten, die glaubten, in der Vaterländischen Front einiges im Sozialbereich bewirken zu können, traten Hilde und ihre Genossinnen nicht ein.

„Uns Sozi-Frauen wollen sie in Wirklichkeit auch gar nicht", stellte Hilde bei einem Treffen nüchtern fest, und sofort wurde ihr ins Wort gefallen: „Aber ohne Vaterländische Front keine geregelte Arbeit!"

Was Hilde energisch auf den Plan rief: „Dann kann ich eben meine Familie nur mit Putz- und Botendiensten über Wasser halten, weil ich meine Ideale nicht verraten will!"

„Du, es geht nicht nur um uns und um unsere Familien! Es geht um die Menschen in Österreich, für deren Rechte wir kämpfen!", verteidigte sich die Sprecherin von vorhin.

„Aber in dieser tristen Zeit geht's denen in der Vaterländischen Front keinen Deut besser", tönte es aus einer anderen Ecke, „denn die Arbeitslosigkeit ist bei denen auch nicht geringer. Womit die viel gepriesene Vaterländische Front wahrlich nicht vor Hunger und Frost bewahrt."

„Was also soll das Theater?", war von links hinten zu hören. „Der Dollfuß hat viel geredet und nix gesagt. Aber der Schuschnigg ist um nichts besser. Von wegen, der Kapitalismus ist überwunden! So viel Kapitalismus wie jetzt hatten wir noch nie! Und du darfst dich nicht dagegen wehren, sonst landest du in Wöllersdorf!"

Die Erregung näherte sich ihrem Höhepunkt, wie weiter zu hören war: „Kapitalismus ist immer mit Autorität, mit Diktatur verbunden. Du musst vor der Macht des Kapitals kuschen. Und das nennen Dollfuß und Schuschnigg geordnete Macht! Was natürlich Blödsinn ist. Denn wirklich verantwortungsbewusste Männer würden das Volk nicht in dieses Elend stürzen! Und seit wann sind die Herren da oben opferbereit? Die Opfer dürfen immer nur wir kleinen Leute bringen. Das war so, ist so und wird so bleiben, solange es Kapitalismus gibt! Die hohen Herren nutzen ihre Macht nur, um uns auszubluten und sich selbst dabei schamlos zu bereichern!"

„Womit für uns sonnenklar sein muss", schlussfolgerte Hilde, „nur das Ende des kapitalistischen Systems schafft eine gesellschaftliche Erneuerung, aber keine Reform der bestehenden Verhältnisse. Hier haben wir in der Vergangenheit einiges falsch gesehen, indem wir meinten, wenn wir zum Beispiel in der Lohn- oder Sozialpolitik einiges durchsetzen, könnten wir langsam eine Systemänderung erreichen. Sicherlich waren diese Sozialmaßnahmen für die betroffenen Menschen nützlich, aber wir werden dadurch keine neue Gesellschaftsordnung errichten."

„Gewalt haben wir aber immer abgelehnt", fiel eine ängstliche Zuhörerin Hilde ins Wort, was diese nicht im Geringsten aus der Ruhe brachte: „Stimmt! Gewalt erachten wir als das letzte, äußerste Mittel. Darum müssen wir besonders jetzt mit allen antifaschistischen Kräften zusammenarbeiten, um die noch größere Gefahr, die uns droht, gewaltfrei zu verhindern ..."

„Hitler!", wurde Hilde von einer seufzenden Zuhörerin unterbrochen, und eine andere schlussfolgerte daraus: „Richtig! Keine Gefahr ist momentan größer! Und da müssen wir alle an einem Strang ziehen, ob das wir sind oder die Kommunisten, aber auch fortschrittliche Kräfte aus dem Bürgertum, wie Christen oder sogar Monarchisten!"

„Aber wie soll das funktionieren?" Noch mehr Unruhe kam auf.

„Einer dermaßen großen Gefahr, wie sie uns von Deutschland droht, können wir nur gemeinsam begegnen", glaubte eine ältere Genossin, „da müssen wir alle bereit sein, vorübergehend ideologische oder sonstige parteipolitische Gründe hintenan zu stellen, weil wir einen gemeinsamen Feind vor uns haben, dem es zu begegnen gilt! Leider ist es in Deutschland nicht zur Einheitsfront aller Hitlergegner gekommen, die seinen Aufstieg verhindert hätte!"

„Aber mit den Kommunisten zusammenarbeiten?"

„Ja, der gemeinsame Feind muss uns einigen!", machte Hilde energisch weiter, „was nicht bedeutet, dass wir alle Unterschiede über den Haufen werfen. Aber jetzt geht es um die Abwehr der faschistischen Gefahr! Bitte versteht das doch! Wenn ein Haus brennt, wird auch jeder zusammen mit der Feuerwehr beim Löschen und Bergen von Menschen, Tieren und wichtigen Sachen helfen, egal ob er Kommunist, Sozialdemokrat, Christ, Jude, Freidenker oder sonst noch etwas ist! Noch einmal! Klar streben die Kommunisten eine gewaltsame Machtergreifung an, weil sie ungeduldig sind, nicht warten können, alles sofort erreichen wollen. Wir dagegen setzen auf Demokratie. Wir wollen auf parlamentarische Weise das kapitalistische System überwinden. Aber wenn Hitler ganz Europa unterjocht, wird es keine Demokratie mehr geben, dann herrscht überall finsterste Diktatur, dann können wir alle unsere Ideale vergessen! Und zum letzten Mal! Die Errichtung einer demokratischen sozialistischen Gesellschaftsordnung muss unser erklärtes Ziel bleiben! Reparaturarbeiten am bestehenden kapitalistischen System helfen nicht. Wir wollen und müssen eine neue gerechte sozialistische Gesellschaftsordnung schaffen, in der das kapitalistische Privateigentum abgeschafft ist. Es soll keine kleine Schicht der Reichen über die Masse des Volkes herrschen. Nur eine sozialistische Gesellschaft beseitigt Armut und Ungerechtigkeit für immer. Aber es muss demokratisch geschehen, wir müssen das Volk demokratisch legitimiert hinter uns wissen. Gute Ansätze hat es ja bereits im Roten Wien gegeben, wenn ich da zum Beispiel an die Gemeindebauten oder das Bildungssystem denke. Wenn dieser Funke auf ganz Österreich überspringt und wenn wir die faschistische Gefahr gebannt haben, werden wir ans Ziel gelangen, das sage ich euch!"

Leider herrschten in der Schule völlig andere Töne, wie von Fräulein Wegner zu vernehmen war, als sie in der Religionsstunde auf Josefs Frage „Warum geht es vielen Menschen so schlecht?" über den Köpfen der Kinder hinweg dozierte: „Unser Herrgott möchte, dass wir arm und bescheiden sind, damit wir gute und zufriedene Menschen werden." In ihrem sicheren und recht gut bezahlten Job hatte sie leicht reden …

„Dann ist das aber ein böser Gott, wenn der will, dass die Menschen nicht genug zum Essen haben und dass sie im Winter frieren! Und wenn man hungrig ist und friert, ist man doch nicht zufrieden!" Josef verstand das kein bisschen und ärgerte sich maßlos.

„Josef, das siehst du völlig falsch!" Bitterböse, mit funkelnden Augen, starrte Fräulein Wegner den kleinen Burschen an und wetterte weiter: „Unser Herr Jesus Christus ist bitterarm in einem Stall geboren worden und hatte, solange er auf der Erde lebte, keine feste Wohnung!"

Langsam beruhigte sich die Lehrerin und besänftigte ihre Stimme: „Und denke an die vielen Klosterschwestern und an die Mönche! Welche Ruhe und Zufriedenheit strahlen die aus, obwohl sie in Armut und Bescheidenheit leben! Ihr Ziel ist es, nur dem Herrgott zu dienen, und das mit ganzer Kraft und aus einem liebevollen Herzen heraus. Josef, das musst du so sehen, sonst kannst du das nicht begreifen!"

„Aber der Herr Jesus hat niemanden hungern und verdursten lassen", fiel Martin der Lehrerin ebenso aufgeregt ins Wort, „einmal hat er sogar fünftausend und einmal viertausend Menschen satt gemacht."

„Ja, das ist alles gut und schön …"

„Fräulein Lehrerin, das ist wirklich so gewesen!", bekräftigte Martin das Ganze und die Angesprochene lenkte geschickt vom Thema ab: „Kinder, ihr dürft nicht immer bloß ans Essen und Trinken denken, sondern ihr sollt zuerst an den Herrgott denken und an die Heilige Gottesmutter Maria und ihr sollt euren Eltern gehorchen und das tun, was die Heilige Kirche von euch erwartet."

Josef ließen diese Glaubensangelegenheiten wahrlich nicht kalt. Es imponierte ihn, dass Martin und seine Eltern jeden Sonntag die große Kirche zum Heiligen Josef in der Taborstraße besuchten. Ein paarmal war er mitgegangen. Das erste Mal aus purer Neugierde, weil das Gotteshaus bekanntlich seinen Namen trug. Der ältere Pfarrer war außerordentlich nett und lud die Kinder jeden Mittwoch um drei zu einer Spielstunde ein, die er mit einer spannend erzählten biblischen Geschichte und einem kurzen Gebet abschloss. Auf dieses Finale wartete Josef stets voller Ungeduld. Was dazu führte, dass er die bekannten alttestamentlichen Geschichten vom ersten Sündenfall, von Noah, Abraham, Josef, Mose, David bald gut kannte. Und natürlich genauso die Geschichten aus dem Neuen Testament von Jesus, seinen Jüngern und den Aposteln.

Im Religionsunterricht kam das leider nur spärlich vor. Dort hatten die Marien- und Heiligenverehrung sowie die Vaterländische Front mit ihren Segnungen absolute Priorität. Für Fräulein Wegner war das Schuschnigg-Österreich der Vorhof zum Paradies, weil es das Vaterland von den bösen gottlosen Sozialisten und Kommunisten befreit hatte.

Drüben in Deutschland geht's bergauf. Dort sind die Arbeitslosen längst wieder in Lohn und Brot. Der Hitler, bitte ein Österreicher aus Braunau, sorgt dafür, dass es den Menschen gut geht.

Solches und Ähnliches hörte Josef jetzt oft, schon allein deshalb, weil einige seiner Schulkameraden Verwandte oder Freunde „im Reich" hatten und ab und zu ein Paket voller Köstlichkeiten bekamen und damit ordentlich angaben. Walter aus der letzten Mittelreihe verteilte ab und zu gönnerhaft Schokolade an die ganze Klasse und kam sich damit äußerst wichtig vor. Josef, Martin und einige andere fanden diese Aktion scheußlich, aber wann bekam man schon mal Schokolade geschenkt?

Natürlich geschah das nicht vor den Lehrern. Man konnte nicht wissen. Wöllersdorf war nicht weit …

„Mami, warum geht's den Menschen in Deutschland so gut und uns so schlecht? Und wenn der Hitler aus Österreich ist, warum schaut er nicht auch auf uns?"

Wie sollte Hilde diese unvermeidliche Frage einem siebenjährigen Kind beantworten?

Josef wird nicht verstehen, dass dieser vorübergehende Aufschwung nur Mittel zum Zweck ist. Der Hitler will das Volk auf seine Seite ziehen, damit er den Rücken frei hat, um ungestört Krieg führen zu können. Zu uns will er eh kommen, das droht er andauernd an, aber das wird letztendlich nicht gut für uns enden. Aber nicht nur für uns. Denn jeder, der lesen kann, kann es genau wissen, weil Hitler seine Ziele vor der gesamten Weltöffentlichkeit in seinem Buch „Mein Kampf" bekannt gemacht hat. Ich hab' dieses Buch genauestens studiert und war entsetzt! Wer das gelesen hat, muss laut aufschreien! Aber im Gegenteil, die ganze Welt schaut zu und lässt Hitler gewähren! Appeasement-Politik nennt man das, das heißt, man glaubt, wenn man Hitler besänftigt, gibt er Ruhe und es kommt zu keinem Krieg! So ein Blödsinn! Der lacht doch bloß darüber und fühlt sich in seinem Vorhaben bestärkt!

Und die Deutschen, die „Mein Kampf" zur Hochzeit geschenkt kriegen, schieben es im Bücherregal ins äußerste Eck und lassen den lieben Gott einen guten Mann sein.

Kann ja verstehen, dass die Menschen während der Wirtschaftskrise andere Sorgen hatten, als sich mit Politik zu beschäftigen, aber jetzt, wo sie sehen, was mit den Juden und auch sonst passiert, sollten sie mal nachlesen, was ihr Führer zu diesen Themen zu vermelden hat und entsprechend reagieren, denn ich glaube nicht, dass alle Deutschen Antisemiten oder überzeugte Nazis sind. Es fehlt vielen nur der klare Blick und der Mut, zu ihrer wahren Einstellung zu stehen. Gut, es ist nicht jeder zum Märtyrer geboren …

Aber im Kleinen könnte einiges passieren! Wird bestimmt auch, denn, was ich mache, geschieht auch nicht in aller Öffentlichkeit …

Und zu Josef hab ich dann bloß sagen können: „Du, es geht nur einigen Deutschen gut, längst nicht allen." Womit ich nicht gelogen habe, denn Juden, Kommunisten, Sozialdemokraten spüren nicht im Geringsten etwas vom aufkommenden Wohlstand …

„Schade, dass wir keinen Deutschen kennen, dem es gut geht", war Josefs traurige Reaktion auf das Ganze.

Kurz vor dem „Anschluss" war Rudi Pospischil aus dem Lager Wöllersdorf entlassen worden. Dieses aufgrund der von Bundeskanzler Schuschnigg am 16. Februar 1938 erlassenen Amnestie für vor dem 15. Februar 1938 begangene politische Straftaten. Josef konnte es nicht fassen! Papi war wieder da! Papi, bislang nur eine flüchtige Erinnerung an einen großen, starken Mann mit einer tiefen, strengen Stimme. Zwei Polizisten hatten ihn damals abgeholt. Er selbst konnte sich daran nur dunkel erinnern, mit seinen drei Jährchen kein Wunder, aber die Mami hatte ihm später ausführlich davon erzählt. So eindrucksvoll, dass er noch immer eine Gänsehaut bekam, wenn er daran dachte.

Auf einmal war Papi wieder da! Zwar blass und müde aussehend, aber er war da! Seine Müdigkeit hinderte ihn jedoch nicht daran, mit Josef, Sissi und Poldi zu malen. Ein großes Haus, davor eine Frau, ein Mann, ein Mädchen, ein Bursche und eine Katze. Und rechts und links Bäume und eine Wiese. Toll hat er das hingekriegt! Die Kinder staunten nicht schlecht. Josef zog dem Mann noch ein blaues Hemd, eine kurze graue Hose, rote Strümpfe und hellbraune Schuhe an. Sissi malte die Katze so pechschwarz an, wie der Schnurli aussah, der im Stiegenhaus öfter seine Runden drehte, und Poldi verschönte das Mädchen mit einem langen grünen Kleid, gelben Socken und weißen Schuhen. Schließlich setzte sie noch ein paar Blumen auf die Wiese. Und eine in die Haare des Mädchens. Josef stellte daraufhin entsetzt fest, der Bursche sei ja noch nackt! Ergo verpasste er ihm einen roten Pullover, eine dunkelgrüne kurze Hose, weiße Socken und ein Paar braune Schuhe.

Ein herrlicher, ungetrübter Nachmittag! Leider viel, viel zu kurz, denn beim Abendessen hatte Rudi längst zum Tagesgeschehen zurückgefunden, wie die Familie unmissverständlich vernahm: „Der Schuschnigg biedert sich jetzt allen Hitlergegnern an! Wir müssen aufpassen, was dahintersteckt!" Papis Stimme klang schon wieder laut und streng. Was Josef sehr imponierte, obwohl er als Siebenjähriger nun mal noch nicht viel vom Zeitgeschehen verstand …

Am nächsten Morgen eilte Papi sofort zu den Genossen. Nur ein schnelles Frühstück, dabei die Zeitung lesend. Josef fand's schade, weil er sich gern mit dem Papi unterhalten hätte.

„Wir können heute Abend in Ruhe reden", rief Rudi seinem Sohn noch im Gehen zu. Dazu kam es aber nicht, weil eine gemeinsame Partei- und Gewerkschaftsversammlung im Floridsdorfer Arbeiterheim im Wege stand. Die mehr als dringend geboten war, weil Bundeskanzler Schuschnigg tags darauf eine 20 Mann starke Gewerkschaftsdelegation unter der Führung von Friedrich Hillegeist empfing.

Interessant das Ganze, zum einen duldete die Polizei die an sich illegale Versammlung im Arbeiterheim und der Bundeskanzler empfing 20 Mitglieder der verbotenen Gewerkschaft und der ebenso verbotenen Sozialdemokratischen Arbeiterpartei.

Das Gespräch verlief in einer sehr hektischen Atmosphäre. Jeder spürte die Nervosität des Kanzlers. Schließlich sagten die Eingeladenen Schuschnigg Unterstützung im Kampf gegen Hitler und den Nationalsozialismus zu. Dieser nahm das Angebot mit Zurückhaltung an, aber immerhin …

Zu der Delegation gehörte auch Rudi. Josef war natürlich mächtig stolz auf seinen Papi. Zum Herrn Bundeskanzler war mein Papi geladen! Josef wollte wissen, wie das war, was der Herr Bundeskanzler für ein Mensch ist und so weiter …

„Der Bundeskanzler ist ein ganz normaler Mensch. Wie ein Fleischer, wie ein Bäcker, wie ein Schuhmacher."

Josef war maßlos enttäuscht! Nein, das hatte er nicht erwartet. „Du, der Bundeskanzler ist kein Gott, kein Übermensch! Natürlich hat er eine hohe Verantwortung und verdient Respekt, aber er hat Gefühle wie du und ich. Er war zum Beispiel sehr nervös, zog mit zittrigen Händen an seiner Zigarette und verstreute Asche, weil er andauernd mit den Händen herumfuchtelte, irgendwelche Zettel suchte und so weiter. Ich will ihn damit keineswegs kritisieren, weil ich weiß, dass er vor großen Entscheidungen steht, um die ich ihn nicht beneide. Mir zeigt das nur, dass auch ein Bundeskanzler Sorgen und Ängste hat wie wir alle."

Rudi versuchte, seinen Kindern das Geschehene altersgerecht zu erklären, denn auch Sissi und Poldi interessierten sich für das, was ihr Papi erlebt hatte.

In der Klasse wurde Josef logischerweise von vielen beneidet. Selbst von Fräulein Wegner, die mit pathetisch klingender Stimme verkündete: „Wisst ihr, es ist eine sehr große Ehre, vom Herrn Bundeskanzler eingeladen zu werden! Da muss man schon ein ganz besonderer Mensch sein!"

Die Ereignisse überschlugen sich in diesen Tagen …

Plötzlich sollte eine Volksabstimmung abgehalten werden. Wer mit „Ja" votieren würde, bekennt sich weiterhin zu einem unabhängigen Österreich.

Diesbezüglich lasen die Pospischils in der Zeitung den „Aufruf des Bundeskanzlers und Frontführers Schuschnigg" vom 9. März 1938 an Amtswalter der Vaterländischen Front:

„Volk von Österreich! Zum ersten Male in der Geschichte unseres Vaterlandes verlangt die Führung des Staates ein offenes Bekenntnis zur Heimat. Sonntag, der 13. März 1938 ist der Tag der Volksbefragung.

Ihr alle, welchem Berufsstand, welcher Volksschicht ihr angehört, Männer und Frauen im freien Österreich, ihr seid aufgerufen, euch vor der ganzen Welt zu bekennen; ihr sollt sagen, ob ihr den Weg, den wir gehen, der sich die soziale Eintracht und Gleichberechtigung, die endgültige Überwindung der Parteienzerklüftung, den deutschen Frieden nach innen und nach außen, die Politik der Arbeit zum Ziele setzt, ob ihr diesen Weg mitzugehen gewillt seid!

Die Parole lautet: für ein freies und deutsches, unabhängiges und soziales, für ein christliches und einiges Österreich! Für Frieden und Arbeit und die Gleichberechtigung aller, die sich zu Volk und Vaterland bekennen. Das ist das Ziel unserer Politik. Dieses Ziel zu erreichen, ist die Aufgabe, die uns gestellt ist und das geschichtliche Gebot der Stunde. Kein Wort der Parole, die uns als Frage gestellt ist, darf fehlen. Wer sie bejaht, dient dem Interesse aller und vor allem dem Frieden! Darum, Volksgenossen, zeigt, dass es euch ernst ist mit dem Willen, eine neue Zeit der Eintracht im Interesse der Heimat zu beginnen; die Welt soll unseren Lebenswillen sehen; darum, Volk von Österreich, stehe auf wie ein Mann und stimme mit Ja!

Front-Heil! Österreich! Schuschnigg"

Zum, für den morgigen 10. März geplanten, Aufmarsch am Ring für die Volksabstimmung sollten die Kinder der höheren Klassen mit den älteren Kindern der anderen Wiener Schulen gemeinsam das Dollfuß-Lied singen. Eine gewaltige Herausforderung in so kurzer Zeit! Der Gesang sollte immerhin freudig und feierlich zugleich klingen.

Die Kleinen hörten den Probengesang aus dem Turnsaal nur von Weitem. Die Erstklässler konnten bis auf die Buchstaben Q, X und Y gerade einmal lesen und schreiben und hätten den, für sie komplizierten, Text noch nicht verstanden.

Da der Name Dollfuß durch das ganze Schulhaus schwirrte, fragte Josef Fräulein Wegner, was es denn mit diesem Namen auf sich habe, und die Lehrerin antwortete zu Tränen gerührt:

„Der frühere Herr Bundeskanzler Dollfuß hat sein Leben für unser schönes Österreich gelassen. Böse Menschen haben ihn vor fast vier Jahren erschossen. Dabei wollte der Herr Bundeskanzler Dollfuß für uns alle nur das Beste, dass es uns gut geht und ihr im Frieden und voller Freude lernen könnt."

Währenddessen tönte es aus dem Erdgeschoss:

Ihr Jungen schließt die Reihen gut,
Ein Toter führt uns an.
Er gab für Österreich sein Blut,
Ein wahrer deutscher Mann.
Die Mörderkugel, die ihn traf,
Die riss das Volk aus Zank und Schlaf
Wir Jungen steh'n bereit
Mit Dollfuß in die neue Zeit!

Für Österreich zu kämpfen lohnt,
dass es gesichert sei,
vor jedem Feind, wo er auch thront,
und vor der Verräterei.
Gewalt und Lüge schreckt uns nicht,
Wir kennen nur die frohe Pflicht.
Wir Jungen steh'n bereit!
Mit Dollfuß in die neue Zeit!

Zerschlagt was uns noch hemmen mag
Und nach dem Gestern weist.
Die neue Zeit steigt in den Tag
und will den neuen Geist.

Christlich, deutsch, gerecht und
frei von Klassenhass und Tyrannei.
Wir Jungen steh'n bereit!
Mit Dollfuß in die neue Zeit!

An besagtem 10. März demonstrierten in Wien neben den Schülern und Studenten Marxisten und vaterländisch Gesinnte gemeinsam für ein freies und unabhängiges Österreich.

Das Dollfuß-Lied der Schüler klang gewaltig. Es grenzte an ein Wunder, dass es trotz der geringen Probenzeit keine nennenswerten Pannen gab.

Josef zog natürlich auch mit seinen Eltern und mit Poldi und Sissi, diese auf Papis und Mamis Schultern sitzend, über den Ring, der schwarz vor Menschen war. Aus allen Nebenstraßen quollen Demonstranten, die den verschiedensten Ständen angehörten. Wie viele es waren, vermochte niemand zu zählen.

Fröhlich, ein Papierfähnchen schwingend, winkte Josef Fräulein Wegner zu, die mit älteren Kindern unterwegs war.

Auch die Horvats aus dem dritten Stock hatten sich eingereiht, Kruckenkreuzfähnchen schwingend. Man begrüßte sich wie gewohnt freundlich.

Herr Salomon aus dem zweiten Stock drohte über eine Bordsteinkante zu stolpern, was Frau Horvat zu verhindern wusste. Sie konnte ihn gerade noch halten. Wofür er sich artig bedankte: „Es gibt eben noch aufmerksame und hilfsbereite Menschen in unserem schönen Wien …"

Als Josef am Montagmittag aus der Schule kam, traute er seinen Augen nicht! Vor dem Haus hatte sich eine Menschenmenge gebildet. Mitten in ihr Herr Gruber aus dem ersten Stock, versehen mit einer breiten Hakenkreuzbinde um seinen Mantel und laut brüllend: „Los, dalli, dalli! Wischt gefälligst den Dreck weg, ihr Saujuden!"

Auf dem Boden kniete Herr Salomon mit zwei Männern vom Haus gegenüber.

Warum sollen die drei Männer die Kreide-Parolen für die am Freitag in letzter Minute abgesagte Volksabstimmung wegwischen, die sie nicht auf den Boden gekritzelt haben? Josef schien jedoch der Einzige gewesen zu sein, der sich solches fragte, denn die anderen Leute amüsierten sich köstlich. Sie empfanden das, was sich hier abspielte, wie ein lustiges Theaterspiel.

Herr Salomon hatte der fünfundsiebzigjährigen Frau Fischer von nebenan oft bereitwillig die schwere Einkaufstasche in den zweiten Stock getragen, und diese schätzte diesen Liebesdienst auch noch am Freitag: „Oh, es gibt noch Kavaliere der alten Schule!"

Heute dagegen witzelte sie über ihren Taschenträger: „So blitzblank habe ich die Straße noch nie gesehen!"

„Schade, dass keine Parolen an die Häuserwände geschmiert worden sind", meinte Frau Horvat genauso lachend, was Frau Fischer nicht unkommentiert lassen wollte: „Also sind Juden doch zu etwas nütze!"

„Das ist aber auch das Einzige!", hielt Frau Horvat energisch fest.

Als Josef auf die drei Männer zuging, brüllte ihn Herr Gruber barsch an: „Hau ab, du rotes Schwein!"

Selbst den braunen Dackel vom Haus gegenüber, welcher das Geschehene neugierig beschnupperte, stieß er mit dem rechten Fuß beiseite: „Schleich dich, du Dreckvieh!"

Laut bellend trottete er davon.

Herr Gruber war jetzt der Blockwart des Grätzels und wusste, wo es lang ging. Seit Samstag, als Hitlers Truppen in Österreich einmarschiert waren, wehte ein anderer Wind …

Am Dienstag war für alle Schüler nach der vierten Stunde Schluss. Weil der Führer um drei am Heldenplatz sprechen wird, hieß es. Zu diesem Ereignis hatte Fräulein Wegner kleine Hakenkreuzfähnchen ausgegeben und das entsprechend kommentiert: „Mit diesen Fähnchen wollen wir unseren Führer fröhlich begrüßen. Der Führer will, dass wir alle sehr glückliche Menschen werden …"

„Das haben Sie aber auch schon vom Herrn Bundeskanzler Dollfuß und vom Herrn Bundeskanzler Schuschnigg gesagt!", fiel ihr Josef erregt ins Wort. Die anderen Kinder schauten abwechselnd Josef und Fräulein Wegner gespannt an. Letzte hielt einen Moment inne und erwiderte nervös: „Kinder, das ist nun vorbei und darüber können wir uns nur freuen! Schon sehr bald werdet Ihr erleben, dass es uns so gut geht wie nie zuvor! Eure Väter werden wieder Arbeit haben und dann, Kinder, leben wir wie im Paradies!"

Josef glaubte, sich in einer Märchenstunde zu befinden …

Die Kruckenkreuzfahne samt den Bildern vom Herrn Bundeskanzler Schuschnigg und vom Herrn Bundespräsidenten Miklas im Klassenraum war bereits gestern einem großen Hitlerbild unter einer Hakenkreuzfahne gewichen.

Im Volksgarten stand der Hilfszug Bayern. Deutsche Soldaten schenkten aus großen Gulaschkanonen einen Gemüseeintopf mit Fleisch aus. Josef stellte freudig fest, dass jeder, der ihn begehrte, einen vollen Teller ausfasste und nichts dafür zahlen musste. Hier gab es kostenlos so viel zu essen, wie man wollte! Ja, wirklich, denn ein größerer Bursche reihte sich mit seinem inzwischen leeren Teller in die Schlange ein und kriegte einen kräftigen Nachschlag!

Nein, so etwas hatte Josef noch nie erlebt …

Natürlich stellte sich Josef an und es ging schnell voran. Ein mit vielen Orden und Abzeichen dekorierter korpulenter Mann im Alter und in der Größe seines Vaters reichte ihm einen gut gefüllten Teller. „Junge, iss dich nur ordentlich satt! Und wenn du willst, kriegst du noch was nach!"

Jetzt hatte es Josef aus „amtlichem Munde" vernommen, dass er noch was nachkriegen würde …

Josef bedankte sich artig und nahm auf einer Bank Platz. Der Eintopf schmeckte ihm. Schnell war der Teller leer und na klar, er ließ ihn nachfüllen.

„So etwas Gutes habe ich noch nie gegessen!", begründete er sein Begehren nach einem Nachschlag zu dem Mann, der ihm bereits den ersten Teller gefüllt hatte.

„Dann lass es dir weiter schmecken", freute sich dieser ehrlich.

Josef nahm sogar noch eine dritte Runde, dann aber konnte er nicht mehr.

Er war satt! Jawohl! SATT! Etwas, dass er seit über einem Jahr nicht mehr erlebt hatte. Tante Mitzi, Mamis ältere Schwester, hatte ihm damals dieses Gefühl mit Germknödeln ermöglicht.

Nach dem Essen sah er, wie einige auf Bäume kletterten oder die vielen Denkmäler rund um den Heldenplatz bestiegen, um den Führer besser sehen zu können.

Die hatten recht, denn inmitten der vielen Leute würde er nichts vom Führer sehen. Aber er wollte ihn sehen, den Menschen, der dafür gesorgt hatte, dass er so viel essen konnte wie seit Langem nicht mehr.

Ein Mauervorsprung schräg gegenüber dem großen Balkon, von welchem Hitler sprechen würde, verschaffte ihm eine recht gute Sicht.

Er sah, wie Hitler auf den Balkon trat, die Hand zum „deutschen Gruß" erhob und schließlich mit donnernder Stimme das aussprach, was die Versammelten von ihm hören wollten:

„Hiermit verkünde ich vor der Geschichte den Eintritt meiner Heimat in das Deutsche Reich!"

Das letzte Wort ging bereits in einen geradezu frenetischen Jubel unter. Die Arme fast aller Zuhörer schossen im Nu in die Höhe. Das Geschrei war so stark, dass Josefs Ohren schmerzten. Minutenlang ging das so. Bis Hitler weitersprach. Dann war es urplötzlich mucksmäuschenstill. Jeder hörte gespannt zu, wollte nicht eine Silbe verpassen. Eine weihevolle Stimmung lag über dem großen Platz. Auch so etwas hatte Josef noch nicht erlebt. Obwohl er das Ganze altersbedingt noch nicht voll erfassen, geschweige denn begreifen konnte, war es für ihn ein unvergessliches Ereignis.

Der 2. Bezirk, zwischen dem Donaukanal und dem Donaustrom gelegen, hieß im Volksmund die Mazzesinsel, weil hier besonders viele Juden lebten. Daraus folgte, dass die Aktion gegen den netten Herrn Salomon und die anderen Juden am 14. März leider kein Einzelfall war. Oft musste Josef mit ansehen, wie SA-Männer Juden auf der Straße öffentlich schlugen und anspuckten. Was er partout nicht verstand …

Wenn ich mich mit jemandem prügele, reißen uns Lehrer oder andere Große sofort auseinander, und wenn's ganz schlimm kommt, rückt die Polizei an, aber wenn Juden verprügelt werden, klatschen die Leute sogar noch. Was soll das …?

Dazu meinte der Herr Salomon einmal zu Hilde, was Josef mithörte: „Uns Juden hat der Kaiser Ferdinand der Zweite aus der Stadt in den unteren Wied vertrieben und der Leopold der Erste hat uns dann noch mal vom alten unteren Wied hierher in die später nach ihm benannte Leopoldstadt umgesiedelt, und jetzt müssen wir schon wieder gehen, aber diesmal viel, viel weiter weg …"

Ende September verabschiedeten sich die Salomons in die USA.

Aber es sollte noch viel schlimmer kommen, als am Abend des 9. November 1938 die jüdischen Geschäfte grausam verwüstet wurden und der Große Tempel in der Tempelgasse niederbrannte. Dazu leider neben anderen jüdischen Bethäusern auch die Schiffschul.

Josef sah am Nachmittag des 10. November äußerst vergnügte Leute vor der noch rauchenden Tempelruine stehen, die das Geschehene bejubelten und sich dabei gegenseitig überschrien:

„Wurde höchste Zeit, dass den Juden mal auf die Finger geklopft wurde!"

„Der Führer lässt sich von dem Judengesindel nichts gefallen! Recht hat er!"

„Das Judenpack sollte man mit Stumpf und Stiel ausrotten!"

Die gespenstige Atmosphäre machte Josef Angst. Hastig rannte er davon, hörte aber vor der Schiffschul den Mob noch lauter brüllen …

Zu Hause warf er sich der Mami zitternd und laut schluchzend in die Arme.

„Was machen die da draußen bloß? Ich hab' solche Angst …!"

Die Mami drückte ihn fest an sich und er kam langsam zur Ruhe …

In steter Erinnerung wird Josef auch das Weihnachtsfest 1938 bleiben. Aber bereits die Adventszeit war spannend genug, weil die Familie Pospischil am 14. Dezember zur Familienweihnachtsfeier für kinderreiche Familien ins Rathaus geladen wurde. Im großen Festsaal kamen sich Josef und seine beiden Schwestern wie auf einem Staatsempfang vor. Jedem geladenen Gast wurde ein mit einer Tischkarte dekorierter Platz zugewiesen.

Ein Vertreter der NSV eröffnete die Feier mit flammenden Worten, „dass die Volksgemeinschaft zusammenhalten muss, um allen Familien im Großdeutschen Reich ein feierliches, würdevolles deutsches Weihnachtsfest zu ermöglichen. Alle Volksgenossen sollen nach dem Willen unseres Führers die Früchte fleißiger deutscher Wertarbeit ernten und nicht nur ein paar vollgefressene gierige Juden, wie das bisher der Fall war …"

Nach der euphorisch beklatschten Rede sangen die Wiener Sängerknaben leise beginnend, dann aber immer lauter werdend:

„Hohe Nacht der klaren Sterne
Die wie weite Brücken steh'n
Über einer tiefen Ferne,
Drüber unsre Herzen gehen.

Hohe Nacht mit großen Feuern,
Die auf allen Bergen sind,
Heut muss sich die Erd' erneuern,
Wie ein jung geboren Kind!

Mütter, euch sind alle Feuer,
Alle Sterne aufgestellt;
Mütter, tief in euren Herzen
Schlägt das Herz der weiten Welt!"

Eine Weile blieb es noch ganz still im Saal, bis der Startschuss für die Geschenkeverteilung gegeben wurde. Nun hatten die fleißigen Helfer mehr als genug zu tun.

Josef kriegte von einem etwa vierzehnjährigen breitschultrigen uniformierten Hitlerjungen mit hellblondem Haar drei große Pakete und Sissi und Poldi dasselbe von einem, mit einem weißblauen Dirndl geschmückten, BDM-Mädchen. Die Pakete waren so schwer, dass mit dem Taxi heimgefahren werden musste. Auf Kosten der Stadt Wien, wie großzügig angekündigt worden war.

Beim Auspacken staunte die Familie nicht schlecht, was da alles zum Vorschein kam:

Schokoladenweihnachtsmänner, Bonbons, Marzipanfiguren, echte Nürnberger Pfefferkuchen, Puppen für die Mädchen, ein großer Baukasten für Josef, verschiedene Spiele und auch einiges zum Anziehen. Ein Wahnsinn! Die drei Kinder konnten's gar nicht fassen und glaubten, sie träumten …

Schließlich wurde serviert, und auch das ordentlich! Kakao für die Kinder, Kaffee für die Erwachsenen, dann Torte mit Schlag, und die nicht von schlechten Eltern! Und jeder konnte einen Nachschlag ausfassen, nicht nur einen …

Als Abschluss wurde noch ein gut gefüllter Eisbecher mit Schlag und Früchten gereicht!

Sowohl die Großen als auch die Kleinen hatten gewaltige Mühe, die Köstlichkeiten in sich reinzustopfen, aber sie schafften es alle. Wirklich alle …

Die Familienkasse ließ es zu, sich am silbernen Adventssonntag, als die Geschäfte am Nachmittag offen hatten, in das Einkaufsgetümmel der Mariahilfer Straße zu stürzen. Und das war ein Getümmel! Josef konnte vor lauter Menschen nur mit Mühe die weihnachtlich geschmückten Schaufenster bestaunen.

Zuerst spazierten die Pospischils in das große Kaufhaus Herzmansky, das sich seit Kurzem Rhomberg und Hämmerle nannte, für die meisten Wiener aber das Herzmansky blieb.

Ein Weihnachtsmann empfing die Kinder am Eingang, das Christkind war passé. Josef und seine beiden Schwestern bekamen von dem Herrn im roten Mantel und Rauschebart ein kleines Sackerl voller bunter Bonbons geschenkt, nachdem sie seine Frage, ob sie immer artig wären, mit einem kläglichen „Ja" beantwortet hatten.

Sissi und Poldi bestaunten die herrlichen Mädchenkleider und Josef die technischen Spielsachen. Mami und Papi hörten sich alles genau an, aber gekauft wurden heute nur ein paar Süßigkeiten für den Adventstisch.

Im Kaufhaus erklang neben der obligaten „Hohen Nacht der klaren Sterne" auch die umgedichtete „Stille Nacht, heilige Nacht".

Oh, die umgedichtete „Stille Nacht"…

Die übte Fräulein Wegner mit den Kindern in der Musikstunde kräftig ein. So, als ob es diesen Text schon immer gegeben hätte. Was Josef, Martin und einige andere Kinder sehr wunderte. Martin wagte sich, die Lehrerin zu fragen, weshalb wir diesen Text und nicht den lernen, der in der Kirche gesungen wird. Was Fräulein Wegner so begründete: „In der Kirche werden leider viele undeutsche Texte gesungen. Die Kirche hat die deutsche Weihnacht für ihre Zwecke missbraucht. Der Führer will aber, dass wir ein richtiges, fröhliches deutsches Weihnachtsfest feiern, ein Fest der vielen Lichter. Wisst ihr, jetzt im Dezember haben wir die dunkelsten Tage im Jahr.

Wenn ihr in die Schule kommt, wird es gerade hell, im Sommer dagegen ist es schon viel, viel früher hell und auch abends wird es jetzt schon um vier Uhr dunkel, im Sommer dagegen geht ihr schlafen und es ist noch immer hell.

Aber nach Weihnachten werden die Tage wieder länger und die Nächte kürzer. Zunächst merkt ihr noch nicht viel davon, weil das ganz langsam passiert, aber Ende Jänner ist es am Abend schon eine Stunde länger hell.

Die vielen Kerzen am Weihnachtsbaum und auch sonst überall sollen uns daran erinnern, dass es wieder heller wird. Das ist ja auch der Sinn des Weihnachtsfestes."

Josef konnte sich aber noch gut daran erinnern, dass Fräulein Wegner ein Jahr zuvor, in der 1. Klasse, gesagt hätte, Weihnachten sei der Geburtstag des Herrn Jesus …

Aber nun bat die Lehrerin die Kinder, Seite 14 im Liederbuch aufzuschlagen und kräftig zu singen:

Stille Nacht, heilige Nacht
O wie schön! Welche Pracht!
In dem festlichen trauten Raum
Steht der strahlende Lichterbaum
Weihnacht ist wieder da
Weihnacht ist wieder da

Stille Nacht, heilige Nacht
Kinderschar o wie lacht
Freude euch aus Herz und Mund!
Weihnachtswunder tut sich euch kund!
Werdet Lichtsucher all!
Werdet Lichtsucher all!

Stille Nacht, heilige Nacht
Kerzenschein flimmert sacht
Das zum Leben erweckende Licht
Sieghaft durch das Dunkel bricht!
Freuet euch und seid froh!
Freuet euch und seid froh!

Auf dem Weihnachtsmarkt am Hof hörte Josef die „Stille Nacht"
leise von einer alten Spieluhr. Ein alter bärtiger Mann ließ sie
an seinem kleinen Stand erklingen. Natürlich nur die Melodie.
Den Text konnte sich jeder selbst dazu denken.

Mit dem Ganzen hatte es aber noch etwas auf sich. Der alte
Pfarrer vom Heiligen Josef erklärte, nachdem Martin ihm berichtet hatte, was für einen komischen Text er in der Schule gehört
hatte, von der „Stillen Nacht" gäbe es sogar sechs Strophen. Vor
der Stillen-Nacht-Kapelle im salzburgischen Oberndorf würde
an jedem Heiligen Abend Punkt 17 Uhr der gesamte Text gesungen. Klassisch. Auch heute noch …

Trotz alledem: So viel weihnachtliche Spannung kannte Josef
bislang nicht. Wie sollte es sie auch gegeben haben, wenn nicht
mal das tägliche Brot gesichert war?

Die nunmehrige Reichsmark saß auch nicht locker in der Geldbörse, aber es war wenigstens etwas Geld für kleine Geschenke da.

Papi hatte im März Arbeit auf dem Bau bekommen, und Mami putzte nur noch für ein paar gute Kunden, die sie nicht unversorgt lassen wollte. Ende November standen Papi 35 Mark Weihnachtsgeld zu, damals viel Geld.

Josef hatte sich für kleine Gefälligkeiten zehn Mark verdient, wovon er den Eltern und seinen beiden Schwestern ein bisschen Freude bereiten wollte. Ja, auch seinen beiden Schwestern. Gingen Josef auch die mädchentypischen Gebarungen der beiden oft genug auf die Nerven und boten sie Anlass für häufige Streitereien, so fehlten sie ihm sehr, als sie im Sommer vier Wochen auf einer Landverschickung im Erzgebirge weilten. Jeden Tag fragte er die Mami, wann Poldi und Sissi wieder heim kämen, und er wollte genau wissen, wo das komische Johanngeorgenstadt, wo sie in einem großen Kinderheim wohnten, auf der Landkarte zu finden war.

Als die beiden am Ostbahnhof ankamen, drückte er sie fest in seine Arme und war der glücklichste Mensch auf der Welt. Ganze drei Tage gab es keinen Streit und das hieß viel!

Wobei die Streitereien an sich nur oberflächliche Plänkeleien waren, nie etwas Ernstes. Und sie dauerten auch nie lange, weil es keiner der drei liebte, länger nicht miteinander zu reden.

Und wenn es hart auf hart kam, hielt man fest zusammen. Wehe, jemand wollte Sissi oder Poldi etwas auf der Straße antun! Der hatte sich aber gründlich verrechnet …

Und somit wollte Josef nicht nur den Eltern etwas zum Fest schenken, sondern auch seinen beiden Schwestern. Zu diesem Zweck fuhr er noch einmal an einem anderen Tag mit Tante Mitzi zur Mariahilfer Straße und schlenderte in Ruhe und ungestört an den weihnachtlich geschmückten Schaufenstern vorbei. So festlich waren die nie dekoriert gewesen, und eine so frohe Weihnachtsstimmung herrschte in den Vorjahren auch nicht.

An der Ecke Neubaugasse sammelte Gauleiter Globocnik Spenden fürs Winterhilfswerk. Josef gab zehn Pfennige, wofür ihn der Gauleiter lächelnd die Hand schüttelte.

Und endlich war der 24. Dezember gekommen. Am Vormittag ging's hektischer in den Geschäften zu als an normalen Tagen. Sogar bei der Milchfrau und beim Bäcker Berger. Josef, Sissi und Poldi konnten den Abend kaum erwarten. Nur träge schlich die Zeit voran.

Mit dem Einbruch der Dunkelheit wurde es auf einmal so feierlich still wie an keinem anderen Tag des Jahres in der Stadt. Die ersten Kerzen leuchteten in den Fenstern.

Punkt 18 Uhr saß die ganze Familie in der Kirche. Nun konnte Josef die richtige „Stille Nacht, heilige Nacht" aus tiefster Kehle schmettern. Jetzt fühlte er sich total weihnachtlich. Die Bescherung konnte starten, und sie tat es auch gleich nach dem Heimkommen.

Papi hatte den Christbaum, der jetzt offiziell Weihnachtsbaum hieß, mit neuen Kugeln und Thüringer Glasfiguren geschmückt. Die drei Kinder staunten, was da so alles rund um den Baum lag. Josef kriegte zwei kleine Autos, eine Tafel Schokolade, einen Pralinenkasten und einen warmen Pullover.

Mami freute sich neben den anderen Geschenken sehr über Josefs Kaffeehäferl, das da verkündete: „Mami ist die Beste" und Papi über das mit der Aussage: „Papi ist der Beste". Sissi und Poldi strahlten unter anderem auch sehr über die kleinen Schokoladentafeln, die natürlich das Christkind gebracht hatte und nicht der Weihnachtsmann …

Josef erlebte die Nazizeit wie auf der Achterbahn: Eben noch sah er sich auf einem Aussichtsturm sitzen und plötzlich landete er im Keller …

Nun, was Blockwart Gruber samt seinen SA-Burschen dem netten Herrn Salomon antaten, ließ ihn erschaudern, aber bereits tags darauf aß er sich dank des Hilfszuges Bayern auf dem Heldenplatz satt und war vom großen Spektakel um den Führer tief beeindruckt.

Am 10. November stand er vor den Ruinen des Großen Tempels und der Schiffschul und begriff nicht, weshalb sich die Menschen darüber so sehr freuten. Und einen Monat später wurde er mit der ganzen Familie zu einem üppigen Weihnachtsempfang ins Rathaus geladen.

Im Jänner schließlich musste er Abschied von Sara nehmen …

Kennengelernt hatten sich die beiden im Augarten beim Burgenbauen im Sandkasten. Vor zwei Jahren. An einem lauen Maienmittwochnachmittag. Ganz ohne Ouvertüre. Einfach so …

Josefs kleine rote Sandschaufel war zerbrochen, obwohl er ganz normal damit umgegangen war. Alles Ding währt eben seine Zeit. Da reichte ihm Sara ihre zweite grüne Schaufel.

„Nimm meine, ich brauche sie jetzt nicht!"

„Danke", antwortete Josef sichtlich berührt. Und baute damit seine Burg mit einem Wassergraben und zwei Türmen zu Ende. Aber immer zu dem kleinen Mädchen rüber schielend. Mit Mädchen, abgesehen von seinen beiden Schwestern, hatte er sich bislang kaum abgegeben. In seinem Alter etwas absolut Normales, da fühlte man sich „unter Männern" wohler. Trotzdem fand er Sara nett. In einem langsam zustande kommenden Gespräch vernahm er, sie wäre die Tochter des Rechtsanwaltes im Haus 33, also gleich neben ihm.

Komisch, sie war ihm bislang nicht aufgefallen …

Heute ging er nach dem Spielen mit ihr heim, und beim Abschied verabredeten sich die beiden für morgen nach dem Mittagessen.

Als er der Mami von seiner „Eroberung" berichtete, dämpfte diese seine Euphorie mit der Feststellung: „Sara ist Jüdin. Ihre Eltern und sie gehen jeden Samstag in den Großen Tempel."

„Na und?" Josef zuckte mit den Achseln, „das stört mich nicht."

Hilde hatte auch nichts dagegen, sie wollte ihren Sohn lediglich auf diesen Umstand aufmerksam machen. Es herrschte in Wien seit Langem ein latenter Antisemitismus, aber Ausschreitungen gegen Juden wie in Deutschland gab es im Frühjahr 1936 in Wien nur vereinzelt.

Bis zum „Anschluss" funktionierte die nette Freundschaft zwischen den beiden ungestört. Auch Saras Eintritt in die jüdische Schule und Josefs in die normale Volksschule in der Großen Augartenstraße tat der Beziehung keinen Abbruch. Die Schulstunden fanden bekanntlich am Vormittag statt, wenn Sara auch am Montag und Donnerstag bis 13 Uhr in der Schule saß. Dafür hatte sie als Jüdin am Samstag frei, am Schabbat, der Juden jegliche Tätigkeit untersagte. Um diesen Umstand beneidete Josef sie auch sehr. Er wäre auch lieber an zwei Wochentagen eine Stunde länger in der Schule und hätte dafür einen weiteren freien Tag.

In die jüdische Schule durfte Sara auch nach dem „Anschluss" weiter gehen. Auf der Straße oder im Augarten sollten sich die beiden nun aber nicht mehr sehen lassen, denn wenige Tage nach dem großen Auftritt Hitlers am Heldenplatz spielten sie wie gewohnt im Augarten Ball. Dagegen schritt ein junger SA-Mann energisch ein: „Juden haben hier nix verloren! Verzieh dich aus dem Park, der nur für uns Arier geschaffen wurde!"

Er nahm den Ball, zerstach ihn, sodass die Luft aus ihm entwich, und schmiss ihn in den Mistkübel. Dann brüllte er Josef an: „Du weißt, dass Arier nicht mit Saujuden verkehren dürfen! Sehe ich dich noch mal mit dem Judenbalg, schlage ich dich windelweich!"

Die beiden trauten sich nicht einmal mehr, gemeinsam heimzugehen, und deshalb flüsterte Josef seiner Freundin noch schnell zu, dass er morgen zu ihr nach Hause kommen würde. Also fanden die Begegnungen nunmehr abwechselnd bei Sara oder bei Josef statt. Aber auch hierbei mussten die beiden aufpassen, nicht beobachtet zu werden.

Auch Sissi und Poldi mochten Sara von Anfang an sehr und freundeten sich schnell mit ihr an. Obwohl Josef bislang nichts mit Puppen und dem anderen „Mädchenzeug" im Sinn hatte, so war das etwas ganz anderes, wenn Sara dabei war oder er mit Sara allein spielte. Mit Sara war überhaupt alles ganz anders …

Sara hatte keine Geschwister, beinahe hätte sie ein Brüderchen bekommen, das jedoch leider bei der Geburt gestorben war.

Auch Mami und Papi verstanden sich gut mit Saras Eltern und setzten sich öfter auf eine Flasche Wein zusammen. Es herrschte ein Stück Harmonie in dieser grausamen Zeit …

Wegen Sara störten Josef die Aktionen gegen die Juden besonders. Und weil Sara jeden Schabbat mit ihren Eltern in den Großen Tempel gegangen war, schmerzte es Josef sehr, als er diesen am 10. November 1938 in Rauch aufgehen gesehen hatte …

Für seine kleine Freundin fuhr Josef vor Weihnachten noch einmal extra in die Mariahilfer Straße, um ihr eine Kette mit einem Herzen zu kaufen. Als er ihr diese übergab, fiel sie ihm das erste Mal vor lauter Freude um den Hals.

Josef bekam von ihr ein selbst gemaltes Bild vom Augartenpark. Sie konnte sehr gut zeichnen. Josef schätzte das sehr, da seine Begabung nicht auf diesem Gebiet lag.

Am 16. Jänner 1939 eröffnete Sara ihrem Freund, dass sie am 20. Wien verlassen würde. Nach Paris. Ihre Eltern hatten alles beisammen: Pass, Visum, Zugfahrkarte. Ein Freund des Vaters hatte ihnen eine Wohnung besorgt.

Josef fühlte sich so, als ob ihm jemand den Boden unter den Füßen wegziehen würde. Warum musste das sein? Sara würde ihm sehr fehlen. Sie war ein besonderes, sehr liebes Mädchen, so ganz anders als andere Mädchen.

Am Abreisetag begleitete er sie zusammen mit Sissi, Poldi und Mami zum Westbahnhof, umarmte sie, gab ihr einen Abschiedskuss, winkte ihr zu und schaute dem Zug so lange nach, bis von ihm nichts mehr zu sehen war.

In den Augarten ging er nur noch höchst selten.

Es gab so lange einen sehr regen Postverkehr mit dicken Briefen, jedem Brief lag mindestens ein tolles Bild bei, vom Eiffelturm, von einem Dampfer auf der Seine, vom schwarz-weißen Kater Julian. Bis die Nazis Paris besetzten …

KAPITEL 2

Es lebe die Volksrepublik!

Einige Tage nach dem Schweigen der Waffen schenkten junge Rotarmisten auf dem Karmeliterplatz eine würzig duftende Erbsensuppe aus einer großen Gulaschkanone aus. Was sich in Windeseile im Grätzel herumgesprochen hatte, und dementsprechend lang war dann auch die Schlange. Aus allen Winkeln strömte Jung und Alt mit Kind und Kegel und allen möglichen Gefäßen bewaffnet herbei. Jeder drängte ungeduldig nach vorn, nicht, weil man es eilig hatte, sondern aus lauter Angst, nichts mehr zu ergattern. Auch Josef, Sissi, Poldi und Hilde hatten sich eingereiht.

Mitte April 1945 war ein so gutes Mittagessen eine wahre Sensation …

Die großen, schwarzhaarigen, etwas dunkelhäutigen Soldaten in leicht zerschlissenen Uniformen gaben jedem einen kräftigen Schlag. Zu Kindern und Jugendlichen waren sie besonders nett und großzügig. Sie streichelten ihnen liebevoll übers Haar, während sie lächelnd einschenkten.

Josefs erste Begegnung mit den Besatzern, die nun ganz Wien unter Kontrolle hielten.

Da in diesen allerersten Tagen nach der großen Schlacht noch kein geregeltes Versorgungssystem für die Bevölkerung existierte, wurde diese Aktion dankbar angenommen.

Für die Jugend war das alles lustig. Die Burschen und Mädchen tänzelten und sprangen um die Soldaten herum, die ihnen nach Beendigung der Ausspeisung Lieder aus ihrer Heimat vorspielten und vorsangen.

Josef wollte wissen, woher die Männer kamen. Natürlich verstand er ihre Sprache nicht, da aber einer gebrochen deutsch sprach, erfuhr er: Zwei stammten aus Kiew, einer aus Dnipropetrowsk und der Letzte aus Lwiw, dem früheren Lemberg. Zu Hause schlug er sofort im Atlas nach und stellte entsetzt fest, das sei ja ganz schön weit weg.

Aber jetzt spielte er erst einmal mit den beiden Kiewer Karten. Die bunten Tierbilder mit den fremden Buchstaben faszinierten ihn mächtig. Da er von vier Spielen drei gewann und als Präsent jedes Mal ein bunt verpacktes Bonbon kriegte, stolzierte er frohgemut heimwärts.

Die Angst der Nachbarn vor den Sowjetsoldaten verstand Josef so lange nicht, bis er eines Abends kurz vor dem Schlafengehen grausame Schreie einer Frau aus dem Haus gegenüber hörte und vorher gesehen hatte, wie sich ein Soldat ins Haus geschlichen hatte. Tags darauf wurde überall ängstlich getuschelt und gemunkelt, dass sich Derartiges auch anderenorts zugetragen hätte.

Und gegen sieben kam Sissi zitternd, völlig verheult, an beiden Armen blutend, heim. Ihre weiße Bluse war zerrissen. Sie konnte und konnte sich nicht beruhigen. Mami nahm sie in die Arme, ging langsam mit ihr in die Küche und ließ sie sich ausweinen. Als sie etwas zu sich gekommen war, wusch Mami vorsichtig das Blut ab.

Josef und Poldi erstarrten vor Angst. Was war passiert?

„Ein Russe hat …“, stammelte Sissi und heulte noch entsetzlicher als vorher.

„Hat mich ins Haus gezerrt und …“ Sie brach erneut in Tränen aus und bebte am ganzen Körper.

Josef traute sich nichts zu fragen. Schweigend stand er daneben. Er konnte sich ja denken, was geschehen war und darum kam er sich schrecklich hilflos vor. Ihm tat seine Schwester sehr leid. Gern hätte er ihr geholfen, aber wie?

Aber sein Mitleid schlug sehr bald in Wut um …

Wie konnte jemand Sissi so etwas antun? Wenn ich den erwische …!

Aber was kann ich gegen einen Sowjetsoldaten ausrichten?

Ohnmacht machte sich in ihm breit … Man war der Besatzungsmacht hilflos ausgeliefert …

Josef resümierte daraus: Die Nazis hatten recht, dass sie vor den Russen gewarnt hatten und sie als unzivilisierte Untermenschen tituliert hatten.

Er musste eben besser auf seine Schwestern, aber auch auf seine Mutter aufpassen, denn er war jetzt der „Herr im Hause", solange der Vater in der Kriegsgefangenschaft war …

In der Nacht schreckte Sissi ein paarmal laut aus dem Schlaf auf, rannte panikartig zur Tür, kratzte sich fürchterlich am Kopf und dann am ganzen Körper, dazwischen wild gestikulierend, bis sie sich wieder ins Bett warf und fürchterlich weinte … Die Mami setzte sich zu ihr, hielt ihre Hand und beruhigte sie. Ähnlich wiederholte sich das in den Folgenächten. Sogar bis zum Herbst kam das ab und zu noch vor. Selbst später plagten Sissi immer noch gelegentlich schwere Albträume mit Weinkrämpfen.

Die drei „Frauen" verließen das Haus nur noch, wenn's unbedingt sein musste.

Sissi und Poldi waren nun einmal bildhübsche Mädchen, was in dieser Zeit eben leider auch problematisch sein konnte.

Erst als wieder österreichische Polizisten auf der Straße patrouillierten, normalisierte es sich langsam. Wobei Sissi anfangs auch diese Uniformen Angst einflößten, da sie ihr unbekannt waren. Erblickte sie jedoch einen Sowjetsoldaten, geriet sie total in Panik. Man musste aufpassen, dass sie nicht unbedacht auf die andere Straßenseite rannte und dabei unter ein Auto geriet …

Um Derartiges für die Zukunft zu vermeiden, hatte Josef einkaufen zu gehen. Was er auch tat, wenn auch nicht immer voller Begeisterung, was gut zu verstehen war, da das Einkaufen ein äußerst kompliziertes Unterfangen darstellte …

In den ersten Wochen gab's doch noch keine Lebensmittelkarten. Und Geschäfte hatten kaum geöffnet, weil sie nichts zum Verkaufen hatten. Womit die Ausspeisungen der Roten Armee mehr als nur willkommen waren.

Ende April öffneten wenigstens mal die Bäckereien wieder, so auch Bäcker Berger. Pro Person wurde ein Laib Brot ausgegeben. Konsequent, ohne Widerrede. Damit jeder etwas kriegte, wie es hieß. Was, von einigen notorischen Nörglern abgesehen, auch akzeptiert wurde.

Das Mehl stammte aus der „Stalinspende" zum 1. Mai.

Josef musste dafür allerdings drei Stunden geduldig Schlange stehen. Ab sechs Uhr früh.

Wasser musste von den öffentlichen Pumpen geholt werden und auch hier bildeten sich endlose Schlangen, da davon nicht viele in Wien zu finden waren. Es musste aber unbedingt abgekocht werden, woraus sich das nächste Problem ergab: Holz musste her, um den Herd zu heizen.

Also bewaffnete sich Josef mit einer Säge und marschierte in den Prater.

Nach langen unfreiwilligen Ferien startete am 17. September 1945 wieder die Schule. Josef konnte seine alte in der Großen Augartenstraße weiter besuchen, die unter den Straßenkämpfen lediglich an der Fassade etwas gelitten hatte, ansonsten unversehrt geblieben war.

Die Lehrerschaft hatte sich fast gänzlich erneuert. Die nunmehrigen Lehrer standen entweder der neuen SPÖ, der Sozialistischen Partei Österreichs, bestehend aus Sozialdemokraten und Revolutionären Sozialisten, der ÖVP, der Österreichischen Volkspartei, die aus den Christlichsozialen hervorgegangen war, aber der Ständestaatsideologie abgeschworen hatte, oder der KPÖ, der Kommunistischen Partei Österreichs, nahe, mussten diesen Parteien aber nicht unbedingt angehören. Von den alten Lehrern waren lediglich die Turnlehrerin, Frau Winter, und die Musiklehrerin, Frau Schmied, übrig geblieben. Frau Winter war SPÖ-Mitglied und deshalb durch die illegale Parteiarbeit mit Hilde befreundet. Aber auch Frau Schmied war Hilde gut bekannt, sie arbeitete in einer christlichen Widerstandsgruppe mit. Einige Aktivitäten führten SPÖ-, KPÖ- und christliche Gruppen gemeinsam durch, weshalb man sich kannte. Jetzt gehörte Frau Schmied der ÖVP an.

Der 2. Bezirk zählte nach der Aufteilung Wiens in Besatzungssektoren zum sowjetischen Sektor. Da verwunderte es kaum, dass Direktor Hilbert als KPÖ-Genosse bei der feierlichen Eröffnung des Schuljahres im Turnsaal kräftig ins Horn blies: „Die Rote Armee hat in Österreich die Grundvoraussetzung zu einem demokratischen Neuanfang geschaffen. Nach den bitteren Jahren des Faschismus werden wir uns ein freies Österreich aufbauen, das sich auf die guten Traditionen der Arbeiterbewegung und des fortschrittlichen Bürgertums stützt. Unser treuer Freund, der Genosse Stalin, der Schöpfer der neuen Weltordnung, wird uns in eine lichte Zukunft führen …"

Josef musste schmunzeln …

Fräulein Wegner hatte einst Dollfuß und Schuschnigg als Wegbereiter in eine lichte Zukunft gepriesen, und ein Jahr später lobte sie den Führer Adolf Hitler als den großen Lichtträger. Jetzt sollte es schon wieder einen geben, der uns zum Licht führt. So viel Licht hält doch kein Mensch aus …

Schulbücher existierten kaum, denn weder die aus dem Ständestaat noch die aus der NS-Ära waren zu gebrauchen. Lediglich ein Grammatikbuch von 1930 und ein Liederbuch von 1931 wurden ausgeteilt. Ansonsten musste fleißig mitgeschrieben werden.

Josef hätte eigentlich seine dazumal achtjährige Schulpflicht erfüllt, aber er trat trotzdem, wie fast alle seiner bisherigen Mitschüler, noch einmal in die achte Klasse ein, weil im Schuljahr 1944/45 nur äußerst wenig Schulunterricht stattgefunden hatte. Durch Fliegeralarm fielen immer wieder Schulstunden aus und es wurden Schulen zusammengelegt, weil viele von ihnen als Lazarett dienen mussten oder Opfer der alliierten Bombenangriffe geworden waren. In den verbliebenen offenen Schulen, zu denen Josefs Schule zählte, fand nur ein Notunterricht in zwei Schichten statt. Im Winter gaben die Lehrer wegen Kohlenmangels meistens nur Hausaufgaben auf, besprachen diese kurz und kontrollierten sie tags darauf flüchtig. In ungeheizten Räumen hält sich bei klirrender Kälte niemand länger als nötig auf. Ab März war dann überhaupt Finis. Somit besaß keiner ein Jahreszeugnis der achten Klasse. Josef wollte aber ein ordentliches Abschlusszeugnis in der Hand halten, mit dem es sich um eine Lehrstelle bewerben ließ. Eine solche war im September 1945 allerdings kaum zu ergattern, weshalb es sich auch von dieser Seite her als klug erwies, noch ein weiteres Jahr die Schule zu besuchen.

In der es ab sofort auch ein tägliches warmes Mittagessen gab, etwas ungeheuer Wertvolles zur damaligen Zeit. Gleich in der ersten Woche sogar Spaghetti mit Tomatensoße, eine von Josefs Leibspeisen. Die US-Army hatte sie für alle Wiener Schüler gespendet, hieß es.

Josef saß auch wieder mit Martin in einer Bank. Leider waren Karl und Richard, die in der alten Klasse vor ihnen saßen, Opfer der Luftangriffe geworden. Die beiden wohnten in der Oberen Augartenstraße, nur wenige Häuser von der Schule entfernt, und hatten den Einschlag einer Luftmine, die sich bis in den Keller ihres gemeinsamen Wohnhauses gebohrt hatte, nicht überlebt. Auch Herr Wollner, ein schon älterer, bärtiger, sehr netter Lehrer, der bedauerlicherweise nur Vertretungsstunden in Mathematik gegeben hatte, bedauerlicherweise deshalb, weil er es gut verstanden hatte, die an sich trockene Materie interessant und lebendig zu vermitteln, wurde noch im Jänner 1945 eingezogen und fiel bei den schweren Kämpfen am Balaton.

Eine wesentliche Neuerung im Schulwesen bedeutete die Tatsache, dass die Klassen nicht mehr geschlechtermäßig getrennt waren. Josef hatte also ab sofort auch Schulkameradinnen, was ihm sehr gefiel, aber nicht nur ihm …

Man war doch inzwischen in einem Alter, wo man nicht mehr nur „unter Männern" sein wollte.

„Gestern haben wir eindrucksvoll erlebt, was Worte von Kapitalisten wert sind, die sich immer gern als die Gralshüter der Demokratie und der Freiheit bezeichnen und glauben, sie müssen uns vor der bösen Sowjetunion schützen, die uns in die Diktatur und völlige Sklaverei stürzen will", zog Herr Köhler gleich am frühen Morgen, in der ersten Stunde, kräftig vom Leder. Der glühende Kommunist, der sechs Jahre Mauthausen hinter sich hatte, nahm in Staatsbürgerkunde sofort Bezug auf die gestern gescheiterte Länderkonferenz im niederösterreichischen Landhaus in der Herrengasse 13. Ziel dieser Konferenz war die längst überfällige Anerkennung der von der Sowjetregierung am 27. April 1945 gebilligten Renner-Regierung, auch durch die westlichen und südlichen Länder sowie die drei westlichen Besatzungsmächte. Bislang war diese Regierung nur von Vertretern aus Wien, Niederösterreich, dem Burgenland und dem Mühlviertel bestückt worden.

Die Renner-Regierung hatte aber auf dieser Konferenz angeboten, Vertreter der übrigen Länder und Regionen in der Regierung willkommen zu heißen. Es kam aber leider zu keiner Einigung, und die Westler und Südler sind am Abend des 26. September 1945 erbost abgereist.

Josef wusste von seiner Mutter, wie wichtig diese Konferenz war. Ein positiver Ausgang hätte bedeutet, alle Länder arbeiten endlich gemeinsam am Neuaufbau Österreichs mit.

„Das Scheitern der Konferenz stellt uns vor gewaltige Probleme", führte Herr Köhler weiter aus, „denn jetzt wissen wir, wer die Spalter unseres Landes sind! Sie wollen die Verhältnisse in Österreich wieder so herstellen, wie sie vor dem Krieg bestanden hatten! Als ihr auch gehungert und im Winter gefroren habt. Und daran soll sich nach dem Willen der Großkapitalisten nichts ändern, wenn wir Kommunisten, Sozialdemokraten und fortschrittlich bürgerlich Gesinnte an den bestehenden Verhältnissen nichts ändern! Dann wird weiterhin eine kleine Schicht von Milliardären und Millionären über das ganze Volk herrschen und es ausbluten! Das ist nämlich die wunderbare Freiheit und Demokratie, von der im Westen gern geschwafelt wird! Aber da machen wir nicht mit! Jetzt hungern und frieren wir leider als Folge des, von den Faschisten entfachten Krieges, noch, aber damit wird bald ein für alle Mal Schluss sein, weil die fortschrittlichen Kräfte in unserem Land der Kriegsspielerei und des wirtschaftlichen Raubbaues unseres Landes einen Riegel vorschieben. Das ist die entscheidende Grundlage, damit es uns bald auch wirtschaftlich besser gehen wird. Die Früchte unserer ehrlichen Arbeit werden wir alle ernten und nicht nur wenige Reiche!"

„Aber um irgendwelche Bereicherung ging es doch bei der Konferenz gar nicht", fiel Josef dem Lehrer nervös ins Wort, „es ging doch um den kommunistischen Innenminister, den die westlichen Vertreter nicht wollten!"

„Da hast du, auf den ersten Blick betrachtet, völlig recht!",
lachte Herr Köhler. „Der böse kommunistische Innenminister passt
nicht in das Konzept der Herren aus dem Westen samt ihrer Be-
satzer. Schaut, dem Innenminister untersteht der gesamte Polizei-
und Sicherheitsapparat, und dieser entlarvt sofort die Stör- und
Sabotageaktionen der noblen Herren!" Der Lehrer kratzte sich
an seinem fast haarlosen Kopf, überlegte eine Weile und richtete
seinen rechten Zeigefinger zur Klasse: „Aber das wollen die aus
dem Westen nicht! Sie wollen nicht, dass ihre Schiebereien und
Spekuliererei ans Tageslicht gelangen. Ob die Kinder ihre tägliche Milch kriegen und die Schwerarbeiter etwas mehr Fleisch
und Fett, oh, das interessiert die wohlgenährten Tugendwächter
nicht! Sie wollen nur ihre Schäfchen ins Trockene bringen …"

„Und die aus dem Westen meinten doch auch, dass unsere
Regierung hier von der Sowjetunion eingesetzt worden ist und
die Westmächte nicht gefragt wurden, ob sie damit einverstanden
sind?" Die von den Burschen sehr umschwärmte Renate mit
den großen hellblauen Augen von ganz hinten rechts wollte das
unbedingt noch aufgeregt vermelden, wobei ihr langer blonder
Pferdeschwanz hektisch hin und her wippte.

Herrn Köhler ließ das völlig kalt. Er erklärte alles ruhig und
gelassen. Nur auf seine silberne Taschenuhr schaute er kurz, sich
wohl fragend, ob er die Antwort noch bis zum Pausenläuten geben
könnte: „Seht, die Sowjetregierung hat schon an eine österreichische
Regierung gedacht, als die Kampfhandlungen noch im vollen
Gange waren und Wien noch von den faschistischen Truppen
besetzt war. Da bereits hat Marschall Tolbuchin den Kontakt zu
Renner gesucht und mal vorgefühlt, ob das was werden kann. Und
nach der Befreiung Wiens sollte so schnell wie möglich eine österreichische provisorische Regierung stehen, damit die Verwaltung
wieder in Schuss kommt. Und so wurde Karl Renner am 27. April
eingesetzt. Das konnte bitte zunächst nur mit der Sowjetmacht
passieren, weil im Westen und Süden noch erbittert gekämpft
wurde. Die Sowjetregierung hat ja nach Ende der Kämpfe auch
Kontakt mit den Westmächten aufgenommen und sie informiert
und betont, dass die Regierung nur ein Provisorium sei. Und

dann kam schließlich auch erst noch die Potsdamer Konferenz mit der endgültigen Zonenfestlegung in Deutschland und Österreich. Danach wurde ja dann auch der Termin für die Länderkonferenz festgelegt, auf der die Regierung gebildet werden sollte, die bis zu demokratischen Wahlen im Amt bleiben soll."

„Aber was wird jetzt passieren?", fragte daraufhin Werner aus der letzten Reihe ängstlich.

Herr Köhler zuckte mit den Achseln, krauste seine Stirn und blieb eine Weile stumm, bis er zaghaft antwortete: „Die konkreten nächsten Schritte kennt jetzt noch keiner so genau. Aber eines kann man mit Bestimmtheit sagen: Um die Einheit unseres Landes schaut es schlecht aus. Aber wir werden nicht locker lassen!"

Auf dem Karmeliterplatz verteilte eine Frau das Extrablatt des „Neuen Österreich", welches in großen fetten Lettern verkündete: „Länderkonferenz gescheitert! Einheit in großer Gefahr!"

Für zehn Pfennige riss ihr fast jeder die Zeitung aus der Hand. Die Atmosphäre in der Stadt war so angespannt wie vor einem Bombenangriff oder einem drohenden Unwetter.

Auch Hilde wirkte nervös. Als Josef sie nach dem Tagesgeschehen befragte, klagte sie:

„Jetzt wird sich jeder nehmen, weil er glaubt, es gehört ihm."

Auf Josefs ungläubiges Gesicht hin konkretisierte Hilde: „Na, die Sowjets nehmen sich den Osten und die Westmächte den Westen und Süden! Dann haben wir zwei Österreichs!"

Kfz-Mechaniker hieß Josefs Lehrberuf, viel mehr Auswahl hatte es im Sommer 1946 nicht gegeben. Und von den wenigen Möglichkeiten klang dieses Angebot am Verlockendsten, da sich Josef schon immer sehr für Autos interessiert hatte. Ein eigenes zu besitzen, hielt er allerdings für einen unerfüllbaren Traum, und in seinem Bekanntenkreis besaß auch keiner eins. Aber wenn ich ausgelernt habe, wer weiß? Hoffnung kam in ihm auf. Was ihn sehr dazu ermutigte, sich voll in seinen Lehrberuf zu stürzen …

Handwerklich war Josef sehr begabt, was er oft genug eindrucksvoll im elterlichen Haushalt gezeigt hatte, falls es etwas zu reparieren gab. Auch die schwesterlichen Puppen machte er wieder gesund oder er legte in den beiden Puppenstuben Hand an, wenn dort etwas kaputtgegangen war.

Die schulische Berufsvermittlerin schickte Josef zu Meister Hellgruber in der Favoritener Neilreichgasse. Beide wurden schnell handelseinig und Josef startete am Montag, dem 2. September 1946, seine dreijährige Lehre.

Damit hatte im wahrsten Sinne des Wortes der Ernst des Lebens begonnen.

Der hieß: Tagwache Punkt halb sechs und nicht, wie bisher, fast zwei Stunden später zum Schulbeginn. Nach dem schnellen Frühstück ab zur Straßenbahn, um zum Praterstern zu gelangen. Dort schnell umsteigen, denn bis zur Neilreichgasse ist es noch recht weit.

Meister Hellgruber hatte beim Vorstellungsgespräch betont, er lege großen Wert auf Pünktlichkeit, was bedeutete, Arbeitsbeginn ist Punkt sieben und nicht zehn oder zwanzig Minuten nach sieben. Also musste der Arbeitsweg so berechnet werden, dass auch einmal eine Straßenbahn vor der Nase wegfahren durfte und man dennoch pünktlich an den Arbeitsplatz käme. Und Arbeitsbeginn um sieben hieß ferner, bereits in Arbeitskleidung am Arbeitsplatz zu stehen.

Soweit mal das Eine, das andere war die Länge des Arbeitstages. Die Schule dauerte maximal bis zwei, aber jetzt war erst um Viertel vier Feierabend, unterbrochen nur von neun bis Viertel zehn zum Frühstücken und von zwölf bis halb eins zum Mittagessen. Am Samstag gab's nur die Frühstückspause und um dreiviertel zwölf war Schluss. Macht nach Adam Riese: 42 Wochenstunden Arbeitszeit, und das auch nur deshalb so, weil Josef noch keine sechzehn war. Von sechzehn bis achtzehn hatte er täglich eine halbe Stunde länger zu werken, um auf die 45 Stunden zu kommen, und ab achtzehn dauerte die Arbeitswoche 48 Stunden, dann noch mal eine halbe Stunde länger pro Tag.

Aufgelockert wurde die Arbeitswoche lediglich durch den Berufsschultag am Mittwoch in der „Mollardburg" am Gürtel, der größten Wiener Berufsschule. Dieser startete erst um acht und endete um Dreiviertel drei, ein kleiner Lichtblick. Und ein Berufsschultag zählte als voller Arbeitstag, wenn mindestens sechs Stunden in der Schule zugebracht wurden.

Oh weh, das war schon eine gewaltige Umstellung! Im ersten Monat tat sich Josef auch ganz schön schwer, aber dann gewöhnte er sich langsam an den Arbeitsalltag.

Zwischen den Sektoren lief anfangs alles noch halbwegs normal. Erst ab dem zweiten Lehrjahr durfte Josef die Mollardburg nicht mehr besuchen, weil diese im französischen Sektor stand. Für ihn sogar ein Vorteil, da sich seine neue Berufsschule nahe dem Praterstern befand und er somit, nunmehr am Donnerstag, fast eineinhalb Stunden länger schlafen konnte.

Meister Hellgruber war ein netter Mensch, der Josef nicht nur die Werkstatt säubern ließ, in die Trafik, zur Milchfrau oder zum Greißler schickte, wenn solche Dinge ab und zu auch mal sein mussten, aber nicht die Hauptbeschäftigung eines Lehrlings sein durfte. Was dazu führte, dass sich Josef bereits bis Weihnachten mit dem Innenleben der damals gängigen Autos auskannte.

„Bist ein gescheites Bürschlein!", lobte der Meister den Lehrling öfter, „aus dir wird mal was Ordentliches! Auch aus der Berufsschule höre ich nur Gutes!"

Außer dem Chef und Josef werkte noch Otto in der kleinen Werkstatt, der noch gut drei Jahre bis zur Pension hatte und Josef sehr freundlich und kompetent in die tägliche Arbeit einwies und auch auf seine vielen Fragen geduldig einging, weil Josef nun mal alles ganz genau wissen wollte.

„Stell nur deine Fragen, denn es ist besser zweimal etwas zu fragen, als einmal etwas falsch zu machen", ermutigte der alte Geselle seinen ihm anvertrauten Lehrling.

Und im Büro saß die nette Sekretärin Frau Bernert, die nächstes Jahr ihren 50. Geburtstag feiern würde.

Mehr war dazumal nicht zu tun, denn wer nannte schon ein Auto sein eigen? In der Regel kamen Kleinunternehmer mit ihren klapprigen Lieferwagen, in der Hoffnung, es könne ihnen rasch geholfen werden. Was aber nicht so einfach war, weil es buchstäblich an allem fehlte. Ist das ein Wunder, da selbst Essen, Trinken und Kleidung streng rationiert waren? Da sollte ausgerechnet bei Autoteilen Überfluss herrschen?

Während des Krieges produzierte die Autoindustrie hauptsächlich für die Wehrmacht. Den für das Volk angedachten KdF-Wagen hatten sie zum Kübelwagen fürs Militär umfunktioniert. Manch einer ergatterte nach Kriegsende einen, so der Malermeister Mayer, der damit gern angab, wenn er die Belegschaft begrüßte: „Meine Herren, hab' wieder ein bisserl Kaffee bei den Amis aufgerissen und hoffe, das spornt euch kräftig an, meinen Wagen rasch wieder flott zu machen!"

Noch konnten die Sektorengrenzen auch mit dem Auto problemlos überquert werden, und ein Unternehmer durfte „drüben" noch Aufträge annehmen.

„Dann laufen die Geschäfte also gut", lachte Meister Hellgruber.

„Mehr als das", stöhnte der Angesprochene, „komme kaum noch zu etwas Privatem. Es geht doch nicht nur um die Arbeit an sich, du weißt doch, irgendwas fehlt immer. Drüben geht das schon ein bisschen besser, aber ohne Beziehungen funktioniert nirgendwo was."

„Beziehungen", das waren die Kontakte, die über den Schwarzmarkt liefen, ohne die aber auch Meister Hellgruber nicht auskam. Sonst würden die Autos die Werkstatt wohl nie verlassen.

„Ich kann niemandem, der mir heute seinen Wagen bringt, versprechen, dass er ihn morgen oder übermorgen wiederholen kann", klärte der Meister den Lehrling auf, „denn inzwischen weißt du ja, wie das so ist. Du kennst das Theater um die Zündkerze für den Mercedes 170 V vom Installateur Hennig aus der Inzersdorfer Straße …"

Der Mercedes 170 V, der gestern hereingebraust kam! Dass der nicht so wollte, wie er sollte, stellte Josef nicht gleich fest, weil nun mal nicht jeder Fehler auf den ersten Blick sichtbar ist.

Herr Hennig meinte auch bloß lakonisch, der Wagen habe was, wie das eben viele Kunden formulieren, wenn sie sich nicht sicher waren, was zu reparieren sei. Aber um das festzustellen, sind wir schließlich da, dachte Josef inzwischen längst mit einem gewissen Stolz. Wenn ich zum Arzt gehe, weiß ich auch nicht immer, was mir genau fehlt und vertraue ihm, dass er das herausfindet und mir die richtige Medizin verschreibt. Und so sehen das die Kunden auch, wenn sie mit ihren Fahrzeugen herkommen.

Immer wieder bewunderte Josef das schmucke schwarz lackierte Auto mit vier Plätzen, das es mit seinen 38 PS auf 108 km/h brachte.

Neben einigen Kleinigkeiten, die relativ leicht auszubessern waren, musste eben auch die Zündkerze ausgetauscht werden. An sich kein Problem für eine Kfz-Werkstatt. Normalerweise nicht, aber im Herbst 1946 ein Riesenproblem!

Da alle normalen Bezugsquellen verstopft waren, musste der Schwarzmarkt herhalten. Und Josef sollte erfahren, wie auch das lief, weshalb er zum Naschmarkt mitfahren sollte.

Zwischen den Standerln standen einige Männer herum. Meister Hellgruber schritt schnurstracks auf einen zu und flüsterte ihm etwas ins Ohr. Josef sollte ein Stück zurück bleiben.

Er sah, wie sich der Angesprochene am Kopf kratzte und der Meister wild mit beiden Händen herumfuchtelte. Nach einem kurzen Augenblick reichte der Unbekannte dem Meister die rechte Hand, in die dieser einschlug und in seine rechte Hosentasche griff, um dem Unbekannten etwas in die Hand zu drücken. Kräftigst lachend schüttelte dieser dem Meister die Hand. Beide winkten sich noch freudig zu, und der Meister rannte schnell auf Josef zu. Nicht mal fünf Minuten hatte alles gedauert.

„Morgen um zehn kriege ich die Zündkerze in die Werkstatt gebracht!" Freudig brausten die beiden ab.

Am Naschmarkt fasste sich jeder kurz, weil ständig Polizisten auftauchten, auch welche in Zivil. Das waren die schlimmsten! Oder es fuhren die vier im Jeep langsam vorbei …

Ein besonderer Auftritt war der von Doktor Wolf, dem Chefarzt aus dem Lainzer Krankenhaus, mit seinem weißen Adler 2,5 l, viertürig, 58 PS, Sechszylinder mit völlig neuer Frontpartie, wie es im Prospekt hieß.

Was mit dem Wagen los war, wusste Josef nicht, weil sich alles an seinem Berufsschultag abgespielt hatte, doch die Abholung hatte es in sich. Doktor Wolf traf per Taxi im Frack aus dem Nobelbezirk Hietzing ein und zahlte in Dollar. Dazu überreichte er dem Meister noch eine Flasche Whisky und ein Packerl Bohnenkaffee.

„Franz, ich weiß, was ich an dir habe!" Lachend klopfte er dem Chef auf die Schulter, „lasst es euch gut gehen!" Dann rauschte er ab in seine Villa in der Wlassakstraße. Nobel geht die Welt zugrunde, dachte sich Josef, abfällig seinen Kopf kräftig schüttelnd: „Der gibt aber ordentlich an!"

Meister Hellgruber schaute den Lehrling mit großen Augen an und konterte: „Das denkt jeder, der Dr. Wolf das erste Mal erlebt, aber das stimmt so nicht. Gewiss lebt er auf großem Fuß, aber das ist sein Leben. Er stammt aus einer wohlhabenden Ärztefamilie in Hietzing und kennt nur diesen Lebensstil. Aber die Wahrheit schaut anders aus."

„Wie denn?", wollte Josef jetzt unbedingt wissen, und der Chef ließ seinen Lehrling nicht im Unklaren: „Im Krieg, bei einer großen Schlacht vor Paris, hat mir Dr. Wolf das Leben gerettet. Ich hatte einen schweren Streifschuss und blutete fürchterlich. Da kroch er unter Einsatz seines Lebens zu mir vor, obwohl es ringsum ordentlich brodelte, und zog mich nach hinten und versorgte mich notdürftig, wie das im Feld nicht anders sein konnte. Wäre er nicht, hätte ich nicht überlebt, denn mein lieber Kamerad Konrad hat das Weite gesucht und ist abgehauen, als es brenzlig wurde …"

„Desertiert?" Josef konnte es nicht fassen.

„Richtig, so war es und nicht anders, denn keiner hat je noch was von ihm gesehen oder gehört! Herbert aber, eben Dr. Wolf, hat mir das Leben gerettet, und darum helfe ich ihm auch gern, wenn er was mit seinem Wagen hat. Ich würde ihm das doch selbstverständlich gratis reparieren, aber er will das nicht, weil er gern anderen Gutes tut, und er hilft ja auch vielen Leuten. Wenn einer was braucht und die Krankenkasse zahlt das nicht und das ist ein armer Hund, macht er das umsonst. Du sagtest doch, deine

Schwester hat manchmal noch Probleme wegen dem, was der Russe mit ihr gemacht hat?"

„Ja, sie hat ab und zu noch Albträume und Angstzustände, aber was hat das mit dem Doktor zu tun?", wunderte sich Josef.

„Dr. Wolf kann ihr bestimmt helfen oder er weiß, wer das kann, denn er ist ja Chirurg. Aber er weiß überall in der Medizin gut Bescheid. Sie soll doch mal zu ihm gehen. Ich kann das arrangieren."

„Gut, wenn das so einfach geht."

Es ging! Schon nach einer Woche machte sich Sissi auf den Weg nach Lainz und war von dem netten Arzt hellauf begeistert. Er begrüßte sie freundlich mit Handschlag, hörte ihr aufmerksam zu und untersuchte sie dann gründlich. Fast eine Stunde war er mit ihr beschäftigt und gab ihr dann ein Medikament aus seiner Privatapotheke. Er wollte sie aber nach zwei Wochen unbedingt wiedersehen, um zu kontrollieren, wie die Medizin angeschlagen hatte. Drei weitere Termine hatte Sissi dann noch, und ihre Situation besserte sich merklich. Die Angstzustände verschwanden fast, genauso die Albträume …

Selbst die Besatzungsmacht zeigte sich in der Werkstatt nicht nur zu Kontrollzwecken. Ende März 1947 traf ein blauer Pobjeda ein, das neueste Modell aus der Sowjetunion. Pobjeda heißt auf Deutsch „Sieg" und war als Mittelklassewagen unter hohen Sowjetoffizieren beliebt. Der dunkelhaarige breitschultrige Offizier in den Mittvierzigern, mit vielen Orden dekoriert, schritt forsch auf den Meister zu. Josef dachte, es gäbe wieder mal etwas zu beanstanden, aber in solchen Fällen kam kein Offizier allein, und schon gar nicht im Privatwagen. Also musste es etwas Besonderes sein, und das war es auch, denn der Mann aus dem fernen Omsk kritisierte sein eigenes Auto mit scharfen Worten: „Viel Geld zahlen und nix gut fahren!"

„Ich werd' schauen, was ich tun kann", beruhigte der Meister seinen Kunden, „aber ich kann nichts versprechen. Ich weiß nicht, wo ich Ersatzteile für diesen Typ herkriegen kann."

„Sagen Sie, was brauchen Sie! Ich werde das bekommen. Sie müssen nur einbauen!"

„Gut, ich sage Ihnen morgen Bescheid!"

Die erbetenen Ersatzteile trafen prompt ein, und am Montag darauf holte der Offizier das Auto ab. Er zahlte mit einer Flasche sibirischen Wodkas und einer kleinen Dose schwarzen Kaviars.

„Genießen Sie Wässerchen und lassen Sie Kaviar schmecken von herrlicher Krim. Spacibo und do swidanja!" Lachend winkend stieg er in sein Auto und brauste davon.

Später hörte Josef, dass die Produktion des Pobjeda Ende 1948 gestoppt wurde, weil zu viele Mängel aufgetreten waren …

Der Winter 1946/47 zeigte sich von seiner unbarmherzigsten Seite. Bis unter minus 20 Grad Celsius sank das Thermometer, und das Heizmaterial wurde immer knapper. Alles, was sich verfeuern ließ, wurde in den Ofen geworfen. Josef machte sich fast täglich auf den Weg in den Prater, aber da war bald nichts mehr zu holen. Auch nicht in den anderen Wiener Parks.

Also hing er sich am Samstagnachmittag und am Sonntag, manchmal aber auch noch nach Feierabend an den Wochentagen, am nahen Nordbahnhof an die total überfüllten Züge, falls er drinnen keinen Platz mehr bekam.

Hatte er am Bisamberg oder mittlerweile immer weiter draußen etwas ergattert, galt es, damit auch heimzukommen. In dem Gedränge konnte schnell etwas verlorengehen oder gewaltsam entwendet werden. Letzteres war aber nicht so einfach, weil dann mit Josef nicht gut Kirschen essen war …

In die Werkstatt kam kein Reparaturmaterial mehr rein. Die klapperigen Autos der Kunden sprangen bei der Lausekälte sowieso nicht mehr an. Und selbst durch die dicken Handschuhe drang die Kälte und ließ die Finger steif werden. Wie sollte da noch gearbeitet werden? Josef konnte nicht mal mehr einen Schraubenschlüssel bewegen …

Selbst das bisschen Holz fehlte, um das Wasser für einen Ersatzkaffee zu wärmen.

Was Meister Hellgruber zu Mittag des 15. Jänner 1947 veranlasste, seiner Belegschaft mitzuteilen: „Ihr seht alle, dass nichts mehr los ist und wir nicht mehr arbeiten können. Also machen wir dicht. Geht heim, erst mal für zwei Wochen. Dann sehen wir weiter. Natürlich kriegt ihr normal weiter bezahlt, und das zählt auch nicht als Urlaub. Das ist einfach höhere Gewalt."

Jetzt fror Josef zu Hause und nicht mehr in der Werkstatt. Wobei er sich zu Hause besser vor der Kälte schützen konnte, indem er sich zum Beispiel ins Bett legte.

Aber dazu kam er nicht oft, denn es galt, das Nötigste mühsam herbeizuschaffen.

Entweder stand er stundenlang in der Kälte beim Bäcker, Greißler oder Fleischer an oder war wieder wegen Holzbeschaffung irgendwo im Wiener Umland unterwegs, jetzt auch an den Wochentagen schon in der Früh, sofern noch ein Zug fuhr, was bald auch nicht mehr der Fall war.

Die Berufsschule hatte nach den Weihnachtsferien auch ihre Pforten weiterhin geschlossen gehalten.

Nur am 6. Februar wurden die Lehrlinge in die kalte Schule beordert. Aber Josef wurde sehr schnell warm, als er, wie alle anderen auch, eine Winterjacke und ein kleines Paket mit Konservendosen ausfasste. Aus einer Spendenaktion der UNRRA …

Erst am 24. Februar lief der Alltag langsam wieder an. Es war zwar noch immer kalt, aber es gab schon wieder etwas zu tun. Meister Hellgruber hatte Material für die Autos und vor allem genügend Heizmaterial beschafft. Wie er das bewerkstelligt hatte, wusste keiner.

Dem kalten Winter war dann ein sehr heißer Sommer gefolgt.

Da war dann zwar genügend Material da, aber das Wasser wurde immer knapper.

Am Samstag, dem 12. April 1947, wollte Frau Bernert wie gewohnt gegen elf das Bargeld auf der Bank an der Ecke Quellenstraße einzahlen, aber es war zu. Erst dachte sie, die Tür klemme, bis sie auf einem Zettel in fetten Buchstaben las:

SAMSTAG AB 10 UHR GESCHLOSSEN!

Ohne Begründung!

Was hatte das zu bedeuten?, wunderte sie sich. Einige Kunden schimpften. Ein Herr um die Sechzig munkelte, das habe bestimmt mit der beabsichtigten Währungsreform zu tun. Bislang galt ja immer noch die wertlose Reichsmark als Zahlungsmittel in ganz Österreich, genauso wie in Deutschland.

Der Meister und seine Sekretärin versuchten, sich im Radio Klarheit zu verschaffen, mussten dazu aber bis zu den Zwölf-Uhr-Nachrichten warten. Da erst verkündete der Nachrichtensprecher endlich, die Banken würden am Sonntag ab neun Uhr öffnen, um die Reichsmark in die neue Schillingwährung umzutauschen, was bedeutete, für 100 Reichsmark bekäme man 66,66 Schillinge. Es müsse das gesamte Bargeld eingezahlt werden, dafür würden sofort 300 Schillinge ausbezahlt, dies jedoch im Verhältnis 1:1. Der Rest würde einem Sparbuch gutgeschrieben. Wer noch keins besaß, für den würde man eins eröffnen. Wann darüber verfügt werden könne, werde noch bekannt gegeben.

Die Geschäfte würden nur noch heute Reichsmark entgegennehmen.

Meister Hellgruber gab diese Nachricht sofort an die beiden Arbeiter und an Frau Bernert weiter. „Haut ab, dass ihr noch was zu kaufen kriegt! Die Läden werden bestimmt gestürmt!"

Josef stand ja schon fast in „Zivil" da, weil er als noch nicht Achtzehnjähriger, aber inzwischen über Sechzehnjähriger, um Viertel eins Feierabend hatte und gerade seine zehnminütige Waschzeit hatte.

Sofort nach der Bankenschließung waren die Sektorengrenzen abgeriegelt worden. Sowjetische Panzer und österreichische Polizeiwagen machten einen Grenzübertritt unmöglich. Dasselbe war an den Grenzübergängen von West-Wien in das Umland passiert, einschließlich der Transitwege nach Westösterreich.

Diese Maßnahmen hätten sich als notwendig erwiesen, damit nicht wertlose Reichsmark aus dem Westen geschmuggelt würde, hieß es …

Aber nicht nur Josef wunderte sich, dass auch im Westen ein Geldwechsel in eine neue West-Schillingwährung angekündigt wurde. Interessanterweise aber erst in den 18-Uhr-Nachrichten.

Also musste nun auch verhindert werden, dass Reichsmark in umgekehrte Richtung über die Grenze geschmuggelt wurde und dort über Verwandte oder Freunde zu Westschillingen gemacht wurde, die weitaus lukrativere Variante …

Josef kam mit der Straßenbahn nur noch bis zum Südbahnhof, der Weg über die Ungargasse im 3. Bezirk war gesperrt. Keiner wusste, wie jetzt weiter. Entsprechend gereizt war die Stimmung unter den vielen Wartenden.

„Sauerei! Man lässt uns hier einfach dumm sterben!"

„Wie stellt ihr euch das vor? Wie sollen wir jetzt heimkommen?"

Die Brüllorgien nutzten herzlich wenig. Erst nach einer geschlagenen halben Stunde tauchte ein Vertreter der Wiener Verkehrsbetriebe auf und verkündete, dass in Kürze Busse in den 2. und 20. Bezirk fahren würden. In Kürze hieß allerdings, noch eine Dreiviertelstunde zu warten. Erst dann wurde Josef in einen Bus gequetscht, der ihn nach einer knappen Stunde mühsamer Fahrt über Schleichwege in den 2. Bezirk brachte.

Der Bus fuhr zunächst durch den Ost-Wiener 4. Bezirk und dann ein Stück durch den von allen vier Besatzungsmächten gemeinsam verwalteten 1. Bezirk, durch welchen eine Verbindung zum 2. und 20. Bezirk aufrecht gehalten wurde, die aber nur per Bus und nicht zu Fuß benutzt werden durfte.

Vor den Geschäften in der Taborstraße und der Oberen Augartenstraße hatten sich überall lange Schlangen gebildet, obwohl von draußen deutlich zu sehen war, dass die Läden leer geräumt waren. Hilde hatte bereits eingekauft, weil sie als Magistratsangestellte um 11.30 Uhr Feierabend hatte und den Konsum noch vor dem großen Ansturm nach den Zwölf-Uhr-Nachrichten erreicht hatte. Sie war genauso, wie an jedem Samstag, gleich nach Dienstschluss einkaufen gegangen.

Später hörte Josef im Radio von der großen Aufregung in den Westsektoren, weil diese nun gänzlich von der Außenwelt abgeriegelt waren. Diese Maßnahmen sollten bis Dienstag, 24 Uhr, gelten, weil dann die Umtauschmaßnahmen abgeschlossen sein würden und sich die Sperrmaßnahmen somit erübrigt hätten. Was aber keiner so recht glaubte …

Nunmehr existierten in Österreich und damit auch in Wien zwei Schillingwährungen …

Bald schon wusste jeder, dass die hektischen Aktionen des Ostens am Samstag deshalb erfolgten, weil die Sowjets Wind davon bekommen hatten, dass der Westen schon seit Monaten für Sonntag eine Währungsumstellung geplant hatte. Dieser wollte man unbedingt zuvorkommen, und sei es auch bloß um ein paar Stunden …

Dass der Westen die Währungsumstellung schon länger geplant hatte, erkannte ein jeder auch an den frisch gedruckten neuen Schillingscheinen, während im Osten die alten Reichsmarkscheine lediglich überstempelt wurden. Aus dem Zehnmarkschein war ganz einfach ein Zehnschillingschein geworden, mit dem Stempelaufdruck:

„ZEHN SCHILLINGE DER WIENER NOTENBANK"

Versehen …

Erst im Juli gab's dann auch neue Ostschillingscheine.

Josef konnte am Mittwoch tatsächlich wieder normal zur Arbeit fahren und musste nicht mehr eine Stunde früher aufstehen, um mit dem Bus quer durch Wien zu gondeln.

Dennoch war in Wien seit Sonntag, abgesehen von den zwei Währungen, auch noch etwas anderes nicht mehr so wie zuvor, weil die sowjetische Besatzungsmacht erklärt hatte, sie betrachte den monatlichen Wechsel der Kontrolle über den 1. Bezirk ab sofort für obsolet, weil es durch die zwei Währungen in der Stadt keine gemeinsame Stadtverwaltung mehr gäbe. Und welche Währung sollte außerdem im 1. Bezirk gelten?

Womit die Sowjets am Sonntag im 1. Bezirk den Ostschilling einführten und im Interesse der Aufrechthaltung von Ordnung und Sicherheit in Wien den 1. Bezirk als Teil des sowjetischen Sektors betrachteten, wie sie das eben sahen …

Das war's. Basta!

Abgesehen von einigen westlichen Drohgebärden und von aufgeregtem Palaver in den Westzeitungen und im Westradio passierte gar nichts. Die Besatzungstruppen der Westalliierten zogen sich brav in ihre Sektoren zurück. Die Vier im Jeep waren Geschichte.

So einfach ging das, wenn der Genosse Stalin ein Machtwort sprach! Der fest damit gerechnet hatte, dass der US-Präsident wegen des 1. Wiener Gemeindebezirkes keinen Krieg führen würde.

Josef erhielt ab jetzt statt 50 Reichsmark 75 Schillinge Lehrlingsentschädigung am Monatsende. Gemäß des neuen Kollektivvertrags und der neuen Währungsrichtlinien.

Josef hatte die Nase gestrichen voll von der Propaganda um die Währungsreform! Er konnte nur laut lachen … Es klang ja so, als ob nun das Paradies ausgebrochen war.

Aber so war es wahrhaftig nicht, wie er im Alltag erlebte.

Nur nach langem Schlangestehen bekommst du das Wenige auf den Karten. Und Fleisch und Wurst kriegst du nur in dem Geschäft, wo du registriert bist.

Die Lebensmittelkartenrationen waren beileibe nicht üppig. Josef und seine beiden Schwestern hatten Glück, weil sie noch unter 18 waren. Jugendliche kriegten etwas mehr auf der Karte. Hilde musste mit der normalen Angestelltenkarte zufrieden sein.

Fleisch und Wurst kaufte die Familie beim gemütlichen Hofer in der Glockengasse, den viele aus der Nachbarschaft ausgewählt hatten und der sich dadurch zu einem beliebten Treffpunkt für einen kleinen Tratsch entwickelt hatte. So war das Schlangestehen leichter zu ertragen und manchmal war die Schlange sogar zu kurz, wenn du zwar wusstest, dass Opa Müller vom Nebenhaus eine neue Brille brauchte, die Frau Wanda von gegenüber andauernd die Kartoffeln anbrennen ließ und so weiter und so fort …

Ob aber der Kater Moritz von den Lorenzens vom Eckhaus wieder gesund ist, ja, um das zu erfahren, war die Schlange eben doch nicht lang genug.

Im Laden bediente die Chefin selber und sie war immer sehr freundlich und nie kleinlich, und auch sie fragte nicht bloß, was gewünscht wurde, sondern genauso nach dem persönlichen Wohlergehen und den Befindlichkeiten in der Familie. Natürlich musste sie sich an die Vorgaben auf den Karten halten, weil sie ständigen Kontrollen unterlag, aber geringe Mengenüberschreitungen waren schon mal drin.

Die anderen Lebensmittel kaufte Hilde beim Konsum in der Taborstraße, weil dieser am Weg zur Arbeit lag. Beim Konsum gab es außerdem Rabattmarken für Mitglieder, und da wollte man dann am Jahresende auch ein gut gefülltes Markenbuch abgeben, dessen Einreichung mit 2 % des Jahresumsatzes honoriert wurde, was nicht zu verachten war.

Auch die Konsum-Backwaren, ausgenommen die Semmeln, erfreuten sich allgemeiner Beliebtheit, was an der, auch hier ständig langen, Schlange erkennbar war, in der es aber leider nicht so kommunikativ zuging wie in der Hofer-Schlange.

Im Westen waren die Schaufenster sofort nach der Währungsreform gut gefüllt. Sie waren ja schon vorher besser bestückt als im Osten. Als Josef aber am Samstag nach dem Geldumtausch durch die Alserbachstraße schlenderte, kam er aus dem Staunen nicht heraus. Was die alles hatten! Nicht zu fassen! Aus dem Süßwarenladen am Franz-Josef-Bahnhof roch es verführerisch, und in der Auslage lagen Marzipanbrote, Pralinenkästen, verschiedene Schokoladentafeln ... Anderswo bestaunte er Anzüge, Hemden, Mäntel, Kleider, Schuhe, Geschirr, Gläser, Bücher, Taschen, Werkzeuge.

Vor der Markthalle an der Nußdorfer Straße bot ein Händler viele frische Blumen an. Und in der Halle priesen die Standler Hühner, frisches Faschiertes. Schnitzelfleisch, verschiedenste Wurstwaren, Fische ...

Josef war aber nicht der Einzige, der glaubte, zu träumen, denn die Alserbachstraße war voller Ost-Wiener, die sich ihre Nasen an den vollen Schaufenstern platt drückten.

Wie konnte es das geben?

Josef hätte kaufen können, was sein Herz begehrte, da an den Sektorengrenzen nur diejenigen kontrolliert wurden, die mit sehr großem Gepäck anrückten.

Nein, das wirkliche Problem stellte der Wechselkurs dar. Und an ihm zeigte sich augenblicklich die Geschäftigkeit des Kapitalismus, denn bereits am Montag nach der Währungsreform waren die Wechselstuben auf der gesamten Alserbachstraße wie Pilze aus dem Boden geschossen. Daneben tauschten auch Zeitungskioske und Imbissstuben um. Aber selbst die normalen Geschäfte nahmen Ostgeld und rechneten an einem Rechenstab um.

Der Kurs lag heute bei 1:5,35, und das wog schwer, weil somit eine Tafel Schokolade 16 Ost-Schillinge oder ein Stück Seife 12 Ost-Schillinge kostete.

Dieser Wechselkurs sollte sich angeblich nach dem marktwirtschaftlichen Prinzip Angebot und Nachfrage richten, was aber nicht ganz stimmen konnte. Immerhin existierte gleich am Montag nach dem Geldumtausch der Kurs von 1:4,85. Wer hatte ihn festgelegt? Wer hat vorhersagen können, wie groß die Nachfrage an diesem ersten Werktag mit der neuen Währung sein würde? Diesen Kurs konnten ihre Erfinder nur nach dem Zählen der Knöpfe an ihren Jacken beschlossen haben ...

Also wurde aus dem Wunsch der Ost-Wiener, sich mal etwas besonders kaufen zu wollen, obwohl sie weniger verdienten als die West-Wiener, gute Geschäfte gemacht ...

Weitaus einfacher gestaltete sich ein Kinobesuch im Votiv-Kino, wo Josef höchst erfreut feststellte, dass Ost-Wiener zur 18-Uhr-Vorstellung 1:1 in Ost zahlen konnten, weil vom West-Magistrat subventioniert. Nun ja, für zwei Ost-Schillinge war so ein West-Kinobesuch leistbar.

Heute war es schon zu spät, aber für morgen erwarb Josef nach einer halben Stunde geduldigen Wartens eine Karte im Vorverkauf. Er fasste eine der letzten in der 12. Reihe aus. Ja, der gerade laufende Film „Die Welt dreht sich verkehrt" von Hans Moser war äußerst beliebt. Und das nicht nur zur „Ostvorstellung" um 18 Uhr, wie die Schlange vor der Kasse 2, an der in West bezahlt werden musste, eindrucksvoll bewies.

Ganz mit leeren Händen, von der Kinokarte abgesehen, überschritt er die Sektorengrenze auf der Friedensbrücke aber nicht, denn er nahm noch das neueste Micky-Maus-Heft mit, das nicht nur ihn, sondern auch seine beiden Schwestern erfreute.

Der Osten musste auf das, was sich „drüben" tat, reagieren! Und nach knapp einem Monat passierte auch etwas.

Die strengen Lebensmittelrationierungen bestanden natürlich weiter, es wurde lediglich garantiert, dass das auf den Karten Vorgeschriebene auch tatsächlich zur Verfügung stand, was bislang nicht immer der Fall gewesen war.

Aber das war dann das wirklich Neue: Um den Schwarzmarkt zu bekämpfen, wurden Geschäfte eröffnet, die Waren auch ohne Lebensmittelkartenzwang anboten, allerdings zu erheblich höheren Preisen. In ihnen kostete eine Semmel einen Schilling, ein Achtel Butter zwölf Schillinge, ein Liter Milch zehn Schillinge, zehn Deka Salami 15 Schillinge … Diese Läden nannten sich „Freimarkt", abgekürzt FM. Sie wurden in jedem Bezirk für Lebensmittel, Kleidung und Haushaltswaren eröffnet.

Die Preise entsprachen interessanterweise annähernd denen im Westen, wenn ein Ost-Wiener dort umgerechnet in Ost zahlte. Das Warenangebot konnte sich aber sehen lassen. In den Lebensmittelläden fand sich eine große Auswahl an Käse, Butter, Milchprodukten, Säften, Bier, Wein, Spirituosen, Nudeln, Gewürzen, Konserven, Obst, Gemüse, Fleisch, Fisch. Auch die Backwaren waren viel schmackhafter als im Konsum, sogar die Semmel eingeschlossen, die ihren Schilling durchaus wert war.

In dem FM-Laden in der Taborstraße war in den ersten Tagen ein Hineinkommen nur sehr schwer möglich. Was Josef mächtig wunderte. Bei den Preisen …

Als er endlich drin war, kaufte er sich einen Apfelstrudel für zehn Schillinge. Der sehr ansprechend ausschaute und vorzüglich schmeckte.

Ein- bis zweimal im Monat ließ der familiäre Geldbeutel einen bescheidenen Einkauf zu, der etwas Abwechslung in den eintönigen Speiseplan brachte.

Die Frau Hawlicek von gegenüber, in deren Fenster Josef bequem reinschauen konnte, gab im FM-Laden immer gewaltig an. Provokativ griff sie beim Bezahlen stets zu einem Tausendschillingschein und ließ sich rausgeben. Die gekauften Waren packte sie äußerst bedächtig ein, damit jeder sehen konnte, was sie erworben hatte. Mit einem gönnerhaften „Grüß Gott" verließ sie den Laden.

Aus den Kleiderläden waren Poldi und Sissi nur schwer rauszukriegen. Die netten Blusen, Pullover und Kleider reizten junge Mädchen sehr. Das ist nun einmal ein Naturgesetz. Aber auch da ließ sich ab und zu etwas machen. Schließlich gab's Geburtstage und Weihnachten.

Mit dem nötigen Kleingeld ließ sich sowohl in Ost als auch in West recht gut leben. Vorausgesetzt, du warst ehrlich, denn die vornehme Frau Hawlicek ward bald nicht mehr gesehen. Im Juni 1949 war in der Zeitung zu lesen, dass sie fünf Jahre schweren Kerker ausgefasst hatte, weil sie größere Mengen Buntmetall in den Westen verschoben hatte …

Am 30. Mai 1947 las Josef am großen Zeitungskiosk vor dem Franz Josefs Bahnhof:

„FREIE REPUBLIK ÖSTERREICH GEGRÜNDET"

Er stutzte eine Weile und ging schnurstracks ins Bahnhofscafé und blätterte die aufliegenden Zeitungen bei einer Melange aufgeregt durch.

„Diese Staatsgründung ist die Antwort der freien Bundesländer auf die separatistischen Aktivitäten im Osten unseres Landes. Die von der Sowjetunion gleich nach Kriegsende installierte, von Kommunisten unterwanderte Marionettenregierung konnte von freien Bürgern nicht akzeptiert werden und als logische Konsequenz wird daher heute unter dem Schutz der drei Westmächte die Freie Republik Österreich gegründet, das Bündnis demokratisch gesinnter Länder.

Der am 4. Mai gewählte Nationalrat tritt heute in Innsbruck zu seiner konstituierenden Sitzung zusammen …"

Josef wusste aus dem Westrundfunk, dass bei diesen Nationalratswahlen die ÖVP die absolute Mehrheit errungen hatte und das Innsbruck als vorübergehende Bundeshauptstadt gewählt wurde, bis einst in Wien wieder eine freie, demokratische Regierung am Werk sein würde.

Zum ersten Bundeskanzler wurde der aus Salzburg stammende Manfred Eisgruber gewählt. Die logische Konsequenz im Westen aus der Situation nach der gescheiterten Länderkonferenz.

Im Osten amtierte bekanntlich die Renner-Regierung und die provisorische Ostrepublik hieß nach wie vor „Republik Österreich". Also musste sich die Westrepublik anders benennen, und da im Westen immer gern das Wort „Freiheit" in den Mund genommen wurde, einigten sich die sechs Länderchefs auf die „Freie Republik Österreich".

Bis dahin hatte im Westen jeden Monat der Vorsitz in der Länderversammlung gewechselt, welche im Oktober 1945 auch in Innsbruck gebildet wurde und sich aus gewählten Vertretern der sechs westlichen Bundesländer zusammensetzte. Der Vorsitzende dieser Länderversammlung war dann der „Regierungschef".

Was ein Ende haben musste …

Knapp zwei Wochen später, am Abend des 12. Juni, fand vor dem neuen Gebäude des Zentralkomitees der KPÖ am Höchstädtplatz, das nach einer knapp einjährigen Bauzeit errichtet worden war, weil das alte in der Siebensterngasse im US-Sektor lag, eine Riesenkundgebung statt, auf welcher der neue KPÖ-Vorsitzende Erich Werner lauthals verkündete: „Ihr erlebt jetzt die historische Stunde in der Geschichte der österreichischen Arbeiterbewegung, die es längst hätte geben sollen, nämlich die Stunde der Vereinigung der österreichischen Arbeiterparteien. Heute vereinen sich die KPÖ und die SPÖ, zur Vereinigten Arbeiterpartei Österreichs. Diese wird die führende Kraft in unserem Lande sein und uns den Weg in eine glückliche Zukunft weisen …"

Anschließend sprach der SPÖ-Vorsitzende Max Seidel, der auch von seiner Seite die Notwendigkeit der Vereinigung hervorhob: „Sie ist das Gebot der Stunde nach all den Leiden, die unser Volk durchgemacht hat, in der notvollen Zeit des Dollfuß- und Schuschnigg-Regimes und dann noch viel mehr in der Zeit des Faschismus. Wir haben nun endlich die Lehren aus der Geschichte gezogen und sehen eine gesicherte, friedvolle Zukunft nur in einer geeinten Arbeiterbewegung …"

Rechte Fäuste und Fähnchen wurden geschwungen, rote und rot-weiß-rote, begleitet von „Freundschaft"- und „Rot-Front"-Rufen. Anschließend stimmten alle zusammen das alte Kampflied „Brüder zur Sonne, zur Freiheit" an.

Josef sah, wie sich von beiden Seiten des Hauses Marschblöcke auf den Platz vor der Tribüne zubewegten, um hier zu verschmelzen. Die linke Kolonne trug das Emblem der KPÖ an der Spitze und die rechte das der SPÖ. Die Träger legten die Embleme nieder und rollten ein langes weißes Transparent aus, das ihnen zwei Ordner gereicht hatten, auf dem in roten Großbuchstaben

„VEREINIGTE ARBEITERPARTEI ÖSTERREICHS"

stand. Erneut ertönte frenetischer Jubel, und die Fähnchen wurden noch heftiger geschwungen und alle umarmten sich fröhlich.

Die Wahrheit vor diesem Ereignis hatte aber völlig anders ausgesehen …

Hilde hatte nach der Wiederzulassung der SPÖ wieder in ihrer alten Sektion mitgearbeitet. Einerseits herrschte große Freude, als sich die Genossen das erste Mal wieder öffentlich trafen, andererseits stieg durch die leeren Plätze Traurigkeit in ihnen auf.

Die Männer befanden sich zumeist noch in Gefangenschaft, aber vier Genossen waren leider gefallen. Zwei weitere hatten Buchenwald nicht überlebt und zwei Genossinnen waren der Hölle von Ravensbrück gerade noch entkommen. Schließlich war noch die Genossin Eva aus dem schwedischen Exil zurückgekehrt.

Also gab es viel zu erzählen, Gutes und weniger Gutes. Alle waren sich einig, eine so furchtbare Zeit dürfe sich nie wiederholen!

Jetzt lag aber erst einmal viel Arbeit vor ihnen.

Anfangs verhielt sich die sowjetische Besatzungsmacht äußerst kooperativ, als die SPÖ-Frauen bei der Versorgung der Bevölkerung mit Lebensmitteln kräftig anpackten und bei der Beseitigung der Trümmer nicht minder aktiv mittaten. Das alles geschah zusammen mit den KPÖlern und ÖVPlern, und so entstand auch im praktischen Alltag eine wunderbare Zusammenarbeit der drei Regierungsparteien. Etwas, das Hilde sehr schätzte und sie hoffen ließ, dass die überparteiliche Zusammenarbeit in der Ständestaats- und NS-Zeit ihre Fortsetzung gefunden habe.

Aber leider … Diese Harmonie bekam schon bald erste Risse, als die Sowjets nur KPÖ-Funktionäre als Bezirksvorsteher im sowjetischen Sektor einsetzten. SPÖ und ÖVP-Mitgliedern wurden in den Bezirksämtern nur untergeordnete Funktionen zugewiesen.

Hilde wurde zum Beispiel nur Sachbearbeiterin im Bauamt.

Ab Herbst drängte die KPÖ immer stärker auf Verhandlungen mit der SPÖ hinsichtlich Parteienverschmelzung. Der SPÖ-Partei-vorstand zeigte sich nicht grundsätzlich ablehnend, wies jedoch jeden Zeitdruck energisch zurück. Eine dermaßen wichtige Sache, wie sie die Parteienverschmelzung nun einmal sei, könne nicht übers Knie gebrochen werden. Die KPÖ ließ aber nicht locker und verwies ab April 1946 darauf, dass in Deutschland bereits eine Parteienvereinigung stattgefunden habe. Das Ergebnis dieser ermutigte den SPÖ-Parteivorstand aber nicht im Geringsten, diesen Schritt auch in Österreich zu vollziehen.

Immer öfter drangen militante KPÖ-Agitatoren in Hildes Sektion ein. Ja, das ist völlig richtig formuliert, denn sie stürmten in das Parteilokal und nahmen nicht die geringste Rücksicht darauf, was gerade auf dem Programm stand. Als eines Abends frische, selbst gebackene Krapfen aus teuren, am Schwarzmarkt erworbenen Zutaten auf dem Tisch standen, verspeisten sie die Eindringlinge ungeniert und hauten danach die leere Schüssel wütend auf den Boden, sodass diese in viele Stücke zersprang. Sie ließen sich partout nicht abwimmeln und drohten mit der Besatzungsmacht, falls ihnen nicht zugehört werde oder versucht würde, sie des Raumes zu verweisen.

Leider traten allmählich Spaltungstendenzen innerhalb der Partei und damit auch innerhalb der Sektion auf. An einem der vielen Diskussionsabende meinte der kürzlich aus der amerikanischen Gefangenschaft heimgekehrte Genosse Max: „Angesichts der unseligen Vergangenheit sollten wir einer Einheit zustimmen, um Derartiges nicht noch einmal zu erleben und genauso, um sozialdemokratische Elemente in der neuen Partei zu verankern, die den kommunistischen Einfluss zurückdrängen."

„Also, das ist blanker Unsinn", empörte sich Hilde, „wenn du das glaubst, kannst du auch an den Weihnachtsmann und an den Osterhasen glauben! Habt ihr denn nicht miterlebt, was die Kommunisten in den letzten Monaten mit uns aufgeführt haben? Die wollen uns doch nur vereinnahmen! Dann ist es aus mit der Sozialdemokratie!"

„Das siehst du viel zu negativ", versuchte der siebzigjährige Franz zu beschwichtigen, „wir müssen uns eingestehen, dass die fehlende Einheit der Arbeiterbewegung damals den Dollfuß- und Schuschnigg-Leuten und dann den Nazis sehr genützt hat …"

„Ja, gewiss war das so", fiel Hilde dem Franz aufgeregt ins Wort, „und mit den Kommunisten aus der Kampfzeit während der Illegalität hätte ich liebend gern zusammengearbeitet und wir haben das ja damals auch getan, aber von diesen wirklich ehrlichen Genossen sind die meisten verschwunden oder bekleiden nur noch bedeutungslose Posten. Die sind von den Sowjets brutal kaltgestellt worden. Und mit den Jetzigen in der KPÖ, mit den Karrieristen, die in Moskau gedrillt wurden, mit denen will ich nichts zu tun haben!"

Die Debatte zog sich bis weit über Mitternacht hinaus. Zum Schluss trat Hilde dann noch einmal kämpferisch auf: „Die Sozialdemokratie muss sozialdemokratisch bleiben! Mit ehrlichen Demokraten arbeite ich gern zusammen, ob sie nun der KPÖ oder der ÖVP angehören oder parteilos sind, aber vereinnahmen lasse ich mich von niemandem. Ich habe in der Illegalität für unsere Sache gekämpft und ich lasse mir das von keinem einzigen kaputtmachen! Unser Ziel ist und bleibt der demokratische Sozialismus! Was bedeutet, dass ich auch die Gefahr im Westen sehe, sich vom Kapitalismus vereinnahmen zu lassen, indem zum Beispiel faule Kompromisse gemacht werden, um Wählerstimmen zu gewinnen. Das ist genauso falsch! Also noch einmal: Das Ziel der SPÖ muss der demokratische Sozialismus sein und nichts anderes! So, wie es im Parteiprogramm steht!"

Als es bald darauf in allen Sektionen zur Abstimmung kam, votierte in Hildes Sektion nur sie allein gegen die Vereinigung.

Sie ließ sich nicht in die VAPÖ übernehmen und blieb in der SPÖ, die in Ost-Wien vorerst noch neben der VAPÖ existierte und die eng mit der SPÖ in West-Wien zusammenarbeitete.

Auch die in Ost-Wien nach wie vor existierende ÖVP hatte keinen leichten Stand. Sie musste sich nach längerem Widerstand der „Nationalen Volksfront Österreichs" anschließen, in der Parteien und Massenorganisationen vereinigt waren. Und damit die „führende Rolle" der VAPÖ, nicht nur innerhalb der Volksfront, sondern im gesamten gesellschaftlichen und politischen Leben anerkennen. Dazu später mehr ...

Diesem Diktat wollte sich Karl Renner nicht unterwerfen. Er trat am 31. August 1947 zurück.

Beim Singen des Arbeiterliedes „Brüder, zur Sonne, zur Freiheit" schritt der Berufsschuldirektor feierlich in den mit rot-weiß-roten und blutroten Fahnen geschmückten Festsaal. Am Rednerpult angekommen, bat er die Schüler, sich zu setzen.

„Der heutige 25. September 1947 ist der Tag, welcher nicht nur in die österreichische Geschichte, sondern in die Weltgeschichte eingehen wird. Heute nämlich wird die Volksrepublik Österreich gegründet. In einer Stunde wird der österreichische Volkstag, das Parlament der freien Österreicher, zu seiner konstituierenden Sitzung zusammentreten und den Staatspräsidenten wählen. Das ist die Antwort der geeinten Arbeiterklasse auf die Innsbrucker Spalterpolitik, wo ja bekanntlich das restaurative Monopolkapital vor wenigen Monaten den westösterreichischen Spalterstaat geschaffen hat, der durch seine irreführende Bezeichnung ‚Freie Republik Österreich' das österreichische werktätige Volk verhöhnt.

Aber wir hier im wahrhaft freien Wien bilden heute eine Regierung, in der zum ersten Mal in Österreich die Arbeiterklasse das Sagen hat! Wir haben die Lehren aus der Geschichte gezogen und sind der Meinung, dass zwei verbrecherische Kriege in unserem Jahrhundert genug waren. Sie wären durch eine geeinte

Arbeiterbewegung zu verhindern gewesen! Und darum haben wir jetzt endlich die Lehren aus der Geschichte gezogen und vor fünf Monaten durch die Vereinigung der KPÖ mit der SPÖ die VAPÖ, die Vereinigte Arbeiterpartei Österreichs, gegründet. Wir gehen nunmehr geeint in eine glückliche und sichere Zukunft.

Für euch konkret bedeutet das, dass ihr in einem freien Österreich lernen und arbeiten dürft! Euch müssen keine Zukunftsängste mehr plagen, ihr müsst keine Arbeitslosigkeit mehr fürchten und ihr müsst nicht mehr hungern und frieren. Auch eure Wohnungen werdet ihr euch immer leisten können. Und natürlich wird euer Denken nicht mehr durch die Verherrlichung des Militarismus und Kapitalismus vernebelt …"

Josef blickte gelangweilt nach rechts und links. Er spürte, dass er nicht der Einzige war, der so empfand …

Es war zwar nicht schlecht, dass durch diese Veranstaltung die langweilige Deutschstunde ausfiel, aber das hier war auch nicht interessanter. Einzig, man konnte abschalten und wurde nicht geprüft …

Am Abend sollte sich das demokratische Wien, wie sich Ost-Wien seit Kurzem im offiziellen Sprachgebrauch nannte, schon wieder einmal vor dem Haus des Zentralkomitees der VAPÖ auf dem Höchstädtplatz zu einer großen Kundgebung einfinden, um diesmal die neue Regierung und die neuen Parlamentsabgeordneten zu begrüßen.

Damit sich der Platz auch ordentlich füllt, hatte der Berufsschuldirektor am Ende seiner Rede eindringlich wie gewohnt gemahnt: „Ich erachte es als eine proletarische Pflicht, dass ein jeder Berufsschüler und selbstverständlich auch der gesamte Lehrkörper heute Abend auf dem Höchstädtplatz erscheint. Ein solch welthistorisches Ereignis, wie es die Gründung der Volksrepublik Österreich ist, muss würdig begangen werden! Ein Nichterscheinen betrachte ich als ein Disziplinarvergehen, damit wir uns richtig verstehen!"

Ähnlich wurden die Schüler der höheren Klassen anderer Wiener Schulen und die Mitarbeiter der öffentlichen Verwaltung sowie der staatlichen Betriebe auf den Höchstädtplatz beordert, Hilde als Magistratsangestellte eingeschlossen.

Am Abend dann trat der frisch gewählte Staatspräsident der neuen Volksrepublik, Genosse Herbert Grosse, selbstbewusst vor das Mikrofon und begrüßte die Anwesenden, die den Platz tatsächlich gefüllt hatten: „Ihr seid Zeugen, wie wir freien Österreicher uns in die große Gemeinschaft freier Völker in Europa und Ostasien einreihen. An der Seite der siegreichen Sowjetunion unter der Führung unseres treuen Freundes, des Genossen Stalin und der anderen volksdemokratischen Länder, derer es ständig mehr werden, schreiten wir in eine siegreiche, frohe Zukunft, die von Frieden und Freiheit gekennzeichnet ist …

Und zum Zeichen der Verbundenheit mit dem sowjetischen Volk benenne ich den Platz, auf dem wir uns befinden, in Leninplatz um! Wir wollen uns damit immer an den Sieger der Großen Sozialistischen Oktoberrevolution und Begründer der Sowjetunion erinnern!“

Bravorufe ertönten, und die Tücher über den Straßenschildern an den umliegenden Hauswänden wurden im Nu runtergerissen. Auch das unter frenetischem Jubel.

Am 13. Dezember 1947 kehrte Rudi endlich aus sowjetischer Kriegsgefangenschaft heim. Noch lange nicht als Letzter, obwohl bereits fast alle Gefangenen der Westalliierten zu Hause bei ihren Familien weilten.

Freudig, aber auch mächtig aufgeregt war die Familie Pospischil nach Wiener Neustadt gereist, um den Papi zu begrüßen. Hilde hatte drei Tage zuvor einen kurzen Brief von ihm erhalten, in dem er mitgeteilt hatte, wann und wo er eintreffen würde. Etwas Seltenes, weil viele Familien von der Ankunft ihres Heimkehrers völlig überrascht wurden oder einfach nach Wiener Neustadt fuhren, wenn sie von der Ankunft eines Heimkehrertransportes erfahren hatten.

Am Bahnhof wurde in der Tat ein großer Bahnhof für die Ankommenden veranstaltet. Kurz vor 17 Uhr verkündeten die Lautsprecher die Ankunft des Zuges. Die Absperrungen wurden freigegeben und die riesige Menschentraube löste sich und stürmte den Bahnsteig. Die schwere schwarze Dampflok schnaubte, den langen Zug hinter sich ziehend, Ruß speiend, sodass es auf dem Bahnsteig schwarz wie in der Nacht wurde und man kaum etwas sehen konnte. Als sich das etwas gelegt hatte und der Zug zum Stehen gekommen war, lösten die Entgegenkommenden naturgemäß einen erneuten Riesenwirbel aus. Nervös rannte jeder hin und her, Zettel schwingend, laut Namen rufend …

Hilde musste sehr aufpassen, ihren Anhang nicht zu verlieren. Sie hatte auf einen Zettel mit Rudis Namen verzichtet, weil sie glaubte, sie würde ihren Mann auch so finden, und genauso passierte es dann auch. Als sie sich wieder einmal umdrehen wollte, um nach ihren Kindern zu schauen, stand er plötzlich in voller Lebensgröße vor ihr und den Kindern.

„Rudi", stammelte sie leise, weil sie noch nicht wahrhaben konnte, was sie sah. Aber dann fiel sie ihm um den Hals. Eine ganze Weile lagen sich die beiden in den Armen, bis auch Josef, Sissi und Poldi den Papi freudig umarmten. Nicht so innig, weil das Ganze für sie noch sehr verwirrend war. Papi, das hieß für sie zwar schon etwas Gutes, aber etwas total anderes als für die Mami. Für die Kinder kam da mal ab und zu einer auf Besuch, weshalb ein Fest gefeiert wurde. Wobei der letzte Besuch fünf Jahre zurück lag und die Erinnerung dementsprechend verblasst war. Und die Zeit zwischen Februar 1938 und September 1939, als der Papi länger bei der Familie lebte, war noch länger her. Für Poldi und Sissi noch viel, viel länger, weil sie damals noch kleiner als Josef waren …

Blass und verhungert schaute Rudi aus. Die Uniform war zerschlissen, an der Jacke fehlte ein Knopf. Die Hose hatte ein Loch am rechten Bein. Er wirkte müde, kein Wunder nach allem, was hinter ihm lag. Die zwölf Tage dauernde Fahrt von Jakutsk bis Wiener Neustadt quer durch Sibirien, die Ukraine und Ungarn hatte ihm den Rest gegeben. Bis zum sowjetischen Grenzbahnhof Csop sind die Heimkehrenden in Güterwagen befördert worden. Erst in Csop bestiegen sie normale Personenwaggons. Es sollten bei der Durchfahrt durch Ungarn und in der Heimat keine Vergleiche mit den Gefangenentransporten in der NS-Zeit gezogen werden. Schließlich war die Sowjetunion das leuchtende Vorbild sowohl für Ungarn als auch für die Volksrepublik Österreich …

Rudi hatte Durst, und Hilde hielt ihm eine Wasserflasche hin. Erst langsam kam er zu sich und musste sich orientieren, wo er eigentlich war. Natürlich wusste er, dass er sich auf dem Bahnhof Wiener Neustadt befand, der von Gerüsten eingerahmt war, weil er nach der schweren Zerstörung im Krieg wieder aufgebaut wurde, aber ihm erschien das alles noch so unwirklich, so wie im Traum.

Dank der politischen Schulungen im Lager hatte er gehört, dass Österreich inzwischen geteilt war und zwei funktionierende Regierungen am Ruder saßen.

In einem Bergwerk nördlich von Jakutsk, im hohen Norden Sibiriens, war Rudi interniert gewesen. Unter erbärmlichsten Bedingungen hatten die Gefangenen schwerste körperliche Arbeit zu leisten. Es gab nur karges Essen und wenig zu trinken. In den langen Wintern mussten sie auch noch frieren, was bei einem Drittel von ihnen schwere bleibende gesundheitliche Schäden hinterließ. Der Hunger trieb manche sogar zum Wahnsinn. Und etliche überlebten die Strapazen nicht.

Alle versuchten, ab und zu ein paar Tage im Krankenrevier zu verbringen. Dort war es etwas erträglicher, im Winter auch wärmer. Was Rudi der Familie erzählte, als sie am Abend gemütlich im Wohnzimmer zusammen saß und Butterbrot mit Salami verspeiste, aus dem FM-Laden in der Taborstraße organisiert. Rudi hatte natürlich mächtigen Hunger, musste nach der langen entbehrungsreichen Zeit aber noch vorsichtig beim Essen sein. Und machte dabei seinem Herzen noch weiter Luft: „Die politischen Schulungen hatten es in sich, sag' ich euch! Das einzig Gute an ihnen war, dass wir im Winter in einem gut geheizten Raum saßen, weil der Politoffizier nicht frieren wollte, aber das war's dann auch schon, denn uns wurde nicht bloß beigebracht, dass der Aufenthalt im Lager dazu dient, dass wir etwas von dem wiedergutmachen sollen, was wir durch die Kriegshandlungen im Lande zerstört haben. Das war uns ja noch logisch erschienen. Nein, die wollten uns weismachen, dass durch diese scheußliche Quälerei im Lager die Freundschaft zwischen der Sowjetunion und Österreich oder Deutschland gefördert und gefestigt werden soll. Wir sollten ermutigt werden, uns einen sozialistischen Staat nach dem Vorbild der Sowjetunion aufzubauen. Wir sollten Vertrauen zur Kommunistischen Partei unseres Landes und zur KPdSU aufbauen und glauben, die Sowjetunion unter der Führung des Genossen Stalin will nur das Beste für uns ..."

„Das ist aber eine totale Verarschung!", fiel Josef seinem Vater empört ins Wort, „erst quälen sie euch bis aufs Blut, und dann glauben sie, ihr werdet dadurch ihre Freunde!" Josef war außer sich, weil das Gehörte nicht in sein Hirn rein wollte, und auch Sissi meinte, was nach ihrer Erfahrung mit der Besatzungsmacht kein Wunder war: „Die Russen können die Leute bloß schikanieren! Vor allem die russischen Soldaten!"

Das wollte Rudi so aber nicht stehen lassen: „Nein, alle sind zum Glück nicht so, denn wir sind auch hin und wieder zu Arbeiten außerhalb des Lagers kommandiert worden. Es war mal gut, nicht unter Tage im Bergwerk arbeiten zu müssen, sondern bei Reparaturarbeiten an Straßen oder Häusern mit Hand anzulegen, und dabei hatten wir natürlich Kontakt mit Einheimischen, und das war wirklich eine Wohltat. Die haben uns mit am Tisch sitzen lassen und uns dasselbe zu essen gegeben, was sie hatten. Sie hatten nicht viel, aber das Wenige haben sie mit uns geteilt. Das war gelebte Gastfreundschaft. Diese Erfahrung baut dann schon eine Freundschaft zu den Völkern der Sowjetunion auf."

„Aber hattet ihr auch Kommunisten unter euch Kriegsgefangenen im Lager?", wollte Hilde jetzt wissen.

Rudi überlegte eine Weile und antwortete zuerst langsam: „Oh ja, die hatten wir, und weil ich mit der Antwort etwas gezögert habe, dann deshalb, weil das eine sehr schwere Situation für uns alle war, denn es war für mich, aber auch für andere Kameraden erschütternd, miterleben zu müssen, wie für diese überzeugten Genossen, die in der Vorkriegszeit und auch noch in der Illegalität unter Hitler für ihre Ideale unter Lebensgefahr eingetreten sind und dann ..."

Rudi musste tief seufzen. „Ja, dann zerbrachen ihre Ideale. Sie sahen das als Verrat an der Arbeiterbewegung an, was im Lager geschah. Es muss Wiedergutmachung geben für das, was der Sowjetunion angetan wurde, aber das muss nach menschlichen Kriterien geschehen, weil ein wirklich sozialistischer Staat nur menschlich agieren kann. Ein kommunistisches System nach dem Vorbild der Sowjetunion war für sie absolut kein Zukunftsideal. Dafür hatten sie nicht ihr Leben riskiert."

„Mich überrascht es wirklich nicht, dass es die alte SPÖ nur noch hier in Wien gibt. Eher überrascht es mich, dass sie im Ostsektor überhaupt noch existieren darf, wenn auch nicht gern gesehen von den neuen Herren im Lande."

Das wunderte nun Hilde sehr, als die beiden am Morgen nach Rudis Heimkehr miteinander redeten, was dieser aber bei einem weichen Frühstücksei, das er, noch immer vorsichtig, verspeiste, schnell erklärte: „Du, im Bergwerk kamen wir aus mehreren Lagern in der Umgebung zusammen, und da gab es nicht weit von uns eins, in dem Politische untergebracht waren, eben keine Kriegsgefangenen. Das waren Opfer der Säuberungen in den von den Sowjets besetzten Ländern. Dazu kamen noch Emigranten, die vor den Nazis geflohen waren, als diese in ihr Land eingefallen waren und glaubten, sie seien in der Sowjetunion sicher."

„Also auch Flüchtlinge aus Österreich?", fragte Hilde besorgt.

„Jawohl. Das waren unter anderem Sozialdemokraten und Kommunisten, die vor dem Ständestaat zunächst in die Tschechoslowakei geflohen waren und als die Nazis auch dorthin kamen, in der Sowjetunion Zuflucht gesucht hatten."

„Warum kamen die ins Lager? Was hatten sie verbrochen?"

„Nichts hatten sie verbrochen. Wer in ein sowjetisches Lager kam, hatte selten was verbrochen. Die Kriminellen sperrten sie in normale Gefängnisse, außer, sie sollten als Spitzel fungieren. Für diese Funktion wurde ihnen ein besseres Leben versprochen, eben mehr Essen und Aussicht auf eine frühere Entlassung."

„Das verstehe ich nicht!" Hilde war fassungslos: „Was hatte Stalin davon, Menschen einzusperren, die ihm nichts getan haben?"

„Mit normalem Verstand kannst du das auch nicht begreifen! Stalin hat in der Sowjetunion ein Terrorsystem errichtet, das Angst erzeugt und die Menschen dazu zwingt, ihm blind, ohne nachzudenken, zu folgen. Stalin will keine selbstständig denkenden Menschen. Aber in den besetzten Ländern, wie in Deutschland, Österreich, aber auch in der Tschechoslowakei, Polen und Ungarn, gibt es Kommunisten und Sozialdemokraten, die sich ein demokratisches sozialistisches System aufbauen wollen. Wir Österreicher und die Deutschen, wir sind aber von der Sowjetarmee besiegt worden, und das nutzt Stalin schamlos dazu aus, uns ein Regime von seinen Gnaden aufzuzwingen. Wir müssen brav vor ihm kuschen. Mit den KPÖ- und SPÖ-Genossen aus der Vorkriegszeit ist das aber nicht zu bewerkstelligen, denn wir alle wollen einen Sozialismus demokratischer Prägung. So, wie es die Renner-Regierung schon angefangen hat, zu praktizieren. Das will Stalin aber nicht, und darum hat er die Renner-Regierung auch nur als Provisorium akzeptiert, um das Ganze ein bisschen demokratisch ausschauen zu lassen. In Wirklichkeit will er sein Terrorsystem auf ganz Osteuropa ausbreiten, soweit sein langer Arm reicht.

Natürlich muss es in der VAPÖ ein paar alte KPÖ- und SPÖ-Kämpfer geben. Sozusagen als Aushängeschild. Aber die bekleiden ja nur untergeordnete Positionen. Die Neuen sind wirklich alle in der Moskauer Parteischule auf ihre künftigen Funktionen eingeschworen worden, wie du ja schon festgestellt hast. Und sie haben eine totale Gehirnwäsche an ihnen vollzogen. Darum können sie nur noch auswendig gelernte Parteiphrasen dreschen.

Stell denen mal eine Frage, die nicht in ihr Konzept passt! Dann drehen und wenden sie sich und stottern irgendeinen Mist zusammen. Nein, in dem Verein kann ich nicht mitmachen! Ich bin ein denkender Mensch und werde immer ein denkender Sozialdemokrat bleiben!"

Noch am selben Tag traf sich Rudi mit einigen Genossen, die auch in der SPÖ verlieben waren, und man beriet, was nun zu tun sei. Und es gab genug Arbeit. Denn die ersten Schikanen waren bereits erfolgt: die Kündigung der Parteilokale. Erst nach langen Interventionen bei der Besatzungsmacht wurden der Partei zwei Lokale im 2. und im 10. Bezirk zugestanden.

Kurz vor Weihnachten traf Rudi seinen alten Arbeitskollegen Konrad, der seinem Freund bei einem Viertel Wein anbot: „Rudi, willst du nicht nach den Feiertagen wieder bei uns anfangen? Wir sind zwar jetzt staatlich, aber es werden trotzdem dringend Maurer gesucht."

„Jetzt mitten im Winter?"

„Ja, wir haben jede Menge Innenarbeiten in kriegsbeschädigten Wohnungen, die nur zum Teil zerstört wurden."

Rudi nahm das Angebot dankbar an und startete am Montag, dem 12. Jänner 1948, wieder seinen Berufsalltag.

Aber beim guten Glaserl Welschriesling erfuhr Rudi auch, dass nicht bloß die SPÖ Schikanen seitens der VAPÖ-beherrschten Regierung ausgesetzt war, sondern genauso die ÖVP.

Konrad, der dieser Partei angehörte, berichtete, was sich auch hier vor sechs Wochen zugetragen hatte: „Gleich zu fünft sind sie in unser Parteilokal in der Oberen Augartenstraße reingestürmt und haben erklärt, dass sie von uns sofort verlangen, dass wir die führende Rolle der VAPÖ anerkennen. Sonst ist der Ofen aus! Der Zweimetermann im grauen Lodenmantel und Schaftstiefeln schrie sich förmlich die Kehle wund: ‚Wenn ihr glaubt, ihr könnt hier bei uns im freien Wien eine Konterrevolution anzetteln, dann habt ihr euch aber gehörig verrechnet. Lange genug habt ihr Kapitalistengesindel uns Arbeiter ausgebeutet und schikaniert, nur damit ihr ein feines Leben auf unsere Kosten führen könnt! Aber damit ist jetzt Schluss!!!' Wild stampfte er mit den Füßen auf den Boden, sodass alles vibrierte. Dann brüllte er noch lauter: ‚Jetzt haben wir Arbeiter die Macht hier in der Volksrepublik Österreich übernommen und die revolutionäre Partei der Arbeiterklasse sitzt endlich an den Schalthebeln der Macht. Dank unserer Befreier, der ruhmreichen Sowjetarmee unter der Führung des großen Stalin, dem Befreier der arbeitenden Menschen! Und da habt ihr Knechte der Bourgeoisie nichts mehr zu reden! Verstanden!' Als er mit seinen

Tiraden endlich aufgehört hatte, schaltete sich ein Kleinerer, älterer, ein, der ruhiger sprach und uns erklärte, wir müssten unterschreiben, dass wir der Österreichischen Volksfront angehören wollen und die führende Rolle der VAPÖ anerkennen. Ich erklärte ihm, dass wir das als Bezirksorganisation nicht allein entscheiden können, sondern der Zustimmung der Parteileitung bedürfen.

Die fünf VAPÖ-Leute tuschelten eine Weile herum. Wir verstanden nicht, was sie beratschlagten, bis der ruhigere, mit dem ich gesprochen hatte, erklärte, er gebe uns zwei Wochen Zeit, das mit der Parteileitung zu klären."

Diese Zustimmung ließ sich leider nicht vermeiden, wollte man nicht in die Illegalität gedrängt werden. Die ÖVP erhielt somit den Status einer „befreundeten" Partei zuerkannt.

Alle Parteimitglieder wollten aber nicht auf diese Weise weiterarbeiten und übersiedelten in die Westsektoren, was damals noch legal möglich war.

Ja, der SPÖ wurde nicht einmal der Status „befreundete" Partei zugestanden, da es sie nicht mehr geben durfte, sie war doch in der VAPÖ aufgegangen. Wer diese Vereinigung nicht akzeptierte, hatte sich außerhalb der Parteidisziplin gestellt und galt als Verräter der Arbeiterklasse. Außerhalb Wiens wurden SPÖ-Genossen sofort verhaftet, falls sie sich nicht durch Flucht in den Westen retten konnten.

Nur in Wien waren die Verhältnisse noch etwas anders, da hier der Viermächtestatus wirkte und die Alliierten der Wiederzulassung der SPÖ zugestimmt hatten und das nicht so einfach von einer Besatzungsmacht rückgängig gemacht werden konnte. Aber man stellte die Rest-SPÖ im Osten einfach kalt und ließ nicht zu, dass SPÖ-Genossen auf der Einheitsliste zu den Wahlen im Frühjahr 1948 kandidierten. Die SPÖ war jetzt nur noch eine außerparlamentarische Oppositionspartei.

Übrigens vereinigten sich auch in West-Wien einige SPÖ-Sektionen oder Teile von ihnen mit der KPÖ, sodass sich die KPÖ auch in West-Wien in die VAPÖ umbenannte. In Westösterreich blieb jedoch alles beim Alten.

Auf dem II. Parteitag im Februar 1949 beschloss die VAPÖ den planmäßigen Aufbau einer sozialistischen Gesellschaft. Von volks-demokratischen Verhältnissen, zu denen auch die Einbindung der Klein- und Mittelbetriebe in das politische und wirtschaftliche Geschehen gehörte, war längst keine Rede mehr.

Die Überführung der Nazi- und Kriegsverbrecherbetriebe sowie der deutschen Unternehmen in Staatseigentum in ganz Österreich nach Kriegsende wurde von der Mehrheit der Be-völkerung gutgeheißen. Aber das war den VAPÖ-Funktionären nicht genug. Sie hatten mehr vor. Wie in den Zeitungen zu lesen war, viel mehr: „Wir haben genug von den Schiebern und Spekulanten, die sich auf Kosten der Werktätigen bereichern. Der Arbeiter soll das, was er erwirtschaftet, selbst genießen und sich nicht mehr für einen Chef kaputt schuften, damit der sich im Garten seiner Traumvilla sonnen kann, der Arbeiter aber gerade das zum Leben Nötigste hat. Und wenn wir uns so umschauen, stellen wir fest, dass fast alle kleinen und großen privatkapitalistischen Unternehmer gehörigen Dreck am Stecken haben. Bei den Kontrollen sind massive Steuerhinterziehungen oder Betrügereien bei der Abrechnung der Lebensmittelkarten und der anderen Versorgungskarten zutage getreten. Das Geld, das in die Staatskasse zur Erhöhung des Lebensstandards von uns allen gehört, stecken sie sich in die eigene Tasche! Nein, damit ist Schluss!"

„Was die vorhaben, ist blanker Unsinn", empörte sich Rudi, „ein Bäcker, Fleischer oder Automechaniker ist bitte kein Kapitalist! Die müssen Tag für Tag um ihre nackte Existenz kämpfen und schauen, woher sie ihr Material oder ihre Waren herkriegen.

Problematisch sind natürlich einige Großunternehmer, die ihr Vermögen nicht redlich erworben haben. Da muss sehr wohl ge-handelt werden. Wer sich sein Vermögen aber ehrlich erworben hat, den hat man gefälligst in Ruhe zu lassen, denn Fleiß ist kein Verbrechen. Und nicht jeder Unternehmer ist kriminell, das ist eine ungeheuerliche Pauschalverdächtigung!"

Auch durch die Neilreichgasse zogen Agitprop-Gruppen, mit Lautsprechern, Stalinbildern und roten Fahnen bewaffnet und verkündeten: „Ist kein Wunder, dass es bei uns nicht schnell genug aufwärts geht, wenn die Herrn Privatkapitalisten ihre Steuern schamlos hinterziehen! Sie leben in Saus und Braus in ihren noblen Villen und gönnen uns Arbeiter nicht mal die Butter aufs Brot! Hinweg mit ihnen! Sie gehören hinter Gitter! Wir Arbeiter nehmen die Betriebe selbst in die Hand, und die Profite nutzen uns allen! Hoch dem Genossen Stalin, der uns Wachsamkeit gegenüber allen kapitalistischen Schmarotzern lehrt!"

Einige bezahlte „Hurra"-Rufer und Händeklatscher waren immer zur Stelle …

Meister Hellgruber wusste, bald würde es auch ihn treffen, denn bei einigen seiner Kollegen und Freunde hatten sie schon zugeschlagen.

Genauso kam es auch: Eines Montagmorgens im April gegen neun rückten gleich sechs Männer in grauen Lodenmänteln an, ihre Ausweise zückend. Militärisch zackig trat einer von ihnen vor und befahl dem, ängstlich aus dem Büro kommenden, Meister: „Arbeiterkontrolle! Legen Sie sofort Ihre Bücher und Ihre Lohnabrechnungen vor!"

Der Angesprochene bat Frau Bernert, der Aufforderung nachzukommen.

Geschlagene drei Tage wühlten die Prüfer in den Unterlagen. Sie machten sich jede Menge Notizen und tuschelten leise. Was eine unerträgliche Atmosphäre in der kleinen Werkstatt erzeugte. Keiner traute sich ein Wort zu reden, und auch den in die Werkstatt kommenden oder einfahrenden Kunden wurde durch Zeichen gedeutet, sich leise zu verhalten. Sie verstanden sofort …

„78.355 Schillinge soll ich an Steuern und Krankassenbeiträgen nachzahlen, sonst kassieren sie den Betrieb!"

Leichenblass verkündete der Meister der Belegschaft das Ergebnis, nachdem die Prüfer gegangen waren, und erklärte weiter, sich am Kopf kratzend: „Das kann ich wirklich nur schwer zahlen! Und das wissen sie und so hoffen sie, sich den Betrieb unter den

Nagel reißen zu können. Wie sie's überall machen, immer nach dem gleichen Schema!

Da hat man den Krieg überlebt, und weil ich an der Westfront war, kam ich schneller heim und konnte meinen Betrieb gleich weiterführen, und nun machen einem die Kommunisten alles kaputt!"

Der Meister wurde zunehmend lauter und aggressiver: „Das kann doch nicht sein, dass alle Unternehmer in Wien solche Mengen an Steuern und Krankenkassenbeträgen hinterzogen haben sollen! Wie gibt es das denn? Was glauben die Arschlöcher denn, wer sie sind? Die stempeln uns alle zu Verbrechern, dabei sind sie die Verbrecher, aber das darf man ja nicht laut sagen!"

Vor Wut hämmerte der Meister auf den Tisch. So hatte ihn Josef noch nie erlebt.

Eine Weile blieb es mucksmäuschenstill. Keiner traute sich, etwas zu sagen, bis sich Josef dem Meister zuwandte und leise aussprach, was er von dem Ganzen hielt: „Es ist aber noch nicht aller Tage Abend."

Der Meister seufzte laut, klopfte dem Lehrling auf die Schulter und erwiderte: „Dein Wort in Gottes Ohr."

Alle wussten, ihr gutes Leben würde ein jähes Ende haben ...

Es stand immer Mineralwasser bereit, für die Frühstückspause richtete Frau Bernert sogar Bohnenkaffee her. Freitags kochte die Meisterin zu Mittag eine gute Suppe, und am Samstag spendierte der Chef zum Frühstück frische Semmeln.

Kurz vor Weihnachten fand im Haus der Hellgrubers in Oberlaa eine nette Feier statt. Da ließ es der Meister wirklich an nichts fehlen. Natürlich wurde mit Krimsekt angestoßen, und was die FM-Läden zu bieten hatten, stand auf dem Tisch.

Schließlich veranstaltete der Chef an einem Samstagabend im Juni noch ein nettes Sommerfest, auf dem sogar gegrillt wurde. Eine Sensation am Ende der Vierzigerjahre ...

So etwas würde es in einem staatlichen Betrieb in diesem Ausmaß nicht mehr geben ...

Gewiss, Meister Hellgruber war wohlhabend, aber er hatte nie jemanden betrogen, weder Kunden, Lieferanten, den Staat noch seine Mitarbeiter, denen er sogar mehr zahlte, als der Kollektivvertrag vorsah – und das so auch aus den Lohnunterlagen zu ersehen war. Immer getreu der Devise: Leben und leben lassen. Aber das konnte die Neidgenossenschaft nicht ertragen.

Als Josef kurz nach diesem Ereignis eines Vormittags in der Quellenstraße etwas für den Meister erledigte, fiel ihm bei einem schwarzen Pobjeda auf, dass beim hinteren linken Reifen etwas nicht stimmte. Der war ein wenig dünner als die anderen. Ein „Otto Normalverbraucher" hätte das kaum bemerkt, aber Josefs fachmännisches Auge erspähte so etwas. Der Wagen war versperrt, wann sein Besitzer zurückkäme, war ungewiss. Was also tun? Josef schrieb einen Zettel. Zum Glück hatte er eine Zeitung bei der Hand, von welcher er einen Rand abtrennte. Und auch ein Bleistift fand sich in seiner Tasche. Und so schrieb er: „Sehr geehrter Herr! Mit dem hinteren linken Reifen Ihres Autos ist etwas nicht in Ordnung! Fahren Sie vorsichtig und kommen Sie bitte sofort in die Werkstatt!"

Er gab noch Adresse und Telefonnummer an, und weil den Pobjeda bekanntlich fast nur sowjetische Besatzungsoffiziere fuhren, das Kennzeichen der Besatzungsmacht bestätigte es ja auch, verfasste er dasselbe in Kurzform auch noch auf Russisch. Dank seiner Kenntnisse aus der 8. Grundschulklasse und der Berufsschule.

Als Josef in die Werkstatt zurückkehrte, war der Pobjeda-Besitzer schon eingetroffen und nach einer genauen Reifenkontrolle stellte sich heraus: Einem winzigen, mit bloßem Auge kaum erkennbaren Loch entströmte sehr langsam Luft. Wäre das nicht bemerkt worden, hätte Schlimmes passieren können.

Der gut eins achtzig große, fast glatzköpfige, korpulente, auch mit vielen Orden dekorierte Offizier erblasste sichtlich, als er das vernahm, und dankte dem Meister, indem er seine Hand fest drückte, ihn umarmte und aus dem Kofferraum eine Flasche Wodka zog.

Meister Hellgruber erklärte dem Offizier aber, dass er nur den Schaden repariert habe, festgestellt habe ihn sein Lehrling, und er rief Josef zu sich, um ihn dem Offizier vorzustellen.

Dieser umarmte auch ihn spontan und lud ihm zum Abendessen am kommenden Samstag ein. Er konnte gut Deutsch, denn Josefs Russischkenntnisse waren nach knapp vier Jahren Schulunterricht noch nicht perfekt, aber doch gut genug, um ein dickes Lob dafür zu empfangen.

Die Familie Woroschilow bewohnte ein Haus in Jedlersdorf. Sie stammte aus dem fernen Ulan-Ude nahe beim Baikalsee, von welchem besonders die Frau des Hauses, auch in recht gutem Deutsch, schwärmte.

„Der Baikal ist tiefste See von Welt. Bis 1.600 Meter tief ist und gibt viele Fische. Der beste ist Omul. Der schmeckt herrlich!" Sie kam aus dem Schwärmen nicht heraus, und deshalb wollte Josef diesen interessanten See unbedingt einmal sehen und mit der legendären Transsibirischen Eisenbahn dorthin fahren, so wie die Familie Woroschilow von Ulan-Ude nach Wien gereist war.

Und die Familie hatte eine Tochter! Aber was für eine! Oh, die, so wie er, achtzehnjährige, einssechzig große, sehr schlanke Svetlana stach Josef sofort ins Auge. Ihm wurde ganz heiß …

Dieses Gefühl verstärkte sich noch um ein Vielfaches, als er wohltuend feststellte, dieses Gefühl schien auf Gegenseitigkeit zu beruhen. Na, wie ihn Svetlana anlächelte …

Aber trotzdem war Josef ein Ehrenmann und schilderte seinem Gastgeber zunächst die Probleme, welche die Behörden seinem Chef bereitet hatten. Der Offizier hörte sehr aufmerksam zu, griff dann zur Wodkaflasche, füllte die bereitstehenden Gläser und prostete Josef zu: „Du keine Sorgen machen! Beim Wässerchen vom herrlichen Baikal ich verspreche, es wird choroscho werden in eure Firma!"

Josef freute sich und der Hausherr goss sich und Josef noch mal kräftig ein: „Ihr seid fleißige Leute. Bei euch keine Fehler. Mit Steuern bestimmt choroscho! Kein Problem, ich werde klären alles!" Und nach tiefem Durchatmen wollte er auch das unbedingt noch gesagt haben:

„Du und Meister, ihr mir Leben gerettet! Jetzt ich helfe euch!"

Nach dem dritten Glas kam Josef dann aber endlich auf die Tochter des Hauses zu sprechen:

„Sie haben eine nette und fesche Tochter!"

Das ihm gegenüber sitzende Corpus Delicti musste Deutsch verstanden haben, denn es nickte ihm aufgeregt lächelnd zu. Was Josef natürlich erwiderte und ihm noch wärmer ums Herz werden ließ. Er blickte in das streichelglatte Gesicht mit den großen braunen Schlitzaugen. Ihr pechschwarzes Haar hatte sie nach hinten gekämmt. Der lange Pferdeschwanz war ihm sofort aufgefallen, auch ihre hellrote Bluse und der samtene Rock.

Und während Josef sein Gegenüber genoss, bestätigte ihr Vater seine Eindrücke:

„Ja, Svetlana hübsches Mädchen! Und sehr kluges Mädchen!"

„Sie versteht sogar deutsch!"

„Ja, ein wenig. Sie lernt fleißig!"

Wie Josef weiter erfuhr, gehörten Svetlana und ihre Mutter der Minderheit der Burjaten an, einer mongolischen Ethnie, die im Gebiet um den Baikalsee bis hin zur mongolischen Grenze lebt. Herr Woroschilow stammte aus Swerdlowsk, dem früheren Jekaterinburg.

Beim Abschied drückte Josef Svetlanas Hand kräftig und sie ließ es sich gefallen.

„Du bist ein nettes, fesches Mädchen. Ich möchte dich gern wieder treffen." Josef sprach's schüchtern, leise, und Svetlana blickte ihn mit großen Augen an und gab das Kompliment zurück: „Du auch lieb!" Und fragte leise lächelnd „Wann wir uns treffen?"

„Am Mittwoch?"

Sie nickte aufgeregt, wollte aber natürlich wissen: „Aber wann und wo?"

„Am Bahnhof Floridsdorf, um sieben", lautete die klare Antwort.

Aufgeregt wartete Josef am Mittwochabend kurz vor sieben vor dem Bahnhof Floridsdorf. Er musste sich aber nicht lange gedulden, denn Svetlana rannte ganz pünktlich im weißen Pullover und dunkelblauen Rock freudig auf ihn zu und verpasste ihm einen kräftigen Kuss. Und Josef nahm seine neue Freundin lachend in die Arme und hing ihr eine kleine Silberkette um den Hals, worüber diese sich riesig freute und ihn noch mal kräftig abbusselte.

„Wohin gehen wir?", wollte sie, vor ihm tänzelnd, wissen. Josef hatte natürlich ein kleines Café am Spitz ins Auge gefasst, in welchem sie guten Kakao und die besten Cremeschnitten des Bezirkes anboten. Es hatte auch alles wunderbar gepasst, Svetlana lobte den Kakao und noch mehr die Cremeschnitten. Ja, die Cremeschnitten, weil ihr Josef noch eine zweite nachbestellt hatte.

Und staunte mächtig über ihre Deutschkenntnisse.

„Ich habe in Schule gelernt und jetzt lerne ich noch mehr, damit wir gut miteinander sprechen können!" Dabei drückte sie ihn fest an sich. Ihre impulsive Art gefiel Josef sehr. Er wollte kein scheues, übertrieben schüchternes, Mädchen das nur mühsam einen zusammenhängenden Satz herausbrachte und nie einen Wunsch oder Vorschlag für ein gemeinsames Freizeitunternehmen äußerte.

Obwohl Svetlana erst deutsch lernte, sie besuchte ja eine sowjetische Schule für die Kinder der Besatzungssoldatenfamilien und stand kurz vor der Abschlussprüfung, unterhielten sich die beiden äußerst rege, wenn auch hin und wieder das Wörterbuch, ein Stück Papier, auf dem ein oder mehrere Wörter aufgeschrieben wurden oder die Zeichensprache herhalten mussten, aber das machte nicht das Geringste aus, es erzeugte allenfalls schallendes Gelächter. Josef fühlte sich wie im siebenten Himmel! Ja, eine solche lebensfrohe, agile, fesche Freundin hatte er sich immer gewünscht und jeden beneidet, der so eine hatte.

Bus kurz vor zehn Uhr blieben die beiden zusammen, um sich für Samstag an der Friedensbrücke erneut zu verabreden.

Da schlenderten sie dann im spätsommerlichen Nachmittagssonnenschein die Alserbachstraße, die Nußdorfer Straße und die Währinger Straße entlang, und Svetlana bestaunte die Auslagen in den Schaufenstern. Woraufhin Josef sie fragte: „Warst du noch nie im Westen?"

Die Angesprochene verneinte.

„Dann wurde es aber höchste Zeit!" Und Josef spendierte ein Eis.

Da Svetlana klarerweise auch noch nie in einem Westkino saß, steuerten sie auf das Regina zu.

Vor diesem begrüßte Josef seine beiden alten Schulfreunde Florian und Rudi, die sich die Schaukästen anschauten. Sie kamen aus dem Staunen nicht heraus, als Josef ihnen seine neue „Flamme" vorstellte: „Sag, wie bist du zu der feschen Chinesin gekommen?"

Für die meisten damals kamen alle schlitzäugigen Menschen aus China. Svetlana stellte das in ihrer netten Art richtig: „Ich nicht von China, ich bin eine Burjatin und komme aus Ulan-Ude. Das ist in Sowjetunion nahe bei Baikalsee."

„Dass aus Russland so fesche Dirndln kommen, hätt' ich nie gedacht,", wunderte sich Rudi und Josef klopfte ihm lachend auf die Schulter: „Ich bisher auch nicht!" Und drückte Svetlana fest an sich.

Im Regina spielten sie „Renee XIV". Josef staunte erneut über Svetlanas Sprachkenntnisse, sie hatte sogar den Moserschen Dialekt recht gut verstanden …

Poldi und Sissi waren von der „Eroberung" ihres Bruders gar nicht begeistert.

„Musstest du dir ausgerechnet eine Russin angeln?", entsetzte sich Sissi, und Poldi fragte sich genauso: „Hast du denn kein heimisches Mädchen gefunden? Es gibt doch viele nette Mädchen bei uns hier!"

„Mag schon sein, aber wo die Liebe nun mal hinfällt", verteidigte sich Josef, „außerdem habt ihr Svetlana noch nicht gesehen. Dann würdet ihr nämlich anders reden. Außerdem ist Svetlana gar keine Russin, sondern eine Burjatin. In der Sowjetunion leben doch nicht bloß Russen, sondern viele kleine und auch größere andere Völker, die von der russischen Mehrheit wahrlich nicht immer nett behandelt werden."

„Von den Burjaten hab' ich noch nie was gehört. Wo leben die denn und wie schauen die aus?" Sissi bekam ihren Mund vor lauter Staunen gar nicht zu.

„Die Burjaten leben am Südufer des Baikalsees bis hin zur mongolischen Grenze und schauen schon ein bisserl aus wie Chinesen, weil viele von ihnen Schlitzaugen haben."

„Hat Svetlana auch Schlitzaugen?", fragte Poldi neugierig, und Josef nickte: „Ja, und das macht sie ja auch so süß."

„Wann stellst du uns Svetlana vor?" Auch Sissi war neugierig geworden und wollte dieses exotische Mädchen unbedingt kennenlernen. Wenn sie keine Russin war, schaute das jetzt ganz anders aus. Wobei Sissi keineswegs wusste, ob der Soldat, der sich an ihr vergangen hatte, ein Russe war oder einem anderen Sowjetvolk angehörte. Für sie war es halt ein Russe, weil das fast alle Österreicher so sahen. Alles Schlimme kam von den Russen. An die anderen Sowjetvölker dachte kaum jemand …

Die Vorstellungszeremonie war dann übrigens für das kommende Wochenende vorgesehen, und als Josefs Schwestern Svetlana begrüßten und ihr gutes Deutsch mit Komplimenten bedachten, waren sie beruhigt: „Wir hätten wirklich nicht geglaubt, dass es so nette Mädchen in der Sowjetunion gibt."

Auch Hilde und Rudi zeigten sich sehr angetan von Svetlana.

„Dieses fesche Dirndl musst du dir unbedingt warmhalten", lautete der väterliche Kommentar.

Und das Dirndl war dann auch das Stichwort, denn als Geburtstagsgeschenk kaufte Josef seiner Freundin Anfang Oktober im FM-Laden ein blau-weißes Dirndlkleid, das ihr sehr gut stand. Selbst die Verkäuferin meinte, sie habe noch nie jemanden gesehen, der so toll in einem Dirndlkleid ausgeschaut hätte.

Dank so einiger Schwarzerlöse bei etlichen gut honorierten Nebentätigkeiten handwerklicher Art hatte Josef genug verdient, um seiner Freundin das nicht gerade billige Geschenk zu machen …

Persönliche Kontakte zwischen Familienangehörigen der sowjetischen Offiziere und Österreichern wurden an sich nicht gern gesehen. Entwickelte sich dadurch allerdings ein so positives Bild von den Sowjetvölkern, wie im Falle der allseits beliebten bildhübschen Svetlana, drückte man nicht nur ein Auge zu. So etwas ließ doch die Erinnerungen an die Gräueltaten der Sowjetsoldaten an österreichischen Mädchen und Frauen in den ersten Nachkriegswochen verblassen, dachte man zunächst …

Bereits eine Woche nach dem ersten Besuch bei den Woroschilows traf der berichtigte Steuerbescheid in der Werkstatt ein. Die Steuerschuld war aufgehoben. Jetzt hatte der Meister sogar ein Guthaben von 721 Schillingen. Womit er vorerst Ruhe hatte. Was er auch sehr genoss. Aber er war klug genug, um zu wissen, dass bald wieder etwas kommen würde …

KAPITEL 3

Aufregende Jahre

Sie grüßten sich morgens mit einem fröhlichen „Hallo, wie geht's?"

Und wollten, nebeneinander auf der Schulbank Platz nehmend, ehrlich wissen, wie's um den anderen steht. Nein, das war keine bloße rhetorische Fragerei, denn die beiden spürten auch ohne Worte, wenn dem Freund irgendwo der Schuh drückte, weil sie ihre kleinen und großen Freuden und Sorgen immer voreinander ausbreiteten.

So lief das bei Josef und Martin, den unzertrennlichen Freunden.

Um diese Freundschaft wurden sie von vielen in der Klasse bewundert und beneidet zugleich. Auch von Poldi und Sissi, die zwar auch nette Freundinnen hatten, aber keine ihrer Freundschaften war so tief.

Josef und Martin trafen sich auch außerhalb der Schule oft. Sie hatten ja einige gemeinsame Interessen, die eine Freundschaft ungeheuer beleben.

Als Erstes gleich einmal der Fußball. Meistens kickten sie im Augarten, der genügend Platz bot. Ließen sich zwei Mannschaften bilden, betätigte sich Josef gern als gefürchteter Stürmer und Martin hielt im Tor tapfer fast jeden Ball, mochte er noch so gefährlich daherkommen.

Neben dem schweißtreibenden Fußballspielen bot das Schwimmen eine willkommene Abkühlung. Ein Ausflug zur Alten Donau stand an einem heißen Sommernachmittag gern auf dem Programm. War das Wetter nicht badetauglich, wanderten sie durch die Lobau oder sie fuhren in die Berge hinter Rodaun, so gut das während des Krieges und kurz danach möglich war …

Falls nichts fuhr, mussten halt die Füße herhalten …

Nach dem Abschluss der 8. Klasse änderte sich dann vieles …

Natürlich spielten sie nach wie vor ab und zu Fußball, gingen im Sommer, und als die Hallenbäder langsam wieder öffneten, auch zu anderen Jahreszeiten schwimmen und zogen am Wochenende ins reizvolle Wiener Umland, aber der Alltag schaute jetzt ganz, ganz anders aus.

Josefs Arbeitstage waren bekanntlich viel länger als die Schultage, und auch bei Martin lief's in neuen Bahnen.

Seine Zukunft war lange ungewiss, weil er maturieren wollte, was vier weitere Schuljahre auf dem Gymnasium zur Folge hätte. Als Klassenbester mit einem Zeugnisdurchschnitt von 1,3 wäre die Zulassung an sich eine klare Sache gewesen, doch dafür standen andere Hürden im Wege …

Oh, schon das Ausfüllen des Antragsformulars bereitete Martins Eltern gewaltiges Kopfzerbrechen. Wie schon am Punkt 1 zu erkennen war: „Die soziale Herkunft und die derzeitige klassenmäßige Zugehörigkeit der Eltern des Antragstellers …"

Martins Vater war leitender Angestellter bei der einzigen noch nicht verstaatlichten Bank, der Volksbank. Also kein Arbeiter! Und dann noch in einem Privatunternehmen beschäftigt! Ein gewaltiges Handicap! Weil in erster Linie Arbeiterkinder aufs Gymnasium gelassen wurden, denn die seien jetzt endlich zu fördern. Als Nächstes war die politische Einstellung des Bewerbers und seiner Familie gefragt, einschließlich der ideologischen Ausrichtung …

Wie betätigen sich die Familienmitglieder gesellschaftlich? Wie schaute die politische Aktivität in der Zeit zwischen dem 4. März 1933 und dem 13. April 1945 aus? (Am 4. März 1933 hörte der Parlamentarismus in Österreich auf und am 13. April 1945 befreite die Rote Armee Wien).

Nun ja, das waren harte Nüsse, denn Martins Eltern gehörten der ÖVP an, sie waren praktizierende Katholiken und die berufliche Tätigkeit des Vaters … Oh weh! Das war ein dickes, dickes Minus!

Das Einzige, aber entscheidende Plus bestand in der Beteiligung der Eltern am Widerstand gegen das NS-Regime. Martins Mutter verhalf einigen Juden zur Flucht und der Vater gehörte zu den Akteuren des 20. Juli 1944 …

Und genau dieses ermöglichte Martin den Eintritt ins Gymnasium …

Wobei sich seine eigenen gesellschaftlichen Tätigkeiten, die der Klassenvorstand gern bestätigte, durchaus sehen lassen konnten und auch einen Anteil an der Bewilligung hatten. Martin erteilte nämlich Nachhilfeunterricht in Deutsch, Mathematik und Russisch. Nach Absprache mit dem Klassenvorstand traf er sich mit interessierten Mitschülern in der Schule und half ihnen, Lernschwächen zu überwinden. Dieses Angebot wurde gern angenommen, und der Leistungsdurchschnitt der Klasse verbesserte sich spürbar. Wodurch alle ein positives Abschlusszeugnis am Ende der 8. Klasse erhielten.

Allerdings war Martin nicht bereit, der im November 1946 gegründeten Freien Jugend Österreichs (FJÖ) beizutreten. Was er mit seinem christlichen Glauben begründete, der es nicht zulässt, einer atheistisch dominierten Massenorganisation anzugehören. Das löste natürlich einige Aussprachen mit ihm und seinen Eltern aus, die dann aber erfreulicherweise keinerlei Konsequenzen zur Folge hatten, diente Martin doch als willkommenes Aushängeschild dafür, dass Kinder von aktiven Widerstandskämpfern gegen den Faschismus größtmögliche Förderung durch die neue Gesellschaft genossen.

Anfang Juni 1950 maturierte Martin mit Auszeichnung und der Weg zum Studium stand ihm offen. Bei seiner Lebenseinstellung verwunderte es niemanden, dass er sich für die Theologie entschied. Aber das war noch nicht alles, er wollte sein Leben Gott ganz weihen und beschloss im August 1950, in ein Kloster zu gehen und von dort aus zu studieren.

Zur Vorbereitung darauf hatte er in den Sommerferien 1949 einen Monat im Stift Schlägl im Mühlviertel verbracht, um bei dessen Restaurierung mitzuhelfen. Was ihn dazu ermutigte, sich gründlich mit der wechselvollen Geschichte dieses Stiftes zu befassen:

Ursprünglich stand hier in der Gegend ein Zisterzienserkloster, das vermutlich 1202/03 vom Passauer Bischof Wolfger von Erla ins Leben gerufen wurde. Die Besiedlung erfolgte mit Zisterziensern aus dem fränkischen Kloster Langheim. Wirtschaftliche Schwierigkeiten zwangen die Mönche aber bald, wieder in ihr Stammkloster zurückzukehren.

So holte Kalhoch von Falkenstein im Jahre 1218 die Prämonstratenser nach Schlägl. Sie kamen höchstwahrscheinlich aus dem Kloster Osterhofen in Niederbayern. Für diese Aktion war die klimatisch günstige Lage am linken Ufer der großen Mühl maßgebend. Drei Jahre später bestätigte Papst Honorius III. die Stiftung.

Der Name Prämonstratenser leitet sich von Prémontré bei Laon in Nordfrankreich her, dem Stammkloster des Ordens, das 1121 durch den hl. Norbert von Xanten gegründet wurde.

Die Ordensangehörigen pflegten ein kontemplatives Klosterleben, das ein intensives Gebetsleben, das Studieren und die praktische Arbeit zum Inhalt hatte. Wozu untrennbar auch die Pflege der Liturgie und das Chorgebet gehörten.

Die seelsorgerliche Tätigkeit der stark anwachsenden Bevölkerung erfolgte in der Kirche vor dem Kloster, der heutigen Maria-Anger-Kirche.

Schlägl wurde als Rodungskloster gegründet. Von daher erhielt es auch seinen Namen, dessen endgültige Schreibweise sich allerdings erst später durchsetzte. Die älteste Bezeichnung war „Slage" bzw. „Schlag" (Waldschlag).

Das Kloster wurde zunächst als Propstei errichtet. 1489 erhielt Propst Johannes III. von Papst Innozenz VIII. für sich und seine Nachfolger das Recht der Pontifikalien, dem Gebrauch von Mitra und Stab.

Auch an Schlägl gingen die weltweiten Probleme der katholischen Kirche in der Reformationszeit nicht spurlos vorüber. Durch unwürdige Pröpste geriet das Stift unter weltliche Verwaltung, wodurch es beinahe untergegangen wäre. Eine Besserung trat erst 1589 mit dem Amtsantritt des Propstes Wenzeslaus Zypser ein. Ihm gelang die Wiederherstellung der geistlichen Ordnung. Zudem wurde ein Teil der Schulden abgezahlt, der obere Maierhof errichtet und die Wirtschaftsgebäude ausgebessert. Er lebte mit seinen Mitbrüdern nach der Ordensvorschrift und gab für die Seelsorger der Klosterpfarreien eine Instruktion mit Glaubens- und Verhaltensregeln heraus. Während der Mühlviertler Bauern- unruhen von 1594 musste er nach Böhmen flüchten. Und in der Amtszeit des Propstes Crispin Fuck (1609–1622) gewährte Kaiser Matthias das Privileg zum Salzhandel nach Böhmen. Dadurch konnten die Schulden getilgt, ein Teil des Stiftsgebäudes und ein neuer Hochaltar angeschafft werden. Im Bauernkrieg von 1626 wurde das Kloster bis auf die Grundmauern niedergebrannt. Der Wiederaufbau erfolgte ab 1627 unter Propst Martin Greysing. 1637 waren die Klosterkirche und die Propstei fertiggestellt. Nach der wirtschaftlichen Erholung erlebte das Stift mit der Gründung der philosophisch-theologischen Lehranstalt eine geistliche und kulturelle Blüte. 1657 wurde es von der Propstei zur Abtei erhoben.

Während des josephinischen Klostersturmes konnte Abt Siard Dengler (1763–1797) die Existenz von Schlägl trotz großer Ge- fahren retten.

Mit Abt Dominik Lebschy (1838–1884) trat der erfolgreichste und am längsten regierende Prälat sein Amt an. Seine Regierung in Schlägl kann als glücklich betrachtet werden, weil er die Revolution von 1848 und die damit verbundene Grundablöse gut über die Runden brachte und das Stift von der Belastung der Grundherrschaft befreite. Er wirkte über Schlägl hinaus und war von 1861 bis 1868 als Landeshauptmann von Oberösterreich auch in der Landespolitik erfolgreich tätig. Durch den Bau der Stiftsbibliothek und einer Reihe von Kirchtürmen für das Stift und die Pfarren wird er in der Chronik als großzügiger Mäzen bezeichnet. Sein Nachfolger, Norbert Schachinger (1885–1922), konnte Lebschys Bautätigkeit durch die Errichtung der Gemälde- galerie abschließen.

Schließlich schlossen die Nationalsozialisten am 29. April 1941 das Stift.

Und jetzt nach dem Krieg hatten unter Abt Cajetan Lang die Neubelebung des Stiftes und der Wiederaufbau begonnen …

Das Studium der interessanten Stiftsgeschichte hatte Martin stark motiviert, voll mit anzupacken. Gern wollte er ein kleiner

Mosaikstein in der bewegten Geschichte dieses schönen Stiftes werden. Aber er war nur einer der vielen freiwilligen Helfer, die das Kloster wieder aufbauten.

Nach diesem Sommereinsatz hatte er Gewissheit, dass er sein weiteres Leben in diesem Kloster verbringen möchte, obwohl ihm bewusst war, dass ihn kein leichtes Leben erwartete. Wegen der Bauarbeiten standen nur bescheidene Unterkünfte zur Verfügung. Was ihn nicht störte. Er war bereit zum Dienst.

Sein Angebot wurde dankbar angenommen, denn Nachwuchs gab es kaum, und sein Theologiestudium war sogar Voraussetzung für die Aufnahme. Was am Wesen des Ordens liegt, denn die Prämonstratenser sind keine Mönche, sondern eine Gemeinschaft von Priestern mit Ordensgelübde. Ihr Oberhirte ist der Generalabt in der Vatikanstadt.

Am 1. September 1950 startete Martin sein Probejahr, dessen Ableistung ihm nicht sonderlich schwerfiel. Er hatte sich schon seit seiner Kindheit mit einer Zukunft im Kloster beschäftigt, war doch sein Onkel Jonathan in das Kloster Kremsmünster eingetreten. Mehrmals hatte er ihn besucht und war vom dortigen Leben sehr angetan gewesen. Nein, die später abzulegenden Gelübde schreckten Martin überhaupt nicht ab.

Vielmehr freute er sich darüber, jetzt selbst ein klösterliches Leben zu beginnen, wenn, wie gesagt, auch um vieles bescheidener, als er es bei seinem Onkel gesehen hatte.

Die Restaurierung des Klosters lag anfangs absolut nicht im Interesse der volksrepublikanischen Regierung in Wien. Diese wollte Bauwerke des Sozialismus errichten, die vom Siegeswillen des werktätigen Volkes unter der Führung der Partei der Arbeiterklasse zeugen. Kirchen, Klöster und andere sakrale Bauwerke passten nicht in ihr Bild. Die Partei lehrte die Ideologie der Arbeiterklasse, und das war der atheistisch geprägte Marxismus-Leninismus-Stalinismus

Allerdings garantierte die Verfassung der Volksrepublik Österreich Glaubens- und Gewissensfreiheit, und um zu demonstrieren, dass es diese auch tatsächlich gäbe, bedurfte es einiger Vorzeige-objekte, und eines von diesen war die Restaurierung des Stiftes Schlägl.

Dazu waren sogar Helfer aus Westösterreich willkommen. Und es wurde bereitwillig gestattet, Baumaterial aus dem Westen einzuführen. Genauso konnten Lebensmittel für die Versorgung der Helfer die Grenze passieren. Für all dieses hätte der Ost-Staat nie und nimmer aufkommen können.

Am Samstag, dem 23. September 1950, machte sich Josef auf zu seinem Freund.

Er wollte wissen, wo er jetzt lebt und wie es in einem Kloster zugeht.

Aber die Reise nach Schlägl war keine leichte, konnte er doch nicht mit dem Zug auf einfachem Wege über Linz fahren, weil dieses ein zweimaliges Überschreiten der innerösterreichischen Grenze an der Enns und an der Linzer Nibelungenbrücke zur Folge gehabt hätte. Deshalb musste er den Zug am Grenzbahn-hof St.Valentin verlassen und den Bus nach Perg nehmen. Dort bestieg er einen weiteren nach Rohrbach und von dort ging's, noch mal per Bus, endlich direkt zum Stift. Über sieben Stunden war Josef unterwegs.

Da in letzter Zeit in der Werkstatt viel zu tun war, hatten sich mehr als genug Überstunden angesammelt, die es ermög-licht hatten, dass sich Josef den Samstag für diesen Ausflug frei-nehmen konnte.

Klar wusste Josef schon lange von Martins klösterlichen Ambitionen. Verstanden hatte er sie allerdings nie.

Wie kann sich ein Mensch ein Leben in Armut und Ent-haltsamkeit antun und sich dann noch einem Abt bedingungs-los unterordnen?

Ja, dass es „da oben" einen geben muss, der das, was „hier unten" läuft, steuert, leuchtete ihm schon ein. Irgendeiner muss alles geschaffen haben, es konnte sich unmöglich alles von allein entwickelt haben, wie es in der Berufsschule in MLS, sprich Marxismus-Leninismus-Stalinismus gelehrt wurde.

Martin empfing seinen Freund an der Bushaltestelle mit dem aus früheren Zeiten üblichen „Hallo!" Beide umarmten sich freudig, wenn Josef auch zunächst etwas stutzte, als er Martin in der Habit der Prämonstratenser erblickte, in weißer Soutane mit Kapuze, umgürtet von einem weißen Zingulum.

„Du schaust schon richtig aus wie ein echter Mönch!", lachte Josef und verpasste ihm einen Klaps.

„Du, das passiert hier gleich nach der Aufnahme ins Noviziat", erklärte ihm Martin, „nur das Zingulum wird nach dem Ablegen der Gelübde ausgetauscht, es ist dann länger."

Beide schritten in die große eingerüstete Klosterkirche, durch die Martin seinen Freund führte, so gut es möglich war, weil an einigen Stellen auch innen Gerüste standen.

Zunächst betraten sie die Vorhalle und schritten über einmal zwei und dann fünf Stufen zum inneren Portal, einer spätgotischen Steinmetzarbeit.

Die dann dreischiffige Anlage in der Art einer Basilika, das Mittelschiff ist breiter und höher als die beiden Seitenschiffe, war trotz der Gerüste gut erkennbar. Wenn auch überall Baumaterialien und Werkzeuge herumstanden, staunte Josef über dieses imposante Gebäude.

Sie konnten auch vorsichtig, weil durch Kübel verstellt, die mächtige Stufenanlage zum Chor hinaufgehen. Die Erhöhung des Chores hatte sich durch die darunter befindliche Krypta notwendig gemacht, in welche die beiden hinabstiegen, nachdem Josef die große Putz-Orgel aus dem Jahr 1634, eine der bedeutendsten Orgeln Österreichs, und den Volksaltar, den liturgischen Mittelpunkt der Stiftskirche, bewundert hatte. So gut es durch die Bauerei ging, erklärte Martin seinem Gast die Gemälde und Figuren.

„So intensiv habe ich noch nie eine Kirchenführung erlebt!", freute sich Josef nach dem Verlassen der Kirche. „Aber du warst ja schon immer sehr gescheit."

„Du aber auch!", wollte Martin das jetzt nicht so stehen lassen, „du bist ein mehr praktisch veranlagter Mensch. Hier im Kloster wird auch darauf geschaut, auf welchem Gebiet ein jeder besonders begabt ist und dort wird er dann auch eingesetzt, so gut das möglich ist."

„Was machst du denn hier?"

„Momentan bin ich noch dort tätig, wo es am nötigsten ist, und dann beginnt im Oktober erst einmal mein Theologiestudium. Da muss ich mich dann hauptsächlich damit beschäftigen."

„Studierst du hier im Kloster?"

„Ja, das Selbststudium werde ich in der großen Bibliothek absolvieren, die erfreulicherweise bald wieder zugänglich sein wird und die etwa 100.000 Bücher beinhaltet, dazu zahlreiche Handschriften und Inkunabeln."

„Was sind Inkunabeln?", wollte Josef aufgeregt wissen, was ihm sein Freund auch nicht vorenthielt: „Inkunabeln sind mit beweglichen Lettern bedruckte Bücher und Einblattdrucke, die wie Handschriften ausschauen. Sie entstanden in der Zeit der Entwicklung des Buchdruckes, also bis etwa zu Beginn des 16. Jahrhunderts. Es sind also wertvolle Kunstwerke."

„Kann man in die Bibliothek mal reinschauen?"

„Nein, leider noch nicht, aber wenn du das nächste Mal kommst, wird es möglich sein."

„Wo wirst du bis dahin studieren?"

„Zuerst in meiner Klosterzelle mit meinen eigenen Büchern, und zu den wichtigen Vorlesungen und Prüfungen muss ich sowieso nach Wien auf die Uni. Und weil der Weg von hier bis Wien sehr beschwerlich ist, wie du weißt, werde ich während dieser Zeit im Schottenstift leben. Das ist zwar ein Benediktinerkloster, aber wir Ordensleute müssen besonders jetzt seit der Teilung Österreichs eng zusammenhalten, und so ist es zwischen unseren beiden Orden ausgemacht, dass wir Schläglianer im Schottenstift wohnen können, wenn wir an der Uni Wien zu tun haben. Herrlich ist's, dass ich dann auch zu Hause bei meinen Eltern vorbeischauen kann."

„Das ist ganz schön mühsam, mal hier und mal dort zu leben", stellte sich Josef vor.

Martin sah das aber gar nicht so pessimistisch.

„Das ist nicht nur bei Ordensleuten so, auch andere Studenten müssen oftmals an verschiedenen Orten lernen. Ohne Fleiß ist eben kein Preis."

„Und wenn du fertig bist mit dem Studium, was ist dann?"
„Das weiß jetzt nur Gott, und das ist auch gut so. Wenn es so weit ist, wird er es mir zeigen. Da gibt es dann viele Möglichkeiten. Ich könnte hier im Kloster tätig sein, oder auch als Priester in einer Ordenspfarre irgendwo im Land eingesetzt werden. Aber das hat noch viel Zeit, das Studium hat ja noch nicht einmal begonnen."

In der Tat bot das Stift viele Einsatzmöglichkeiten. An einer stolzierten die beiden nach der Kirchenführung gleich vorbei, nämlich an der seit 1580 aktiven Stiftsbrauerei. Und kurz darauf standen sie vor dem Stiftskeller. Martin hatte nicht übertrieben, als er behauptete, er sei ein beliebtes Ausflugsziel, denn heute war kein freier Platz mehr zu ergattern. Sie mussten ihr Begrüßungsbier leider im Stehen an der Schank trinken.

„Ihr habt wirklich ein gutes Bier!", lobte Josef den leicht dunklen Gerstensaft, und Martin nickte ihm zustimmend zu.

Außerdem bewirtschaftete die Forstverwaltung des Stiftes noch einen großen Waldbesitz von etwa 6.500 ha, hauptsächlich im Böhmerwald gelegen. Die ihnen dann noch gehörenden Wälder von 798 ha im Gebiet zwischen Aurach und dem Attersee konnte das Kloster nicht mehr nutzen, weil sie sich in Westösterreich befanden. Das Stift Kremsmünster kümmerte sich treuhänderisch darum.

Martin ging mit Josef auch durch den Stiftshof mit den vielen gut gepflegten Pflanzen. Trotz Baustelle, alle Gebäude waren eingerüstet, war er gut in Schuss.

Den alten Brunnen in der Hofmitte konnte sich Josef in Ruhe anschauen und von Martin erklären lassen: „Sein Meister ist Hans Getzinger. Das granitene Brunnenkar ist im Sechseck gestaltet. Wappen und Inschriften sind an drei Seiten zu finden. Hier, das Schild", Martin führte Josef an die Ostseite des Brunnens, „zeigt das Wappen des Klosters und des Propstes Wilhelm Capreolos, den steigenden Steinbock, darunter die Inschrift ‚16 angefrimbt 23'. Kannst du sie erkennen?" Josef nickte, und Martin führte seinen Freund an die Südwestseite:

„Und schau! Hier siehst du ein Bindenschild mit Herzogshut und zwei gekreuzten Palmen. Die restlichen drei Seiten zieren

Löwenköpfe mit Wasserröhren. Letztere münden in drei schmal-rechteckige, tiefer gelegene Becken, die einst als ‚Fischkalter‘ dienten. Und schau dir hier die neben dem Greysing-Wappen zusätzlich eingemeißelten Buchstaben ‚H Z S‘ an, die ‚Hugo Zum Schlägl‘ bedeuten, sowie die nicht mehr voll leserliche Jahreszahl ‚17‘ an. Die lassen auf eine Renovierung im 18. Jahrhundert, etwa um 1754 bis 1762, schließen."

Josef beäugte den Brunnen sehr genau und warf dann einen Blick auf den gesamten Hof. Jetzt am Samstagnachmittag hatten sich die Bauarbeiter längst ins Wochenende verabschiedet, aber Martin wusste von den Arbeitstagen zu berichten: „Unter der Woche ist hier viel los. Da ist Konzentration bei der Arbeit sehr gefragt. Aber damit musst du leben. Du musst es lernen, mit schwierigen Situationen fertig zu werden. Gott hat uns nicht versprochen, dass es immer leicht im Leben sein wird, aber er hat versprochen, uns die Kraft für unsere Aufgaben zu geben."

„Hilft Gott denn bei jedem Problem?"

„Ich weiß, ich weiß, mit dieser Frage kommen mir viele Menschen", lachte Martin, „aber das ist ein völlig falsches Herangehen an die Sache. Gott ist keine Feuerwehr, die du rufst, wenn's brennt. Nein, Gott ist nicht nur dazu da, unsere kleinen und großen Probleme zu lösen, aber sonst führen wir unser Leben nach unserem eigenen Gutdünken …"

„Aber wozu ist er sonst da?", fiel Josef seinem Freund aufgeregt ins Wort.

„Jedenfalls nicht als Dienstleister, den wir rufen, wenn wir ihn gerade brauchen und dem wir dann vorschreiben, wie er uns zu helfen hat. Nein, so machen wir Gott zu einer Marionette, an der wir nach Herzenslust herumziehen, damit unsere Wünsche immer befriedigt werden."

„Wer ist Gott aber dann?" Josef war völlig verwirrt, so sehr hatte er sich noch nie mit diesem Thema beschäftigt.

„Gott ist der Schöpfer dieser schönen Welt. Er hat alles bis ins Kleinste geschaffen." Martin zeigte auf den Garten.

„Jede Pflanze lässt er wachsen, jedes kleinste Blatt an ihr. Und jeden Baum hat er groß werden lassen. So viel Intelligenz steckt dahinter! Und wenn ich dann an die Tierwelt denke! Und erst an den Menschen mit seinem komplizierten Körper! Wer hätte sich das alles ausdenken können?"

„Ja, aber es heißt doch, dass sich alles selbst entwickelt hat, vom Niederen zum Höheren …"

„Ach", winkte Martin ab, „ich weiß, diese Evolutionstheorie, die sie heutzutage lehren! Aber selbst, wenn die stimmen würde, muss es ganz am Anfang auch jemanden gegeben haben, der das Werk in Gang gesetzt hat. Also nicht mal dann käme man an Gott vorbei!"

Zwei Mitbrüder kamen vorbei und Martin stellte ihnen Josef vor. Und dieser fand, die Leute seien hier alle sehr freundlich.

„Ja, das stimmt", freute sich Martin, „darum fühle ich mich hier auch wohl."

Doch er wollte beim Thema bleiben, wie es seinem konsequenten Charakter entsprach:

„Weißt du, Gott hat dem Menschen alles gegeben, was er zum Leben braucht. Er durfte alles nutzen und hatte den Auftrag, sich die Erde untertan zu machen und über sie zu herrschen. Das war gewissermaßen der erste wissenschaftliche Auftrag an die Menschen …"

„Bloß von dem einen Baum sollte er nicht essen", erinnerte sich Josef, und Martin musste lachen.

„Ach, diese Geschichte kennen viele! Aber stell dir vor, im Paradies hatte es unzählige Bäume und Sträucher gegeben, und ausgerechnet von dem einen musste der Mensch nehmen. Welch ein Unsinn! Da muss es also etwas gegeben haben, was ihn dazu animiert hat, denn so dumm kann von sich aus kein normaler Mensch sein!"

„Das war die Schlange, der Teufel, heißt es. Aber in Wirklichkeit gibt's ja keinen Teufel."

„Woher willst du das wissen?", wunderte sich Martin, und Josef starrte ihn mit großen Augen an.

„Na, das sind doch bloß alles Schauermärchen."

„Diesem fatalen Irrtum unterliegen leider viele. Satan wird verniedlicht. Dabei ist Satan der Diabolos, der Durcheinanderbringer! Bitte, woher kommen denn die vielen Streitereien in Familien, Freundschaften, Betrieben und schließlich die scheußlichen, sinnlosen Kriege? Der Letzte ist ja noch nicht lange her! Nein, bis zu dem Zeitpunkt, als die ersten Menschen von dieser verbotenen Frucht aßen – man weiß nicht genau, ob es ein Apfel war, aber das ist Nebensache –, herrschte Frieden auf der Erde."

„Aber schuld war die Eva, denn die hat dem Adam gesagt, er soll von dem Baum essen."

„Siehst du, das ist es!", trumpfte Martin auf, „genau das ist das Urproblem des Menschen! Die anderen waren's! Ich natürlich nicht! Ich versuche immer, meine Schuld den anderen zuzuschieben, die mich dazu verleitet haben, etwas zu tun, was nicht in Ordnung ist. Dabei hätte Adam Nein sagen können! Er wurde ja nicht gezwungen, die Frucht zu nehmen!"

„Aber war das denn so schlimm, diesen Apfel oder was das sonst war, zu essen?"

Martin musste schon wieder schmunzeln. „Auch das ist typisch für uns Menschen! Wir verniedlichen gern unser negatives Tun. Ist ja nicht so schlimm, und die anderen machen was noch viel Schlimmeres. Wobei hier noch gesagt sein muss, dass die Schlange im Garten Eden gar nichts zu suchen hatte. Sie war ein Feldtier und kein Gartentier. Und Eva hätte die Schlange zurückweisen können und sagen können, dass sie ohne ihren Mann Adam nichts tut. Er war ja bei ihr und auch er hätte die Schlange zurückweisen können und ihr sagen müssen, dass sie seine Frau in Ruhe lassen soll. Er hätte zu seiner Frau stehen und sie beschützen müssen. Dafür war er schließlich da. Also hat auch er versagt. So und nicht anders war es.

Aber wie auch immer! Es geht eigentlich nicht um die negative Tat an sich, sondern darum, dass wir dadurch den Weg verlassen, auf dem Gott uns haben möchte. Das ist das viel Schlimmere. Sünde ist nicht in erster Linie, etwas Schlechtes zu tun, sondern das Wort bedeutet Zielverfehlung. Wir haben das Ziel verfehlt, zu dem uns Gott führen möchte. Und als Folge dieser Zielverfehlung passieren dann Dinge, die Gott nicht gefallen. Also müssen wir zuerst wieder auf den richtigen Weg gelangen."

„Wie geht denn das?" Josef krauste ungläubig die Stirn.

„Wir schaffen das nicht allein, weil wir immer wieder die Orientierung verlieren. Aber Gott hat kein Gefallen an der Sünde, weil er gerecht ist und auch Ordnung liebt. Wäre er der gutmütige alte Mann mit dem langen weißen Bart, wie wir ihn uns oft vorstellen, und würde der bekannte Faschingsschlager ‚Wir kommen alle, alle in den Himmel, weil wir so brav sind' stimmen, dann herrschten im Himmel dieselben Zustände wie auf der Erde. Das wäre die völlige Hoffnungslosigkeit. Also musste etwas passieren."

„Aber was?"

„Gott hat seinen Sohn Jesus Christus auf unsere Erde geschickt. Wie du weißt, wurde er von der Heiligen Jungfrau Maria geboren, ganz gewöhnlich in einem Stall und nicht in einem Königspalast, und er hat das Leben von uns Menschen in allen Höhen und Tiefen kennengelernt und wurde am Schluss wie ein Verbrecher am Kreuz hingerichtet, obwohl er nichts getan hat, was Sünde gewesen wäre. Und weil er sündlos war und nicht für eigene Sünden büßen musste, hat er für die Sünden aller Menschen gebüßt und hat uns somit den Weg zu Gott wieder eröffnet. Er ist aber nicht im Tod geblieben, sondern ist am dritten Tage auferstanden. Er hat den Tod besiegt und ist dann zu Gott in den Himmel aufgefahren."

„Ja, dann ist ja alles in Ordnung …"

„Im Prinzip schon, doch nur, wenn du auch selbst daran glaubst, dass Jesus Gottes Sohn ist und er für deine eigenen Sünden am Kreuz gestorben ist und am dritten Tage auferstanden ist von den Toten. So, wie es im Johannesevangelium, im 3. Kapitel, im Vers 16 geschrieben steht."

Martin konnte den Vers auswendig zitieren: „Denn Gott hat die Welt so sehr geliebt, dass er seinen einzigen Sohn hingab, damit jeder, der an ihn glaubt, nicht zugrunde geht, sondern das ewige Leben hat …"

„Und du glaubst das?"

„Ja, das glaube ich und ich weiß, dass ich, wenn ich einmal gestorben bin, bei Gott im Himmel sein werde, nicht aber, weil ich ein so wunderbarer Mensch gewesen bin, sondern, weil Jesus meine Sünden auf sich genommen hat, weil er das für mich bezahlt hat, was ich nie hätte zahlen können. Aber deshalb bin ich noch lange kein vollkommener Mensch. Ich brauche immer wieder Vergebung und nehme sie auch an. Darum sind mir die Beichte und die Eucharistie auch so wichtig."

„Aber wenn Jesus für alles bezahlt hat, warum schickt Gott dann so viel Leid und die vielen Krankheiten?"

„Josef", Martin wirkte aufgeregt, „Gott schickt keine Leiden und Krankheiten und auch sonst nichts Schlechtes! Warum sollte er das auch tun? Jesus hat alles für uns am Kreuz bezahlt. Es wäre nur eine halbe Erlösung, wenn wir uns die andere Hälfte durch eigenes Leiden und Erdulden von Krankheiten oder sonst etwas selbst verdienen müssten. Mit einem solchen Denken beleidigen wir Gott. Halbe Sachen machen nur wir Menschen, nie aber Gott.

Die Leiden sind Zeichen unserer Unzulänglichkeit, weil wir leider so oft Gottes Wege verlassen und nicht nach Gottes Willen handeln und uns nicht immer auf Gott verlassen, sondern selber in unserem Leben herumwurschteln. Ja, das betrifft uns alle, und auch ich nehme mich da keineswegs aus. Nur Jesus war vollkommen, sonst kann das kein Mensch von sich behaupten. Wir können aus unseren Fehlern nur lernen. Aber auch darin hilft uns Gott. Auch wenn wir uns selber so manches eingebrockt haben, sagt er nicht: Selber schuld, nun sieh zu, wie du da rauskommst! Nein, er hilft uns auch dabei, und das ist ein so großer Liebesbeweis, dass ich ihn mit eigenen Worten gar nicht beschreiben kann …"

Die beiden redeten noch lange miteinander, und so erfuhr Martin auch von Svetlana.

„Ich freue mich sehr, dass du eine so liebe und treue Partnerin gefunden hast. Stelle sie mir doch bitte einmal vor."

„Das mach' ich gern. Ich hab' ihr ja von dir erzählt, und sie möchte auch mal so ein Kloster kennenlernen."

„Nun gut, dann freue ich mich schon sehr darauf, wenn ihr beide kommt. Aber an der Geschichte mit Svetlana siehst du auch die wunderbare Führung Gottes. Du hast als sehr aufmerksamer Mensch festgestellt, dass an dem einen Auto mit dem Reifen etwas nicht gestimmt hat, und hast reagiert, was ich ganz wunderbar finde. Dann ist der Besitzer des Autos zu euch in die Werkstatt gekommen, und der Schaden, der furchtbare Folgen hätte haben können, wurde repariert. Aus Dankbarkeit hat dich der Besitzer zu sich zum Essen eingeladen, und du hast erst einmal deinem Chef helfen können, dass er sein Steuerproblem loswurde. Was ich auch ganz toll finde, dass du nicht zuerst an dich und an dein eigenes Glück gedacht hast. Aber dann hast du Svetlana kennengelernt und ihr seid jetzt glücklich miteinander. Das ist doch herrlich!"

„Oh ja, das finde ich auch und ich möchte, dass wir beide ein glückliches Leben führen."

„Dann nehmt euch Gott mit in euren Bund", ermutigte Martin seinen Freund und dieser nickte nachdenklich.

„Weiß nicht, ob das geht. Svetlana kommt aus einer kommunistischen Familie, ihr Vater ist ein hoher Offizier. Die haben doch mit Kirche und so weiter nix am Hut." Josef zuckte die Achseln, aber Martin beruhigte seinen Freund: „Du, die wirklich ehrlichen Kommunisten, und wie du mir die Familie deiner Freundin geschildert hast, sind das ehrliche Leute, die sind gar nicht so weit von Gott entfernt …"

„Aber die behaupten doch, dass es keinen Gott gibt!"

„Ja schon, aber sie wollen eine bessere Welt, sie wollen, dass es den Menschen gut geht und Gerechtigkeit auf der Welt herrscht, dass die Unterschiede zwischen Arm und Reich nicht so groß sein dürfen. Also alles Dinge, zu denen ich als Christ aus ganzem Herzen Ja sagen kann! Es muss diesen Leuten bewusst gemacht werden, dass sie ihre Ideale nicht aus eigener Kraft verwirklichen können. Der Mensch in seiner Unvollkommenheit steht dazwischen. Sie müssen erkennen, dass ohne Gott keine gerechtere und bessere Welt denkbar ist."

„Uns wird aber gelehrt, dass der Kapitalismus und die Kirche zusammengehören."

„Josef, ich weiß, aber das ist nun wirklich falsch. Leider hat sich die Kirche im Laufe der Geschichte oft auf die Seite der Herrschenden gestellt und das einfache Volk vernachlässigt. Darüber muss Buße getan werden. Richtig aber ist, dass sich

Jesus immer auf die Seite der Benachteiligten gestellt hat und kein Leben in Palästen und Schlössern geführt hat. Und das ist die Botschaft, die wir zu verkünden haben, und da hat der Kapitalismus keinen Platz, wenn auch durch ehrlichen Fleiß erworbener Besitz nichts Böses ist und kleine Geschäftsleute und Handwerker wahrlich keine Kapitalisten sind. Das wird bei uns hier maßlos übertrieben.

Und damit sei noch etwas ganz anderes gesagt: Wir sind sicherlich nicht glücklich darüber, dass unser Land geteilt worden ist, aber in jedem Negativen liegt auch immer etwas Positives, denn die Restaurierung unseres Klosters wäre nicht so schnell und zügig erfolgt, wenn wir ein einiges Österreich geblieben wären. Dann nämlich hätten wir hier im Norden einen Dornröschenschlaf gefristet, weil bestimmt andere, strategisch günstiger gelegene Klöster vorrangiger zu restaurieren gewesen wären. Aber so haben wir Aufmerksamkeit erregt. Hier im Osten gibt es ein Kloster, das wiederbelebt werden muss. Hier in der sowjetisch dominierten Volksrepublik. Da muss man doch helfen, da muss man doch mit anpacken! Also wurde überall im Lande aufgerufen und die Leute kamen dankenswerterweise auch."

„So hab' ich das noch nie gesehen." Josef war völlig gedankenversunken. „Nein, so weit hab' ich nicht gedacht."

„Du musst im Leben immer alles im Zusammenhang sehen, sonst führt das garantiert zu falschen Schlussfolgerungen."

Josefs dreijährige Lehrzeit war längst Geschichte, nachdem er am Freitag, dem 24. Juni 1949, vor der Wirtschaftskammer die Gesellenprüfung bestanden hatte. Aber nicht nur einfach so, denn eine Woche zuvor hatte er die Berufsschule mit „Sehr gut" abgeschlossen. Bitte, in sechs von acht Fächern hatte er einen Einser und nur in Mathematik und Technischem Zeichnen einen Zweier ausgefasst.

Auch die praktische Prüfung am Montag der Woche hatte er locker gepackt. Den Motor eines Adler Trumpf Junior auszuwechseln, das war für ihn wirklich bloß ein Kinderspiel! Was dann logischerweise ein weiteres „Sehr gut" zur Folge gehabt hatte.

Somit war die abschließende Befragung durch die Prüfungskommission beinahe nur noch eine Formsache gewesen. Mit einem kräftigen Handschlag gratulierte ihm der Vorsitzende der Prüfungskommission, Kammerrat Winkler, und gab bekannt, dass er mit Auszeichnung bestanden habe, da er es in allen Prüfungsteilen auf ein Sehr gut gebracht hatte.

Am 30. Juni erfolgte dann im Festsaal der Wirtschaftskammer die feierliche Zeugnisübergabe, an der auch Meister Hellgruber teilnahm.

Dieser lud die ganze Belegschaft für den kommenden Samstag zu einem Fest zu sich nach Oberlaa ein, um Josef im Stand der Gesellen würdig willkommen zu heißen.

„Gleich im September musst du unbedingt den Meisterlehrgang beginnen, damit du meinen Betrieb übernehmen kannst, wenn ich in Pension gehe", ermutigte er Josef, der mit diesem Gedanken schon ab und zu mal gespielt hatte. Meister Hellgruber hatte zwar einen Sohn, der jedoch kein Interesse an der Werkstatt hatte. Er leitete lieber einen FM-Laden in Eisenstadt.

Und Otto zählte bereits die Tage bis zu seiner Pensionierung, und er hatte nicht mehr viel zu zählen. Mit Jahresende war Schluss. Dafür war Gregor im Jänner in die Werkstatt gekommen. Er war kurz zuvor 21 geworden und hatte bei einem alten Meister gelernt, der mit Jahresende 1948 aufgehört hatte, ohne einen Nachfolger gefunden zu haben.

Aber Gregor musste erst mal zeigen, was er konnte …

Womit die Zukunftsplanung den Meister dazu veranlasst hatte, Josef auch in die Büroarbeit einzuführen. Ja, er hatte einige Tage am Schreibtisch zugebracht, um einen Einblick in die Ordner, die Karteikästen und die Buchhaltung zu gewinnen. Und sich mit der Schreib- und Rechenmaschine anzufreunden …

Somit wusste er auch ein bisschen im Meisterbüro Bescheid.

Und stellte sich auch dort recht geschickt an, wie Frau Bernert lobend feststellte.

Seine diesbezügliche Bewährungsprobe bestand er glänzend, als sie im Frühjahr einer schweren Verkühlung halber eine Woche pausieren musste und nach ihrer Genesung ein ordentliches Büro vorfand und alles perfekt in den Ordnern abgelegt worden war. Und die Kunden hatten Josefs Freundlichkeit am Telefon in hohen Tönen gepriesen. Schließlich waren der Meister und die beiden Gesellen sogar von Josefs Kaffee begeistert gewesen …

Sissi und Poldi mussten sich bis zu ihrem Lehrabschluss noch etwas gedulden …

Für Sissi ging im Sommer 1949 gerade einmal das erste Lehrjahr als angehende Friseurin zu Ende. Sie stellte sich recht geschickt an, und ihre Chefin war sehr zufrieden mit ihr. Auch die Berufsschule fiel ihr nicht sonderlich schwer. In einem kleinen Friseursalon in der Klosterneuburger Straße werkte sie frohen Herzens …

Gegen Ende des zweiten Lehrjahres, Anfang Juni 1950, veranstaltete sie an einem Freitagabend ein großes Haareschneiden für die ganze Familie einschließlich Svetlana. Josef wartete an sich nie gern lange beim Friseur. Die lästige Warterei war meistens auch der Grund, einen notwendigen Friseurbesuch bis aufs äußerste hinauszuschieben. Aber diesmal war das etwas ganz anderes. Erst mal schon, Sissi bei ihrer Arbeit zu beobachten und mitzuerleben, wie sie einem Familienmitglied nach dem anderen an die Haare ging. Das war eine richtige Gaudi! Der Höhepunkt war natürlich, wie sie Svetlana frisierte …

Sissi beneidete Svetlana sehr um ihr tiefschwarzes Haar. Mit ihrem langen Pferdeschwanz ging sie sehr behutsam um. Sie schnitt ihn gerade und ließ sich von Svetlana zeigen, wie weit sie ihn kürzen soll. Dann band sie ihn neu und bürstete ihn vorher gründlich. Zum Schluss verpasste sie ihm ein neues Band mit einem Schmetterling, das sie extra besorgt hatte …

Poldi schloss gerade die achte Klasse ab und startete im September 1949 mit dem Vorbereitungsjahr zur Krankenschwesterausbildung. Diese Ausbildung war erst ab dem 16. Lebensjahr möglich. Da sie, wie auch Sissi, das verlorene Schuljahr 1944/45 wiederholt hatte, musste sie nur für ein Jahr auf diese Vorbereitungsschule. Diese Schule und die eigentliche Ausbildung würde dann im ehemaligen Franz-Josefs-Spital stattfinden, das sich nun Bezirkskrankenhaus Wien-Favoriten nannte.

Josef und Svetlana waren ein Herz und eine Seele! In der Regel trafen sie sich am Mittwoch- und am Freitagabend, um ins Kino, in die Milchbar oder einfach nur spazieren zu gehen. Manchmal verbrachten sie den Abend aber auch bei Josef oder Svetlana zu Hause.

Der Treffpunkt, Samstag 15 Uhr am Bahnhof Floridsdorf, hatte sich allerdings zum wöchentlichen Höhepunkt entwickelt. Da starteten die größeren Aktivitäten …

Beispielsweise am 6. Mai 1950 zum nach der Kriegszerstörung wiedereröffneten Gänsehäufel. Dass dieser Ausflug in einer größeren Menschenmenge stattfinden sollte, stellten die beiden schon beim Einsteigen in den Sonderbus am Floridsdorfer Spitz fest, in den sie nur mit allergrößter Mühe gelangten. Sie mussten mächtig aufpassen, sich im Gewühl nicht aus den Augen zu verlieren. Und es war gut gewesen, an der Anfangshaltestelle zu warten, denn an den Zwischenhalten war kein Hineinkommen mehr möglich.

An der Endstelle Schüttauplatz wirbelte es nur so vor sich hin, da viele auch den Linienbussen entstiegen oder zu Fuß hergekommen waren. Es konnte wirklich bloß im Schritttempo über die Brücke auf die kleine Insel gehen, auf der sich das beliebte Sommerbad befindet. Heute war allerdings kein Baden angesagt, heute wurde bei freiem Eintritt kräftig gefeiert.

Punkt 16 Uhr trat Oberbürgermeister Breitner ans Rednerpult auf der eigens für diesen Anlass errichteten Tribüne und lobte den Einsatz der vielen fleißigen Helfer, der den Wiederbetrieb dieses Arbeiterbades ermöglicht hatte, in den höchsten Tönen.

Leider war das 1907 eröffnete „Strandbad der Commune Wien am Gänsehäufel" noch in den letzten Kriegswochen alliierten Luftangriffen zum Opfer gefallen. Im Frühjahr 1948 erging dann von der Partei der Aufruf an die Bevölkerung, das Bad neu zu errichten. Neben den professionellen Bauarbeitern und Handwerkern wurden zusätzlich an den Abenden und an den Wochenenden freiwillige Helfer gesucht, die mit Hand anlegen sollten. Es meldeten sich Junge und Alte, Frauen und Männer, Arbeiter und Büromenschen, Floridsdorfer und Favoritener, weil die Wiener das Gänsehäufel nun einmal sehr vermissten. Es neu zu errichten, motivierte viele zur Tat, Josef eingeschlossen. Fünf-mal fand auch er sich unter den Tatendurstigen, davon dreimal gemeinsam mit Svetlana, die zur Verpflegung der Einsatzkräfte eingeteilt wurde.

Somit waren die beiden ein bisschen stolz, als von den frei-willigen Helfern die Rede war. Sie hatten sich ja auch die Auf-bauplakette an ihren Pullovern angesteckt, die jeder Helfer und jede Helferin nach dem dritten Einsatz verliehen bekam.

Nach der Festrede schlenderten Josef und Svetlana noch an den Standerln vorbei, und Josef spendierte seiner Freundin ein Paar markenfreie Würstchen, später noch ein Eis sowie zum Ab-schluss ein echtes tschechisches Budweiser Bier. Letztes zu er-gattern grenzte an ein Wunder, da dieses Getränk sehr begehrt war. Obwohl ein Krügerl drei Schillinge kostete …

Josef machte Svetlana liebend gern eine Freude, weil sie sich über jede noch so winzige Kleinigkeit mächtig freuen konnte – und das, obwohl sie aus einer einflussreichen, wohlhabenden Familie stammte. Was ihr aber keiner anmerkte.

Zwölf Tage später, am Christi Himmelfahrtstag, wurde Ver-lobung gefeiert. Nur im kleinen Kreis, weil es besser so sei, wie Svetlanas Eltern wohlweislich meinten …

Und so steckte Josef seiner geliebten Sveti im langen weißen Sommerkleid den silbernen Ring ganz langsam an den dafür vor-gesehenen linken Ringfinger. Dann drückte er sie fest und innig an sich und verpasste ihr einen langen Kuss.

Sveti tat umgekehrt dasselbe und sagte dann leise: „Mein Schatz, ich habe dich sehr lieb."

„Und ich dich doch genauso, meine liebste Sveti!"

Eine ganze Weile lagen sich die beiden in den Armen. Es war so herrlich. Sie fühlten sich nicht nur wie im siebenten Himmel, sondern wie im achten …

Die kleine Verlobungsfeier im Garten der Woroschilows war in Wirklichkeit aber gar nicht so klein, denn neben den Eltern des Paares hatten sich Sissi und Poldi sowie Tatjana und Irina, Svetis beste Freundinnen, eingefunden. Obwohl die beiden auch recht gut deutsch sprachen, wollten Sissi und Poldi, bevorstehender Schularbeiten halber, unbedingt ihre Russischkenntnisse verbessern.

„Ihr gut sprechen russisch", lobte Irina die beiden, und Tatjana ergänzte lachend: „Wir möchten so gut deutsch sprechen wie ihr sprechen russisch."

„Na ja, so gut ist's auch wieder nicht „, schwächte Sissi ab, „aber Sveti hat uns sehr geholfen. Wenn sie zu uns kommt, reden wir viel russisch."

„Ja, Sveti sehr gute und treue Freundin! So gute Freundin ist sehr große Ausnahme!" Tatjana sprach's aus tiefster Seele und hob dabei freudig ein Glas Bowle.

Sissi und Poldi nickten und prosteten ihr genauso freudig zu. Und die beiden Schwestern hatten zwei neue Freundinnen gefunden. Sowjetische, russische konnte man ja nicht sagen, da Irina aus Minsk und damit aus Belarus, aus Weißrussland und Tatjana aus Kiew, also aus der Ukraine, stammte ... Und auch Sveti war bekanntlich keine Russin, sondern eine Burjatin ...

Nun war es öffentlich, dass Josef und Sveti einen gemeinsamen Weg vor sich hatten. Sie schmiedeten auch schon eifrig Zukunftspläne, für die es sehr nützlich war, dass Josef tatsächlich im September 1949 mit dem Meisterlehrgang begonnen hatte, welcher drei Jahre dauern würde und ihn jeden Montag, Dienstag und Donnerstag von 17.30 bis 21.30 an die Schulbank band.

Josef würde eine Familie versorgen können, was damals noch eine gewaltige Rolle spielte. Die Berufstätigkeit der Frau war die große Ausnahme und wurde als Zeichen der Schwäche des Mannes ausgelegt. Er verdient eben so wenig, dass seine Familie davon nicht leben kann.

Sveti wollte aber keine bloße Hausfrau sein, sondern ihre geplante Ausbildung nutzen. Sie hatte im September 1949 mit dem Studium an der Pädagogischen Akademie in Favoriten begonnen, um Russisch und Geschichte unterrichten zu können. Ihre Deutschkenntnisse waren mittlerweile so gut, dass dieses möglich war. Woran Josef zweifellos einen beachtlichen Anteil hatte ...

Nun gut, eine Lehrerin als berufstätige Frau, das wurde gerade noch mit viel Bauchweh akzeptiert. Andererseits wusste man aber auch, dass die sowjetischen Frauen fast ausnahmslos berufstätig waren. Eben weil die Männer dort so wenig verdienen, wie der Volksmund wenig freundlich schlussfolgerte ...

Im Sommer 1950 startete die sowjetische Besatzungsmacht mit einer neuen Offensive im Einzelhandel. Neben den FM-Läden eröffnete die USIA, die „Verwaltung des sowjetischen Eigentums in Österreich" (Uprawlenije sowjetskim immuschtschtestwom w Awstriji). Geschäfte in allen Ost-Wiener Stadtbezirken und in der übrigen Volksrepublik, die Waren aus sowjetischer Produktion anboten, die auch ohne Lebensmittelkartenzwang erworben werden konnten und sogar billiger waren als die in den FM-Läden und auch eine nicht zu unterschätzende Konkurrenz zum Westen darstellten ...

Krimsekt, Kaviar und echter russischer Wodka kosteten drüben um gut ein Viertel mehr als in den USIA-Läden, sodass auch viele West-Wiener unter den Kunden zu finden waren. Sie hatten an der Sektorengrenze nichts zu befürchten, wenn sie bei einer Kontrolle den Kassenzettel einer USIA-Filiale vorweisen konnten. Östlicherseits, wohlgemerkt ...

Wozu bemerkt werden muss, dass jeder Kunde eines USIA-Ladens beim Einkauf seinen Personalausweis vorzuweisen hatte. Volksrepublikaner durften in Ostschillingen zahlen, West-Wiener und andere „Westler" hatten Westgeld hinzublättern ...

Und trotzdem waren die gekauften Waren immer noch um gut ein Viertel billiger als drüben – weshalb ab Frühjahr 1951 auch der Westzoll anfing, zu kontrollieren und zu kassieren ...

Josef musste schmunzeln, als er eines Abends an der Friedensbrücke miterlebte, wie ein Westzöllner einem jungen Mann befahl, seinen Tascheninhalt vorzuweisen und dabei einiges zum Vorschein kam ... Ein zunächst noch ungewohnter Anblick.

Problemlos verliefen diese Kontrollen, wenn sich in der Tasche des zu Kontrollierenden, falls dieser den 21. Geburtstag schon gefeiert hatte, maximal ein Liter Schnaps, ein Liter Wein oder Sekt und eine Dose Kaviar befanden.

Auch auf der Taborstraße öffnete eine USIA-Filiale ihre Pforten, und Josef erstand kurz nach der Eröffnung im wörtlichen Sinne, weil nach einer knappen Stunde geduldigen Schlagestehens, eine Flasche Krimsekt und eine Dose Kaviar, die er mit Sveti zu konsumieren beabsichtigte.

Bereits vier Wochen nach Josefs erstem Ausflug nach Schlägl folgte schon der zweite. Diesmal nicht allein, sondern zusammen mit Sveti. Da sich wieder einige Überstunden angesammelt hatten, ging's auch diesmal gleich Samstag in der Früh los, da sich auch Sveti von ihrer Schule ausnahmsweise frei nehmen konnte.

Der Zug war wieder gerammelt voll, und so mussten die beiden leider die ganzen vier Stunden stehen, und das dann auch im Bus nach Perg. Erst den letzten Teil der Reise konnten sie sitzend verbringen. Völlig abgekämpft trafen sie in Schlägl ein. Marin bemerkte das sofort und bat sie ins Besucherzimmer und servierte Kaffee, echten, versteht sich.

Nachdem sie sich etwas erholt hatten, stellte Josef erfreut fest: „Hier hat sich aber in den paar Wochen einiges getan! Es glänzt ja alles richtig!"

„Aber trotzdem wartet noch viel Arbeit auf uns", dämpfte Martin Josefs Euphorie, wandte sich dann Sveti zu: „Ich freue mich sehr, dich endlich persönlich kennenzulernen."

Und zu Josef stellte er freudig fest: „Du, ich muss sagen, du hast guten Geschmack!" Er lächelte beiden zu, um dann Sveti das „Du" anzubieten, was sie gern annahm: „Ja, natürlich. Du bist Josefs Freund!" Sie strahlte ihn mit großen Augen an, und Martin lobte sie:

„Du sprichst ein gutes Deutsch!"

Sveti wollte das aber so nicht stehen lassen: „Ich lerne deutsch, aber ich bin damit noch nicht fertig."

„Aber schon sehr weit fortgeschritten", schaltete sich Josef ein und klopfte seiner Sveti lachend auf die Schulter.

Dann zeigte Martin den beiden das Stift samt der Klosterkirche, und da war schon etwas mehr anzuschauen, als Josef das bei seinem ersten Besuch erlebt hatte. Auch Sveti bestaunte alles sehr und zog natürlich Vergleiche mit ihrer Heimat. „So große Kirche haben wir in Ulan-Ude nicht, nur kleine Kirche. Meine Großmutter besucht sie jeden Sonntag."

„Das ist bestimmt eine russisch-orthodoxe Kirche?"

„Ja, andere wir haben bei uns nicht. Ich war als Kind auch einige Male mit meiner Großmutter dort und ich weiß von ihr etwas von Gott und von Bibel, aber nur wenig."

„Wenig ist besser als nichts", freute sich Martin, und Sveti fiel ihm ins Wort: „Ja, aber in Schule wir haben gelernt, dass Religion ist Opium für das Volk."

„Das ist von Lenin", erinnerte sich Josef und Martin fiel dazu eine kleine Geschichte ein:

„Da gab es Ende der Achtzigerjahre des vorigen Jahrhunderts eine Unterhaltung zwischen dem Stadtschulinspektor der sibirischen Stadt Simbirsk und dem Popen der dortigen russisch orthodoxen Kirche. Beide waren gut befreundet, und deshalb fragte der Pope seinen Freund:

Sag, wie geht's dir mit deinen Schülern?

Mit meinen Schülern läuft alles gut. Nur mit meinem Sohn habe ich ständig Probleme, weil der nicht so folgt, wie sich's gehört. Was soll ich bloß machen?

Der Pope überlegte kurz und antwortete: ‚Du, da gibt's nur eins: prügeln, prügeln und nochmals prügeln!'

Die beiden hatten aber nicht bedacht, dass der fünfzehnjährige Sohn die Unterredung vom Nebenraum aus mitverfolgt hatte. Der nahm seine Kette mit dem Kreuz vom Hals, zerstampfte das Kreuz mit den Füßen und sagte: Mit dieser Religion bin ich fertig!

Dabei ist es auch geblieben! Denn dieser junge Bursche hieß Wladimir Iljitsch Uljanow, später Lenin! Ich muss sagen, dass ich den jungen Lenin gut verstehen kann, denn ein Priester darf einen Vater nicht dazu anstiften, seinen Sohn zu schlagen! Ein Priester soll Menschen Mut machen."

„Das habe ich aber noch nie von Lenin so gehört!", wunderte sich Sveti, Josef aber genauso:

„Nein, das hat uns keiner so erzählt!"

„Wird auch keiner tun", erklärte Martin, „denn dann würde offenbar, dass die sozialistische Lehre erst durch Lenin atheistisch geworden ist. Marx und Engels verlangten kein Bekenntnis zum Atheismus. Sie verhielten sich da völlig neutral, wie es in der Sozialdemokratie bis heute so ist."

„Ich habe mich sowieso oft gefragt, weshalb der Kommunismus atheistisch sein muss?"

Martin überlegte ein Weilchen, bis er erklärte: „Josef, das müsste auch nicht sein, denn ich habe umgekehrt darüber nachgedacht, was denn am Kapitalismus besonders christlich ist. Und habe da auch nichts gefunden …"

„Aber die Kirchen werden als Relikte des Kapitalismus bezeichnet", fiel Sveti Martin ins Wort. Dieser ließ sich aber nicht aus der Ruhe bringen: „Also noch einmal die Frage: Was soll an der Kirche kapitalistisch sein? In ihr wird das Evangelium von Jesus Christus gepredigt und Jesus war wahrlich kein Kapitalist. Er lebte in Armut und Bescheidenheit und hat mehrmals vor dem Reichtum gewarnt. Er stand immer auf der Seite der Armen, der Unterdrückten. Leider hat die Kirche das oft vergessen, aber die Botschaft, die sie zu verkünden hat, bedeutet Hoffnung auch für die Armen und Entrechteten."

„Sie hat aber viele Güter angesammelt und das Volk hat gehungert", entgegnete Josef.

„Das stimmt leider, und da muss es ein Umdenken geben, aber die Botschaft, die sie zu verkünden hat, müsste die Kapitalisten weit mehr stören als die Kommunisten."

„Hast du Kontakte zur Partei?", wollte Josef wissen.

„Ja, die gibt es. Da ich bekanntlich noch vor der Ableistung der Gelübde stehe, wollen sie mich gern umstimmen, dass ich etwas Ordentliches lerne und ihnen folge."

„Was sagst du ihnen dann?", interessierte Sveti jetzt brennend.

„Ja, ich habe neulich dem Parteichef von Schlägl das folgende Gleichnis erzählt:

Wissen Sie, ich bin, wie alle bekennenden Christen, zu einem großen Festmahl eingeladen, bei dem es an nichts fehlt. Jesus, der Einladende, hat für alles reichlich gesorgt. Wir sollen uns wohlfühlen und nach Herzenslust essen und trinken. Aber was machen Sie? Sie wollen, dass ich dieser Einladung nicht folge und stattdessen zu Hause allein herumsitze und ein Margarinebrot esse. Aber das können Sie von mir nicht erwarten! Ich setze mich an den festlich gedeckten Tisch!"

„Was hat er dazu gesagt?" Josef war gespannt.

„So können Sie das aber nicht vergleichen. Wir wollen ein neues, freies Österreich aufbauen, wo es den Menschen gut geht! Das will ich auch und darin sind wir uns einig, sagte ich zu ihm und er war ganz baff. Das hatte er nicht erwartet. Aber dann sagte ich auch das:

Ich verfüge als Diener meines Herrn über die Kraft des Heiligen Geistes, und Sie müssen alles aus Ihrer eigenen Kraft bewerkstelligen, und da tun Sie sich unnötig schwer! Beziehen Sie die Christen in Ihr Aufbauprogramm mit ein und Sie werden Großes erleben!"

„Du hast viel Mut!", lobte ihn Sveti und Martin schloss: „Ich habe nur das gesagt, was mir Gott durch seinen Geist aufgetragen hat. Aber der Parteichef ist nachdenklich gegangen. Wenn wir uns begegnen, ist er immer freundlich. Ich glaube, er denkt nach."

Der Nachrichtensprecher von „Radio Freies Österreich" verkündete am Morgen des 26. September 1950 sehr aufgeregt: „In den Wiener Westsektoren ist es heute früh überall zu Arbeitsniederlegungen und damit verbundenen Ausschreitungen gekommen.

Streikende Arbeiter haben die Straßenbahngleise zugeschüttet und damit fast den gesamten Straßenbahnverkehr zum Erliegen gebracht. Aber auch die Busse können die Remisen nicht verlassen, weil die Ausfahrten von Aufständischen blockiert werden.

Deshalb verkehren die öffentlichen Verkehrsmittel derzeit nur im Ostsektor halbwegs normal.

In Hietzing haben Streikende die Eingänge zum Rathaus besetzt, um die Mitarbeiter am Betreten des Hauses zu hindern. Als Oberbürgermeister Reisner an seinen Schreibtisch wollte, wäre er beinahe gelyncht worden. Herbeigeeilte Polizisten konnten das gerade noch verhindern und verhafteten die Rädelsführer ..."

Josef wollte natürlich auch wissen, was der Osten dazu zu vermelden hatte und hörte, „dass die Arbeiter im Westen um ihre ureigensten Rechte kämpfen und nicht länger zusehen wollen, wie sich ihre Lebenssituation weiter verschlechtert. Am 1. Oktober werden Strom, Gas, Wasser und die Tarife der öffentlichen Verkehrsmittel schon wieder teurer, ohne dass die Löhne mithalten. Das lassen sich die Arbeiter nicht länger gefallen und sie dürfen sich unserer Solidarität sicher sein. Besonders die Genossen der VAPÖ in West-Wien sind Schikanen der Polizei und Justiz ausgesetzt, weil die VAPÖ die einzige politische Kraft in West-Wien ist, die auf die wahre soziale Situation der arbeitenden Bevölkerung aufmerksam macht …"

Den „halbwegs normalen" öffentlichen Verkehr im Osten spürte Josef am Praterstern, als er vergeblich auf den O-Wagen wartete, der bei der Durchfahrt durch den im Westen gelegenen dritten Bezirk behindert wurde. Ihm blieb nur der Fußmarsch durch den Westen übrig, bis es am Südbahnhof wieder mit der Straßenbahn weiterging. Dabei sah er in der Ungargasse einige mit Sand zugeschüttete Straßenbahngleise. An der Ecke Neulinggasse diskutierte eine größere Gruppe heftig. Beim Vorbeigehen vernahm er ein erregtes Stimmengewirr:

„Geht doch rüber in den Osten, ihr kommunistischen Störenfriede, und lasst uns hier in Ruhe!", brüllte eine Frau, und ein älterer Mann tobte noch lauter: „Sorgt erst mal dafür, dass die da drüben nicht stundenlang Schlange stehen müssen um jede Kleinigkeit!"

Der oder die Kommunisten in der Menge kamen gar nicht zu Wort …

Trotz der Verkehrsstörung kam Josef nur eine halbe Stunde zu spät in die Werkstatt. Und dort gingen die Wogen nicht minder hoch. Bei den Kunden, unter den Kollegen und natürlich bei Meister Hellgruber, der fest glaubte: „Unsere Kommunisten wollen drüben putschen, damit ganz Österreich kommunistisch wird, zunächst wenigstens erst mal ganz Wien."

„Und die Westmächte schlafen wieder so wie damals, als die Russen den 1. Bezirk kassiert haben", ärgerte sich Herr Greiner kopfschüttelnd, als er sein repariertes Wander-Cabrio abholte. „Bis auf ein paar Drohgebärden in den Westzeitungen und im Westradio ist ja nichts weiter passiert. Und so werden sie genau so wenig machen, wenn ganz Wien russisch wird."

„Wegen Wien wird keiner einen Krieg anfangen", stellte sich Meister Hellgruber vor, „und das wissen die Russen genau, und darum können sie sich auch so unverschämt verhalten."

„Wie Hitler damals, dem auch jeder tatenlos zugeschaut hat!", trumpfte ein weiterer, gerade eingetroffener Kunde auf, dem Meister Hellgruber beipflichtete: „Die da oben verstehen sich besser miteinander, als wir glauben! Während sie das gemeine Volk auf den Schlachtfeldern opfern, trinken sie gemütlich miteinander Kaffee!"

Für den 29. September trommelte die Partei die Ost-Wiener auf den Leninplatz zusammen, um ihre Solidarität mit den Streikenden im Westen zu bekunden.

Josef hätte eigentlich als Arbeiter eines Noch-Privatbetriebes gar nicht dorthin müssen, aber als Meisterschüler wurde er am Abend zuvor eingeschworen, unbedingt zu erscheinen und vernahm somit die flammende Rede des Wiener VAPÖ-Parteivorsitzenden Lennart:

„Wir Werktätigen im freien Wien, die wir keine Ausbeutung und keine sozialen Ängste mehr kennen, erklären uns solidarisch mit den um ihre Rechte kämpfenden Arbeitern und Angestellten in den Westsektoren Wiens und in Westösterreich. Wir stehen voll hinter den Genossen der VAPÖ in West-Wien und der KPÖ in Westösterreich. Sie sind die einzigen progressiven Kräfte, die auf die Ursachen der Misere aufmerksam machen, in welche die Arbeiterschaft hineingeritten werden soll, wenn am 1. Oktober die neue Preislawine auf die Menschen hereinbricht. So werden nach dem Prinzip des Kapitalismus wieder nur die Reichen reicher und die Armen ärmer und das nennt man da drüben zynisch die große Freiheit. Und die rechten SPÖ-Führer erweisen sich erneut als Verräter der Arbeiterklasse und Steigbügelhalter des Kapitalismus, denn sie unterstützen das Ganze ..."

Jeder auf dem Platz spürte, es war etwas im Gange. Bei früheren Kundgebungen sah sich jeder nur gelangweilt um und hoffte, die immer gleichen langweiligen Tiraden würden bald zu Ende sein, aber heute … Heute las Josef große Ängstlichkeit aus den Augen der Menschen um ihn herum … In Korea hatte es zu brennen begonnen. Sollte es auch hier zu Auseinandersetzungen zwischen den Besatzungsmächten kommen? Den 1. Bezirk hatten die Westmächte den Sowjets noch kampflos überlassen, da er ihnen nie ganz gehört hatte, aber das gesamte West-Wien? Würden die Westmächte das wirklich so mir nix, dir nix räumen, wie manche glauben? Würde es vielleicht doch einen Krieg geben?

Auch Sveti wirkte am Samstag gedrückt und antwortete auf Josefs Frage, was denn mit ihr los sei:b „Sie haben etwas vor mit dem Westen, aber ich weiß nicht genau, was. Mein Papa weiß auch nichts Genaues. Er wurde heute um zwei Uhr plötzlich zu einer Konferenz gerufen. Das geschah wenige Minuten bevor ich das Haus verlassen habe. So etwas ist noch nie so plötzlich geschehen …"

Sie legte den Kopf in Josefs Schulter und er streichelte sie sehr, sehr sanft.

„Ich habe Angst, dass etwas Böses passiert!" Ein paar Tränen kullerten über ihr Gesicht, die Josef behutsam mit seinem Taschentuch trocknete und dazu tröstlich meinte: „Uns kann niemand auseinanderreißen!"

„Nein, das wird niemand tun können", erwiderte Sveti leise und gab Josef einen kräftigen Kuss.

Nicht die Westmächte beendeten diese Auseinandersetzung friedlich, sondern die West-Wiener Bürger unter der Führung der SPÖ, die, zusammen mit den Gewerkschaften, äußerst kämpferisch auftrat.

Dem gemeinsamen Aufruf, die blockierten Gleise freizulegen und überall wieder an die Arbeit zu gehen, folgten fast alle.

Was Josef in der Ungargasse gesehen und gehört hatte, beim Heimweg nach Feierabend wurde noch erregter debattiert, bestätigten die Eltern beim Abendessen: „Das Ganze ist nur ein Vorwand der Kommunisten, einen Putsch anzuzetteln", erklärte Rudi, „die lassen nicht locker, die wollen ganz Wien kassieren und später ganz Österreich. Da hat dein Chef völlig recht, aber das werden wir Sozialdemokraten nicht zulassen. Denen geht es wirklich nicht um die Preiserhöhungen drüben, die sind nur ein Vorwand für ihre Störaktionen."

„Aber was werdet ihr in der SPÖ tun?", fragte Josef besorgt.

„Die Menschen drüben und, so gut es geht, auch hier aufklären. Und das funktioniert auch recht gut, wie du ja selber miterlebt hast. Die Leute vertrauen der SPÖ und durchschauen die Manöver der Kommunisten. Die meisten Störaktionen bei der Straßenbahn und so weiter sind von hier im Osten organisiert und auch von hiesigen Leuten durchgeführt worden und auch das wissen die Menschen drüben …"

Den Höhepunkt der Gegenaktion bildete schließlich am 4. Oktober die gewaltige Kundgebung vor dem Hietzinger Rathaus, das seit der Spaltung Wiens Sitz des Oberbürgermeisters und Landeshauptmannes von West-Wien war. Oberbürgermeister Reisner gab vor einer riesigen Menschenmenge klar zu erkennen: „Wir Wiener lassen uns nicht von einer kleinen Horde von Störenfrieden und Chaoten unterkriegen, wie sich das in diesen Tagen klar gezeigt hat. Wir sind entschlossen, für die Freiheit unserer Stadt zu kämpfen, und wir haben die volle Unterstützung unserer westlichen Schutzmächte, die sich den Eroberungsgelüsten der Sowjetunion und ihrer österreichischen kommunistischen Helfershelfer entgegen stellen. Vor aller Welt ist sichtbar geworden, dass die Wiener fest zur Demokratie stehen …"

Das konsequente Auftreten der SPÖ hat den Frieden in Österreich gerettet. Natürlich im Zusammenwirken mit der ÖVP und der neu gegründeten Vereinigung der Unabhängigen, der VdU. In der Demokratie ist immer Teamarbeit gefragt, da müssen immer alle zusammenstehen. Und somit konnten die Besatzungsmächte froh und dankbar sein, dass nichts Ernsthaftes passiert ist …

Der 25. November 1950 war ein typisch vernieselter Spätherbst-
tag, als sich Josef gewohnheitsgemäß gen Floridsdorf begab.
Heute war er etwas knapp dran, und wie es in solchen Fällen
leider oft üblich ist, brauste ihm auch noch die Straßenbahn vor
der Nase weg. Aber er schaffte es gerade noch, genau Punkt
15 Uhr vor dem Bahnhofseingang zu stehen. Aber die an sich
überpünktliche Sveti stand noch nicht da. Etwas bei ihr Un-
gewöhnliches.

Womöglich ist auch ihr dasselbe mit der Straßenbahn passiert
wie mir, dachte sich Josef und marschierte direkt zur Straßen-
bahnhaltestelle rüber, um den nächsten 26er zu erwarten. Doch
auch diesem entstieg keine Sveti. Jetzt wurde Josef aber leicht
unruhig, denn so etwas hatte er bislang noch nie bei ihr erlebt.
Was ist los? Ist sie plötzlich krank geworden? Telefone waren
damals Mangelware, nur besonders Auserwählte besaßen eines.
Zu denen natürlich die sowjetischen Offiziersfamilien gehörten,
und deshalb begab sich Josef zum Telefonhütterl in der Bahn-
hofshalle, nachdem er noch bis halb vier gewartet und festgestellt
hatte, dass auch aus dem nächsten 26er keine Sveti gestiegen war.

Der Anruf machte Josef nur noch unruhiger, da der Hörer
lediglich das Freizeichen von sich gab. Also setzte er sich selbst in
den 26er. Und läutete am Haus der Woroschilows. Keiner öffnete.
Nur der weiße Kater Mischa miaute aufgeregt und kratzte am
Zaun, als wolle er hinaus ...

Was Josef äußerst seltsam vorkam. Sonst war Mischa nämlich
immer ruhig und kuschelig. Sveti hatte ihn sehr lieb, streichelte ihn
viel und legte ihm gern etwas extra in seinen Fressnapf. Er dankte
es ihr, indem er um ihre Füße herumlief und kräftig schnurrte.

Auch Josef vergaß ihn nie, wenn er Sveti besuchte, und so
miaute er ihn sofort an, wenn er das Haus betrat. Aber ein so
heftiges Miauen und Kratzen hatte Josef noch nie erlebt ...

„Du könntest mir bestimmt erzählen, was passiert ist." Josef
schaute Mischa traurig fragend an, und er miaute noch heftiger
als zuvor ...

Sonst blieb alles ruhig. Die Straße war menschenleer. Nur ab
und zu fuhr ein sowjetischer Jeep vorbei, was jedoch nichts Un-

gewohntes in dieser Gegend war, in der einige Sowjetoffiziere mit ihren Familien wohnten.

Allerdings kam ihm ein mehrmals langsam durch die Straße fahrender schwarzer Pobjeda verdächtig vor. Am Haus der Woroschilows fuhr er nur Schritttempo. Dann steigerte er seine Geschwindigkeit wieder, um bei der nächsten Runde dasselbe zu tun ...

Josef fuhr deprimiert und ängstlich zugleich heim. Was war mit der lieben Sveti und ihrer Familie passiert? Wo waren sie jetzt?

Dabei wollte er Sveti heute einen besonders netten Abend bieten. Zu diesem Zweck hatte er im USIA-Laden eine Flasche Krimsekt und eine Dose Lachs gekauft. Weil es im Laden sehr voll war, war er so spät dran gewesen und hatte sich über die ihm vor der Nase weg fahrende Straßenbahn geärgert.

Es sollte ein besonders netter Abend werden. Ohne einen speziellen Anlass. Einfach so. Wie es Sveti umgekehrt auch schon ein paarmal gemacht hatte. Auch einfach so. Was bei sich liebenden Menschen üblich sein sollte, einfach so etwas besonders Nettes zu tun ...

Der Tisch war auch schon gedeckt, damit die Überraschung perfekt wäre. Alles wartete auf Sveti. Bloß – sie kam nicht ...

Josef hatte bis zum Abend gehofft, dass sie noch bei ihm läuten würde. Vielleicht hatte sie ihre Mami oder ihren Papi plötzlich ins Krankenhaus bringen müssen. Oder es war etwas anderes Unvorhergesehenes passiert. Aber nichts dergleichen war der Fall ...

Er ging noch ein paarmal zum Telefonhütterl auf der Taborstraße, aber der Hörer sendete auch hier nur das Freizeichen.

Josef war total niedergeschlagen. Was ist mit meiner lieben Sveti passiert? Wo bist du, meine Liebste? Warum konntest du nicht kommen? Gestern hatten wir doch noch einen netten Abend im Kino verbracht. Ich hab' dir noch hinterhergewunken, als du in die Straßenbahn eingestiegen bist und du hast mir lachend zugerufen: „Bis morgen, Liebster!"

In der Nacht schlief Josef fast gar nicht. Andauernd wälzte er sich im Bett von der einen auf die andere Seite. Gleich kurz nach acht machte er sich noch mal auf den Weg nach Jedlersdorf.

Wieder erfolglos. Nichts rührte sich. Für Mischa hatte er ein paar Wurstreste mitgebracht. Aber nicht mal der war zu sehen. Alles blieb ruhig.

Trotzdem rief er den Tag über noch ein paarmal vom Hütterl in der Taborstraße an. Immer ohne Resonanz. Sveti und ihre Familie blieben wie vom Erdboden verschluckt.

Auch die Polizei konnte nicht helfen, obwohl der ältere Polizist im Wachzimmer am Praterstern sehr freundlich zu Josef war.

„Für eine Sowjetbürgerin können wir leider keine Vermisstenanzeige entgegennehmen", erklärte er ihm. Josef spürte, dass er gern mehr für ihn getan hätte …

In solchen Situationen tut es besonders gut, verständnisvolle Menschen um sich zu haben, die einem nicht nur mit abgedroschenen Sprüchen bombardieren, die jeder auswendig herunterleiern kann.

Was Josefs Eltern und seine beiden Schwestern wahrlich nicht taten …

Hilde und Rudi hatten Sveti dazu viel zu sehr ins Herz geschlossen. Sie empfanden sie wie einen fröhlichen Sonnenschein.

„Da schwafeln sie von der unverbrüchlichen österreichisch-sowjetischen Freundschaft, die es zu pflegen gilt und die uns eine Herzenssache sein soll und so weiter und so fort. Aber dann lernst du persönlich eine sowjetische Familie kennen, und das ist ihnen dann auch nicht recht", ärgerte sich Rudi maßlos, und Hilde ergänzte: „Sveti und ihre Eltern sind doch die beste Werbung für eine musterhafte sowjetische Familie! Ein besseres Aushängeschild kann es für die Sowjetunion gar nicht geben! Ja, sie sind überzeugte Kommunisten, aber durch und durch ehrlich, menschlich, freundlich und sehr gute Gastgeber. Durch sie wird es einem leicht gemacht, eine Freundschaft zur Sowjetunion aufzubauen."

„Und dann tut man ihnen und uns das an", stöhnte Rudi. „Und man weiß nicht einmal, was genau los ist "

Auch Sissi und Poldi zeigten sich jetzt als treue Schwestern und ließen ihren Bruder reden. Er sollte seinem Herzen Luft machen.

„Du, uns geht Sveti doch auch ab!" Poldi fing zu weinen an, und Sissi nahm sie in die Arme und bestätigte die schwesterliche Aussage mit genauso weinerlicher Stimme: „Sie war uns eine ganz liebe Freundin und wir hatten so nette Abende unter Frauen, wenn du am Abend deinen Meisterkurs hattest."

„Wir wollten in der Adventszeit wieder einen solchen Abend mit ihr verbringen", erklärte Poldi immer noch voller Tränen und fuhr fort: „Sie war so lieb und offenherzig, manchmal so richtig lustig, verspielt, und das haben wir toll an ihr gefunden."

„Ich glaube, sie hat uns ein bisschen als ihre Schwestern gesehen, weil sie ja keine Geschwister hat", glaubte Sissi, und alle nickten ihr mit feuchten Augen zu.

Martin weilte, seines Studiums halber, bis zu den Weihnachtsferien im Schottenstift.

Gleich am nächsten Samstagnachmittag besuchte er ihn und erzählte, was vorgefallen war.

„Wenn ich dir sage, es tut mir alles sehr leid, mag das sehr banal klingen, aber das ist es wirklich nicht", begann er, und Josef glaubte ihm, seinem Freund, der nie nur oberflächlich daherredete.

„Ich wäre auch nie hergekommen, wenn ich wüsste, dass du nur dasselbe Zeug erzählen würdest wie die meisten, eben Kopf hoch, wird schon wieder und so weiter."

Dann ließ Martin Josef in Ruhe reden. Über alles, was ihm momentan bewegte. Natürlich fiel ihm in dieser Situation auch seine erste kleine Freundin Sara ein, die Martin ja auch kannte:

„Von Sara konnte ich mich wenigstens noch am Bahnhof verabschieden, aber bei Sveti ließen sie mich nicht mal das tun! Und ich hab' mich mit Sara nicht ein einziges Mal gestritten und mit Sveti auch nicht. Nein, nicht ein einziges Mal! Und dann passiert es, dass sie dir eine so liebe Beziehung nicht gönnen! Sie reißen uns einfach auseinander! Du darfst nicht glücklich sein! Andere streiten andauernd mit ihrer Freundin oder Frau um jeden Scheiß und schätzen gar nicht, was sie aneinander haben. Und gehen dann mir nix, dir nix einfach auseinander. Und mir zerstören immer die Politiker mein Glück. Jetzt schon zum zweiten Mal ..."

„Leider." Martin musste tief seufzen. „Wir Menschen, ob es die Kleinen sind oder die Großen, eben die uns Regierenden, wir sind es, die wir uns gegenseitig unser Glück zerstören, das uns Gott so gern schenken möchte. Leider müssen wir, der Boshaftigkeit unserer Mitmenschen wegen, auch Schmerz ertragen. Gott wollte unser Leben ganz anders gestalten, aber die Menschen um uns durchkreuzten es. Ja, das kommt immer wieder vor, und wir sehen daran, welche Folgen unsere Handlungsweisen haben können. Der Trost aber ist der, dass Gott einen Ausweg finden wird, den wir nicht immer gleich erkennen. Da müssen wir dann Geduld haben …"

Martin und Josef gingen in die große Schottenkirche und zündeten für Sara, ihre Eltern sowie für Sveti und ihre Eltern je eine Kerze an.

Das nächste traurige Ereignis ließ nicht lange auf sich warten. Bereits am Montag, dem 4. Dezember 1950, tauchten gegen halb elf gleich vier Uniformierte in der Werkstatt auf. Sie ließen Meister Hellgruber nicht einmal mehr die Außenschraube an einem weißen Adler 2,5 festdrehen und sich die Hände waschen. Wütend zerrten sie ihn von seinem Arbeitsplatz weg.

„Das Spiel ist aus, großer Meister! Sie sind verhaftet!"

„Warum?"

„Halt die Goschen, du Kapitalistenschwein! Fragen stellen wir, merk dir das gefälligst!"

Ein zweiter brüllte in die Werkstatt, sodass es in den Ohren der Beistehenden laut dröhnte:

„Stalin hat gesagt: Schlagt den Volksfeinden die Schädel ein! Entfernt sie aus eurer Mitte!"

Als Meister Hellgruber Frau Bernert noch etwas zurufen wollte, brüllte ihn der Dritte an:

„Schnauze! Sonst hau ich dir eine rein, dass du im hohen Bogen ins nächste Eck fliegst! Jetzt wird mit euch Gesindel endgültig abgerechnet! Weil die Arbeiterklasse in unserem Staat das Sagen hat!"

Die vier prügelten ihn auf den LKW, mit dem sie gekommen waren, hinauf und zischten ab.

Alle waren zur Salzsäule erstarrt. Man hätte eine Stecknadel fallen gehört.

Bis ein nobler Herr Seidel in dunkelblauem Anzug die Stille durchbrach und sich als Treuhänder der Magistratsabteilung für Wirtschaft vorstellte. Er war zusammen mit den vier Uniformierten erschienen. In dem Getümmel hatte ihn keiner wahrgenommen.

„Ich bin jetzt Ihr vorläufiger Vorgesetzter", begann er seine Rede. „Ich werde diesen Betrieb in Volkseigentum überführen, wie es das Gesetz vorsieht. Die Arbeitszeit bleibt vorerst gleich, und die Löhne werden nach dem geltenden Kollektivvertrag abgerechnet."

Was so viel bedeutete, dass das freitägliche Lohnsackerl ab sofort dünner ausfallen würde …

Und auf Josefs Frage, weshalb Meister Hellgruber festgenommen worden sei, antwortete Herr Seidel im lockeren Plauderton: „Wegen Verrat am werktätigen Volk! Er hat mit amerikanischen und westösterreichischen Spionageorganisationen zusammengearbeitet."

Das Übliche …

Sehr schnell wehte ein anderer Wind in der Werkstatt! Ein eisiger! Von wegen frischer Bohnenkaffee, eine Suppe am Freitag oder frische Semmeln am Samstag. Aus der Traum! Wer was brauchte, musste es sich kaufen. Aber bitte außerhalb der Arbeitszeit! Und das, obwohl am Freitag 25 Schillinge weniger im Lohnsackerl steckten.

Selbstverständlich gab's ab sofort auch einen Parteisekretär, der in der Zentralwerkstatt saß und zwei- bis dreimal pro Woche in der Neilreichgasse nach dem Rechten sah.

Jeden Mittwoch veranstaltete er nach Feierabend eine Stunde Politinformation. Die Teilnahme war Pflicht! Dummerweise hatte Josef an diesem Abend keinen Meisterlehrgang und musste sich somit die Schwafelei anhören.

Die Tiraden konnte jeder im Traum singen: die üblichen Stalinsprüche, die Untergrundtätigkeit amerikanischer Agenten in der Volksrepublik, die Spalterpolitik der westösterreichischen Regierung in Innsbruck und natürlich Lobeshymnen auf die Aufbautätigkeit in der Volksrepublik. Logischerweise durfte der Abgesang auf die unverbrüchliche Freundschaft zur Sowjetunion und zum Genossen Stalin nicht fehlen …

Organisatorisch gehörte die Werkstatt jetzt zum VÖB Kfz-Reparaturbetrieb „Sieg des Sozialismus" Wien (VÖB bedeutete „Volkseigener österreichischer Betrieb"). Zu diesem Betrieb gehörten zwölf Teilbetriebe, die alle auf dieselbe Weise, wie die Werkstatt in der Neilreichgasse, kassiert worden waren. Und dann stand schließlich in der Brünner Straße die Zentralwerkstatt. Dort saßen unter anderem der Generaldirektor, der Parteisekretär, die Lohnverrechnerin, der Buchhalter, der Lagerleiter und der Kaderleiter, wie sich die Personalchefs jetzt überall nannten.

Der Generaldirektor ließ sich in der Neilreichgasse so zwei- bis dreimal im Monat sehen. Leider. Denn ward er gesehen, traute sich keiner mehr, was zu reden. Alle werkten fieberhaftest, denn der große Boss hatte immer was zu meckern.

„Sie sind hier nicht zum Gatschen, sondern zum Arbeiten! Verstanden!" So brüllte er Josef kürzlich an, als dieser einen guten alten Kunden nach seinem Befinden fragte.

Nachdem der Kunde die Werkstatt verlassen hatte, belehrte der große Boss die Belegschaft mit scharfen Worten: „Arbeitszeit ist bitte Arbeitszeit! Und nicht Zeit zum Plaudern! Sie werden für Ihre Arbeit bezahlt und nicht fürs Herumgatschen! Haben wir uns verstanden?"

Alle nickten brav. Was sollten sie auch anderes tun?

„Jede Minute vergeudete Arbeitszeit ist verlorene Zeit beim Aufbau des Sozialismus! Das nützt bloß dem Klassenfeind etwas! Das ist Sabotage! Und was auf Sabotage steht, wissen Sie hoffentlich! Stalin lehrt uns: Tötet die unbelehrbaren Volksschädlinge!"

Grußlos verließ der Boss die Werkstatt. Jeder hoffte, er würde so bald nicht wieder erscheinen …

Frau Bernert wusste dann in der Mittagspause zu berichten: „Unser großer Boss war bei Hitler Blockwart in der Hegergasse im dritten Bezirk."

„Das sieht ihm ähnlich!", seufzte Josef tief und lang anhaltend …

Der „kleine" Boss, der Werkmeister Ortner, eigentlich der Nachfolger vom Meister Hellgruber, war nicht so scharf, aber auch er mochte keine Privatgespräche mit Kunden und auch keine untereinander, ausgenommen in den Pausen. Aber er brüllte wenigstens nicht dauernd herum – und vor allem war er nicht in der Partei …

Ja, beim guten alten Meister Hellgruber, das waren noch Zeiten! Da war's nie ein Problem, wenn mit den Kunden und auch untereinander gelacht und auch manchmal geweint wurde, eben, wie das Leben so spielte. Und die Arbeit wurde trotzdem, oder gerade deshalb, immer geschafft. Freude bei der Arbeit ist nämlich eine erhebliche Produktivkraft. Aber diese war nun Vergangenheit …

Am 1. September 1951 bezog Josef endlich seine eigene kleine Einzimmerwohnung in der Inzersdorfer Straße, nahe der Triester Straße. Freudig erspähte er gleich im Nebenhaus einen USIA-Laden. Und zur Werkstatt waren's bloß zehn Minuten zu Fuß. Was eine Stunde länger schlafen in der Früh bedeutete.

Alles gut und schön, aber die liebe Sveti fehlte ihm noch immer sehr. Oft dachte er noch an sie und an die gemeinsamen schönen Stunden. Aber er mied Orte, die an gemeinsame Erlebnisse erinnerten.

Nur am Samstag vor dem dritten Advent war er noch mal nach Jedlersdorf gefahren, um zu sehen … Über dem Postkasten prangte bereits ein neues Namensschild. Eine Familie Julianow logierte jetzt hier. An den Fenstern hingen andere Gardinen. Svetis Fenster schmückte jetzt eine weiße, nicht mehr die gewohnte blumige …

Da es schon dunkel wurde, brannte Licht im Haus. Eine ältere Frau öffnete die Tür, um etwas in den Mistkübel zu werfen. Auch Mischa war verschwunden. Nichts erinnerte mehr an früher …
An früher … Es waren doch gerade mal drei Wochen seit dem letzten Treffen vergangen, aber als Josef das hier sah, kam es ihm so vor, als ob das mit Sveti Jahre her war … Danach war er nie mehr über die Donau gefahren, nicht mal zum Gänsehäufel. Im

Sommer hatte er lieber das jetzt sehr nahe Laaerbergbad aufgesucht. In meiner eigenen Wohnung, was für nette Abende hätte ich da mit Sveti erleben können …

Dennoch normalisierte sich sein Leben langsam. Neue Eindrücke entstanden. Zum Glück war er mit Sveti kaum in Favoriten gewesen. Den nun nahen Wienerberg mit seinem Badeteich hatte auch er erst jetzt kennengelernt. Wo es sich auch gut schwimmen und wandern ließ. Und wo sich neue Freundschaften entwickelten …

Zum Beispiel die mit der Familie Mayer aus der Tolbuchinstraße, der früheren Laxenburger Straße. Mit den beiden Zwillingskindern Joachim und Larissa spielte er gern Ball oder ging mit ihnen ins Wasser und lehrte ihnen sogar das Schwimmen. Weil sie sich dabei sehr geschickt anstellten, konnten die Eltern schon bald beruhigt sein, wenn ihre beiden Sprösslinge ins kühle Nass stiegen.

Im freibadlosen Teil des Jahres fuhr Josef mit den beiden Kindern ab und zu ins Amalienbad und tobte dort fröhlich mit ihnen herum. Was allen Beteiligten großen Spaß machte, weil Joachim und Larissa nette Kinder waren, mit denen Josef gut auskam. Sie waren keine Engel, aber wer ist das schon? Auch Erwachsene nicht. Mit kleinen Querelen muss jeder rechnen, der sich mit Kindern abgibt. Aber das war's dann auch schon.

Im Amalienbad sprangen die beiden schon bald vom Einmeter- und Dreimeterbrett. Der Sprungturm mit den höheren Springmöglichkeiten war leider nie geöffnet …

Und so wurde Josef von den Mayers gern auf ihren geräumigen Balkon eingeladen und genoss das kühle Bier und das gute Essen. Die Frau des Hauses beherrschte die Kochkunst außerordentlich gut Übrigens auch im Winter im gemütlichen Wohnzimmer.

Aber auch Josef war ein guter Gastgeber, was genauso geschätzt wurde …

In der Mangelwirtschaft traf es sich gut, dass Hartmut Mayer Filialleiter eines Haushaltsartikelkonsums war, der auch Handwerkzeug führte. Womit Josef endlich zu einem kleinen Werkzeugkoffer kam und sich in der Nachbarschaft kein Werkzeug mehr ausborgen musste.

Dafür nahm sich Josef Hartmuts Motorrads an. Eine Hand wäscht eben die andere. Den zehnten Geburtstag der Zwillinge im Herbst 1952 feierte Josef klarerweise auch mit …

Im Westen wurden Ende 1952 die letzten Lebensmittelkarten Geschichte, die es ohnehin bloß noch für einige Kleinigkeiten gegeben hatte, zum Beispiel Zucker. Also musste die Volksrepublik unbedingt nachziehen. Und so verkündete die Partei nach einer dafür speziell einberufenen Konferenz lautstark in den Medien: „Ab 1. 1. 1955 werden die Lebensmittelkarten abgeschafft und es entsteht damit ein neues, einheitliches, Preissystem …"

Was im Klartext hieß: Die Preise für die bislang rationierten Lebensmittel werden erhöht und umgekehrt werden die Preise für die Lebensmittel in den Freimarktgeschäften gesenkt. Was auch logisch war, denn was hätten die hohen Freimarktpreise noch für einen Sinn, wenn es auf der anderen Seite die Lebensmittelbewirtschaftung nicht mehr gäbe?

In der Bevölkerung verursachte das Ganze natürlich eine große Unruhe. Die meisten Volksrepublikaner hatten ihre Lebensmittel hauptsächlich gemäß den Kartenrationen bezogen und diese sollten um etwa 20 Prozent teurer werden.

Um so viel wurden die Löhne und Gehälter aber beileibe nicht erhöht.

Es lag auf der Hand, dass die neue Preis- und Lohnpolitik zum Hauptthema der folgenden mittwöchlichen politischen Informationsstunden in Josefs Werkstatt wurde: „Uns geht es darum, ein einheitliches Preissystem zu schaffen, und wir sind jetzt so weit, dass es bei der Versorgung der Bevölkerung keinerlei Engpässe mehr gibt. Dank des Fleißes des werktätigen Volkes in unserer Volksrepublik haben wir den Lebensstandard so weit gehoben, dass keine Bewirtschaftung der Lebensmittel mehr nötig ist und dass wir auch die teuren Freimarktläden nicht mehr brauchen. Diese werden nunmehr als Geschäfte der neuen Staatlichen Handelsgesellschaft, abgekürzt SHG, weitergeführt. Die Preise sind aber gleich wie im Konsum und im privaten Handel.

Nur die USIA-Läden haben weiterhin ihr eigenes Preissystem, weil sie von der Sowjetunion geführt werden …"

„Aber der Lebensstandard steigt doch nicht, denn ich verdiene ja nicht um 20 Prozent mehr!", regte sich Josef auf, was den Parteiboss aber nicht aus der Ruhe brachte, denn er entgegnete völlig gelassen: „Dafür fallen die hohen Freimarktpreise weg und jeder von uns hat dort eingekauft, wie die langen Schlangen gezeigt haben …"

So also wird „oben" gerechnet, resümierte Josef kopfschüttelnd …

Er verdiente ab Jänner 1955 statt bisher 1.500 Schillinge nun 1.725 Schillinge netto. Also längst keine 20 % mehr. Wie die meisten Volksrepublikaner. Was eine neue Flüchtlingswelle gen Westen auslöste …

Die Westzeitungen berichteten von einer „Hungersnot und Preistreiberei in der Ostzone, welche die Menschen verzweifelt in den Westen treibt …"

Davon konnte aber beileibe keine Rede sein, denn die Teuerungsrate im Westen war um einiges höher, und die Löhne hielten dem auch nicht stand.

Eine Versorgungskarte blieb allerdings erhalten: die Brennstoffkarte für den Bezug von Holz und Kohlen. Dafür existierten nach wie vor zwei Preissysteme, der gestützte Preis für das Kartenkontingent und der höhere, freie Preis.

In der Reinprechtsdorfer Straße war heute besonders viel los. Seit die Geschäfte am Samstag um 14 Uhr zusperrten, konzentrierte sich der Einkaufstrubel mehr auf den späten Freitagnachmittag. Heute, am 22. April 1955, hatte der ungewöhnliche Ansturm aber noch einen weiteren Grund: den Wechselkurs. An sich pendelte dieser seit Langem so zwischen 1:4 bis 1:5. Darum glaubte Josef, sich verhört zu haben, als der Nachrichtensprecher von „Radio Freies Österreich" verkündete, die Wechselstuben tauschten heute 360 Ostschillinge in 100 harte West-Schillinge.

„1:3,6! Gibt's das? So günstig stand der Kurs noch nie!", jubelte Josef und pilgerte schnurstracks zunächst ins Siebenbrunnen-Café.

Auf dem Weg dorthin traf er ab der Sektorengrenze am Matzleinsdorfer Platz jede Menge Bekannte. Solche, die er länger nicht gesehen hatte und solche, die ihm öfter über den Weg liefen. Ganz Favoriten schien sich hier ein Stelldichein zu geben: einige Nachbarn, die Hausbesorgerin, zwei Verkäuferinnen aus Josefs USIA-Laden, zwei ehemalige Lehrer und schließlich sein Parteisekretär, der wohl am liebsten im Erdboden versunken wäre, nachdem er Josef erspäht hatte. Er wollte zwar so tun, als habe er ihn nicht gesehen, doch das nützte ihm nichts. Josef lächelte ihn freundlich an und grüßte ganz laut, als dieser sich Süßigkeiten von einem der vielen Straßenstanderln kaufen wollte …

Und im Siebenbrunnen-Café setzte sich Josef freundlich zu Gregor, der sich zu einem „Tausendprozentigen" entwickelt hatte.

„Was machst du denn hier?", tat Josef verwundert, „ihr könntet hier glatt eine Parteiversammlung abhalten, denn eben habe ich unseren Parteiboss getroffen und jetzt sitzt auch du hier beim Klassenfeind. Was sucht bitte ein Genosse der VAPÖ im Westen? Und das drei Wochen vor dem IV. Parteitag? Habt ihr da nichts Besseres zu tun?"

Der Angesprochene war um eine Antwort keineswegs verlegen. „Man muss sich halt informieren, was hier so läuft!"

Josef lachte herzhaft. „Du, warum hat der Teufel seine Großmutter erschlagen?"

Gregor zuckte die Achseln, wusste wohl nicht so recht, was das jetzt sollte.

„Na, weil sie keine Ausrede mehr wusste!"

Beide bestellten eine Melange.

Josef hatte nicht viel Zeit und zahlte gleich, nachdem der Kaffee serviert worden war. Weil er mit seinem alten Berufsschulfreund Max in der Schönbrunner Straße verabredet war. Ein kleiner Nebenjob für harte Schillinge, damit mal was auf den Tisch kam, was es drüben in Favoriten nicht zu kaufen gab. Zu diesem Zweck sollte heute eine kleine Wohnung ausgemalt werden. Hundert West winkten, viel Geld. Dafür durfte es getrost elf werden.

Auf dem Weg vom Café zur Schönbrunner Straße traf er übrigens noch drei Bekannte aus der Quellenstraße.

Ja, die Reinprechtsdorfer hatte sich zum Magneten für alle Favoritener entwickelt. Hier hatten sie die erste Berührung mit dem Westen. So auch Josef, seit er seine kleine Wohnung in der Inzersdorfer Straße hatte.

Es verlockte auch alles in den Auslagen der Schaufenster und an den vielen Straßenstanderln. Die Reparatur einer Laufmasche kostete zehn Westgroschen, eine Kugel Eis war für zwanzig Groschen zu haben, eine Cola für fünfzehn Groschen. Selbst eins zu fünf war das noch leistbar. In der Reinprechtsdorfer rechnete jeder genauso um wie in der Alserbachstraße. Mit dem speziellen Rechenstab ging das blitzschnell. Und jeder war froh, keine Verpflichtungserklärung oder sonstige politische Parole hinsichtlich des am 15. Mai 1955 beginnenden IV. Parteitages der VAPÖ in der Hofburg, in den Schaufenstern der staatlich geführten Läden lesen zu müssen, denn was sollte dort sonst ausgestellt sein?

Ja, das war alles gut und schön, hätte es die Sektorengrenze am Matzleinsdorfer Platz nicht gegeben, an der jetzt viel strenger kontrolliert wurde.

Wie schon erwähnt, Josef war bis elf voll beschäftigt und eilte dann schnell nach Hause, weil er am nächsten Morgen früh raus musste.

Er wollte, wie gewohnt, schnurstracks den Matzleinsdorfer Platz überqueren, als ihn ein Herr mittleren Alters aufhielt.

„Arbeiterkontrolle! Bitte öffnen Sie Ihre Tasche!"

Er zeigte Josef seinen Ausweis, der ihn zu dieser Amtshandlung berechtigte.

Josef tat, wie ihm befohlen war, und öffnete seine kleine braune Aktentasche.

Misstrauisch lugte der Kontrolleur hinein und tastete die Seiten der Tasche ab, um zu fühlen, ob etwas versteckt war.

Josef wurde flau im Magen. Wenn er das Westgeld findet ...

Verärgert stellte der Kontrolleur fest, nichts entdeckt zu haben und wurde merklich unfreundlicher. „Öffnen Sie Ihre Geldbörse!"

Auch das tat Josef brav. Es kamen ganze 27,60 Ostschillinge zum Vorschein. Also auch nichts Verbotenes.

„Sie können gehen!" Der Herr würdigte Josef keines weiteren Blickes mehr.

Welchem nicht nur ein Stein, sondern mindestens das Leithagebirge vom Herzen fiel. Er hatte seine hundert Westschillinge über die Grenze geschmuggelt. Sein Versteck war unentdeckt geblieben …

An diesem Freitagabend plagte Josef aber noch ein weitaus größeres Problem: Kurz bevor er vorhin das Siebenbrunnen-Café verlassen hatte, war eine äußerst fesche Frau seines Alters mit einem roten Sackerl eingetreten und hatte die beiden Kellnerinnen sehr freundlich gegrüßt. Was so viel hieß: Sie verkehrt hier öfter. Oh, die war ihm sofort ins Auge gestochen und hatte eine kräftige Revolution in seinem Inneren ausgelöst! Sie war allein gekommen. Ob sie noch ein Fräulein war? Oder war sie in festen Händen? Einen Ring hatte er in der Schnelligkeit an ihren Fingern nicht entdeckt … Dummerweise musste er leider gehen, weil die Zeit schon äußerst knapp war. Aber er beschloss, seine Füße bald wieder in dieses Café zu lenken. Bereits am Mittwoch, nach der Stunde politischen Geschwafels in der Werkstatt, setzte er diesen Beschluss in die Tat um …

KAPITEL 4

Neues Glück oder doch nicht ...?

Es wär' zu schön, um wahr zu sein, denn leider ... Die Schöne mit dem roten Sackerl saß nicht im Siebenbrunnencafé. Josef hatte am Mittwoch, während der gewohnt langweiligen politischen Informationsstunde, in der es logischerweise wieder um den bevorstehenden IV. Parteitag der VAPÖ ging, vergeblich gehofft.

Auch beim nächsten, beim übernächsten Cafébesuch passierte nichts ...

Womit der IV. Parteitag mit all seinem, inzwischen gewohnten, Tamtam über die Bühne ging. Und die Volksrepublikaner hofften, die Genossen würden wieder etwas Nettes beschließen. Was zu Parteitagen längst zur Tradition geworden war, denn die „da oben" mussten sich ihr gemeines Volk warm halten.

Und es passierte auch so einiges: Ab 1. 1. 1956 wird überall die 45-Stunden-Woche eingeführt, der Mindesturlaub auf 15 Werktage erhöht, die Pensionisten kriegen so um die 30 Schillinge monatlich mehr auf die Hand und der öffentliche Verkehr wird verbessert.

Das ist doch etwas. Der Mensch freut sich und schielt ein bisschen weniger rüber in den „goldenen Westen".

Womit Josef ab Jänner 1956 täglich eine halbe Stunde weniger hackeln muss.

Anfang Oktober des 56er-Jahres sah Josef die Schöne mit dem roten Sackerl endlich wieder im Siebenbrunnencafé sitzen. Mit einem Mann. Josef fiel die Lade runter. Aus der Traum. War wohl nix. Na ja, eine so schöne Frau ist nie allein. Als sie damals allein im Café saß, hatte sie bestimmt auf „ihn" gewartet ...

„Nur Stalins Stiefel blieben auf dem Sockel stehen, nachdem wütende Budapester Demonstranten das Stalindenkmal auf dem Heldenplatz gestürzt hatten. Der Kopf des Diktators rollte auf das Kopfsteinpflaster, und alle, die Zeuge dieses Ereignisses geworden waren, jubelten und klatschten vor Freude in die Hände und tanzten um den bronzenen Diktatorenkopf herum …"

So hörte es Josef am Abend des 24. Oktober 1956 im Westradio. Der Osten sendete an diesem Abend noch nichts über die Geschehnisse im Nachbarland. Erst einen Tag später las Josef im „Wiener Abend" etwas über eine „Konterrevolution".

Zu Josefs Leidwesen veranstaltete der Parteiboss am Samstagmittag nach Feierabend eine „außerordentliche politische Informationsstunde", zu der jeder zu kommen hatte.

„Wir bekunden hiermit unsere Solidarität mit dem ungarischen Volk, das Opfer eines aggressiven imperialistischen Anschlages geworden ist. Angloamerikanische Agenten mit ihren westösterreichischen und westdeutschen Lakaien wollen die ungarische Volksrepublik aus dem Kreis der Staaten des Warschauer Vertrages herauslösen. Aber das wird ihnen nicht gelingen, denn die Imperialisten werden die Kraft des gesamten sozialistischen Lagers zu spüren kriegen …"

„Heißt das, es gibt Krieg?", fragte Richard, der neue junge Mechaniker, besorgt.

„Wenn die Imperialisten es darauf anlegen, wird sich das nicht vermeiden lassen", tönte der Parteiboss, was nun Josef auf die Palme brachte: „Wenn die Ungarn aus dem Warschauer Vertrag raus wollen, warum lassen wir sie nicht gehen? Ungarn ist doch ein souveräner Staat!"

„Wir sind hier bitte nicht zusammengekommen, um negativ zu diskutieren!", schrie der Parteiboss in die Menge, „wir sind hier, um unsere Solidarität und proletarische Entschlossenheit zum Ausdruck zu bringen! Das gehört zur Arbeiterehre!"

Und brüllte Josef noch extra an: „Wenn Sie nicht aufhören, negativ daherzureden, unterhalten wir uns woanders! Verstanden?"

Sechs Tage später fand auf dem Rathausplatz eine große Kundgebung statt, auf der die gesamte Parteispitze angetreten war. Der Wiener VAPÖ-Chef Lennart schoss aus vollen Rohren: „Wir Bürger des freien Österreich stehen fest hinter unseren Genossen in der Ungarischen Volksrepublik und lassen nicht zu, dass die angloamerikanischen Imperialisten das sozialistische Lager zerstören. Wir sind kampfbereit! Und wir nehmen auch nicht tatenlos hin, dass Söldner des Monopolkapitals die Parteilokale der VAPÖ in West-Wien demoliert haben. Das betrachten wir als Kriegserklärung!"

Josef schaute sich in der Menge um. Überall entsetzte Gesichter. Jeder drehte sich ängstlich um. Was soll jetzt werden? Es wird von Kampfbereitschaft und Krieg geredet! Gibt es wirklich Krieg? Bekanntlich war nicht nur Ungarn zum internationalen Brennpunkt geworden, es hatte auch am Suezkanal gefährlich zu kriseln begonnen. Wer konnte wissen …

Auch vor dem Hietzinger Rathaus hatte sich an diesem Freitagabend eine große Menschenmenge versammelt, um sich mit dem ungarischen Volk zu solidarisieren. Und auch da schaute sich jeder ängstlich um und fragte, was kommen würde. Natürlich genauso mit Blick auf den Suezkanal.

Am Sonntag, dem 4. November 1956, schossen sowjetische Panzer die ungarische Revolution nieder. Es durfte im sozialistischen Lager keinen eigenen Weg eines Mitgliedsstaates geben, auch keinen sozialistischen Eigenweg.

Viele wollten fliehen, bloß wohin? Ungarn war ausschließlich von sozialistischen Staaten umgeben.

Einige versuchten es über Jugoslawien, das Flüchtlinge nicht zurückschickte, sondern nach Westösterreich oder Italien durchließ.

Und sehr Mutige flohen durch das Burgenland und Niederösterreich nach West-Wien. Knapp 2.000 kamen durch, und ein kleiner Teil von ihnen wurde in einem Barackenlager am Hörndlwald untergebracht. Sie erlebten eine riesige Welle von Hilfsbereitschaft durch die West Wiener Bevölkerung. Die allesamt fleißigen Menschen blieben aber nicht lange im Lager, denn sie fanden überall schnell Arbeit, entweder gleich in West-Wien oder in Westösterreich. Etliche aber zogen weiter. Nach Westdeutschland, nach Großbritannien, in die USA, nach Kanada, Australien, Neuseeland.

Die Sonne strahlte aus einem wolkenlosen Himmel. Schon kurz vor zehn zeigte das Thermometer an diesem Pfingstsonntag Anno 1957 ganze 28 Grad. Josef war schon am Samstagabend in Schlägl eingetroffen, um Martins Priesterweihe nicht zu versäumen. Sein alter Freund hatte ihm ein kleines Zimmer im Kloster reserviert.

Es war ein feierlicher Moment, als die zehn Priesterkandidaten in blütenweißen Gewändern, zusammen mit dem Bischof von Linz, dem Abt und anderen geistlichen Würdenträgern in die große, inzwischen renovierte, Klosterkirche einzogen.

Mit ihnen wollte es auch Waldi probieren, der kleine weiße Kater, der nicht von Martins Seite wich. Martin hatte ihn bei einem Waldspaziergang entdeckt, als er sich zwischen Ästen verfangen und schrecklich miaut hatte. Er nahm ihn mit ins Kloster und gab ihm Milch und etwas Wurst zu fressen. Waldi haute ordentlich rein und lief Martin dann schnurrend um die Füße herum.

Er durfte im Kloster bleiben und war bei allen sehr beliebt. Aber am wohlsten fühlte er sich in Martins Nähe. Dieser musste immer aufpassen, weil ihm Waldi liebend gern um die Füße herumlief.

Natürlich wollte Waldi Martins Priesterweihe auf keinen Fall verpassen. Nachdem die zehn Kandidaten eingezogen waren, wollte er schnell in die Kirche huschen, wurde aber von Ordnern daran gehindert.

Josef nahm neben Martins Eltern einen reservierten Platz, gleich hinter den offiziellen Ehrengästen, ein. Und da hatten sich einige eingefunden: sogar der Partei- und Bezirkschef des Bezirkes Friedrich-Engels-Stadt, wie sich Urfahr seit Kurzem nannte, dann der Staatssekretär für kirchliche Angelegenheiten sowie der ÖVP-Vorsitzende des Bezirkes. Und auch der evangelische Bischof von Linz war der Einladung gefolgt.

Seitens der katholischen Kirche wurden die Äbte der Stifte Geras, Kremsmünster und der Wiener Schotten herzlich begrüßt.

Die Tatsache, dass sich zehn junge Männer dazu entschlossen hatten, ein Leben in Armut, Enthaltsamkeit und Gehorsam vor Gott und der heiligen Kirche zu führen, war durchaus etwas Besonderes. Was auch in den Grußbotschaften der Ehrengäste zum Ausdruck kam. Sogar der Parteichef lobte die gute Zusammenarbeit mit dem Stift zum Wohle des ganzen Volkes.

Das Hochamt hielt der Bischof von Linz, der zu diesem Zweck in die Volksrepublik einreisen durfte. Die Diözese Linz war nicht geteilt worden, weil die katholische Kirche die Spaltung Österreichs nicht akzeptiert hatte, die evangelische hatte die Teilung ihrer Landeskirche Oberösterreich genauso wenig hingenommen. Die Volksrepublik nahm's gelassen, weil beide Kirchen gute Devisenbringer waren. Geld stinkt auch in einem sozialistischen Staat nicht, Westgeld schon gar nicht.

Das meiste Baumaterial für das inzwischen renovierte Kloster samt Klosterkirche wurde aus Westösterreich geliefert. Zudem gelangten vielstellige Westschillingbeträge über die Grenze, von denen unter anderem die Bauarbeiter bezahlt wurden.

Zur Aufrechterhaltung des Gesamtbetriebes beider Kirchen floss aber auch laufend Westgeld in die Volksrepublik. Die Westschillinge wurden vom Staat im Verhältnis 1:1 getauscht und den Kirchen in Ost gutgeschrieben. Ein lukratives Geschäft für das Reich der Werktätigen! Da konnten die Genossen getrost einige Augen zudrücken, die Hühneraugen dazu …

Sogar das Konkordat mit dem Vatikan galt stillschweigend weiter und ermöglichte dem Stift eine relative Ruhe für seine Tätigkeit. Natürlich spielten auch hierbei erhebliche finanzielle Belange eine große Rolle.

Nach der berührenden Predigt legten sich die zehn Kandidaten flach auf den Boden vor dem Altar. Der Bischof rief dann jeden namentlich auf. Der Angesprochene erhob sich und legte, vor dem Bischof kniend, die Gelübde ab. Daraufhin wurde er gesegnet und geweiht und erhielt das normale, längere Zingulum.

Nun war Martin voll in den Orden der Prämonstratenser aufgenommen. Dieser 9. Juni 1957 wird für ihn immer ein besonderer Tag bleiben.

Für Josef war die Einladung zum anschließenden Empfang, zu dem nur Ehrengäste zugelassen waren, ein besonderes Erlebnis. Martin hatte dem Abt gegenüber bedeutet, sein alter Schulfreund sei unbedingt einzuladen. Was anstandslos akzeptiert wurde.

Somit konnte Josef sogar einige Worte mit dem Linzer Bischof wechseln, der ihm viel Segen für seinen Weg wünschte.

Aber das große Buffet … Was es da alles gab! Josef probierte sich ordentlich durch. Und zu trinken gab's sogar Messwein.

An diesem Nachmittag war klarerweise ein Gespräch mit Martin nur am Rande möglich. Er musste sich selbstverständlich allen Gästen gleichermaßen zuwenden. Und den Abend wollte er mit seinen Eltern verbringen. Das machte aber nichts aus, denn es gab ja noch den Montag, den Pfingstmontag. Da ließ sich nach der Heiligen Messe eine ungestörte Unterhaltung einbauen. Überhaupt, weil der Abt des Schottenstiftes ebenfalls bis Montag blieb und bereit war, Josef und Martins Eltern mit dem Kleinbus des Stiftes mit nach Wien zu nehmen. Der Chauffeur musste ohnehin in Wien noch zwei weitere Gäste absetzen. Auf gut Deutsch, es blieb Zeit bis gegen Abend.

Josef wollte dann am Montag natürlich wissen, wie es mit Martin weitergeht, und dieser ließ ihm darüber auch nicht im Unklaren: „Du, ich werde eine Pfarre übernehmen, was ich mir schon länger gewünscht habe, weil ich gern unter und mit Menschen arbeite. Darum würde mir eine Tätigkeit in der theologischen Forschung nicht so sehr behagen, so interessant auch das natürlich wäre."

„Und in welcher Pfarre wirst du arbeiten? Weißt du das schon?"

„Ich werde nicht weit von hier tätig sein. In dem kleinen, netten Dorf Peilstein. Die haben eine liebe Kirche aus dem Frühklassizismus, in der ich mich sehr wohlfühle. Ich habe dort auch schon ein paarmal die Heilige Messe gelesen und die Leute haben mich sehr freundlich aufgenommen. Als bekannt war, dass der alte Priester in den Ruhestand geht, haben sie den Abt gebeten, sich dafür einzusetzen, dass ich die Pfarre übernehme. Allein kann er das ja nicht entscheiden, da muss der Bischof zustimmen. Und das hat er vor Kurzem getan."

„Dann kann ich dich auch weiterhin problemlos besuchen, ich meine das verkehrstechnisch", freute sich Josef.

„Ja, da bist du nicht länger unterwegs, als wenn du hierher kommst."

„Und wann wirst du den Dienst übernehmen?"

„Offiziell mit 1. Jänner nächsten Jahres", erklärte Martin, „aber ich werde, wie schon bisher, immer wieder Messen dort lesen, um die Menschen noch besser kennenzulernen. Der scheidende Priester führt mich in alle Bereiche ein, und so lerne ich zum Beispiel die Ministranten noch näher kennen, aber auch die anderen Mitarbeiter und Helfer. Und ich kann die Sorgen und Nöte der Menschen mittragen. Und derzeit gibt es große Sorgen unter den Bauern."

„Welche denn?", fragte Josef ganz aufgeregt.

„Ach, das Dorf hatte einen netten Bürgermeister, natürlich einen Kommunisten, aber einen sehr menschlichen, mit dem ich mich gut verstanden habe. Aber den haben sie vorigen Monat plötzlich verhaftet ..."

„Weshalb denn das?" Josef war ganz entsetzt.

„Sie haben ihm Trotzkismus vorgeworfen."

„Wieso das?" Josef konnte sich das wahrlich nicht erklären ...

Was hat ein kleiner Bürgermeister im österreichischen Mühlviertel mit Stalins ärgstem Rivalen zu tun? Josef schüttelte den Kopf.

„Wusste der denn über Trotzki Bescheid? Kennt sich denn jeder kleine Bürgermeister mit der großen Ideologie aus?" Josef kam das alles äußerst seltsam vor und auch Martin lachte:

„Natürlich nicht. Das mit dem Trotzkismus haben sich die Parteifunktionäre vom Bezirk und von ganz oben zusammengereimt. Weil der Bürgermeister eben meinte, man müsse den Menschen mehr Zeit zum Nachdenken lassen, weil die proletarische Revolution ein langer Prozess sei. Womit er ja recht hatte. Es gibt durchaus vieles, was am Sozialismus zu bejahen ist. Aber um das zu erreichen, braucht es Zeit und Geduld, und es ist auch viel besser, wenn sich die Dinge langsam, dafür aber gründlicher entwickeln und auch Zeit zum Reifen da ist. Man kann nicht alles übers Knie brechen. Aber der Partei mangelt es sehr an Geduld, aber bekanntlich nicht nur ihr …" Martin musste lachen, Josef auch. Und Martin berichtete seinem Freund weiter: „Aber es ging dann auch noch darum, dass sich bisher in Peilstein zu wenige Bauern bereitgefunden haben, der Landwirtschaftlichen Genossenschaft beizutreten, denn auch diesbezüglich hat der Bürgermeister gemeint, die Bauern müssen sich erst mal in Ruhe mit allem auseinandersetzen und sich in anderen Dörfern umschauen, wie das in der Praxis funktioniert. Die Partei soll die Mühlviertler Bauern wirklich nicht unterschätzen. Das sind kluge und verantwortungsbewusste Menschen. Aber das hat der Parteileitung nicht gefallen. Der Bürgermeister war zu wenig revolutionär und so weiter."

„Das ist doch Blödsinn", ärgerte sich Josef, „so ein Eintritt in eine Genossenschaft, wo alles gemeinsam läuft, ist für einen Bauern, der gewohnt ist, immer selbstständig zu arbeiten und zu entscheiden, ein gewaltiger Schritt, der gut überlegt sein will.

Natürlich hat so eine Genossenschaft auch Vorteile. Du hast mehr Freizeit, kannst auf Urlaub fahren, kannst moderne Technik einsetzen, welche die Arbeit erleichtert und so weiter, aber das ist noch lange nicht alles im Leben."

„Ich finde, ein großer Mangel der Partei ist der, dass sie es nicht versteht, ihre Anliegen zu den Menschen rüberzubringen", Martin schüttelte den Kopf, „sie können leider nur auswendig gelernte Phrasen dreschen, die jeder sofort in sich aufzunehmen hat. Aber so werden sie sich kaum Freunde schaffen."

„Dadurch zerschlagen sie nur eine Menge Porzellan", stellte Josef resigniert fest, „aber weiß man denn schon, was mit dem abgesetzten Bürgermeister passiert?"

„Nein, das werden wir wohl kaum erfahren", seufzte Martin.

Herbert hatte ein Auge auf Sissi geworfen. Und nicht nur das. Herbert, der junge Lieferant, der den Friseursalon ein- bis zweimal im Monat mit den nötigen Materialien bestückte und den Laden immer mit einem fröhlichen „Hallo, ihr Schönen!" betrat.

Sissi machte er aber von Anfang an besonders schöne Augen. Bald schon blieb es aber nicht dabei, es folgten Komplimente, die auch erwidert wurden. Was schließlich eines Tages dazu führte, dass Herbert seine Angebetete nach Feierabend auf einen Kaffee einlud.

Auch Sissi fand Herbert sofort sympathisch. Bis auch sie bald mehr für ihn empfand …

Herberts Betrieb, auch längst ein volkseigener, befand sich in Wiener Neustadt. Wo er auch wohnte. Von dort aus befuhr er mit seinem kleinen Lieferwagen die ganze Volksrepublik. Und stoppte somit auch ein- bis zweimal im Monat vor Sissis Frisiersalon. Was für beide immer Höhepunkte waren.

Bald trafen sie sich an den Wochenenden entweder in Wien, Wiener Neustadt oder auf halbem Weg in Baden, Mödling oder anderswo. Sissi war nach ihrer Gesellenprüfung im Juni 1951 in dem kleinen Frisiersalon geblieben. Sie verstand sich mit der Chefin und den beiden Friseurinnen gut. Aber sie war, sowohl in der Berufsschule als auch im Salon, fast nur mit Frauen zusammen gewesen. Unter diesen Bedingungen jemanden des anderen Geschlechtes kennenzulernen, war nicht so einfach gewesen. Wenn man eben nur Frauenköpfe bearbeitet …

Sissi hatte trotzdem auch die Herrenfriseurprüfung abgelegt und bestanden. Dazu war ihr Josef ein willkommenes „Versuchsobjekt" gewesen, aber auch Papi, der Mann ihrer Chefin, sowie einige Männer von guten Kundinnen.

Sissi blieb der Klosterneuburger Straße treu. Weil auch die Bezahlung stimmte und auch alles andere drum herum. Und im September 1953 hatte sie in der nahen Wallensteinstraße eine kleine Wohnung bekommen. Die Friseure blieben von der Enteignungswelle noch weithin verschont. Es gab zwar schon ein paar Produktionsgenossenschaften, aber trotzdem ließ die Partei die Branche vorerst noch in Ruhe. Weil es viel Wichtigeres gab.

Dank der noch offenen Sektorengrenze waren Ausflüge in Richtung Wiener Neustadt an sich noch relativ problemlos. Auf dem Südbahnhof, von welchem die Züge abfuhren, fanden lediglich stichprobenartige Taschen- und Ausweiskontrollen statt, weil der Zug über Meidling, also ein Stück durch den Westen, fuhr. In Atzgersdorf wurde dann genauer kontrolliert. Da musste jeder seinen Ausweis vorzeigen und der Zoll marschierte durch den Zug und beäugte die Gepäckstücke. Und das konnte zum Riesenproblem werden, wenn zum Beispiel ein Geburtstag anstand oder zu Weihnachten.

Du wusstest nie, was sie mit den mitgeführten Geschenken tun würden. In solchen Fällen war es gut, dass vom Südbahnhof auch der 208er-Bus abfuhr. Dieser umfuhr nämlich West-Wien, war dadurch allerdings über eine Stunde länger bis Wiener Neustadt unterwegs …

Aber wegen der erwähnten Geschenke zu den „hohen Feiertagen" musste Sissi manchmal diesen klapprigen 208er-Bus nehmen, der über die holprigen Kopfsteinpflaster in den Dörfern wahre Höhenflüge vollführte …

Außerhalb wehte längst ein eisiger Wind als in Wien. Die politischen Schulungen, die Herbert genoss, dauerten länger und waren keine bloßen Vorträge des Parteisekretärs. Nein, hier forderte der Parteiboss die einzelnen Kollegen auf, persönlich zu bestimmten Themen Stellung zu beziehen. Jeder musste sich also genauestens überlegen, was er sagt.

In Wien konnte es beileibe nicht so streng zugehen, weil man sich hier leicht über die Sektorengrenze empfehlen konnte. Was auch zur Genüge passierte. Die Notaufnahmelager in Penzing, Ottakring und Hernals explodierten förmlich.

Um das etwas einzudämmen, wurde nun auch an der Grenze zwischen Ost-Wien und dem Umland genauer kontrolliert. Hier richteten die Polizisten ihr Hauptaugenmerk hauptsächlich auf das mitgeführte Gepäck. Wer seinen Wohnsitz nicht in Ost-Wien hatte und mit einem Koffer oder prall gefülltem Rucksack rein wollte, machte sich sofort verdächtig.

Aber auch „raus zu" hattest du aufzupassen. Falls du mit Sack und Pack unterwegs warst und sie hatten Westsachen gefunden. Woher hattest du sie? Aha, du hast Ostgeld drüben in der Wechselstube getauscht! Oder du hast drüben schwarz gearbeitet!

Ein offizieller Grenzgänger – das war jemand, der im Osten wohnte, aber im Westen arbeitete und dieses den Ost-Behörden offiziell gemeldet hatte – besaß nämlich einen speziellen Ausweis, der ihn berechtigte, Westprodukte in die Volksrepublik einzuführen.

Alle anderen hatten bei einer Kontrolle nichts zu lachen, wenn sie etwas „Westliches" gefunden hatten.

Übrigens hatte sich auch verwaltungsmäßig einiges getan. Mit 1. 1. 1954 wurden die Bundesländer abgeschafft. Weil sie Relikte der bourgeoisen Ideologie waren …

Ab sofort existierten Bezirke und Kreise. Wer in der Öffentlichkeit von Niederösterreich, Oberösterreich oder vom Burgenland sprach, wurde gemaßregelt. Die Zusätze „NÖ", „OÖ" oder „Bgld" zu den Ortsbezeichnungen wurden gestrichen.

Wiener Neustadt war jetzt Bezirksstadt, Baden und Mödling Kreisstädte.

Josef gönnte Sissi, die in schweren Zeiten immer zu ihm gehalten hatte, von ganzem Herzen ihr Glück. Und er verstand sich auch sehr gut mit Herbert. Ab und zu unternahmen die beiden auch mal etwas „unter Männern".

Sissi erlebte die noch offenen Grenzen zwischen Ost und West aber auf ihre spezielle Weise.

Für West-Wiener war ein Friseurbesuch im Osten eine spottbillige Angelegenheit. Der Kurs stand nach wie vor immer zwischen 1:4 bis 1:5. Was auf gut wienerisch hieß: Eine Wasserwelle kostete 50 Ostschillinge, ergo 10 bis 13 Westschillinge. Und eine Dauerwelle war für den doppelten Preis zu haben. Oh, das war für die Westfriseure eine beinharte Konkurrenz.

Da konnte die Westkundin getrost ein bisserl Kaffee und ein paar Süßigkeiten springen lassen. Und das Trinkgeld großzügiger bemessen. Am besten mit ein paar Schillingen „West".

Und es hatte sich in vielen Salons die Unsitte eingebürgert, die Westkundschaft überfreundlich zu begrüßen und zu bevorzugen.

„Ach richtig, sie sind ja angemeldet!"

Obwohl kein Vormerksystem existierte.

Aber wenn Westgeld winkte oder ein bisschen Westkaffee oder eine Tafel Westschokolade …

Dass derartige Aktionen bei der „Ostkundschaft" auf wenig Gegenliebe stießen und sich diese als Menschen zweiter Klasse empfanden, lag auf der Hand.

In Sissis Laden hatte dieses Unwesen erfreulicherweise nicht Platz gegriffen. Hier musste jede Kundin gleichermaßen warten, bis sie an der Reihe war, und es wurde jede gleich freundlich behandelt. Darum war der Laden auch immer brummend voll.

Und die Staatsmacht ließ den Laden auch ab 1958 in Ruhe, als es dann auch einigen Friseuren langsam an den Kragen ging. Durch Steuerprüfungen, Hygienekontrollen. Vorrangig denen, die ihre Westkundschaft besonders hofierten.

Und endlich hatte auch Poldi ihre große Liebe gefunden. Im Krankenhaus, wo sie mit vielen Menschen zu tun hatte, sollte das an sich auch nicht schwierig sein, aber Poldi wollte nicht irgendeinen Mann kennenlernen.

Im Herbst 1957 war es aber so weit. Keine Liebe auf den ersten Blick, auch nicht auf den fünften.

Paul hatte, nachdem er Anfang Juli sein Medizinstudium erfolgreich abgeschlossen hatte, am 2. September seinen Dienst als Turnusarzt begonnen. Auf Poldis Station. Und hatte schon bald ein Auge auf sie geworfen, was diese aber nicht bemerkte. Ja, sie fand den jungen Doktor nett. Aber das war's dann auch schon. Erst ihre Schwesternkolleginnen machten sie aufmerksam, vor allem Margit, mit der Poldi befreundet war:

„Merkst du nicht, wie der Doktor Blum dich anhimmelt? Dir immer schöne Augen macht?"

Poldi zuckte mit den Achseln, musste aber zugeben: „Nett find' ich ihn schon. Ja, ich könnt' mir da schon was vorstellen, aber ich weiß nicht …"

Ende Oktober lud Paul sie schließlich zum Abendessen ein. Auch noch in den 1. Bezirk, in den Stadtheurigen. Poldi war ganz weg. Bisher hatte sie noch kein Mann in ein Gasthaus eingeladen. Sie ganz allein.

Als sie Josef davon erzählte, freute er sich sehr darüber und ermutigte seine Schwester:

„Warum soll dich kein Mann einladen? Bist doch eine fesche junge Frau!"

Bei dem einen Treffen blieb es natürlich nicht …

Josef lernte seinen künftigen Schwager sogar bald dienstlich kennen, als er am rechten Fuß von einer ordentlichen Fußpilzflechte geplagt wurde.

Paul verschrieb ihm eine kräftige Tinktur, die zwar mächtig brannte, aber gut wirkte.

Nach gut einer Woche konnte er schon in normale Schuhe schlüpfen und nach einer weiteren Krankenstandswoche wieder an den Autos herumwerken.

Gleich in der ersten Woche sogar an Pauls VW, der nicht so wollte wie er sollte …

Paul hatte als Halbjude eine schwere Zeit hinter sich, obwohl er katholisch getauft war.

Sein Vater kam in Treblinka um und seine Mutter musste Paul vor den Nazis versteckt halten. Man wusste doch nie, wie diese sich dem Kind gegenüber verhalten würden. Die katholische Taufe bot nicht den geringsten Schutz. Darum hatte seine Mutter den Behörden vorsorglich erzählt, Paul sei bei einem großen Bombenangriff in der Innenstadt umgekommen. Nur sie hatte den Angriff überlebt. Anscheinend hatten ihr die Behörden geglaubt …

Ab und zu wurde Paul auch nach dem Krieg noch in der Schule von Mitschülern schief angeschaut, aber in der streng antifaschistischen Volksrepublik durfte das nicht in aller Öffentlichkeit passieren. Als Opfer des Faschismus wurde Paul anstandslos zur Oberschule und zum Medizinstudium zugelassen. Sein Vater war auch Arzt, durfte jedoch nach dem „Anschluss" nur noch jüdische Patienten behandeln. Damit diese nicht unversorgt blieben, wanderte die Familie nicht aus. Er hatte seinen ärztlichen Schwur sehr ernst genommen, andererseits aber Ärzte verstanden, die Österreich verlassen hatten. Nach seiner Auffassung sollte jeder frei nach seinem eigenen Gewissen handeln.

Im Juni 1942 erlitt vor seinen Augen ein Wehrmachtsoffizier einen Herzanfall und fiel auf der Straße um. Der Atem setzte aus und Pauls Vater reanimierte ihn, bis die Rettung eintraf. Was den jüdischen Arzt jedoch nicht vor der Deportation bewahrte …

Pauls Mutter war 1955 an Lungen-TBC gestorben, Geschwister hatte er keine.

Das junge Paar verlobte sich zu Silvester 1957 und heiratete am 24. Mai 1958 in der Karmeliterkirche.

Am Mittwoch, dem 20. Mai 1959, einem schon brütend heißen Sommertag, machte sich Josef wieder mal ins Siebenbrunnencafé auf. Einfach so, ohne besonderen Anlass. Nein, heute bei der Hitze wollte er nur seine Ruhe haben.

Draußen war alles voll, aber auch viel zu heiß …

Also ging er rein. Er war kaum drin, da wäre ihm fast das Herz stehen geblieben! Nur noch ein einziger Platz war frei. Ausgerechnet gegenüber der Schönen mit dem roten Sackerl! Das an ihrem Stuhl hing.

Schüchtern fragte er, ob noch frei wäre.

Die Frage wurde bejaht und er nahm Platz. Bei der gerade vorbeikommenden Kellnerin bestellte er eine Melange.

„Sie kommen öfter her?", versuchte er, zaghaft ins Gespräch zu kommen. „Ich hab' Sie nämlich schon ein paarmal hier gesehen."

„Ja, ich komme so zwei- bis dreimal in der Woche her, weil ich in der Nähe arbeite."

„Und ich bin ab und zu hier, wenn ich mir nebenbei nach Feierabend ein bisschen was dazu verdiene. Nur heute bin ich mal nur so da, na ja, bei der Hitze …"

Josef stellte erfreut fest, ihre Tasse ist noch voll. Also hat sie den Kaffee erst gekriegt und wird so schnell nicht gehen!

Jetzt saß sie ihm gegenüber! Fesch schaute sie aus. In der weißen Bluse. Ihr hellblondes langes Haar passte gut dazu. Ein ganz klein wenig kleiner war sie als er …

Aber jetzt kam etwas, was er nicht einmal in seinen kühnsten Träumen erwartet hatte:

„Wenn ich fragen darf, welche Arbeiten machen Sie denn so nebenbei?"

„Da bin ich nicht wählerisch", antwortete Josef, gespannt darauf, was jetzt käme. „Eigentlich bin ich Kfz-Mechaniker, aber nebenbei male ich Wohnungen aus oder mache kleine Reparaturarbeiten. Eben, was so anfällt."

„Ich frage deshalb, weil ich jemanden suche, der mir mein kleines Zimmer ausmalt. Es hat durchgeregnet, weil das Dach undicht war. Vorige Woche sind die Dacharbeiten abgeschlossen worden, und darum möchte ich das Zimmer wieder in Ordnung haben.

Und die offiziellen Maler sind leider auf Wochen hinaus ausgelastet. Solange möchte ich aber nicht warten. Als Alleinstehende, was soll ich machen?"

Josef glaubte, nicht recht zu hören! Als Alleinstehende, hatte sie gesagt. War der Mann damals nur ihr Bruder, ihr Neffe, ein Arbeitskollege?

Oh, konnte es etwas Besseres geben, als für sie zu arbeiten?

Natürlich sagte er sofort voller Begeisterung zu und wollte zugleich wissen, wann das Werk starten sollte.

„Geht es gleich an diesem Wochenende?"

„Ja, natürlich, ich könnte am Samstag gegen zwei bei Ihnen sein."

Jetzt erfuhr er, dass die Angebetete in der Hietzinger Lockerwiesensiedlung wohnte und Petra hieß.

Nun konnte Josef sie bedenkenlos auf einen weiteren Kaffee einladen, denn er arbeitete ja jetzt für sie. Bei der weiteren Unterhaltung ergab sich aber noch mehr Beglückendes:

„Wenn Sie schon mal da sind, könnten Sie eigentlich auch das große Zimmer gleich mit neu ausweißen."

Oh, waren das Perspektiven! Nicht nur ein neuer Stern am Liebeshimmel ging langsam auf, sondern es winkten auch noch einige Westschillinge! Natürlich wird er ihr einen günstigen Preis machen, das war schon klar, aber trotzdem.

Nach langer Zeit wieder ein Samstag mit einer Frau! Er hatte bewusst um zwei ausgemacht und nicht um drei.

Samstag um drei würde alte Wunden aufreißen, die nur mühsam verheilt waren.

Ja, ich komme schon in erster Linie zum Arbeiten, aber die Arbeit ist doch nur Mittel zum Zweck, dachte er sich. Ob sie das auch so sieht?

Es wurde sogar noch ein Achterl Weiss getrunken und halb neun war's schon, als sie beide aufbrachen.

Die Existenz des roten Sackerls begründete sie übrigens so: „Ich kaufe nach der Arbeit immer bei einem kleinen Feinkostladen hier gleich ums Eck ein. Der nette ältere Herr hat viele schmackhafte Käsesorten, die es bei mir in Hietzing nicht gibt. Und auch sein Vollkornbrot schätze ich sehr. Als gute Kundin hatte er mir das rote Sackerl mal geschenkt, als ich einen größeren Einkauf getätigt hatte. Es hat mir von Anfang an gefallen und darum hab' ich's öfter bei mir."

Sie hatten noch den gemeinsamen Weg zum Matzleinsdorfer Platz, wo Petra kurz vor der Sektorengrenze in die Straßenbahn einstieg. Josef winkte ihr nach und sie winkte lachend zurück.

Das kleine Zimmer war rasch ausgeweißt. Darin hatte Josef Übung. Die dazu nötigen Utensilien hatte er bei seinem Berufsschulfreund Max, der sich nahe der Meidlinger Hauptstraße eine Kfz-Werkstatt eingerichtet hatte, untergestellt. Mit dessen kleinem Lieferwagen konnte er im Westen herumfahren, denn über die Sektorengrenze war der Autoverkehr längst passé. Zum Glück galt seine Fahrerlaubnis, die er seit 1952 besaß, auch im Westen, der Begriff „Führerschein" war im Osten tabu.

Max vermittelte ihm ab und zu Aufträge. Größere erledigten sie gemeinsam, um die kleineren kümmerte sich Josef allein. Zehn Prozent des Erlöses beließ Josef seinem Freund dafür, dass er seine Arbeitsmaterialien bei ihm unterstellen durfte, für die Autobenutzung und für die Vermittlung. Es sollte alles korrekt nach dem Prinzip verlaufen: strenge Rechnung – gute Freunde.

Auch die Steuer machte keine Probleme, weil Ost-Österreicher einen jährlichen Freibetrag von 3.000 Westschillingen genossen. Damit wollte man ihnen Gelegenheit geben, sich im Westen legal etwas dazu verdienen zu dürfen. Und einen Jahresgewinn von 3.000 Westschillingen erreichte Josef nie.

Petra war mit Josefs Arbeit sehr zufrieden. Aber für heute war erst mal Schluss. Nächstes Wochenende sollte es weitergehen.

Zum Abendessen kochte sie eine Tomatensuppe und briet ein echtes Wiener Schnitzel vom Kalb und servierte dazu einen Erdäpfelsalat. Josef lobte Petras Kochkünste in den höchsten Tönen.

Schon während der Arbeit waren die beiden zum Du übergegangen, Petra war ja nur ein Jahr jünger als Josef.

Nach dem Essen saßen sie noch lange zusammen. Inzwischen wusste Petra, dass Josef drüben in Favoriten lebte und arbeitete …

Und jetzt wollte er wissen, was sie die Woche über so treibt.

„Ich bin Ordinationshilfe bei einem Frauenarzt in der Siebenbrunnengasse."

„Darum das Siebenbrunnencafé …"

„Ja, da gefällt es mir gut. Nach dem vielen Trubel in der Ordination trinke ich dort gern eine Melange."

„Du bist aber keine Wienerin?", vernahm Josef aus ihrer Stimme.

„Was glaubst du denn, woher ich komme?", machte die Angesprochene das Ganze jetzt spannend. Josef musste aber nicht lange nachdenken: „Aus Kärnten", kam es wie aus der Pistole geschossen.

„Du hast ein gutes Ohr!", lobte sie Josef und konkretisierte: „Ja, ich bin in Völkermarkt geboren und lebe seit neun Jahren in Wien."

„Und das ganz allein in dieser Wohnung?"

„Ja, seit mein Mann vor einem Jahr gestorben ist, wohne ich hier allein."

„Dein Mann ist gestorben?", fragte Josef leise nach.

„Es war ein Unfall. Er war Taxifahrer und ein LKW ist ihm ins Auto reingefahren. Der LKW-Lenker war betrunken. Mein Mann war sofort tot."

„Das tut mir sehr leid." Josef war sehr betroffen, blieb einen Moment still und resümierte:

„Ja, den einen trifft es so und den anderen so …"

Und dann erzählte er Petra erst von Sara und schließlich von Sveti.

„Und du hast nie mehr etwas von beiden gehört?" Auch Petra war sehr nachdenklich geworden.

„Nein, seit der Briefwechsel mit Sara aufgehört hatte, gab's kein Lebenszeichen mehr von ihr. Ihre Familie wird bestimmt in einem der Vernichtungslager umgekommen sein. Und Sveti und ihre Familie sind seit dem 25. November 1950 wie vom Erdboden verschluckt, weil es der Genosse Stalin wohl so gewollt hatte", antwortete Josef leise mit feuchten Augen.

„Das muss sehr hart für dich gewesen sein", stellte sich Petra vor, was Josef bejahte:

„Ich bin an diesem Samstag wie gewohnt nach Floridsdorf gefahren und wollte wieder einen schönen Nachmittag und Abend mit Sveti verbringen, und dann das."

Josef kämpfte noch stärker mit den Tränen, lenkte dann aber zu Petra über: „Aber bei dir kam doch auch alles ganz plötzlich. Dein Mann stieg bestimmt wie an allen Tagen ins Auto und dann …"

„Ja, dann stand plötzlich die Polizei vor dem Haus und hat mir gesagt …"

„Ich weiß schon", fiel ihr Josef ins Wort, als er ihre nassen Augen sah. Und nahm sie in seinen rechten Arm und trocknete ihre Tränen mit seinem Taschentuch.

„Es ist gut, mit einem Menschen über alles reden zu können", fand Josef, nachdem sie beide eine Weile still nebeneinander saßen. Petra nickte: „Ja, ich hatte Angst vor einer neuen Beziehung. Ich dachte, ein neuer Partner wird nicht verstehen, dass ich immer noch ab und zu an meinen verstorbenen Mann denke und auch mal weinen muss, wenn zum Beispiel sein Geburtstag ist oder ich an einem Ort vorbeikomme, wo wir etwas Schönes erlebt haben."

„Geht mir doch genauso", erwiderte Josef und streichelte Petra sanft übers Gesicht. „Ich hab' auch geglaubt, wenn ich eine neue Frau kennenlerne, die wird nicht verstehen, dass ich immer wieder mal noch an Sveti, aber auch an Sara denke."

„Du, die meisten Beziehungen gehen durch Streitereien auseinander oder weil einer den anderen betrügt", stellte Petra fest. „Und dann möchte man an den früheren Partner ja auch gar nicht mehr denken – und wenn, bringt das nur Unruhe mit sich, wenn, im Falle einer Scheidung, Termine beim Anwalt oder bei Gericht anstehen oder es Streit um die Wohnung oder gar um Kinder gibt. Das ist ja bei uns alles ganz was anderes, weil wir unsere früheren Partner in guter Erinnerung haben. Und dazu können wir auch stehen."

„Ja, das stimmt." Immer wieder kamen Josef die Tränen, aber Petra auch. Beide lagen sich lange in den Armen …

Beim Abschied fragte er Petra leise:

„Bist du am Mittwoch wieder im Café?"

„Ja, wer zuerst kommt, hält den Platz frei!"

Den Mittwochabend konnte Josef nur mit größter Mühe erwarten. Zwischendurch telefonieren, das gab's doch nicht. Schon gar nicht über die Sektorengrenze. Also blieb nur das Warten, was den Tag recht lang werden ließ. Und die politische Schwafelei am Mittwochnachmittag wollte und wollte kein Ende nehmen. Es ging wieder mal um das Chruschtschow-Ultimatum hinsichtlich West-Wien und West-Berlin.

Andererseits war die Stunde auch wieder nicht verloren, weil Petra bis 18 Uhr in der Ordination zu tun hatte.

Sie saß schon im Café, als Josef ankam. Aber, wie am Kaffee zu sehen war, nur kurz.

„Du kommst mir immer knapp zuvor!", lachte Josef. „Letztes Mal bist du auch bei einem noch vollen Kaffeehäferl gesessen, als ich mich zu dir setzte."

„Du bist ein sehr aufmerksamer Mensch", lachte Petra. „So etwas schätze ich sehr. Und ich hab' mich sehr auf unser Wiedersehen gefreut."

„Und ich mich erst." Josef war total verlegen, er fuchtelte nervös mit seinen Händen herum. „Die Tage wollten und wollten nicht vergehen."

Er bestellte sich eine Melange und fragte Petra dann: „Du hast doch noch nichts gegessen, nicht wahr?"

Sie verneinte und Josef legte ihr die Speisekarte hin. „Such dir was aus!"

Beide aßen ein Paar Würstchen. Große Speisen bot das Café ja nicht an.

Und da Josef heute kein Auto mehr lenken musste, war diesmal sogar noch ein Viertel Weiss möglich, denn die beiden hatten viel miteinander zu reden.

Arm in Arm schlenderten sie dann die Reinprechtsdorfer Straße hinauf zum Matzleinsdorfer Platz.

Am Sonntagabend war das ganze Werk vollendet. Neben dem Ausweißen gab's dann noch ein paar Kleinigkeiten in der Wohnung zu reparieren, die sich, wie das Kleinigkeiten an sich haben, gern lange hinziehen, aber schließlich war alles erledigt. Petra war überglücklich. Aber, ehrlich gesagt, nicht nur wegen der frisch renovierten Wohnung. Natürlich wurde das gebührend gefeiert. Da Josef noch mit dem Auto nach Meidling musste, alkoholfrei, aber es gab da noch etwas anderes, wie Petra gleich loslegte: „Ich hab' dir ja noch gar nicht erzählt, dass ich ein kleines Gartenhäuschen in Perchtoldsdorf habe. Nur ein kleines für den Sommer."

„In Perchtoldsdorf draußen?"

„Ja, ich weiß. Das ist jetzt draußen im Osten. Man weiß nicht, was da noch kommen wird. Geredet wird ja viel, aber solange es geht, lass' ich's, wie es ist."

„Ich weiß", erwiderte Josef, „viele Westler verkaufen ihre Grundstücke jetzt an Ostler."

„Daran hab' ich auch schon gedacht, aber wie gesagt, ich lass' es noch. Weil auch viele Erinnerungen daran hängen. Ich kann das nicht, einfach verkaufen und damit hat sich's."

„Recht hast du!", ermutigte sie Josef.

„Aber ich möchte dir das Häuschen gern zeigen."

„Sehr gern!", frohlockte Josef, „am nächsten Wochenende?"

„Gut, fahren wir am Samstag raus."

„Aber vorher sehen wir uns noch am Mittwoch im Café!"

„Natürlich! Wieder am selben Platz! Und wer zuerst kommt, hält den Platz frei!"

Es war schon nach neun und Josef musste los. Morgen war ja Arbeitstag. Aber es winkten sogar zwei Wiedersehen: am Mittwoch und am Samstag …

„Das ist ja ein richtiges Knusperhäuschen!" freute sich Josef riesig, als er das kleine Holzhäuschen am Ortsrand von Perchtoldsdorf erblickte. Nein, damit hatte er nicht gerechnet, als Petra zuerst die Gartentür und anschließend die Haustür öffnete und ihn lachend hereinbat.

Und auch innen war es sehr gemütlich. Im Wohnzimmer stand ein großer Tisch, drum herum eine Eckbank und zwei Holzstühle, an den übrigen Wänden zwei Bauernschränke.

„Setz dich erst mal hin!", bat ihn Petra, „ich koch' uns einen guten Kaffee."

Und ging in die kleine Küche, holte zwei Kaffeetassen und Teller samt Löffeln und zog aus dem obligaten roten Sackerl ein kleines Kuchenpaket, aus dem zwei Krapfen und zwei Cremeschnitten zum Vorschein kamen.

„Du hast es hier aber wirklich gut getroffen", staunte Josef und biss freudig in den Krapfen. Nur der Weg hierher ist recht weit, nicht wahr?"

„Das stimmt und stimmt auch wieder nicht", erklärte ihm Petra und Josef bewunderte ihren roten Sommerpullover und den weißen Rock, „zum Glück ist ja, wie du jetzt weißt, die Bushaltestelle nicht weit weg. Und mit der Straßenbahn komme ich leicht an den Bus.

Du, das ist alles Gewohnheitssache. Bloß die lästigen Kontrollen an der Stadtgrenze halten immer sehr auf. Wenn sie in den Taschen und Sackerln rumschnüffeln, hast du immer ein schlechtes Gewissen. Du glaubst, du hast etwas Verbotenes getan."

„Aber die schöne Gegend hier entschädigt doch dafür", glaubte Josef und Petra stimmte ihm voll zu.

„Da hast du völlig recht und darum haben wir das Häuschen ja auch behalten."

„Von wem habt ihr es denn bekommen?", wollte Josef wissen, was Petra ihm auch nicht vorenthielt: „Von meiner Schwiegermutter! Die ist vor drei Jahren gestorben und hat es Walter, meinem verstorbenen Mann, vererbt. Seine Schwester Margret in der Steiermark wollte das Haus nicht, das wäre ja auch recht mühsam geworden wegen der großen Entfernung."

„Hast du zu ihr noch Kontakt?"

„Natürlich! Wir haben uns doch alle gut verstanden. Ab und zu fahre ich nach Feldbach, wo Margret jetzt mit ihrer Familie lebt. Margret ist drei Jahre älter als Walter und seine zweite Schwester Maria, die eineinhalb Jahre älter ist, besuche ich auch ab und zu in Tulln."

„Dadurch hast du auch Kontakte in den Osten", stellte Josef fest, „deine Schwägerin und das Haus hier."

„Ja, aber ich sehe das alles gar nicht so tragisch, ausgenommen die lästigen Kontrollen an der Stadtgrenze, aber sonst sind wir doch alle Österreicher. Was kann ich dafür, dass ich im Westen gelandet bin und du im Osten? Die Grenzen sind eine Folge des scheußlichen Krieges, und die haben die Alliierten willkürlich gezogen. Da braucht bei uns wirklich keiner überheblich zu sein und sich als was Besseres vorzukommen."

„Das sehen aber nur wenige so wie du." Josef musste tief durchatmen. „Denn von den meisten drüben sind wir die ‚armen Ostler'. Aber das ‚schäbige' Ostgeld nimmt man trotzdem und rechnet um, weil auch Ostgeld nicht stinkt."

Petra lachte: „Du findest wirklich immer für alles die richtigen Worte! Das bewundere ich an dir!"

„Dein Schwiegervater ist im Krieg geblieben?", wollte Josef jetzt auch noch wissen.

„Ja, den habe ich nie kennengelernt. Er ist in Stalingrad gefallen."

„War dein Mann älter als du und war er Wiener?"

„Ja, er war Wiener und sechs Jahre älter als ich. Und er hat auch viel hier im Haus gearbeitet. Die Fenster hat er neu eingesetzt. Die waren durch die schweren Kämpfe, die es bei Kriegsende hier noch gab, völlig kaputt. Es war kein Glas drin, alles nur mit Pappe verklebt. Und auch sonst hat er viel ausgebessert, zum Beispiel den Holzboden neu verlegt und das Stiegengeländer neu gemacht."

Petra führte Josef in die Küche und in das obere kleine Zimmer, in dem zwei Holzbetten standen. Von dem kleinen Balkon hatten beide einen herrlichen Blick zum Wald hinüber.

Jetzt im Sommer konnten sie am Abend gemütlich eine Flasche Wein auf dem Balkon trinken.

„Ich komme mir hier vor, als wäre ich irgendwo in der Steiermark oder noch weiter im Süden!", staunte Josef, als er mit Petra anstieß.

„Auch darum bin ich ja gern hier und möchte das Häuschen nicht missen!"

„Sollst du auch nicht!", ermutigte Josef seinen Schatz und genoss den lauen Abend.

Schnell bildete sich ein neuer Wochenrhythmus heraus: Mittwoch Siebenbrunnencafé und Samstag, in der warmen Jahreszeit Knusperhäuschen, im Winter Treffen entweder bei Josef in Favoriten oder bei Petra in der Lockerwiese.

Gewöhnlich hat im Leben alles seinen Grund, so eben auch dieser Rhythmus.

Denn unter der Woche hatte Josef nur am Mittwoch- und am Freitagabend frei. Am Montag, Dienstag und Donnerstag war er nämlich immer noch mit seinem Meisterlehrgang beschäftigt.

Nachdem die Werkstatt im Dezember 1950 volkseigen geworden war, musste der Betrieb seine Mitarbeiter zu jedem Weiterbildungslehrgang delegieren. Sonst lief in puncto Fortbildung gar nichts.

Hauptverantwortlich dafür war die Betriebsgewerkschaftsleitung unter Federführung der Betriebsparteiorganisation. Und die waren sich im Fall Josef beide einig: Er ist nicht würdig, an einer mit Arbeitergeld finanzierten Schule zu lernen.

Bitte, der Vater wollte sich nicht in die VAPÖ übernehmen lassen und ist immer noch SPÖ-Mitglied. Und Josef selbst war auch nicht willens, der VAPÖ beizutreten. Nein, so einer muss sich erst in der sozialistischen Produktion bewähren und vor allem umerzogen werden.

Erst nach Stalins Tod am 5. März 1953 lockerte sich das Ganze, aber sehr, sehr langsam.

Erst als der Staat wegen der Abwanderung vieler Volksrepublikaner gen Westen immer dringender Fachkräfte benötigte, durfte Josef hoffen, seinen Meisterlehrgang fortsetzen zu dürfen. Im Herbst 1957 war es dann endlich so weit: Josef drückte wieder die Schulbank.

Aber zunächst musste er sich ein Jahr lang mit den Grundlagen des Marxismus-Leninismus und der marxistisch-leninistischen Politischen Ökonomie beschäftigen, um das richtige Rüstzeug für eine fundierte Meisterausbildung zu bekommen, wie die Partei das so sah.

Der Stalinismus war zwar inzwischen passé, deshalb waren die Abende noch lange nicht interessanter geworden.

Im September 1958 ging's aber endlich mit der Fachausbildung weiter oder besser gesagt, los, weil der abgebrochene Kurs von damals nicht mehr zählte. Josef musste ganz von vorn beginnen, also noch mal zwei Jahre lang büffeln. Angeblich ist seit damals eine Menge an Fachwissen neu hinzugekommen, was er allerdings nur in wenigen Einzelfällen feststellte, dieses hätte er locker in einem Ergänzungskurs von einigen Abenden nachlernen können.

Seinerseits hätte er sich außer am Mittwochabend im Siebenbrunnen-Café auch am Freitagabend mit Petra treffen können, aber da hatte sie bis 20 Uhr in der Ordination zu tun …

Erst vom 20. Juli bis 31. August konnten auch unter der Woche mehr Treffen stattfinden, weil der Meisterkurs Sommerpause hatte.

Die beiden genossen die zusätzlichen gemeinsamen Stunden sehr, dennoch meinte Petra: „Qualität ist besser als Quantität."

Dem konnte Josef partout nicht widersprechen und stellte seinerseits fest: „Es ist so toll, dass wir uns gefunden haben. Ich hätte nie gedacht, dass ich mich noch einmal so verlieben kann."

„Ich aber auch nicht", lachte Petra „und ich hätte auch nie geglaubt, dass ich meinen Partner ausgerechnet im Siebenbrunnencafé kennenlerne, weil das an sich für mich kein Ort ist, um eine Bekanntschaft zu machen. Aber du wirktest auf mich sofort Vertrauen erweckend, und zunächst wollte ich ja auch nur einen Maler für meine beiden Zimmer engagieren. Das daraus mehr geworden ist, hab' ich wirklich nicht geglaubt."

„Bei mir war das schon anders", rückte Josef mit der Wahrheit heraus, „ich hab' dich schon vor vier Jahren an einem Freitagabend im Café von Weitem gesehen und wollte dich unbedingt wiedersehen, aber dann hab' ich dich mal, das war so vor zwei Jahren, mit deinem Mann gesehen und da dachte ich, schade, aber eine so fesche Frau ist eben nicht solo ..."

Petra musste herzhaft lachen und Josef verpasste ihr einen kräftigen Kuss.

„Aber wir sind eben doch noch zusammengekommen", meinte Petra leise.

„Weil wir zusammenkommen sollten", glaubte Josef fest, musste aber ergänzen:

„Nur leider unter so traurigen Umständen. Nach dem Tod deines Mannes und nach dem, was mir mit Sara und Sveti passiert ist." Seine Augen waren feucht geworden.

Beide lagen sich lange in den Armen.

Für Petra wurde es allerdings immer schwieriger, sich außerhalb Wiens zu bewegen, weil jetzt vermehrt spontane Ausweiskontrollen stattfanden, verbunden mit lästigen Fragen, wohin sie denn wolle und warum.

Deshalb traf man sich am liebsten im Knusperhäuschen. Dorthin konnte Petra noch problemlos gelangen und dort war es auch urgemütlich. Vor allem lobten alle Petras Koch- und Backkünste, denn auch Sissi und Poldi waren schon hierher eingeladen worden. Natürlich mit ihren „Anhängen" ...

Gut, Sissi und Poldi konnten auch gut kochen und backen, aber nicht so gut wie Petra. Was sie auch neidlos zugaben.

„Hoffentlich können wir uns noch oft hier draußen im schönen Perchtoldsdorf treffen, denn wenn man nach Deutschland schaut ..."
Herbert senkte seinen Kopf und griff nach Sissis Hand. Diese wusste nicht so recht, was sie mit seiner Aussage anfangen sollte:
„Was meinst du damit, mein Schatz?"

„Na, draußen in Deutschland können die Westberliner schon lange nicht mehr in das Umland fahren", erklärte er seine Besorgtheit, „und wenn einer im Umland ein Häuschen hatte, wurde das vom Staat kassiert."

Josef seufzte tief, um festzustellen: „Da geht's uns hier noch gut."

„Bloß wie lange noch?", fragte sich Petra ängstlich, und Josef gab ihr ein dickes Bussi. Geschehen eines Sonntagnachmittags im Juli 1959.

Der 1959er-Sommer meinte es mit den Österreichern sehr gut. Viel zu gut, weil das Wasser schon knapp zu werden drohte. Es hatte lange nicht geregnet und der ein Jahr zuvor kreierte Schlager: „Am Tag, als der Regen kam, lang ersehnt, heiß erfleht ..." bewahrheitete sich in diesem Sommer hundertprozentig.

Somit fanden auch die VII. Weltfestspiele der Jugend und Studenten vom 26. Juli bis zum 4. August 1959 in Ost-Wien bei brütender Hitze statt.

Das große Ereignis, das mindestens so intensiv vorbereitet wurde wie ein VAPÖ-Parteitag ... Mit Verpflichtungserklärungen der Betriebe, mit dem Sammeln von Unterkünften für die Teilnehmer. Wer aus einem westlichen Land kam, wurde nur bei einem „politisch-ideologisch Zuverlässigen" untergebracht.

Auch in Josefs Werkstatt wurde fleißig geworben, aber wer konnte in seiner kleinen Wohnung schon jemanden aufnehmen ...

Dementsprechend sauer reagierte der Parteiboss auf den Betriebsversammlungen.

In den West-Wiener Zeitungen, im Westrundfunk und im Westfernsehen wurde über die Weltfestspiele fast gar nicht berichtet. Nur die Eröffnungs- und Schlussveranstaltung wurde kurz erwähnt.

Petra wollte deshalb von Josef wissen, was es mit diesem Treffen auf sich hatte und las in einem Flugblatt, das FJÖler in West-Wien verteilen sollten: „Der WBDJ (Weltbund der demokratischen Jugend) beschloss am 10. November 1945 regelmäßige Weltjugendtreffen zu veranstalten. Diese Treffen sollen die internationale Freundschaft und Verständigung der Jugendlichen der verschiedenen Länder entwickeln und verstärken, einen wichtigen Beitrag zum Wiederaufbau der Welt und zur Erhaltung des Friedens leisten und mit allen geeigneten Mitteln das Leben, die Tätigkeit und die Bestrebungen der Jugend der verschiedenen Länder zeigen …"

„Das ist doch nichts Schlechtes", fand Petra und Josef nickte ihr zu, wollte aber dennoch bemerken: „Natürlich nutzen die Unserigen das ideologisch aus. Das ist schade, denn dadurch wird ein ehrliches, offenes Gespräch unter den Jugendlichen der teilnehmenden Länder erschwert."

„Da hast du natürlich recht, aber wir sollten uns davon nicht entmutigen lassen und auf die jungen Leute aus der ganzen Welt fröhlich zugehen, wenn wir sie schon mal bei uns haben." Petra klopfte Josef auch fröhlich auf die Schulter. Die beiden beschlossen, sich in das Getümmel zu stürzen. In Ost-Wien war in diesen Tagen weit mehr los als im Westen. So viele junge Leute aus Asien, Afrika, Amerika, Europa und sogar aus Australien hatte die Stadt bislang nie gesehen.

Natürlich besuchten die Gäste auch West-Wien, was nicht verboten war. Auch aus Westösterreich kamen viele Gäste problemlos angereist. Im Gegensatz zu 1951, als die Weltfestspiele in Ost-Berlin stattgefunden hatten und Besucher aus Westdeutschland vom Bundesgrenzschutz an der Ausreise in die DDR gehindert wurden, weil die FDJ in der Bundesrepublik verboten war, ab 1956 auch die KPD.

In Westösterreich waren die FJÖ und die KPÖ allerdings zugelassen.

Josef und Petra sahen feurige Tänzerinnen aus Zentralafrika, lateinamerikanische Artisten, die einem den Atem stocken ließen, hörten einen klassischen Chor aus Polen, einen echten Donkosaken-chor und schließlich noch eine zünftige tschechische Polka.

„Das ist ein sehr schönes, vielseitiges Fest, wo für jeden etwas dabei ist", lobte Petra einen FJÖ-Funktionär. „Bitte, ihr habt es doch nicht nötig, überall ideologische Phrasen herumzuschleudern. Lasst uns ganz entspannt miteinander reden, denn wir haben alle vom letzten Krieg mehr als genug und wollen weiter nichts, als in Ruhe und Frieden leben und arbeiten."

„Wenn alle Westler so nett wären wie Sie, könnten wir das auch so tun", lachte der junge Funktionär Petra zu.

Petra wollte Josef unbedingt ihrem Bruder vorstellen, der in Seeboden, direkt am Ufer des Millstätter Sees, eine kleine Frühstückspension betrieb. Er nutzte den immer stärker werdenden Sommertourismus. Und seine zwölf Zimmer waren während der gesamten Saison ausgebucht. Heuer mit noch mehr Gästen aus Westdeutschland und den Niederlanden.

Viktor war fünf Jahre älter als Petra und seit vier Jahren mit seiner Herta verheiratet, die er eineinhalb Jahre davor auf dem Seebodener Feuerwehrfest kennengelernt hatte. Es war Liebe auf den, na sagen wir mal, zehnten Blick. Inzwischen hatte das Paar eine Tochter, die dreijährige Gudrun, ein süßes kontaktfreudiges Mädchen, das die Gäste in einem typischen Kärntner Dirndlkleidchen begrüßte.

Petras Eltern waren nach Kriegsende von Völkermarkt nach Spittal an der Drau geflüchtet, nachdem Tito-Partisanen in Völkermarkt einmarschiert waren, die unter anderen auch Petras Tante Maria ermordet hatten. Es hatten sich nämlich auch Österreicher den jugoslawischen Partisanen zugesellt und die hatten Tante Maria als „Nazi-Weib" tituliert. Eine totale Übertreibung! Einverstanden, sie hatte der NSDAP angehört, so wie Onkel Richard, der sich noch durch die Steiermark in Richtung Westen schlug, um nicht in sowjetische Gefangenschaft zu geraten, sondern lieber in amerikanische. Aber die beiden waren nur einfache Parteimitglieder, die sich, wie auch Petras Vater, von den Nazis eine spürbare Verbesserung der tristen Lebensverhältnisse erhofft hatten. Sie hatten aber keinem Einzigen etwas getan.

So wuchs Petra in Spittal auf, bis sie in Wien die Schwesternausbildung begann und zunächst im Wiener AKH, dem Allgemeinen Krankenhaus, auf der gynäkologischen Station arbeitete, bis sie von ihrem Vorstand, Doktor Müller, das Angebot bekam, in seine Ordination zu wechseln.

Petras Vater war 1952 an einem Herzleiden und die Mutter 1954 an Krebs gestorben.

Viktor hatte die Hotelfachschule besucht und anschließend drei Jahre in einem Villacher Hotel gewerkt, bis er sich in Seeboden selbstständig gemacht hatte. Was immer sein Ziel gewesen war …

Josef konnte bloß den Kopf schütteln, als er das alles gehört hatte.

„Heute wird Tito bei uns als Feind gebrandmarkt", erklärte er seinen Gastgebern, „wenn du bei uns etwas Positives über Tito sagst, wanderst du bis zu zehn Jahre hinter Gitter."

„Weil Tito mit Stalin gebrochen hat", reimte sich Viktor zusammen. Josef nickte und wollte dann wissen: „Sind die Tito-Leute wirklich bis nach Kärnten reinmarschiert? Haben euch Kärntner nicht die Engländer befreit?"

„Ja, schon", berichtete Herta, „aber erst sind die Jugoslawen bis Villach marschiert. Die Briten kamen später. Eine Zeit lang waren sogar beide Armeen parallel in Teilen Kärntens gewesen. Das war ein furchtbares Durcheinander."

Josef blieb einen Moment ruhig, bis er resümierte: „Jetzt verstehe ich, warum man im Westen so gegen unseren damaligen Innenminister gehetzt hatte, der auch bei den Tito-Partisanen war und am Anfang sogar noch in der Partisanenuniform aufgetreten war. Jetzt will man logischerweise davon nichts mehr wissen und verschweigt das Ganze."

„So ändern sich eben die Zeiten", lachte Petra.

Viktor hatte den beiden natürlich gratis ein Zimmer mit Seeblick zur Verfügung gestellt, das aber gleichzeitig einen herrlichen Blick auf die umliegenden Berge bot, die zu einer Wanderung einluden.

Zwei Wochen blieben die beiden, viel mehr Urlaub gab's ja dazumal noch nicht.

Und eine Reise im geteilten Österreich war kein leichtes Unterfangen. Besonders nicht für Josef, der für einen Abstecher in den Westen eine Genehmigung gebraucht hätte, die er kaum gekriegt hätte. Womit nur das Schlupfloch West-Wien blieb …

Und von dort musste geflogen werden, da Josef die Transitstrecke durch die Volksrepublik über den Semmering nicht benutzen konnte.

Die Teilung Wiens machte den Bau eines Flughafens auf West-Wiener-Gebiet notwendig, und die Alliierten wählten dafür die Simmeringer Haide aus. Im Sommer 1959 gingen von hier nicht nur Inlandflüge ab, sondern auch welche nach Frankfurt, Paris, London und Moskau.

Allerdings durften in West-Wien nur Maschinen von Fluggesellschaften der vier Besatzungsmächte landen.

Mit der British Airways starteten Josef und Petra am 16. August 1959 nach Klagenfurt. Eineinhalb Stunden waren sie unterwegs. Während des Fluges genossen sie ein tolles Frühstück, bestehend aus einer Semmel, einem Kipferl, einem Stück Butter, einem kleinen Gläschen Marmelade und einer großen Tasse Kaffee. Dazu noch zwei Scheiben Salami, eine Scheibe Schinken und ein Eck Schmelzkäse. So üppig hatten sie das wahrlich nicht erwartet, denn sie waren ja beide das erste Mal in die Luft gegangen.

Petra hatte einen Fensterplatz ergattert und kam aus dem Staunen nicht heraus. Wie Spielzeug schauten die Häuser, die Bäume, die Menschen, die Autos, Busse aus. Ein langer Güterzug schlängelte sich über die Gleise. Wie eine Kleinbahn.

Dann ging's über den Semmering, der von hier oben auch nur ein kleiner Hügel war. Über die Steiermark spannte sich ein Wolkenband, und auf einmal verschwand die Maschine in einem flauschigen Wolkenmeer. Und kurz darauf sah Petra zum ersten Mal in ihrem Leben die Wolken von oben …

Von ihnen beiden aus hätte der Flug noch länger dauern können, aber die anschließende Busfahrt durch die Kärntner Bergwelt war auch imposant, besonders für Josef, der so hohe Berge noch nie zuvor gesehen hatte.

Viktor wartete an der Bushaltestelle und umarmte seine Schwester und danach Josef, von dem Petra ihm schon berichtet hatte.

Herta und Klein Gudrun begrüßten die Gäste genauso freundlich und der Tisch war bereits gedeckt.

„Ihr habt bestimmt noch nichts zu Mittag gegessen?", fragte Herta besorgt und Petra verneinte erwartungsgemäß.

„Wir hatten ja keine Möglichkeit dazu, weil der Flughafenbus gleich abfuhr, und auch drinnen in Klagenfurt mussten wir uns beim Umsteigen mächtig beeilen. Aber wir haben im Flugzeug ein tolles Frühstück gekriegt,", jubelte Petra, was Herta zu der ängstlichen Frage veranlasste, während sie einen großen Topf auf den Tisch stellte: „Dann habt ihr womöglich noch gar keinen richtigen Appetit?"

Petra beruhigte Herta, da sie das sich im Topf Befindliche längst errochen hatte:

„Oh ja, großen Appetit haben wir! Du, deine Kärntner Kasnudeln kann doch keiner abschlagen!"

Josef kannte diese Regionalspeise noch nicht und war jetzt sehr neugierig geworden, was da auf ihn zukam. Aber schon nach dem ersten Bissen stimmte er sofort in Petras Jubel ein:

„Ich hab' ja schon viel von den Kasnudeln gehört, aber dass die so gut schmecken, hätt' ich wirklich nicht gedacht!"

Den anschließenden Kärntner Obstler lobte Josef in denselben hohen Tönen.

Genauso das gute Villacher Bier.

Josef und Petra genossen die beiden Wochen in Kärnten. Dazu trug natürlich nicht unwesentlich das Wetter bei, denn in der ganzen Zeit regnete es nur einmal kurz, dafür aber heftig. Wobei Josef dieses Gewitter am Millstätter See als interessantes Naturschauspiel betrachtete und es auch fotografierte. Vom trockenen Zimmer aus ließ sich das auch gut so erleben.

Ansonsten zeigte die Sonne, was sie konnte, und sie konnte viel. Immer noch viel zu viel. Trotz Sonnencreme holten sich beide beim Aufstieg zum Dobratsch einen ordentlichen Sonnenbrand. Sie hatten die Sonnenkraft in dieser Höhe gewaltig unterschätzt und mussten an den nächsten beiden Tagen mehr in den Schatten gehen.

Der Höhepunkt dieser Reise war allerdings Josef und Petras Verlobung am Samstag nach der ersten Urlaubswoche.

„Und wann wird geheiratet?", interessierte sich Viktor verständlicherweise.

„Wir denken, nächstes Jahr", antwortete Josef. Genaueres konnte er dazu aber noch nicht vermelden, da eine Eheschließung zwischen einem Ost-Wiener und einer West-Wienerin ein äußerst kompliziertes Unterfangen war. Heirateten sie im Osten, würde der Westen NO sagen und heirateten sie im Westen, würde der Osten NJET sagen …

Womit guter Rat äußerst teuer war …

KAPITEL 5

Krise um Wien

Gustav Schmied war ein gestandener Kommunist. Er entstammte einer Mühlviertler Bauernfamilie und hatte eine dementsprechende römisch-katholische Erziehung genossen. Man versäumte keine sonntägliche Heilige Messe, außer bei Krankheit. Am heiligen Sonntag und an den heiligen christlichen Feiertagen wurde natürlich keine Arbeit angerührt, außer die nötigen Tätigkeiten im Haus, das Kochen, das Füttern der Tiere …

Eine Ausnahme bildete die dringende Feldarbeit während der Erntezeit, speziell, wenn sich ein Gewitter ankündigte und das trocken gewordene Getreide in die Scheune musste. Das aber bitte nur, falls der Herr Pfarrer solches in der Heiligen Messe ausdrücklich erlaubt hatte.

Getreu der Regel der Heiligen Mutter Kirche ging man brav zur Beichte, im Mai zur Maiandacht, und man befolgte alle heiligen Bräuche zu den Festtagen. Natürlich kam am Freitag und in der Heiligen Fastenzeit kein Fleisch auf den Tisch.

Gustav ödete das alles maßlos an. Allen Ernstes fragte er sich, wozu er ein Hirn habe, wenn er dieses dank der unzähligen Regeln und Rituale doch gar nicht brauche.

„Die heilige Kirche und die Obrigkeit wissen, was gut für uns ist. Wir müssen nur gehorsam sein und uns redlich bemühen, nicht zu sündigen, damit uns der Herrgott nicht straft", lautete der mütterliche Kommentar zu dem Ganzen. So und nicht anders war es.

Auch in der Schule wurde ständig mit dem strafenden Gott gedroht, der jede Sünde sieht und diese akribisch ahndet. Nur durch Buße und gute Werke könne man Gott gnädig stimmen. So hieß es besonders im Religionsunterricht, wo sonst nur auswendig gelernte Sprüche herunterzuleiern waren. Selbstständiges Denken war aber in keinem Unterrichtsgegenstand gefragt. Ständig wurde den Kindern eingebläut, Armut sei gottgewollt. Aber die Reichen wurden immer reicher.

Gustav besaß wenigstens ein Paar Schuhe für den Sommer und den Winter zugleich, andere Mitschüler hatten nicht einmal das und banden sich im Winter einen Fetzen um die Füße und gingen im Sommer barfuß. Dagegen gaben die Gutsbesitzerskinder mit ihren noblen Sachen gewaltig an. Des Sonntags saß die ganze Sippschaft in ihrer Loge, fein säuberlich vom gemeinen Fußvolk separiert, und der Herr Pfarrer schaute ehrfürchtig zu ihnen rauf und redete ihnen fleißig zu Munde. Auch das war anscheinend gottgewollt.

Standen Wahlen an, mahnte der Herr Pfarrer in tiefernstem Ton: „Ihr wisst, wo das Kreuz auf dem Stimmzettel zu machen ist! Natürlich bei der Christlich Sozialen Partei! Das ist Ehrensache für einen Christenmenschen! Wer das nicht tut, wird vom Herrgott die gebührende Strafe zu erwarten haben!"

Mucksmäuschenstill war's im heiligen Gotteshaus. Jetzt wusste jeder, was Christenpflicht war.

Außer Gustav, der bei seinem ersten Wahlgang, nachdem er volljährig geworden war und damit wahlberechtigt, sozialdemokratisch wählte.

Oh weh! Trotz Wahlgeheimnis wusste das ganze Dorf, wer der SDAP seine Stimme gegeben hatte, da nur eine Stimme auf diese Partei entfallen war, und die konnte nur von Gustav Schmied gekommen sein. Prompt wurde ihm am nächsten Sonntag die Kommunion verweigert.

Wie einst Lenin nach seinem Schlüsselerlebnis mit der orthodoxen Religion fertig war, so war es Gustav an diesem Sonntag mit der katholischen. Seitdem sah ihn keiner mehr in der Kirche.

Da er im nahen Linz das Tischlerhandwerk erlernt hatte und auch nach der Lehre weiter in einer Tischlerei werkte, zog er in die Stadt und schloss sich der dortigen SDAP an.

Hatte die SDAP auch viel für die arbeitende Bevölkerung getan, vor allem im Wohnungs- und Bildungswesen, ging Gustav das Engagement für die Arbeiter doch nicht weit genug. Seiner Auffassung nach biederte sich die Sozialdemokratie zu sehr an den Kapitalismus an und deshalb trat er 1930 zur KPÖ über. Ihr blieb er auch nach dem Verbot durch die Dollfuß-Regierung treu. Was ihm drei Jahre Wöllersdorf einbrachte.

Nach dem „Anschluss" aus dem Lager entlassen, wanderte er bereits im Mai 1938 nach Dachau.

Es gelang ihm, aus dem Lager zu flüchten und sich nach Brünn durchzuschlagen. Als die Nazis auch dort einmarschierten, floh er weiter nach Warschau und von dort schließlich in die Sowjetunion. Im legendären Moskauer Hotel Lux traf er einen Großteil der kommunistischen Elite Mitteleuropas. Er hatte Glück und wurde von Stalin nicht „gesäubert", sondern von der Partei für seinen künftigen Einsatz geschult. Seine bäuerliche Herkunft war es, dass er auserkoren war, nach der Befreiung Deutschlands vom Faschismus die ideologische Umgestaltung der Landwirtschaft voranzutreiben.

Ja, er sollte diese Arbeit in Deutschland tun, weil Stalin nicht vorhatte, Österreich zu teilen. Nach seinem Plan sollte Österreich ein neutraler Pufferstaat zwischen Ost- und Westeuropa werden, um ein zu erwartendes westeuropäisches Bündnis nicht zu weit gen Osten vorrücken zu lassen. Nun war aber alles ganz anders gekommen.

Über das Scheitern der Länderkonferenz war Stalin zunächst überhaupt nicht erfreut, weil er sich jetzt eine neue Strategie überlegen musste …

Womit Gustav Schmied vom thüringischen Masserberg, wo er sich gerade etwas eingelebt hatte, in die KPÖ-Kreisleitung Urfahr beordert wurde. Dort sollte er die begonnene Bodenreform vorantreiben, die jedem Bauern ein Stück schuldenfreies Land bescherte. Auch den aus dem Sudetenland vertriebenen Bauern. Im Zuge dieser Bodenreform wurden Großbauern mit über 100 ha Grundbesitz enteignet, ferner als Kriegsverbrecher und Naziaktivisten eingestufte Bauern. Kirchlicher Grundbesitz wurde nicht angetastet.

Auch wer im Zuge des Reichserbhofgesetzes ein Grundstück erhalten hatte, das geringfügig über 100 ha betrug, wurde in Ruhe gelassen.

Nach Abschluss dieser Aktion wanderte Gustav Schmied in die inzwischen gebildete VAPÖ-Bezirksleitung Friedrich-Engels-

Stadt, wie sich Urfahr bekanntlich mittlerweile nannte. Wo er für landwirtschaftliche Fragen zuständig war, bis er zum Peilsteiner Bürgermeister gewählt wurde.

Hier traf er auf den Dorfpfarrer Martin und erlebte die katholische Kirche so total anders. Der Herr Pfarrer grüßte jeden freundlich und fragte, wie es ihm denn gehe. Auch im Dorfkonsum begehrte er keine bevorzugte Behandlung. Gern trank er beim Dorfwirt mit den Bauern ein Bier. Alles, was Gustav aus seinem Heimatdorf nicht kannte. Was ihn andererseits sehr verunsicherte, denn jeder VAPÖ-Genosse hatte gelernt, Religion sei Opium für das Volk und in einem sozialistischen Staat werde sie sich in Kürze überleben.

Für Peilstein schien das aber ganz und gar nicht zuzutreffen. Mit der Kollektivierung der Landwirtschaft kam er auch nicht besser voran als sein Vorgänger. Und nur wenige Schulkinder gehörten den Jungen Pionieren an, genauso wenige Jugendliche der FJÖ, und weit weniger als die Hälfte der Vierzehnjährigen erhielten die Jugendweihe, das öffentliche Bekenntnis der Jugendlichen zum Atheismus und zum sozialistischen Staat, diesen notfalls auch mit der Waffe zu verteidigen …

Gustav war der Parteileitung gegenüber aber für die atheistische Erziehung der Jugend verantwortlich. Deshalb machte ihn das mäßige Interesse der Kinder an der Pionierorganisation und der Jugendlichen an der FJÖ mächtig zu schaffen. Wie sollte er sich „oben" rechtfertigen und zugeben, dass die Kirche hier noch einen dermaßen großen Zulauf hatte? Verzweifelt schüttelte er den Kopf, als er die vor ihm liegenden zehn Gebote für den neuen sozialistischen Menschen beäugte …

Zehn Gebote der sozialistischen Moral und Ethik für den neuen sozialistischen Menschen

Gebot 1: Du sollst Dich stets für die internationale Solidarität der Arbeiterklasse und aller Werktätigen sowie für die unverbrüchliche Verbundenheit aller sozialistischen Länder einsetzen.

Gebot 2: Du sollst Dein Vaterland lieben und stets bereit sein, Deine ganze Kraft und Fähigkeit für die Verteidigung der Arbeiter- und Bauern-Macht einzusetzen.

Gebot 3: Du sollst helfen, die Ausbeutung des Menschen durch den Menschen zu beseitigen.

Gebot 4: Du sollst gute Taten für den Sozialismus vollbringen, denn der Sozialismus führt zu einem besseren Leben für alle Werktätigen.

Gebot 5: Du sollst beim Aufbau des Sozialismus im Geiste der gegenseitigen Hilfe und der kameradschaftlichen Zusammenarbeit handeln, das Kollektiv achten und seine Kritik beherzigen.

Gebot 6: Du sollst das Volkseigentum schützen und mehren.

Gebot 7: Du sollst stets nach Verbesserung Deiner Leistungen streben, sparsam sein und die sozialistische Arbeitsdisziplin festigen.

Gebot 8: Du sollst Deine Kinder im Geiste des Friedens und des Sozialismus zu allseitig gebildeten, charakterfesten und körperlich gestählten Menschen erziehen.

Gebot 9: Du sollst sauber und anständig leben und Deine Familie achten.

Gebot 10: Du sollst Solidarität mit den um nationale Befreiung kämpfenden und den ihre nationale Unabhängigkeit verteidigenden Völkern üben.

Diese Gebote wurden von den Dorfbewohnern nur müde belächelt. Die VAPÖ hatte sie freudig von der ostdeutschen SED übernommen, die diese auf ihrem V. Parteitag im Sommer 1958 vorgestellt hatte. Noch während des Parteitages waren sie in allen ostösterreichischen Zeitungen abgedruckt worden.

Nein, hier in Peilstein konnten sie wirklich nicht ankommen.

Da hatten es die Bürgermeister in manch anderen Dörfern der Volksrepublik leichter, wo es so zuging, wie es Gustav in seiner Jugend erlebt hatte.

Martin schätzte Gustav sehr. Ihm gefiel seine Geradlinigkeit. Bei Gustav war eins plus eins wirklich zwei. Er redete nicht, wie viele seiner Genossen, um den heißen Brei herum und sagte damit eigentlich gar nichts. Nein, so war das bei Gustav nicht. Bei Gustav wusste Martin immer, woran er war. Und Martin war auch gleich freundlich auf ihn zugegangen und hatte ihn zu sich auf einen Kaffee eingeladen und ihn gefragt, wie es ihm denn gehe.

Nein, so menschlich und volksnah hatte Gustav noch keinen katholischen Geistlichen erlebt, das war für ihn eine völlig neue Erfahrung.

Martin kritisierte das Nachäffen der biblischen zehn Gebote, wie die Partei überhaupt mit allen kirchlichen Bräuchen umging, mit der Taufe, der Trauung und sogar dem Begräbnis.

„Das wird fatale Folgen für die Gesellschaft haben", mahnte Martin und empfahl vielmehr:

„Die Einbindung der Christen in die Gesellschaft kann nur positiv für sie sein, denn es gibt vieles in der sozialistischen Gesellschaft, das wir Christen voll und ganz unterstützen, viel mehr, als das in der kapitalistischen, auf Egoismus und Gewinnstreben fixierten Gesellschaft der Fall ist."

Dem konnte Gustav nicht widersprechen, was ihm gar nicht gefiel, denn wo sollte er nun ideologisch ansetzen? Der Herr Pfarrer war eine beinharte Nuss.

Bei nur zehn Prozent Kollektivierungsgrad, der niedrigste im ganzen Mühlviertel, erwirtschaftete Peilstein den höchsten Ernteertrag des Mühlviertels. Und bei der Ernte legte der Herr Pfarrer selbst fleißig mit Hand an und motivierte die Jungschar zur Mithilfe.

Als eines Sonntagmorgens in der Erntezeit ein schweres Unwetter mit Hagelschlag angekündigt wurde und das Getreide auf den Feldern dringend darauf wartete, in die Scheunen geführt zu werden, ließ er sogar die Heilige Messe ausfallen und beorderte jeden, der zwei gesunde Hände und Füße hatte, auf die Felder: „Das ist heute unser Gottesdienst!" Nur ein kurzes Gebet sprach er, und alle gingen an die Arbeit. Das Getreide erreichte die Scheunen trocken, bevor es am Nachmittag heftig donnerte, blitzte und sich die Schleusen des Himmels weit öffneten. Hagelkörner, so groß wie Tennisbälle, stürzten auf die Felder und Wiesen und ließen diese so weiß ausschauen wie im tiefsten Winter.

Das alles war bis ins ZK bekannt.

Auch dort kannten sie Martins Einstellung. Sie wussten, dass Martin, im Gegensatz zu vielen kirchlichen Funktionären beider Konfessionen, welche prowestlich eingestellt waren, grundsätzlich der sozialistischen Gesellschaft positiv gegenüberstand und sie für erstrebenswerter hielt als die egoistisch-kapitalistische. Seine Kritik an der VAPÖ richtete sich gegen die atheistische Propaganda und dagegen, jedwede, von der Parteilinie abweichende Meinung, also auch konstruktive, zu bekämpfen und Neuerungen, wie die Kollektivierung der Landwirtschaft, zwangsweise durchsetzen zu wollen. Den Menschen müsse für alles mehr Zeit zum Nachdenken eingeräumt werden und warum muss die Landwirtschaft wirklich hundertprozentig genossenschaftlich betrieben werden?

Und Kleinunternehmer sind wirklich keine Kapitalisten! Das zu behaupten ist maßlos übertrieben. Wer von frühmorgens bis spätabends im Geschäft oder in der Werkstatt steht und sich die nötigen Waren und Materialien noch dazu mühsam selbst heranholen muss, kann nicht mit den Konzernbossen im Westen in einen Topf geworfen werden.

Nein, an den Herrn Pfarrer Martin kam keiner ran.

Zum Erntedankfest 1959 machten sich Josef und Petra auf zu Martin in sein neues Domizil und waren überrascht, wie viele Menschen an diesem ersten Oktobersonntag in die Kirche strömten und dem Herrn Pfarrer gespannt zuhörten.

„Eine gute Ernte ist nicht selbstverständlich. Sie ist ein Geschenk Gottes, der will, dass es uns gut geht und wir unser Auskommen haben. Was aber voraussetzt, dass wir unser Leben dem Herrn Jesus Christus übergeben haben. Er soll unser Herr sein und uns den Weg zeigen, den er für uns vorgesehen hat …"

Auch Gustav hatte die Messe besucht, worüber sich Martin sehr gefreut hatte. Nach der Messe stellte er ihm dann Josef und Petra vor.

„Also, das freut mich sehr, den guten alten Schulfreund unseres Pfarrers mit seiner Verlobten kennenzulernen."

„Als Genosse besuchen Sie eine Heilige Messe", wunderte sich Josef, und Gustav zögerte nicht mit der Antwort: „Man muss doch wissen, was in dem Ort, für den man verantwortlich ist, so alles läuft."

„Und wie fanden Sie die Predigt?", wollte Petra wissen.

„Sehr interessant", antwortete Gustav, „nicht so einschläfernd, wie ich das von meiner Kindheit her kenne. Na ja, der Pfarrer Martin ist nicht so klerikal geprägt. Der geht auf die Menschen immer freundlich zu. So müssten alle Pfarrer und Bischöfe sein. Andererseits ..." Jetzt musste Gustav lachen. „Andererseits meint der Herr Pfarrer, ein Leben in Wohlstand und sozialer Sicherheit ist ein Geschenk Gottes. Ein sozial gerechter Staat entsteht, wenn sich die Menschen vom Heiligen Geist führen lassen, und das macht mich nervös."

„Ja, was ist daran so nervenaufreibend?", wollte Petra kopfschüttelnd wissen.

„Na ja, der Herr Pfarrer kritisiert ja unseren Staat an sich nicht, so wie die meisten anderen Pfarrer", druckste Gustav nervös herum, „sondern er meint nur, dass wir den Aufbau des Sozialismus nicht aus eigener Kraft schaffen. Ja, wenn die Leute das glauben, was mache ich dann? Wie bringe ich da unsere marxistisch-leninistische Ideologie an die Menschen?"

Jetzt mussten alle lachen, bis Martin einhakte: „Ja, vieles ist bei uns wirklich gut, aber wir erleben es doch tagtäglich in der Praxis, dass der Mensch mit seinem unvollkommenen Wesen dem Fortschritt im Wege steht. Wir wollen etwas Gutes tun, tun dann aber genau das, was wir eigentlich gar nicht wollen. Das kann keine Ideologie aus der Welt schaffen ..."

„Und das ist es", seufzte Gustav. „Wegen solcher Themen kommen wir dann auf keinen grünen Zweig ..."

„Wenn es um Fragen des Glaubens geht, um Fragen der menschlichen Existenz." Martin klopfte Gustav freundschaftlich auf die Schulter, wollte dann aber unbedingt festhalten:

„Ich habe mit dem Kapitalismus aber weit mehr Probleme, wenn ich zum Beispiel hören muss, dass in Amerika Milch ins Meer geschüttet wird, um die Preise hoch zu halten. Da lässt man Millionen Kinder verhungern, nur damit die Reichen noch reicher werden. Und dieses System soll christlich sein? Wie verträgt sich das? Wo bleibt da der Aufschrei all der Parteien, die sich christlich nennen …?"

„Das mit der Milch ist weit weg", erwiderte Josef, „hier bei uns sehen die Leute nur die vollen Schaufenster drüben und verwechseln das mit der großen Freiheit in der angeblich ach so freien Welt der unbegrenzten Möglichkeiten."

„Irgendwie ist das Verhältnis zwischen Martin und Gustav so wie das zwischen Don Camillo und Peppone", kommentierte Petra diese Begegnung auf der Heimfahrt, „das Leben hier im Osten wäre bestimmt viel interessanter und lustiger, gäbe es mehr Martins und mehr Gustavs …"

In der Woche vor dem 1. Adventssonntag wurde es auch 1959 heller im abendlichen Wien. Gut so nach dem vernieselten November, der auch durch die kürzer werdenden Tage eine depressive Stimmung hinterließ. Was aber nun überstanden war. Über die großen Einkaufsstraßen spannten sich Lichterketten, bunte Sterne, illuminierte Weihnachtsbäume und anderes Schmuckwerk. In beiden Teilen Wiens, im Westen nur noch heller und üppiger, speziell vor den großen Kaufhäusern in der Mariahilfer Straße.

Elektrische Lichterketten erhellten selbst die Schaufenster der kleinsten Geschäfte, dazu gesellten sich Tannenzweige, Sterne, Weihnachtsmänner, Märchenfiguren, und nicht selten drehte noch eine elektrische Eisenbahn ihre Runden …

Im Westen waren die Auslagen schon bunter und vielfältiger, aber der Osten wollte sich partout nicht lumpen lassen. Der Höhepunkt hier war natürlich der große „Weihnachtsmarkt am Rathausplatz", wie in bunten Lettern am Eingang zu lesen war.

Punkt 16 Uhr des Samstags vor dem 1. Advent eröffnete ihn Ost-Wiens Oberbürgermeister.

Christkindlmarkt oder so ähnlich durfte sich im Osten nichts nennen, das Christkind war passé. Erinnerungen an Weihnachten 1938 wurden wach …

Aber wer nahm die Stelle des Christkindes ein? Der Weihnachtsmann? Ja, hier und da zeigte er sich in Lebensgröße, aber meistens schmückten Märchenfiguren die Weihnachtsmärkte. Gleich am Eingang zum Weihnachtsmarkt am Rathausplatz standen das überlebensgroße Hänsel und Gretel. Hinter ihnen grinste die sich vor ihrem Häuschen auf einem Krückstock stützende Hexe.

Petra genoss die Atmosphäre dieses Marktes sehr.

„Wenn auch die Märchenfiguren nichts mit Weihnachten zu tun haben und mir eine große Krippe lieber wäre, so muss ich trotzdem sagen, dass bei euch alles noch so heimelig, so gemütlich ist. Die Leute lassen sich noch für alles Zeit.“

Josef hatte einen Eierpunsch spendiert, der Petra schmeckte, und bei dessen Genuss kritisierte sie das vorweihnachtliche Treiben im Westen: „Bei uns muss alles schnell gehen. Man hat so viele Geschenke zu kaufen, und einer will den anderen damit übertrumpfen. Das hat bitte mit Weihnachten gar nichts mehr zu tun. Wir sollen uns doch auf die Geburt des Jesuskindes freuen.“

Josef musste lachen, fast hätte er den Rest seines Punsches verschüttet: „Du, davon will aber bei uns auch keiner was wissen. Religion ist Opium für das Volk, wie Lenin treffend festgestellt hat, und was Lenin gesagt hat, das ist die reine, absolute Wahrheit, an die keiner zu rütteln hat.“ Und stieß kräftig mit ihr an …

Ja, für die Ost-Kinder war Weihnachten zum Märchenfest umfunktioniert worden. In den Schulen war keine Rede mehr von der Geburt des Jesuskindes. Die Lehrer lasen aus Grimms Märchen vor und sangen mit den Kindern Winterlieder. Dazu erklärten sie der Klasse, die Eltern hätten sich nach einem Jahr harter Friedensarbeit eine gemütliche Feier am warmen Ofen bei gutem Essen und Trinken verdient.

„Und auch ihr sollt nach einem Jahr fleißigen Lernens mal so richtig feiern und euch an den Geschenken freuen …“

Und die „Ferien zum Jahreswechsel“ konnten beginnen.

In diesem Sinne hielt auch Josefs Generaldirektor am 22. Dezember im Festsaal der Zentrale neben einem bunt geschmückten Weihnachtsbaum, wohlgemerkt „Weihnachtsbaum“, „Christbäume“ gab's selbstverständlich keine mehr, eine gewohnt schwülstige Rede, als er die betriebliche „Jahresendfeier" eröffnete: „Am Ende eines erfolgreichen Arbeitsjahres, das uns einen erfüllten Volkswirtschaftsplan beschert, wollen wir ein würdiges Fest feiern …"

Die Rede dauerte zur Freude der Kollegen nicht lange, weil er immer wieder auf das opulente Buffet schielte, und aus diesem kühlen Grunde schloss er schon bald mit den Worten, die nicht nur Josef tief aufatmen ließen: „Ich danke allen Kolleginnen und Kollegen für ihren Einsatz für unseren Betrieb und zum Wohle unseres sozialistischen Friedensstaates. Ich wünsche allen ein frohes Fest sowie Gesundheit und Erfolg für 1960. Und nun eröffne ich das Buffet!"

Der Startschuss, sich endlich auf die Köstlichkeiten zu stürzen. Josef fragte sich, wie die meisten Kollegen, wie der Betrieb zu den tollen Sachen gekommen war?

Matjesheringe, portugiesische Sardinen, ungarische Salami, Tiroler Schinken, französischer Käse, Proscutti di San Daniele … Woher kriegen die das alles?

Josef schlug ordentlich zu. Genauso bei den Getränken. Nur da musste er sich entscheiden, ob er lieber die guten Weine probieren sollte oder ob er zum Bier greift … Budweiser, Pilsener Urquell, Radeberger, Staropramen, Zwettler, Schwechater Bock stand zur Auswahl. Dazu russischer und polnischer Wodka, Nordhäuser Doppelkorn, Obstler, Becherovka, Barackpálinka …

Josef entschied sich für die härteren Sachen. Nach der guten Grundlage konnte er getrost zuschlagen. Mit Maßen, da er wusste, ein weiter Heimweg lag noch vor ihm, und morgen war Arbeitstag.

Am Heiligen Abend, an dem bis 11.30 Uhr gearbeitet wurde, besser gesagt, die Zeit bis dahin in der Werkstatt bei Kaffee und gutem Kuchen verbracht wurde, kam der große Chef sogar persönlich vorbei, um jedem die Hand zu schütteln und ein frohes Fest zu wünschen.

Josef nahm er noch extra beiseite, um das unbedingt loszuwerden: „Kollege Pospischil, nutzen Sie die Feiertage, um darüber nachzudenken, ob Sie nicht auch zum fortschrittlichen Proletariat gehören möchten. Sie werden in den Reihen unserer Partei gute Perspektiven haben. Oder wollen Sie beruflich nicht weiterkommen? Sie haben Talent, Sie leisten gute Arbeit, also …"

Josef, mit aufgerissenen Augen anstarrend, zog er kämpferisch weiter.

Zu Silvester machte der Parteisekretär die Runde. So froh gelaunt hatte er die Werkstatt noch nie betreten, als er sich mit einem „Hallo, wie geht's euch?" vor den auf ihre Reparatur wartenden Autos positionierte, um dann in Geberlaune weiter loszulegen: „Na ja, heute dürfen wir mal während der Arbeitszeit das Glas erheben und auf ein frööööhliches" – er musste kräftig husten und spuckte auf den Boden – „soziialisstisches Friedensjahr 1959 anstoßen." Schon wieder räusperte er sich und kratzte sich nervös am Kopf, um dann zu korrigieren: „Ach ja, wir haben ja morgen schon 1960, na, dann stoßen wir eben auf 1960 an! Prosit Neujahr!"

Die von der mitgekommenen Sekretärin, der jungen Frau Schubert, angefüllten Sektgläser erklangen kräftig, und alle wunderten sich über den auf einmal so jovialen Genossen Hinterberger, der heute mal so richtig Mensch war und keine steife Marionette. Was Krimsekt alles bewirkt! Aus der Sowjetunion kommen eben auch recht wundersame Dinge.

Wie gesagt, zum Betrieb zählten bekanntlich zwölf Werkstätten und aus des Parteisekretärs Mund ging hervor, die Neilreichgasse war nicht die letzte Adresse auf seiner Rundfahrt. Er musste sich auch schon ordentlich sputen weiterzukommen, da zu Silvester genauso um halb zwölf Uhr Feierabend war. Josef schmunzelte, als er daran dachte, wie er wohl nach dem letzten Gläschen ausschauen wird …

Auch in einem sozialistischen Staat sollte der Konsum nicht zu kurz kommen, und deshalb hatten die Geschäfte an den vier Adventssonntagen des Nachmittags von 14 bis 18 Uhr geöffnet und wurden recht ordentlich frequentiert.

Die Favoritenstraße war schwarz vor mit schweren Sackerln beladenen Menschen. Selbst Petra, welche die bummvolle Reinprechtsdorfer Straße täglich erlebte, staunte.

Josef erklärte ihr den Grund dafür: „Du, zum ausgehenden Jahrzehnt hat jeder, der in einem volkseigenen Betrieb arbeitet oder in der staatlichen Verwaltung, eine außerordentliche Prämie von 300 Schillingen bekommen. Da schlagen jetzt eben viele zu.“

Im Westen gab's die langen Samstage vor den Adventssonntagen, an denen bis 18 Uhr geöffnet war. Auch da herrschte natürlich reger Betrieb in den Geschäften, aber längst kein so starker wie auf der Favoritenstraße.

Trotzdem ging's auf der Favoritenstraße immer noch ruhiger, beschaulicher zu als auf der Mariahilfer Straße. Da gab's noch so manche Heimlichtuerei, da war man noch neugierig darauf, was wohl der Sohn, die Tochter, der Papa, die Mami für Augen machen wird, wenn er oder sie das auspackt, was ich eben gekauft habe.

Auf dem Hietzinger Adventsmarkt bestaunte Josef die erzgebirgischen Nussknacker: „Im ganzen Osten siehst du die nirgendwo! Nicht mal da, wo sie hergestellt werden, jedenfalls nicht in dieser Qualität. Das Beste, was bei uns produziert wird, geht in den Westen oder zu den Parteiobersten.“

„Bei uns regelt man das über den Preis“, erklärte Petra das westliche System, „die wirklich guten Sachen können sich auch nur die leisten, die andere für sich arbeiten lassen.“

Weihnachten 1959 war äußerst arbeitnehmerfreundlich: Die Feiertage fielen auf einen Freitag und Samstag. Dadurch war auch der 27. Dezember als Sonntag noch arbeitsfrei. Somit hatten Josef und Petra drei ganze Tage hintereinander für sich und genossen sie sehr …

Den Heiligen Abend verbrachten sie allein. Um zehn gingen sie zur Christmette in die große Kirche am Antonsplatz. Petra wunderte sich über ihre Fülle. Wer in der letzten Minute kam, musste sogar stehen.

„Zu Weihnachten gehen die Leute noch in die Kirche. Auch die Parteigenossen. Denen genügt ihr Jahresendfest und der Märchenkram auch nicht."

„Der Atheismus füllt den Menschen innerlich nicht aus", resümierte Petra, „welche Antwort hast du zu denn aus dir selbst heraus zu den wichtigen Fragen des Lebens? Wenn du nicht mehr weiterweißt? Wenn du glaubst, alles ist aus?"

Die Feiertage waren für Besuche reserviert, bei Josefs Eltern, bei Poldi und Sissi.

Ja, vor allem bei Sissi … Wie wird wohl Klein Babsi auf die vielen Lichter reagieren?

Sissi hatte ihr süßes Töchterlein am 4. Oktober geboren. Zur großen Freude der ganzen Familie. Und da kamen dann auch alle am 1. Feiertag, um zu sehen.

Babsi kam übrigens genau an Sissis und Herberts erstem Hochzeitstag auf die Welt. Ein schöneres Geschenk hatte es für die beiden wahrlich nicht geben können.

Petras Verwandte wohnten viel zu weit weg, um einen Kurzbesuch abzustatten. Aber ein Ausflug ins Knusperhäuschen, der ging sich schon noch aus. Nur ein kurzer, weil's im Winter mit dem Heizen nicht einfach war, aber ein guter Kaffee mit einem Christstollen war natürlich drin …

„Das Spionage- und Agentenzentrum West-Wien muss kaltgestellt werden!", wetterte Chruschtschow im Mai 1960 und zielte dabei auf die Entführung eines Sowjetoffiziers durch US-Agenten auf offener Straße. Die Amerikaner hatten ihn auf der Favoritenstraße geschnappt und in einen Jeep gezerrt. Und sind mit ihm unkontrolliert über die Sektorengrenze gebraust. Fahrzeuge der vier Alliierten konnten sich völlig frei durch ganz Wien bewegen.

Was genauso für die sowjetischen Militärfahrzeuge galt, denn zwei Sowjetoffiziere hatten wenige Tage danach in Währing einen US-Agenten gen Osten entführt. Wovon in den Ostzeitungen zunächst nichts berichtet wurde, bis die Propaganda in der Westpresse dazu zwang, das Ereignis nicht länger zu verschweigen.

Nun wurde großspurig verkündet, der Westagent hätte im Osten volkseigene Betriebe und Militäranlagen ausspioniert. Dagegen hatte natürlich eingeschritten werden müssen. Woraus in der Folge ein Mordsspektakel veranstaltet wurde …

„Wir Arbeiter, wir, die Herren unserer volkseigenen Betriebe, werden nicht zulassen, dass sich die Großkapitalisten und Kriegstreiber im Westen das Wissen unserer Arbeiter und Ingenieure zunutze machen, um daraus für sich noch höhere Profite herauszuschlagen, wovon die Arbeiter im Westen aber nichts haben. Darum werden wir Arbeiter jetzt unsere Betriebe vor imperialistischen Anschlägen noch besser schützen …“

Was im Klartext hieß, die Belegschaft war dazu aufgefordert, die Betriebe zusätzlich zum offiziellen Sicherheitsdienst nachts, an Wochenenden und Feiertagen zu bewachen.

Auch Josefs Werkstatt war gefordert. Die Zentrale arbeitete dafür einen speziellen Plan aus. Gemäß diesem hätte Josef zweimal im Monat einen Nachtdienst zu schieben.

Wovon er logischerweise nicht im Geringsten begeistert war, denn das hätte natürlich weniger Zeit für Petra bedeutet, vor allem, wenn dieser Dienst am Wochenende stattgefunden hätte, was ab und zu vorgekommen wäre …

Zum Glück wurde diese Aktion nach drei Wochen wieder abgeblasen, sodass Josef nur einmal unter der Woche eine Nachtschicht zu absolvieren hatte.

„Denen fällt immer neuer Blödsinn ein, mit dem sie die Menschen schikanieren können“, machte er seinem Herzen trotzdem bei Petra Luft, weil er nicht wusste, was noch alles kommen könnte, und da würde bestimmt noch einiges kommen.

Petra machte ihm daraufhin Mut und schlug vor: „Musst dir hier was suchen, bei uns müssen doch auch Autos repariert werden“, und verpasste ihm ein dickes Bussi.

„Daran hab’ ich auch schon gedacht, denn bei uns wird’s wirklich immer ungemütlicher. Dann hätte ich wenigstens schon mal Arbeit im Westen. Dann muss ich nur noch eine Wohnung finden und dann …“ – er nahm Petra in die Arme und gab ihr einen langen Kuss – „… können wir endlich heiraten.“

Josef wollte natürlich viel mit Petra zusammen sein, aber er war ein Mensch, der sehr an seinem Grätzl hing. Es war ihm schon schwergefallen, vom zweiten in den zehnten Bezirk zu ziehen. Nur die Tatsache, dass er damit seinem Arbeitsplatz erheblich näher war, hatte ihm den Umzug erleichtert.

Und jetzt wollte er im Westen arbeiten, obwohl er dem Grenzgängertum äußerst ablehnend gegenüberstand. In seinem Haus ging ihm doch die Frau Morgensteiner aus dem ersten Stock gehörig auf die Nerven, die im achten Bezirk als Textilverkäuferin werkte und immer nach der neuesten Mode gestylt durchs Haus stakste. Das halbe Gehalt bezog sie in West und die andere Hälfte in Ost, so wie das damals üblich war. Damit konnte sie wahrlich sehr gut leben. Im Osten genoss sie die billige Miete und die niedrigen Strom- und Gastarife und drüben konnte sie sich getrost modebewusst kleiden, weil sie als Angestellte die ohnehin schon billigeren Kleider, Pullover, Blusen noch billiger kriegte. Und damit gewaltig angab.

Was viel Neid in der geteilten Stadt erregte.

Und jetzt sollte Josef auch zum Grenzgänger werden. Aber konnte man wirklich jeden Grenzgänger verurteilen? Es gab doch zum Beispiel auch Grenzgänger, die das schon waren, als noch gar keine Grenze existierte, wie das beim Herrn Wieland aus dem dritten Stock der Fall war, der lange vor dem Krieg in einem Büro im siebenten Bezirk zu arbeiten begonnen hatte und noch heute dort werkte. Nein, man konnte nicht alle Grenzgänger in Bausch und Bogen verdammen. Man musste immer den einzelnen Menschen sehen.

So eben auch Josef, dessen Verlobte drüben wohnte.

Aber dann geschah etwas viel Aufregenderes. Josef hatte es endlich geschafft! Er hatte die Meisterprüfung mit „Gut" bestanden und durfte sich ab sofort Kfz-Mechaniker-Meister nennen! Lange genug hatte es ja gedauert. Dementsprechend frohgemut verließ er die Innung der Kfz-Techniker in der Tolbuchinstraße. Der 2. Juli 1960, ein Samstag, wird ihm im Gedächtnis haften bleiben. Punkt 9.45 Uhr verkündete ihm Kammerrat Lechner das frohe

Ergebnis. Beim festlichen Empfang eine Woche später werde er ihm sein Zeugnis persönlich übergeben …

Petra hatte noch bis elf Uhr Dienst, so fuhr Josef noch kurz in die Werkstatt, um den Kollegen bei einem schnellen Kaffee zu berichten und dann ging's sofort zu ihr, um auch ihr die freudige Nachricht mitzuteilen. Sie brachen gleich nach Perchtoldsdorf auf. Heute wurde ordentlich gefeiert! Den Wachauer Sekt stellte Petra in einen, mit kaltem Wasser gefüllten, Kübel.

Beruflich veränderte sich jetzt für Josef einiges. Bisher war er stellvertretender Werkstattleiter. Meister Ortner hatte vor, nach Kagran, in einen größeren Betrieb, zu wechseln. Und deshalb war ausgemacht, dass Josef seinen Posten übernehmen wird.

Gleich am Montag nach der bestandenen Prüfung wurde beschlossen, Josef wird ab 1. September die Werkstatt leiten. Frisch gestärkt, weil er sich vorher noch drei Wochen lang mit Petra erholen darf. Der Urlaub vor dem Funktionswechsel wurde nämlich ebenfalls gleich mit festgelegt. Aber auch das wollte Kaderleiter Gruber, ein „Tausendprozentiger", unbedingt noch deponieren: „Zu Ihren Leitungsaufgaben gehört auch, dass Sie einen Lehrgang über sozialistische Führungstätigkeit absolvieren müssen. Sie sollen ja die Kollegen zu sozialistischen Persönlichkeiten heranbilden."

„Und wann soll der beginnen?", fragte Josef ängstlich.

„Der Lehrgang umfasst drei Abende á drei Stunden und startet am 7. September um 18 Uhr hier bei uns im Karl-Marx-Zimmer, unten im Erdgeschoss."

Josef blätterte nervös in seinem Kalender, lächelte den Kaderleiter dann aber sichtlich erfreut an: „Einverstanden, ich hab's mir notiert."

Josef frohlockte deshalb so sehr, weil der Kurs ausgerechnet am Mittwochabend stattfinden sollte und er dadurch die, noch immer obligate, politische Schwafelstunde, die in letzter Zeit zwar immer wieder mal ausgefallen war, offiziell versäumen durfte. Bitte, ein von „oben", von der allerheiligsten Kaderleitung angeordneter Lehrgang hatte natürlich Vorrang.

Der Lehrgang kam klarerweise nicht ohne die stereotypen politischen Phrasen aus, aber es wurden auch sehr nützliche Tipps gegeben. Josef lernte dabei unter anderem, wie ein Vorgesetzter mit seinen Mitarbeitern in Problemsituationen umgehen soll.

Was tue ich, wenn jemand länger krank ist, wenn jemand einen Trauerfall durchzustehen hat, wenn es in der Ehe kriselt, wenn ein Kind, die Ehefrau oder die Eltern eines Mitarbeiters schwer krank sind?

Also ganz praktische Hilfen.

Womit die Abende keine vertane Zeit waren. Im Gegensatz zur Schwafelstunde in der Werkstatt.

Am 20. September fand zusätzlich ein Schulungsabend für die gesamte Belegschaft im großen Festsaal der Zentrale statt, der es in sich hatte.

Hauptthema war die immer aggressivere Klassenauseinandersetzung im geteilten Österreich, besonders im geteilten Wien, durch die offene Grenze.

„… täglich ergießt sich ein abgrundtiefer Hass des Klassenfeindes über unsere Volksrepublik. Die westösterreichischen Imperialisten können es nicht ertragen, wie es in unserer Republik stetig aufwärts geht und ersinnen immer neue Ideen, um uns zu schädigen. Schwerpunkte ihrer Wühltätigkeit sind Sabotageaktionen in volkseigenen Betrieben, wie zuletzt im Stahlwerk Ternitz und dann eben die systematische Abwerbung von gut ausgebildeten Fachkräften. Wir Werktätigen hier haben durch unsere fleißige Arbeit die Ausbildung dieser Fachkräfte ermöglicht und der Klassenfeind will sie nun ausbeuten, damit die noblen Herren da in Innsbruck und sonst im Westen noch mehr Profite einstreifen …"

„Aber die Arbeiter gehen deshalb rüber, weil sie drüben mehr verdienen", unterbrach ein junger Mechaniker aus der Wiedener Werkstatt den Parteiboss und ein weiterer, schon älterer, aus der Zentrale, wollte auch das unbedingt, aufgeregt stotternd, loswerden:

„Drüben musst du nur noch höchstens 42 Stunden in der Woche hackeln, hast wenigstens jeden zweiten Samstag frei und kriegst auch noch ordentliches Urlaubs- und Weihnachtsgeld …"

„Natürlich, damit lockt der Klassenfeind, so wie der Speck die Maus in die Mausefalle lockt, aber schnappt sie zu, ist's zu spät. Sie brauchen doch drüben die Arbeiter für ihre Kriegsvorbereitung, damit sie ihre Roll-Back-Aktion starten können. Sie wollen über unsere sozialistischen Länder herfallen, um uns in den Kapitalismus zurückzubomben. So hatten sie's ja schon versucht. Aber ihre konterrevolutionären Versuchsballons sind bekanntlich zerplatzt, 1953 in der DDR und 1956 in Polen und Ungarn. Daraus ist deshalb nichts geworden, weil wir entschlossen gehandelt haben, unter der Führung der Partei Lenins. Sie konnten uns auch deshalb nicht auseinanderbringen, indem sie meinten, wir hätten uns von Stalin auf einen falschen Weg bringen lassen. Ja, es wurden Fehler gemacht und der Genosse Chruschtschow ist dazu gestanden. Und so gehen wir jetzt alle gestärkt in unsere leuchtende Zukunft …"

Ach ja, das damals mit Ungarn, mit Polen und mit Chruschtschow wegen Stalin …

Josef kam Hinterbergers Vortrag vom November 1956 wieder in den Sinn.

Hinterberger war damals gerade als neuer Parteisekretär in den Betrieb gekommen, war aber gleich in total kämpferischer Pose aufgetreten: „Der Klassenfeind hat in letzter Zeit an mehreren Stellen versucht, einen giftigen Pfeil in unsere eingeschworene sozialistische Gesellschaft reinzuschießen. So auch in die Volksrepublik Polen, wo wir wachsam beobachten müssen, was sich mit dem neu gewählten 1. Sekretär der PVAP, Genosse Gomulka, so tut, dessen Vergangenheit bekanntlich nicht unumstritten ist. Und diese Wachsamkeit ist zutiefst berechtigt, wenn wir bedenken, dass im Juni faschistische Agenten die Arbeiter der Lokomotivfabrik in Poznań aufgewiegelt haben, Unruhe zu stiften …"

„Die Arbeiter in Poznań haben für höhere Löhne gestreikt. Warum ignoriert ein Staat der Arbeiter und Bauern solche Forderungen?", hatte Josef den Parteisekretär aufgeregt unterbrochen, der darüber natürlich keineswegs erfreut war und Josef, sich am wenig behaarten Kopf kratzend, bitterböse angestarrt und dementsprechend agiert hatte:

„Kollege Pospischil, Sie müssten von Ihrer Ausbildung her längst wissen, dass es in einem sozialistischen Staat keine sich antagonistisch gegenüberstehenden Klassen mehr gibt, also keine Divergenzen zwischen Arbeitern und ihren Vorgesetzten. Gegen wen streikten denn die polnischen Aufrührer? Natürlich gegen die Arbeiterklasse! Denn die Herren der Betriebe in einem sozialistischen Betrieb sind die Arbeiter und kein imperialistisches Schmarotzergesindel mehr! Also warum sollten Arbeiter streiken?"

„Sie haben aber gestreikt!", hatte es erbost aus der letzten Reihe getönt.

„Weil sie von einigen Aufrührern dazu aufgestachelt wurden, wie ich bereits gesagt habe!", hatte Genosse Hinterberger jetzt äußerst böse gewettert, seine Stimme war immer lauter und aggressiver geworden, „die sogenannten Streikführer waren deutschtümlerische, chauvinistische, klerikal-faschistische, ewig gestrige Kräfte, die das Rad der Geschichte zurückdrehen möchten. Und es haben sich auch zionistische Elemente darunter gemischt, die vom Aggressor Israel in die Volksrepublik Polen eingeschleust wurden, um in der jüdischen Minderheit Unruhe zu stiften. Ähnlich wie der Aggressor Israel zusammen mit den britischen und französischen Imperialisten durch die Suezkrise die Bemühungen von Präsident Nasser in Ägypten torpedieren wollte, dort einen Staat zu errichten, der die Menschen von Hunger und Ausbeutung befreien soll.

Dasselbe Spiel hat man in Ungarn versucht, indem der amerikanische, westdeutsche und westösterreichische Geheimdienst Kräfte eingeschleust hat, die eine konterrevolutionäre Stimmung unter der Bevölkerung erzeugen sollten. Damit wollte man besonders Menschen zu antisozialistischen Handlungen anstacheln, die in der ideologischen Klassenauseinandersetzung noch nicht gefestigt sind."

„Aber selbst Chruschtschow hat in seiner Geheimrede zugegeben, dass in der Vergangenheit Fehler passiert sind. Warum können Polen, Ungarn und wir hier das nicht auch tun?", hatte sich jetzt wieder Josef eingemischt und der Genosse Parteisekretär hatte auch hierauf eine, ihm eigene, Antwort parat gehabt: „Der

1. Sekretär des ZK der KPdSU, Genosse Chruschtschow, hat erst mal keine Geheimrede gehalten, denn so etwas hat ein Genosse einer Partei der Arbeiterklasse nicht nötig. Wir Genossen haben keine Geheimnisse voreinander, schon gar nicht vor unseren werktätigen Völkern. Geheimnisse kennen nur Politiker der imperialistischen Ausbeuterstaaten, die ihre Machenschaften vor dem Volk verschleiern müssen. Soweit das eine. Und das andere ist, dass Genosse Chruschtschow die Ziele der nächsten Jahre abgesteckt hat und die Weiterentwicklung des sozialistischen Weltsystems skizziert hat. Dabei hat er notwendige Korrekturen vorgenommen, die in einem Entwicklungsprozess unvermeidbar sind und dazu dienen, in Zukunft effektiver zu arbeiten ..."

Josef hatte gähnen müssen. Immer dieselbe Leier ... Aber er hatte nicht locker gelassen. Er hatte den schon auf 180 befindlichen Parteisekretär zwar momentan nicht länger reizen wollen und war deshalb erst nach der Veranstaltung auf ihn zugegangen und hatte ihn unter vier Augen befragt: „Sagen Sie, warum gibt die Partei keine Fehler zu?"

„Ganz einfach, weil sie keine macht!" Der Angesprochene hatte laut gelacht und Josef erwartungsvoll angeschaut. „Ja, so einfach ist das!"

Josef war aber auch nicht auf den Mund gefallen und hatte sehr geschickt gekontert:

„Kein Mensch ist fehlerfrei, auch keine Partei kann das von sich behaupten, und ich finde das auch nicht schlimm. Bitte, dass eine Arbeiterpartei die führende Kraft in einem Staat ist, das ist doch etwas Neues, das hat es in der österreichischen Geschichte bisher nicht gegeben und auch nicht in der ungarischen oder polnischen. Die Partei muss doch erst mal Erfahrungen sammeln, und das braucht Zeit und Geduld. Es kann nicht sofort alles perfekt funktionieren. Man muss auch mal etwas ausprobieren und da sind Rückschläge nicht ausgeschlossen. Aber ist das denn wirklich so schlimm?"

„Die Partei hat im Klassenkampf genug Erfahrungen gesammelt", hatte der Parteisekretär mittlerweile krächzend doziert, vom vielen Reden hatte seine Stimme gewaltig gelitten, sodass er auch husten musste. „Sie hat ihr Lehrgeld in den harten Kämpfen der Vorkriegszeit und während des Ständestaates und des Faschismus bezahlt. Darum trägt sie auch die rote Fahne, das Zeichen des vergossenen Blutes der Arbeiterklasse im Kampf gegen den Imperialismus und Faschismus ...“

Es hatte keinen Sinn. Josef hatte feststellen müssen, der Parteiboss rasselte nur das runter, was in jedem Lehr- und Geschichtsbuch nachzulesen war. Eine eigene Meinung schien er nicht zu haben. Die war ihm wohl während der Schulungen auf der Moskauer Parteischule abhandengekommen. Aber jetzt auf einmal gab er Fehler der Partei zu ...

Na ja, weil sie oben welche zugegeben hatten, nicht nur die Sowjets, nein, auch unsere Oberen, was damals, im Herbst 1956, nicht der Fall gewesen war. Da hatten unsere fest gemauert. Aber ansonsten hatte sich bis zum September 1960 nichts, aber gar nichts geändert. Der Parteichef konnte nur die langweilige Schwarz-Weiß-Malerei herunterbeten. Im Osten wird das Paradies immer paradiesischer und im Westen leben die Arbeiter in immer bitterer Armut ...

Aber war's drüben etwa anders? Aus dem Westradio, dem Westfernsehen und den Westzeitungen, wenn Josef die in den Kaffeehäusern liegen sah, vernahm er umgekehrt in konstanter Langeweile, dass die Menschen im Osten hungern und frieren, hinter jedem Ostbürger mindestens drei Geheimpolizisten lauern ...

Aber im „goldenen Westen“ ist die große Freiheit zu finden, herrscht unermesslicher Wohlstand, erleben die Menschen Glückseligkeit ohne Ende und es verliebt sich wieder ein reicher Prinz in ein schüchternes Bauernmädchen.

Halt! Josef hatte sich zu früh gefreut.

Er durfte noch nicht heimgehen, denn Genosse Hinterberger trommelte die Genossen und die Werkstättenleiter noch mal kurz zusammen: „Genossen und Kollegen! Die vorhin schon erwähnten besonders hinterhältigen Attacken des Klassenfeindes in den letzten Wochen zwingen uns dazu, unsere sozialistischen Errungenschaften noch mehr zu schützen. Getreu dem Vorbild der Sowjetunion werden wir in den Betrieben Kampfgruppen bilden, die unserer sozialistischen österreichischen Arbeiterarmee tatkräftig zur Seite stehen und dem Klassenfeind im Ernstfall Paroli bieten werden! Genossen und Kollegen! Auch unser Betrieb wird ein Kampfgruppenbataillon bilden. Für die Genossen ist die Teilnahme an den Kampfgruppenübungen eine Ehrenpflicht, genauso für alle Werkstättenleiter und sonstigen Führungskräfte. Das wir uns da richtig verstehen!"

Was auf gut Deutsch hieß: Auch Josef hatte an den Übungen teilzunehmen, die hauptsächlich an Wochenenden stattfinden sollten.

Manchmal war das Leben schon kurios, denn als Josef am Samstagmittag nach der Kampfgruppengeschichte auf dem Weg zu Petra war, stieg an der Stranzerbergbrücke Frau Hellgruber in den 62er ein. Josef sah sie nicht gleich, sie jedoch erblickte ihn sofort:

„Sag Josef, wie kommst du denn hierher?"

Da der Platz neben ihm frei war, setzte sie sich zu ihm und vernahm den Grund seiner Straßenbahnfahrt.

„Ich fahre zu meiner Verlobten in die Lockerwiesensiedlung."

„Das freut mich aber sehr, dass du wieder jemanden gefunden hast!"

„Ja, mit meiner Petra bin ich sehr glücklich." Josef strahlte übers ganze Gesicht.

„Wohnst du jetzt im Westen?", wollte Frau Hellgruber nun wissen.

„Nein, ich wohne im zehnten Bezirk und hab's dadurch nicht mehr so weit in die Arbeit."

„Also du arbeitest noch immer in der alten Werkstatt?"

„Ja, ich bin inzwischen Meister und leite die Werkstatt. Wir sind ja jetzt ein volkseigener Betrieb, zu dem noch elf andere Werkstätten, über ganz Ost-Wien verstreut, gehören. Dazu gibt's noch die Zentrale in der Brünner Straße."

Josef berichtete kurz, was er so erlebt hatte, vor allem in der letzten Zeit, wollte aber auch wissen, wie es seinem ehemaligen Chef ergangen war.

„Franz musste drei Jahre in Wiener Neustadt sitzen. Sie hatten ihm ja zehn Jahre aufgebrummt, aber nach Stalins Tod wurden viele entlassen, so auch er. Wir sind dann gleich hier rübergegangen, und vor drei Jahren hat Franz auf der Hietzinger Hauptstraße eine neue Werkstatt eröffnet. Wenn du willst, schau mal vorbei. Er sucht noch einen tüchtigen Mechaniker."

„Oh ja, da komm' ich gern vorbei!"

Frau Hellgruber musste leider am Krankenhaus Lainz aussteigen, weil sie dort einen Krankenbesuch abstatten wollte. Josef winkte ihr noch freudig zu.

Sofort berichtete Josef seiner Petra, was er in der Straßenbahn erlebt hatte.

„Du, das ist ja fantastisch! Da musst du sofort zuschlagen!"

Was auch geschah, weil Josef wusste, dass Meister Hellgruber ein fleißiger Mensch ist, der oft noch abends und am Wochenende in der Werkstatt stand.

Also brachen die beiden gleich nach dem Essen auf, und als sie die Werkstatt nahe der Verbindungsbahn offen sahen, schöpften sie Hoffnung. Tatsächlich werkte der Meister an einem blauen VW-Käfer. Er sah die beiden Eingetretenen gar nicht, so intensiv war er mit dem Fahrzeug beschäftigt.

Als Josef aber laut „Hallo!" rief, kroch der Meister blitzschnell an die Oberfläche und glaubte, seinen Augen nicht zu trauen: „Josef! Ich hab' dich gleich an deiner Stimme erkannt! Ja, bist du's wirklich?"

„Du, ich hab' in der Straßenbahn deine Frau getroffen und sie hat mir gesagt, dass du hier eine neue Werkstatt eröffnet hast." Und stellte ihm dann Petra vor. „Das ist meine Verlobte. Sie wohnt nicht weit von hier in der Lockerwiese."

„Du, das ist schön, dass du wieder einen lieben Menschen gefunden hast! Wohnst du jetzt auch hier?"

„Nein, ich wohne im zehnten Bezirk, nicht weit von der alten Werkstatt."

„Also noch immer drüben."

Josef nickte.

„Aber du könntest wenigstens schon mal hier im Westen arbeiten. Ich brauche dringend einen guten Mechaniker."

„Ja, gern. Das Angebot nehme ich an."

„Aber wir müssen das alles nicht hier besprechen. Kommt doch heute Abend zu uns. Wir wohnen jetzt draußen in Hütteldorf."

Der Meister beschrieb beiden den Weg.

„Also dann bis sieben!"

„Ja, wir freuen uns schon sehr." Josef und Petra zogen fröhlich ab.

Die Hellgrubers wohnten in einem, in den Dreißigerjahren errichteten, ruhigen dreistöckigen Wohnblock in Hütteldorf, am äußeren westlichen Stadtrand Wiens gelegen. Sie genossen eine geräumige Zweizimmerwohnung mit einem großen Balkon, der einen weiten Blick in einen Park zuließ. Des schon frühsommerlich warmen Wetters wegen, selbst jetzt am Abend zeigte das Thermometer noch 22 Grad, setzte man sich auch auf ihn.

Frau Hellgruber kannte Josefs Vorliebe für Geflügel noch gut und servierte deshalb Brathuhn mit Rotkraut. Früher war das nur in den FM-Läden zu haben, und auch da längst nicht immer. Jetzt schienen die Hühner in der Volksrepublik aber völlig ausgestorben zu sein. Ein Grund mehr für Josef, das Essen in vollen Tönen zu loben. Aber Petra haute auch ordentlich rein …

„Herrlich ist's hier auf dem Balkon, aber ihr habt auch eine wunderschöne Wohnung", lobte Josef das Anwesen seines ehemaligen und wohl bald wieder aktuellen Chefs so in aller Gemütlichkeit nach dem guten Essen und einem vor ihm stehenden Gläschen Grauburgunder. „Nach alldem, was ihr hinter euch habt. Hier könnt ihr jetzt endlich zur Ruhe kommen."

„Da hast du völlig recht", Franz atmete tief durch, „es war damals wirklich alles sehr schwer. Die Werkstatt drüben hat mein Vater in harter Arbeit aufgebaut und ich hab' das Werk meines Vaters immer in Ehren gehalten und wollte es bis zu meiner Pensionierung auch weiterführen. Und dann kam das …" Der Meister musste innehalten, er wischte sich die aufkommenden Tränen mit dem Taschentuch ab. „Ich weiß nicht, ob ich das alles erzählen soll an dem so netten Abend heute …"

„Oh doch, es interessiert uns sehr", ermutigte Josef seinen zukünftigen Chef, „aber nur, wenn es dich nicht zu sehr belastet", was Franz nickend verneinte und dann zu erzählen begann: „Zuerst haben sie uns nach Baden in die Sowjetkaserne gekarrt." Alle spürten, wie ihm auch das noch immer nahe ging. „Wir wurden unter andauerndem Dawai!-Dawai!-Gebrüll in einen großen Kellerraum gepfercht, der schon total überfüllt war. Trotzdem quetschten sie uns da noch rein und es grenzt an ein Wunder, dass wir überhaupt noch reinpassten. Stundenlang standen wir so da, ohne Essen und Trinken.

Erst gegen Abend führten sie uns in Kellerzellen, immer fünf rein in eine. Da könnt ihr euch denken, was da für ein Gestank war. Es gab aber endlich eine Wassersuppe, ein Stück Brot und einen Becher Wasser. Am nächsten Tag, kurz vor Mittag, wurde ich einem Sowjetoffizier vorgeführt, der mich, unter einem riesigen Stalinbild sitzend, fürchterlich angeschrien hat:

Du Spion! Du amerikanischer Agent! Du Volksschädling! Du kommst vor Tribunal! Towarischtsch Stalin hasst Menschen wie dich! Und ich auch!

Dann befahl er dem an der Tür stehenden Soldaten im barschen Befehlston:

Arestowijwatsch! Was auf Deutsch ‚Abführen!' hieß.

Ich wurde zu einem großen LKW gebracht und musste hinten aufsteigen. Da saßen schon etwa zwanzig Männer drinnen. Keiner traute sich, was zu sagen. Und wenn einer wagte, ein Gespräch zu beginnen, brüllte sofort der Wachsoldat, der mit auf dem LKW saß, los:

Ruhe! Hier nicht sprechen! Das konnte er laut auf Deutsch schreien. Wir wurden nach Wiener Neustadt gebracht und ins dortige Zuchthaus eingeliefert. Ich kam wieder in eine Fünfmannzelle. Was aber etwas erträglicher war, weil die Zelle größer war. Und die Bewachung war österreichisch. Drei Tage saß ich da, ohne dass sich etwas tat. Erst am Nachmittag des dritten Tages wurde ich einem recht korpulenten Herrn in Zivil vorgeführt, der mich militärisch streng aufforderte, mich zu setzen. ‚Sie sind hier, weil sie einer konterrevolutionären Clique angehören, die sich der amerikanischen Rollback-Politik verschrieben hat.'

‚Ich weiß nicht, wovon Sie reden. Ich gehöre keiner Partei oder Gruppe an. Ich bin ein ganz normaler Unternehmer!‘, versuchte ich mich mühsam zu verteidigen. Was jedoch nichts nützte, denn jetzt wurde mein Gegenüber noch aggressiver. ‚So scheinheilig tun alle Kollaborateure des amerikanischen und westösterreichischen Geheimdienstes. Sie glauben, Sie können uns hinters Licht führen! Aber daraus wird nichts! Unsere sowjetischen Freunde haben das Manöver genauso durchschaut! Sie werden ja auch wegen Ihrer Spionagetätigkeit von einem sowjetischen Tribunal abgeurteilt, weil Ihre Tätigkeit die gesamte volksdemokratische Gemeinschaft gefährdet! Aber Sie werden Ihre gerechte Strafe ausfassen! Verlassen Sie sich darauf!‘

Dann brüllte auch er den Wachsoldaten an: Abführen!

Einen guten Monat lang passierte gar nichts. Wir saßen alle da und warteten. Oh, das zermürbt dich! Der Tag vergeht und vergeht nicht. Es kommt dir alles endlos vor. Du wartest nur darauf, dass etwas weitergeht. Unterbrochen wurde das Ganze bloß durch das Reinreichen des mageren Frühstücks, bestehend aus einem Stück dunklen Brotes, einem kleinen Bisserl Margarine und einem Becher lauwarmen Tees. Zu Mittag gab's meistens eine Wassersuppe oder zwei Kartoffeln mit irgendeinem undefinierbaren Kraut. Und abends wieder eine Scheibe dunkles Brot und einen Klacks Margarine, dazu einen Becher Wasser. Erst um zehn durften wir uns auf die Pritsche legen und Punkt sechs hatten wir aufzustehen. Ja, dann nach etwa einem Monat wurde ich wieder zu diesem noblen Herrn gerufen, der mir nun lakonisch mitteilte: Das Sondertribunal der Roten Armee hat Sie zu zehn Jahren Arbeitserziehung verurteilt, weil es erwiesen ist, dass Sie einer konterrevolutionären Terrororganisation angehören und versucht haben, die volksdemokratische Staatsordnung zu zerstören.

Das war's, und jetzt kam ich in einen anderen Trakt des Zuchthauses. Wo's härter zuging. Da hatte ich von morgens sechs bis abends sechs zu hackeln.

Und das alle sechs Werktage die Woche. Auch am Samstag voller Dienst bis abends. Als Kfz-Meister hatte ich die Fahrzeuge der Anstalt in Ordnung zu halten. Was mich sehr erleichterte, denn andere mussten in Steinbrüchen schuften oder Sümpfe trocken legen. Dagegen war ich ein Privilegierter, und das auch nur deshalb, weil diejenigen, welche die PKWs und LKWs fuhren, sicher sein wollten, dass sie die Fahrten auch jedes Mal überleben. Eigentlich müsste ich das als Kompliment auffassen, dass sie mich diese Arbeit machen ließen, denn es musste sich wohl herumgesprochen haben, dass wir in der Werkstatt gute Arbeit geleistet haben. Nach Stalins Tod, so ab etwa Juli 1953, sickerte es langsam durch, dass nach und nach die Politischen entlassen wurden. So schöpften wir Hoffnung, dass es auch uns in der Zelle treffen könnte. Immer wenn wir hörten, einer aus unserer Nähe ist frei gekommen, hofften wir, dass nun auch wir bald dran sind. So warteten wir und warteten. Kurz vor Weihnachten sind zehn Mann aus dem Trakt unter uns heimgegangen. Aber wir mussten auch dieses Weihnachten noch drinnen verbringen.

Das ging so, bis ich am Freitag, dem 17. Februar 1954, plötzlich mitten aus der Arbeit gerissen wurde und ins Hauptgebäude geführt wurde. Da bat mich ein uniformierter Herr meines Alters ganz höflich, Platz zu nehmen. Genauso höflich gab er mir bekannt:

‚Die Sonderkommission des Bezirksgerichtes Wiener Neustadt hat beschlossen, Ihre Reststrafe zu tilgen und Sie aus dem Strafvollzug zu entlassen.‘

Ich glaubte, nicht recht zu hören! Ich durfte heimgehen! Interessant war, dass die Sowjets die Gerichtsbarkeit inzwischen völlig an die Volksrepublik Österreich abgetreten hatten, und jetzt, nach Stalins Tod, wollten unsere Organe die ganzen stalinistischen Terrorurteile vom Tisch haben.

Ja, ich konnte das Zuchthaus sofort verlassen und bin mit dem nächsten Zug nach Wien gefahren. Ich hatte ja von der Anstalt eine Zugfahrkarte neben meinem erarbeiteten Lohn in Höhe von 383 Schillingen für drei Jahre Arbeit bekommen. Aber das nur nebenbei. Ich war froh, dieses Haus hinter mir lassen zu können und schaute, so schnell wie möglich heimzukommen.

Helga dachte, sie träume, als ich vor ihr stand. Wir konnten es gar nicht fassen, waren aber klug genug, zu entscheiden, möglichst schnell gen Westen zu verschwinden. Ich hätte im Osten sowieso nicht mehr selbstständig arbeiten dürfen und mich in einem volkseigenen Betrieb von einem Parteiemporkömmling herumkommandieren lassen, das wollte ich nicht. Wenn ich vor Wut mal meine Meinung sage, sitze ich wieder, und dann bestimmt länger. Nein, das nicht mehr, und so habe ich schon am nächsten Tag im Westen geschaut, dass ich eine Arbeit kriege, und das hat schnell geklappt. In Penzing bin ich in einer Werkstatt untergekommen, und mein künftiger Chef hat mir auch eine kleine Wohnung in der Nähe der Werkstatt besorgt. So brauchten wir nicht in ein Flüchtlingslager zu gehen.

Wir haben uns schnell eingelebt in die neuen Verhältnisse. Der Lohn hat gestimmt, ich habe oft Überstunden geschoben, und so haben wir uns dann diese Wohnung hier leisten können. Ich habe ja auch einen Lastenausgleich für das Haus in Oberlaa und die Werkstatt in Favoriten gekriegt, dazu noch Haftentschädigung. Das Geld habe ich zurückgelegt für die neue Werkstatt und für die Einrichtung dieser Wohnung. Ja, und jetzt geht es uns hier wirklich gut."

Josef und Petra hatten aufmerksam zugehört und den Meister nicht unterbrochen.

„Wahnsinn, was Sie da alles durchgemacht haben", seufzte Petra tief, aber Meister Hellgruber korrigierte sie gleich: „Petra, bitte kein unpersönliches Sie! Als Verlobte von meinem Josef biete ich das Du an. Ich bin der Franz!"

Beide stießen mit einem Rheinhessen an. Schließlich bot auch Frau Hellgruber Petra das Du an, und die Gläser erklangen noch einmal alle.

„Natürlich war diese Zeit auch für mich sehr schwer", ergänzte Helga den Bericht ihres Mannes, „denn ich wusste auch nie, ob sie auch mit mir etwas vorhätten. Jedes Mal, wenn es an der Tür klopfte oder läutete, erschrak ich. Und ich machte mir natürlich große Sorgen, was sie mit Franz aufführen würden. Gehört habe ich von ihm nie etwas. Er durfte keinen Brief schreiben und ich durfte ihn nie besuchen. Ich wusste nicht mal, wo er sich überhaupt befand. Ob er noch in Österreich war oder ob sie ihn gar nach Sibirien verschleppt hätten, was ja oft genug passiert war. Natürlich musste ich mir Arbeit suchen, wollte aber in keinem Staatsbetrieb arbeiten, weil ich mich den Rotlichtbestrahlungen und dem übrigen politischen Zirkus nicht ausliefern wollte, und habe dankenswerterweise eine Stelle bei der Erzdiözese Wien bekommen. Dort habe ich im Büro gearbeitet, und das hat mir gefallen. Wir waren eine nette Gruppe, und das hat mir vieles erleichtert.

Als Franz dann aber nach seiner Entlassung plötzlich vor mir stand, war ich schon sehr überwältigt. Ich konnte das zunächst noch gar nicht fassen, in meinem Gehirn registrieren. Was ist passiert? Ist es wirklich Franz? Oder habe ich das nur geträumt? Was auch ein paarmal passiert war und ich dann tieftraurig aufgewacht bin.

Aber jetzt – er war wirklich wieder daheim. Doch wir waren in Oberlaa längst nicht mehr zu Hause, weil du nie wusstest, was sie im Schilde führen. Darum haben wir uns schnell zum Weggehen entschlossen und es auch nie bereut.

Dass ich bei der Kirche gearbeitet habe, hat es mir hier im Westen auch möglich gemacht, gleich weiter im kirchlichen Dienst zu arbeiten. Am Anfang mussten wir schon beide voll arbeiten, aber es hat alles gut geklappt."

Dann wollte Franz natürlich wissen, wie es Josef ergangen war und wie er zu der schönen Petra gekommen war. Diesem Wunsch kam Josef gern nach.

„Da hast du aber auch ordentlich was durchgemacht", seufzte nun auch Franz, und Helga nickte genauso Anteil nehmend.

Aber jetzt wollte Franz zum Höhepunkt des Abends kommen:

„Nach alldem, was hinter uns liegt, wollen wir uns endlich mit der Gegenwart und der Zukunft beschäftigen, und das heißt: Wie ich schon vorhin angedeutet habe: Ich brauche einen verlässlichen Mechaniker und ich weiß, dass ich mich auf dich, Josef, hundertprozentig verlassen kann. Ich möchte nämlich noch in Döbling eine zweite Werkstatt eröffnen, und da könntest du den Teilbetrieb hier in Hietzing leiten, denn ich kann natürlich nicht überall zugleich sein. Später dann, wenn ich in Pension gehe, bleibt das alte Angebot von damals bei deinem Gesellenfest in Oberlaa aufrecht, würde ich mich freuen, wenn du mein Unternehmen übernehmen könntest. Dann wüsste ich es in guten Händen."

„Das hört sich sehr gut an! Ja, machen wir das so!"

Nicht nur Josef freute sich, auch Petra war überglücklich.

„Ja, mein Liebster, mac' das so!"

„Wie lange hast du Kündigungsfrist drüben?", wollte Franz jetzt wissen.

„Vierzehn Tage zum 15. oder zum Monatsletzten."

Franz nahm seinen Taschenkalender und rechnete.

„Klar geht's sich's mit den vierzehn Tagen zum Letzten nicht mehr aus, aber zum 15. Oktober passt es. Gut, fängst du am Montag, den 17., bei mir an."

„Ich hab' aber noch aliquoten Urlaubsanspruch. Da ginge es bestimmt früher."

„Einverstanden! Wenn du den Urlaub jetzt nicht als richtigen Urlaub verwenden möchtest, ist mir das natürlich auch recht. Du kannst dann aber selbstverständlich zwischen Weihnachten und Neujahr eine Woche haben", erklärte sich Franz einverstanden.

„Abgemacht!"

Beide schlugen in die ausgesteckten Hände ein und Petra und Helga klatschten freudig Beifall.

Damit war für Josef der erste Schritt Richtung Westen gesetzt. Um die Wohnungsfrage wollte man sich dann in Ruhe kümmern. Nur nichts überstürzen.

Gleich am Montagmorgen klopfte Josef an die Tür der Kader-abteilung und nach dem montagtypisch unfreundlichen „Herein" legte er der Sachbearbeiterin, der „tausendprozentigen" Genossin Hübner, sein Kündigungsschreiben vor.

„Zum 15. Oktober wollen Sie kündigen?" Die Stimme klang mächtig vorwurfsvoll.

„Ja, so wie ich es geschrieben habe." Josef blieb total sachlich.

„Und Sie haben schon eine neue Stelle?" Auch diese Frage klang bissig. Und neugierig, erwartungsvoll. Was würde da wohl kommen?

„Ja, natürlich, sonst kündige ich doch nicht." Josef blickte sein Gegenüber verwundert an.

„Gut, ich werde es weiterleiten und Sie hören dann von uns." Oh, das klang irgendwie bedrohlich …

Und in der Tat: Das „Sie hören dann von uns" ließ nicht lange auf sich warten, weil der Kaderleiter, Genosse Gruber, noch am Vormittag in der Werkstatt anklingelte: „Was habe ich da gehört? Sie wollen den Betrieb verlassen? Wie stellen Sie sich das vor?" Der konnte partout nicht verstehen, wie jemand diesen tollen Musterbetrieb verlassen konnte, in dem es an absolut nichts fehlte.

„Ich habe etwas Besseres gefunden", Josef blieb die Ruhe selbst, „ich kann mich verbessern, und wer nimmt so ein Angebot nicht an?"

„Ja schon", stotterte Genosse Gruber mühsam vor sich hin, „Sie sind doch gerade erst zum Werkstättenleiter befördert worden, und davor haben wir ein längeres Gespräch mit Ihnen geführt, und dabei hatte ich den Eindruck, dass alles passt. Aber wenn's trotzdem was gibt, was noch besprochen werden soll, dann können wir miteinander reden. Wir sind immer für unsere Kollegen da!"

„Darum geht's doch gar nicht", erklärte Josef seinem telefonischen Gegenüber, „ich gehe in ein größeres Unternehmen, wo ich noch mehr Aufstiegsmöglichkeiten habe."

„Und hier hätten Sie keine?" Genosse Gruber klang gereizt, was Josef aber nicht aus der Fassung brachte: „Nein, dazu ist unser Betrieb zu klein."

„Aber trotzdem sollten wir uns unbedingt noch mal zusammensetzen und einen Kaderplan ausarbeiten, zusammen mit dem Genossen Generaldirektor, der Betriebsgewerkschaftsleitung und der Betriebsparteiorganisation. Kollege Pospischil, unterschätzen Sie uns nicht. Auch bei uns ist noch einiges für Sie drin!"

„Das ist lieb von Ihnen", versuchte Josef zu beruhigen, aber ich habe meine Entscheidung getroffen …"

Damit war erst mal Ruhe, obwohl Josef wusste, da käme noch ordentlich was auf ihn zu.

Denn läge Josefs neuer Betrieb im Osten und wäre dieser ein volkseigener Betrieb, eine staatliche Behörde oder eine Produktionsgenossenschaft des Handwerks, der Fischerei oder der Landwirtschaft beziehungsweise ein volkseigenes Gut, würden diese Unternehmen oder Ämter seine Kaderakte anfordern, also die Personalunterlagen, die von einem zum anderen Betrieb mit wanderten.

Ein Westbetrieb oder ein Privatbetrieb im Osten konnte solches aber nicht tun, und somit wusste der Betrieb, aus dem der Kollege ausschied, sofort Bescheid …

Bald schon erfuhr Josef, ihm stünden beim Ausscheiden noch drei Resturlaubstage zu, wodurch er am 12. Oktober seinen letzten Arbeitstag hatte. Damit könnte er am 13. Oktober bei Meister Hellgruber starten. Bei einem kurzen Besuch teilte er es ihm auch freudig mit.

Am vorletzten Arbeitstag kam dann, was kommen musste, nämlich der befürchtete Anruf von „oben“: „Sagen Sie, Kollege Pospischil, wo wollen Sie denn nun wirklich Ihre Tätigkeit fortsetzen? Wir haben nämlich noch keine Anforderung für Ihre Kaderakte bekommen?“ Süffisant klang die Stimme des Kaderbosses. Was Josef aber nicht im Geringsten aus der Ruhe brachte.

„Ich sagte Ihnen doch schon, dass ich in einem größeren Betrieb Aufstiegschancen habe.“

„Aber dieser größere Betrieb hat sich bei uns noch nicht gemeldet!“ Genosse Gruber wurde jetzt deutlich hörbar lauter.

„Dafür kann ich aber nichts“, Josef blieb nach wie vor gelassen. Und genau das katapultierte den Kaderboss nun auf die Spitze des Palmwipfels hinauf: „Reden wir Klartext! Sie wollen Ihre Arbeitskraft an die Kapitalisten verkaufen! An die westösterreichischen und amerikanischen Kriegstreiber, die das Agentenund Spionagenetz West-Wien ausnutzen, um unseren jungen Staat der Arbeiter und Bauern zu zerstören!“ Er brüllte immer lauter. „Und Sie glauben, dass Sie drüben Karriere machen können! Wie können Sie so naiv sein! Was Sie wirklich im Schilde führen, ist, dass Sie die Arbeiterklasse verraten! Die fleißigen Arbeiter unserer Volksrepublik Österreich haben Ihre Meisterausbildung finanziert! An Ihrem Meisterzeugnis klebt Arbeiterschweiß! Das haben Sie vergessen, Sie Schuft! Ihnen ist das alles wurscht! Hauptsache, Sie machen Karriere! Wenn das da drüben bei den Monopolkapitalisten und Klerikalfaschisten überhaupt möglich ist! Und Sie wollen sich natürlich auch um Ihre Ehrenpflicht drücken, Kampfgruppenmitglied zu werden, Sie elender Drückeberger, Sie Faulpelz!"

„Es gibt die freie Wahl des Arbeitsplatzes", begründete Josef seinen Entschluss nach wie vor in Seelenruhe, was den Kaderboss noch zorniger werden ließ: „Es fragt sich nur, wie lange wir uns das noch gefallen lassen! Unterschätzen Sie nicht die Macht der vereinten Arbeiterklasse! Schufte wie Sie fordern uns nur dazu heraus, bald einschneidende Maßnahmen zu ergreifen!"

Dann legte er endlich auf, und Josef atmete tief durch. Mit derartigen Tiraden hatte er ja gerechnet, aber er wusste, dass er (noch) die Freiheit hatte, sich in ganz Wien um einen Arbeitsplatz umzuschauen. Natürlich wurde das in Ost-Wien nicht gern gesehen, und diese Freiheit galt des noch bestehenden Viermächtestatusses halber auch ausschließlich für Ost-Wien. Die Bürger der übrigen Volksrepublik hatten diese Freiheit nicht, wenn auch einige aus dem Wiener Umland nach West-Wien pendelten. Ihnen hätte man das Arbeiten im Westen sehr wohl verbieten können. Was wohlweislich nicht passierte, weil sich die Betroffenen dann bestimmt für immer empfohlen hätten …

Am Mittwoch, dem 12. Oktober 1960, veranstaltete Josef für seine Kollegen nur eine kleine Abschiedsfeier in der Mittagspause, um nicht zu provozieren. Ein paar belegte Brötchen, dazu Limonade und Kaffee. Auf keinen Fall Alkohol, der während der Arbeitszeit verboten war. Es sollte alles völlig korrekt zugehen.

Nach der Mittagspause musste Josef noch in die Brünner Straße fahren, um sich seine Papiere abzuholen. Deshalb verließ er nach der kleinen Feier die Werkstatt. Was ihn dann schon berührte, denn er war hier über 14 Jahre lang tätig gewesen. Hier hatte er seine drei Lehrjahre absolviert, hier hatte er sich auf die Treffen mit Sveti gefreut und genauso auf die ersten Begegnungen mit Petra, aber hier hatte er auch die Schikanen gegen Meister Hellgruber erlebt, eben Frohes und Trauriges, wie das eben im Leben so ist. Und nun war alles Geschichte …

In der Zentrale ging's äußerst frostig zu. Dagegen hätte im Eisschrank Hochsommer geherrscht.

Der Kaderboss war nicht da, nur Genossin Hübner, die ihm das Zeugnis aushändigte und nicht mal die Hand reichte. Nur ein fast nicht vernehmbares „Wiedersehen" erklang, und aus war's.

Das Zeugnis war eigentlich gar keins, es war im Grunde genommen lediglich eine Beschäftigungsbestätigung, denn es fand sich darin kein einziges lobendes Wort …

Josef nahm's gelassen, er brauchte es ja nicht. Meister Hellgruber wusste doch, was er an ihm hatte.

Am freundlichsten ging's noch in der Lohnbuchhaltung zu. Die kurz vor der Pension stehende Frau Breuer zahlte ihm den Lohn aus, stempelte den Versicherungsausweis, trug die Jahreslohnsumme ein und reichte ihm dann freundlich die Hand. „Bleiben Sie gesund, und ich wünsche Ihnen alles Gute für Ihren weiteren Lebensweg."

Wenigstens ein paar nette Worte aus der Zentrale, dachte er sich, als er das Haus um Dreiviertel drei verließ. Sie hatten ihm sogar eineinhalb Stunden geschenkt …

Am Abend holte er Petra von der Ordination ab. Die beiden feierten bei Josef zu Hause. Mit Krimsekt und Kaviar aus dem USIA-Laden und noch einigen Köstlichkeiten, die Petra aus ihrem legendären roten Sackerl rauszog …

„Morgen fängt ein ganz neues Leben an", freute sich Josef und nahm seine Petra in den Arm. „Jetzt kommen wir unserer gemeinsamen Zukunft ein gewaltiges Stück näher."

„Oh ja, wir haben jetzt eine gute Perspektive", freute sich auch Petra.

Josef musste tief durchatmen, bis er weiter von der Zukunft sprach: „Ich werde mich gleich um eine Wohnung für uns zwei umschauen. Ich weiß, das ist nicht ganz einfach, aber ich werde es bestimmt bald schaffen." Und verpasste seiner Geliebten ein sehr dickes Bussi.

Freudig machte sich Josef am nächsten Morgen auf den Weg in die Hietzinger Hauptstraße. Wo er mit einem kräftigen „Hallo, hereinspaziert!" empfangen wurde. Ganz ruhig, mit einer Tasse Kaffee und frischen Semmeln, begann sein neuer Arbeitsalltag.

Auch die drei Gesellen begrüßten Josef äußerst freundlich. Nicht minder die Sekretärin, Frau Schreiner, mit ihren 25 Jahren die Jüngste der Belegschaft.

Josef arbeitete sich schnell in die westlichen Autotypen ein. Am meisten hatte er mit den VW-Käfern zu tun, die das Straßenbild um 1960 sehr stark prägten.

Doch schon in der ersten Woche brauste ein britischer Offizier mit einem Oldsmobile Super 88 in die Werkstatt. Josef kam aus dem Staunen gar nicht raus, als er den 5-türigen Kombi beäugte. War das ein Wagen! Mit dem breiten Kühlergrill, den aufgedoppelten Stoßfängern, dazu Doppelscheinwerfer. Die hinteren Kotflügel waren auf den Seiten mit jeweils drei verchromten Zierleisten versehen, was ihnen ein waschbrettartiges Aussehen verlieh. Die Motorleistung war auf 224 kW gestiegen.

An diesem Auto durfte Josef werken! Konnte es für einen passionierten Kfz-Mechanikermeister im Herbst 1960 etwas Besseres geben? Musste er sich da nicht wie im siebenten Himmel fühlen?

Und er musste nicht um jedes Ersatzteil betteln! Wenn er so nachdachte ... Ja, eigentlich kannte er von Anfang an nur Mangelwirtschaft in seinem Beruf. In den Lehrjahren musste der Schwarzmarkt herhalten und dann in der Volksrepublik ... Da war alles strengstens geplant. Nein, da durfte kein Auto außerplanmäßig den Geist aufgeben. Und wenn, hatte es gefälligst zu warten, bis der Plan für seine Reparatur gesorgt hatte. Oh, das konnte dauern ...

Dementsprechend sauer reagierten die Kunden. Die ihre schlechte Laune prinzipiell an die Mechaniker ausließen. Als ob die was dafür gekonnt hätten! Auf den Staat, der das System verbrochen hatte, durften sie ja nicht schimpfen ... In den ersten Nachkriegsjahren hatten die Kunden noch Verständnis für so manchen Mangel. Aber dann, als im Westen die Wirtschaft zu boomen anfing, hatte der Spaß aufgehört ...

Und hier war auf einmal alles da, was ein Auto brauchte. War ein Ersatzteil nicht sofort zur Hand, riefen Frau Schreiner oder der Meister bei den Lieferfirmen an, und die nötigen Teile gelangten oftmals schon in wenigen Stunden per Boten in die Werkstatt. Was Josef so empfand, als ob im Zirkus der Zauberer am Werk war …

So machte das Arbeiten Spaß! Da konnte er sogar am Montagmorgen fröhlich in die Werkstatt ziehen – in der in Josefs dritter Arbeitswoche sogar ein alter Bekannter erschien: Der nette Doktor Wolf aus dem Lainzer Krankenhaus, der es hierher nicht weit hatte. Auch nicht von seiner Villa in der Wlassakstraße.

„Na, Sie hier zu sehen, hätte ich nie geglaubt! Werken Sie jetzt lieber hier als in der alten Werkstatt in Favoriten?"

„Ja, ich bin seit knapp drei Wochen hier!"

„Also dann herzlich willkommen!" Der Doktor klopfte Josef freundlich auf die rechte Schulter und wollte seinen Citroën DS, der in der Werbung als „Göttin auf Erden" bezeichnet wurde, checken lassen. Sein Stadtauto, mit dem es sich überall leichter parken ließ.

„Irgendwas mit dem Motor stimmt nicht, der gibt öfter so komische Töne von sich. Schaut ihn euch mal an."

Dann wandte er sich Josef zu, um ihn zu fragen: „Sagen Sie, wie geht es Ihrer Schwester?"

„Danke der Nachfrage", freute sich Josef über diese Anteilnahme, „sie ist inzwischen verheiratet und hat vor einem Jahr ihr erstes Kind, die süße Babsi, bekommen."

„Also, das freut mich sehr!" Der Doktor strahlte. „Bitte grüßen Sie sie herzlich von mir."

„Werde ich gern tun!" Josef konnte es nicht fassen. Nach so langer Zeit erinnerte sich dieser Mann noch an Sissi. Wo er doch tagtäglich mit vielen Menschen zu tun hat …

Die guten Traditionen aus der alten Werkstatt wurden allesamt treu übernommen. Kaffee stand immer zur Verfügung, am Freitag gab's zu Mittag die allseits sehr beliebte Suppe, nur mit den samstäglichen Frühstückssemmeln konnte es nicht mehr so wie bisher weitergehen, was mit der Arbeitszeit zusammenhing. Josef musste jetzt nur noch 42 Stunden pro Woche arbeiten, was bedeutete:

Montag–Freitag von 7–15.45 Uhr, unterbrochen von 15 Minuten Frühstückspause und 30 Minuten Mittagspause. Aber an jedem zweiten Samstag musste er nicht mehr von 7–11.15 Uhr, unterbrochen von 15 Minuten Semmelpause, in der Werkstatt tätig sein. Was im Klartext bedeutete: Dadurch konnten die Semmeln eben nur noch an jedem zweiten Samstag auf dem Frühstückstisch stehen. Womit die Semmelzeremonie in der 5-Tage-Woche auf den Freitag vorverlegt wurde. Ergo: Am 5-Tage-Wochen-Freitag musste Josef weder für sein Frühstück noch für sein Mittagessen sorgen.

Und am zweiten Dezember-Samstag lud der Meister die Belegschaft auf eine Adventsfeier in die „Resi-Tant" ein ...

„Die Mörderkugel traf ihn mitten ins Herz!" titelte der „Arbeiterstandpunkt" den Schusswechsel zwischen einem West-Wiener Jugendlichen und einem Ost-Wiener Polizisten, der am Matzleinsdorfer Platz Wache schob. Es blieb lange im Dunkeln, was da wirklich am Abend des 19. November 1960 passierte. Die Ostzeitungen hielten den Schützen naturgemäß für einen US-Agenten, der Unruhe in die Volksrepublik bringen wollte und vom US-Imperialismus gesteuert wurde. Tatsächlich gelang es der Staatssicherheit, den Schützen im Westen ausfindig zu machen und in den Osten zu verschleppen, wo im Februar 1961 ein großer Schauprozess vor dem Obersten Gericht im Justizpalast stattfand. Alle Ostzeitungen verkündeten in großen Lettern die Entschlossenheit der Arbeiterklasse, Rache zu üben, denn „das vergossene Blut eines Genossen der Vereinigten Österreichischen Arbeiterpartei, der an der Grenze zwischen dem Imperialismus und dem Sozialismus auf Klassenwacht stand, um das werktätige Volk der Volksrepublik Österreich zu schützen, wird nicht ungesühnt bleiben". Es wurden die verschlungensten Pfade des amerikanischen und westösterreichischen Geheimdienstes aufgezeigt.

„Eine ganze Armee von Agenten und Saboteuren ist unermüdlich damit beschäftigt, die Volksrepublik Österreich und die anderen volksdemokratischen Staaten zu zerstören. Aber da machen wir nicht mit!", war in der Ost-Presse zu lesen.

Am 23. Februar 1961 wurde der Schütze zum Tode verurteilt. Das Urteil wurde bereits eine Woche später vollstreckt und verursachte nun im Westen heftigste Proteste bis hin zu einer Großdemonstration auf der Westseite des Matzleinsdorfer Platzes, die nun umgekehrt ein Großaufgebot an sowjetischen und ostösterreichischen Panzern an der Sektorengrenze zur Folge hatte. Die erst im September 1958 neu aufgestellte österreichische Arbeiterarmee zeigte eindrucksvoll ihre Zähne …

Was es mit dem Schützen wirklich auf sich hatte, wusste Petra sehr genau, weil dieser im Hause ihrer Freundin Silvia wohnte. Bei einem Samstagabendtreffen, zu dem auch Josef eingeladen war, erzählte sie ihren Gästen: „Der Fred hat genau unter mir, im ersten Stock, gewohnt. Der hat die Wohnung bekommen, als er aus dem Flüchtlingslager Penzing hierher kam und mir ganz stolz den Bescheid zeigte, dass er als ,Politisch Verfolgter' anerkannt worden war."

„Der kam aus dem Osten", unterbrach sie Josef verwundert.

„Ja, aus Krems war er", machte Silvia munter weiter, „er hat immer damit geprahlt, dass er es denen da drüben heimzahlen werde, was sie ihm angetan hätten."

„Was haben sie ihm denn angetan?", fragte Petra, und Silvia berichtete weiter: „Im Gefängnis saß er, weil er keine Lust zum Arbeiten hatte und darum drüben als asozial galt. Was ich von meiner Tante Grete weiß, die in Krems lebt und den Fred kennt. Leider kennt, denn sie war Lohnbuchhalterin in dem Betrieb, in dem der Fred als Hilfsarbeiter beschäftigt war, wenn er mal ab und zu zur Arbeit erschienen war, bis sie ihn dann eingesperrt haben. Hier hat er aber auch nie gearbeitet. Hier hat er vom Arbeitslosengeld, und nachdem dieses erschöpft war, von der Sozialhilfe gelebt. Aber er muss schwarz noch was gemacht haben, vielleicht irgendwas verschoben, Hehlerware zum Beispiel, denn jede Nacht saufen und groß feiern, das kostet viel Geld. Wir haben uns im Hause nämlich oft genug beschwert, weil er in der Nacht viel Lärm veranstaltet hat. Aber das hat natürlich nichts genützt, denn den Armen, die aus dem bösen Osten kommen, muss um jeden Preis geholfen werden. Für die müssen wir größtmögliches Verständnis haben, denn die sind alle traumatisiert von der Quälerei drüben im schlimmen Kommunismus. Da müssen wir uns in christlicher Nächstenliebe üben, denn solche kennen die drüben in ihrem gottlosen Regime ja nicht."

„Wirklich, mit solchen Tiraden kommen sie uns hier", erklärte Petra den immer entgeisterter dreinschauenden Josef, „wir müssen für alles Verständnis haben, was da so von drüben zu uns kommt. Nicht nur aus Ostösterreich, sondern auch aus den anderen Oststaaten. Wir sind ein freies Land und müssen dankbar sein, dass es uns so gut geht."

„Aber der war doch ein Krimineller!", empörte sich Josef, „wo hatte der denn die Waffe her?"

„Danach fragt keiner, wenn sie dazu benutzt wird, einen Polizisten oder einen anderen Funktionär von drüben niederzuknallen", ärgerte sich Silvia nicht weniger, „wenn du dagegen hier einen Hasen mit einer nicht genehmigten Waffe erschießt, wird ein Mordswirbel veranstaltet. Das verstößt gegen das Waffenverbot im demilitarisierten West-Wien, wo nur die vier Siegermächte und unsere Polizisten über Waffen verfügen dürfen und so weiter. Natürlich ist es nicht in Ordnung, mit einer nicht genehmigten Waffe ohne Jagderlaubnis unterwegs zu sein, aber mir geht es um die Ungerechtigkeit, wie mit zweierlei Maß gemessen wird. Wenn es darum geht, drüben Unruhe zu erzeugen, heilt der Zweck jedes nur denkbare Mittel. Nein, das darf einfach nicht sein. Es muss gleiches Recht für alle gelten."

Der Zwischenfall an der Sektorengrenze verschärfte die Situation im geteilten Wien sehr. Fast täglich berichteten die Ostzeitungen davon, wie an der Grenze Schieber und Spekulanten aufgegriffen wurden, die Buntmetall in den Westen verschieben wollten oder umgekehrt, wie zum Beispiel Privatbäcker Mehl und andere Zutaten von drüben einführten ...

Wie auch der Bäcker Berger aus der Glockengasse, von dem ein Artikel im „Wiener Abend" stand. Er wurde mit zwei Kilo Mehl an der Friedensbrücke gefasst. Sie warfen ihm vor, eine große Gefahr für die Bürger der Volksrepublik zu sein, weil er mit „unkontrolliertem" Mehl backen wollte, „und wer weiß, was er auch sonst schon für seltsames Material verwendet hat …"

Der Laden wurde sofort geschlossen. Ein gefundenes Fressen, wo der Staat die Privatgeschäfte als „Relikte des Kapitalismus" sowieso nach und nach beseitigen wollte.

Um unnötigen Schikanen zu entgehen, setzten sich die Bergers in den Westen ab. Es wurde erzählt, dass sie in Linz eine neue Bäckerei eröffnet hätten, die sich, wie kann's anders sein, großen Zulaufes erfreue.

Aus dem Laden in der Glockengasse wurde ein Konsum-Lebensmittelgeschäft. Die Backwaren, die jetzt dort verkauft wurden, nein, die erinnerten wahrlich nicht mehr im Geringsten an den guten alten Bäcker Berger …

Eines Abends traf Josef in der Favoritenstraße seinen ehemaligen Kollegen Gregor. Die übliche Frage „Was gibt's Neues in der Bude?" lag auf der Hand.

„Unser Werkstattleiter ist abgehauen!"

Das traf Josef wie ein Blitzschlag. „Was, der Helmut, der Drei-tausendprozentige?"

„Jawohl, dein Nachfolger Helmut. Vor vier Wochen war's. Erst dachten wir, er sei krank und wir haben uns gewundert, dass er sich nicht gemeldet hat. Bis drei Tage später eine Karte aus Bregenz kam, auf die er geschrieben hat, dass er drüben bleiben will."

Josef war außer sich. Der treue Parteigenosse ist abgehauen. Das gibt's doch nicht. Aber in diesen Tagen gab es mehr, als man glauben wollte.

„Wie hat denn die Zentrale darauf reagiert?"

„Stocksauer", berichtete Gregor, „Genosse Hinterberger kam persönlich und hat uns klargemacht, dass Genosse Helmut Müllner den teuren Namen Genosse nicht mehr verdient, denn er hat die Arbeiterklasse verraten und ist den Menschenhändlern und Kopf-jägern drüben auf den Leim gegangen …"

„Also das Übliche", unterbrach Josef seinen ehemaligen Kollegen, um ihm auf den Zahn zu fühlen: „Aber du bist immer noch Feuer und Flamme für den Sozialismus?"

„Na ja", druckste er herum, „ich bin natürlich nach wie vor der Meinung, dass wir hier das bessere Österreich sind, aber immer nur große Reden schwingen, das ist zu wenig. Wir müssen die Menschen motivieren, sie dazu ermutigen, ihre Begabungen zu nutzen und neue Ideen einzubringen, die uns vorwärts bringen."

„Das wäre ja schön." Josef zuckte mit den Achseln. „Aber dazu sitzen da oben die falschen Leute. Die wirklich guten haben sie entweder eingesperrt oder sie haben sich gen Westen verabschiedet."

„Ja, das stimmt leider", erwiderte Gregor resigniert, „aber trotzdem dürfen wir nicht aufgeben. Wir haben die einmalige Chance, uns ein sozialistisches Österreich aufzubauen, und das dürfen wir nicht aus der Hand geben."

Josef bewunderte seinen ehemaligen Kollegen, dass er noch so voller Tatendrang für die Sache des Sozialismus war. Er hatte die Idee ja selber auch noch nicht ganz aufgegeben. Momentan ging es dem Kapitalismus drüben noch gut, aber wird das so bleiben? Ja, jetzt war der Wiederaufbau in vollem Gang, die Wirtschaft boomte, die Menschen spürten es. Du konntest dir den Arbeitsplatz aussuchen, den du wolltest. Die Chefs waren zu vielen Zugeständnissen bereit, weil sie händeringend Personal suchten. Große Firmen warben sogar Arbeitskräfte aus Italien und sogar aus Jugoslawien an. Sie konnten sich die Leute aussuchen, die gute Zeugnisse und gute Referenzen aufzuweisen hatten.

Was West-Wien belebte. Die ausländischen Arbeiter waren fleißige Leute. Sie wollten etwa zwei bis drei Jahre bleiben. Dann hatten sie genug verdient, um sich in ihrer Heimat ein Häuschen zu bauen oder sich selbstständig zu machen. Die Familie war bereit, für diese Zeit auf den Mann und Vater zu verzichten. Nur im Sommer, über Weihnachten/Neujahr und falls andere Feiertage günstig fielen, war die Familie mal kurz beisammen. Diese fremden Arbeitskräfte wurden Gastarbeiter genannt, weil sie eben nur für einige Zeit bleiben wollten. Sie wurden auch wie Gäste behandelt, weil sie die Arbeitsplätze einnahmen, die eigentlich Inländer innegehabt hätten, wäre es nicht zu den unseligen Kriegen gekommen. Der I. Weltkrieg hatte schon viele Opfer gekostet, aber erst der Zweite …

Was im Westen kaum ein Thema war. Der Krieg, der war immer noch etwas Heroisches. Weil der Mann da noch ein Mann war.

An den sonntäglichen Kaffeetischen und an den Stammtischen unten beim Wirten, was wurden da für Heldentaten gepriesen. Im Osten nicht weniger, vor allem nach Stalins Tod, als etwas offener geredet werden durfte.

Hilde, aber auch Petra mochten derartige Gespräche absolut nicht.

„Bei euren Heldentaten wundert es mich dann schon, dass wir den Krieg verloren haben", trumpfte Hilde mal bei einem größeren Kaffeenachmittag auf, was die Herren der Schöpfung äußerst pikiert reagieren ließ.

„So kannst du das aber nicht sagen", konterte einer der „tapferen Kämpfer", aber Rudi verteidigte seine Frau: „So war's doch aber, wenn ich den Einsatz vieler Soldaten wirklich nicht kleinreden möchte, aber wir müssen uns ehrlich eingestehen, dass wir den Krieg nicht gewonnen haben. Was wiederum auch gut war, denn stellt euch vor, was geworden wäre, hätte Hitler den Krieg gewonnen? Ich möchte mir das gar nicht ausmalen."

Diese Aussage beendete die Diskussion schlagartig.

Die Gastarbeiter hinterließen auch ihre Spuren im West-Wiener Alltag. So öffnete im Zentrum Hietzings ein italienischer Delikatessenladen, der sich für Petra zu einer Alternative zum Feinkostgeschäft an der Reinprechtsdorfer Straße entwickelte. Hier kaufte sie echten Mozzarella, echte italienische Nudeln, einen wohlschmeckenden Ketchup, Olivenöl und noch andere Köstlichkeiten, die auch Josef begeisterten. Und schließlich gelangte bei einem der Einkäufe, zusammen mit Josef, noch eine Flasche Chianti in Petras rotes Sackerl, den sie an einem gemütlichen Samstagabend genossen.

Kurz darauf verspeisten die beiden in Meidling ihre erste Pizza. Sie waren mächtig gespannt, wie eine solche schmeckt. Nur im Film hatten sie mal eine gesehen, aber das war's dann. Aber jetzt wollten sie selbst eine probieren, aber welche? Die Speisekarte war lang und die Bezeichnungen klangen exotisch, wurden aber in kleiner Schrift erklärt. Petra wählte eine Pizza Fungi und Josef eine Pizza Quattro formaggi. Beide waren sie total begeistert.

„Wir müssen bald wiederkommen und die Speisekarte durchkosten. Aber auch die vielen Pastagerichte und die anderen Sachen", schlug Josef euphorisch vor, doch Petra hatte noch eine gute Idee für den gerade laufenden Abend: „Wenn wir schon beim Italiener sind, gehört als Nachspeise unbedingt ein Eisbecher dazu." Dem konnte und wollte sich Josef nicht im Geringsten widersetzen und bestellte zwei Eisbecher Venezia …

Diese kleine Pizzeria wurde für die beiden zum Stammlokal, in dem sie Gedenktage und andere kleine Festlichkeiten in Ruhe zu zweit begingen. Es empfahl sich aber, vorher einen Tisch zu bestellen …

Eine gute und preiswerte Wohnung im Westen zu finden war nicht einfach. Teure Wohnungen ja, die waren sofort zu haben. Für 2000 Schillinge Miete aufwärts im Monat. Aber das musstest du erst mal verdienen, und zum Leben braucht der Mensch bekanntlich auch noch etwas Geld. Wenn Lebensmittel im Westen auch billiger waren als im Osten. Aber die Mieten, die Preise für Strom und Gas und die Fahrpreise für die öffentlichen Verkehrsmittel, die kletterten ordentlich in die Höhe, ohne dass die Löhne und Gehälter mithielten.

Das Leben im „Goldenen Westen" war beileibe nicht so „goldig", wie es gern hingestellt wurde. Ja, es wurde am Ende der Fünfzigerjahre um einiges mehr verdient als im Osten, und du musstest nicht in langen Schlangen vor den Läden stehen und bangen, ob du das dann auch kriegst, wofür du anstandst, aber das war bitte nicht alles im Leben. Wer länger krank war oder nicht so rasch arbeitete, wie es der Chef gern hätte, musste mit Kündigung rechnen. Etwas, was es im Osten nicht gab. Dort war dir dein Arbeitsplatz sicher. Was auch zählte. Woran aber viele gar nicht dachten, wenn sie rüberschielten. Weil sich „Westen" immer noch faszinierend anhörte und nach der großen weiten Welt roch.

KAPITEL 6

Die Zehn-Uhr-Nachrichten veränderten alles ...

„Ich hab' eine tolle Wohnung für uns", jubilierte Josef, als er eines Freitagabends im Februar 1961 vor Petras Haustür stand, „in der Lainzer Straße, gut gelegen, gegenüber der Jagdschloss-gasse, gleich an der Haltestelle des 60er."

„In der Lainzer Straße, bei der Jagdschlossgasse?" Petra war total aus dem Häuschen. Mit großen Augen starrte sie Josef an, wollte dann aber natürlich wissen: „Und wann können wir einziehen?"

Josef präsentierte es ihr tänzelnd, lachend, als er seine Jacke an die Kleiderablage hing:

„Am 1. September kriege ich die Wohnung. Dann müssen wir sie noch herrichten, also ausmalen und so weiter, sodass wir Weihnachten bestimmt schon in unserem neuen Heim feiern können! Du, bei der heutigen Wohnungssituation in Wien grenzt es an ein großes Wunder, dass wir diese Wohnung erwischt haben. Zwei große Zimmer, eine geräumige Küche, Bad und Innen-WC und noch ein Abstellraum. Und alles für 466 Schillinge Miete! Ein Wahnsinn!"

„Sag', mein Schatz, wie hast du das gemacht?" Petra war total aus dem Häuschen und Josef konnte jetzt bloß noch vorschlagen: „Packen wir alles zusammen und ab ins Knuspi! Dort werde ich dir berichten! Heute müssen wir feiern! Und das noch bei so schönem, schon vorfrühlingshaftem Wetter!" Die beiden zischten gleich los.

Es stimmte, an diesem Februarwochenende war es schon frühlingshaft warm. Josef und Petra konnten ihren guten Wachauer Veltliner am Abend, natürlich im geheizten Wohnzimmer, genießen.

„Wie ich zu der Wohnung gekommen bin, willst du logischerweise wissen", legte Josef los, nachdem die beiden auf der rustikalen

Eckbank Platz bezogen hatten und er die Gläser gefüllt hatte, vor lauter Aufregung hätte er beinahe danebengeschüttet. „Ja, das kam durch einen guten, langjährigen Kunden zustande, der sich beim Lainzer Tiergarten, kurz vor dem St. Veiter Tor, ein Häuschen gebaut hat und die Wohnung nicht mehr braucht und sie deshalb vermieten möchte. Aber er will sie jemandem geben, der sie zu schätzen weiß. Er braucht niemanden, der ihm die Wohnung ruiniert und ihm dann womöglich auch noch die Miete immer wieder schuldig bleibt und erst nach mehreren Mahnungen zahlt. Das hat er Franz so erzählt, und der hat ihn dann gleich an mich verwiesen. Als dieser gute Mann heute sein Auto abgeholt hat, kam er auf mich zu und fragte mich, ob ich noch auf Wohnungssuche bin. Das hab' ich natürlich bejaht, und wir wurden uns schnell einig, dass wir uns die Wohnung anschauen und dann verbindlich Ja oder Nein sagen. Darum auch die günstige Miete, weil er uns eben vertraut, dass wir immer pünktlich zahlen und sorgsam mit der Wohnung umgehen werden und er auch sein Auto bei mir in guten Händen weiß. Das ist ihm eben einiges wert."

Petra umarmte ihren Schatz ganz fest und verpasste ihm ein sehr dickes Bussi.

„Wenn wir in der neuen Wohnung sind, haben wir es geschafft und können endlich heiraten", frohlockte Josef, und auch er nahm seine Petra in die Arme und drückte sie innig an sich.

„Vielleicht noch kurz vor Weihnachten", stellte sich Petra vor. „In der Adventszeit wäre es bestimmt auch sehr romantisch, zu heiraten, so im Kerzenschein."

„Ja, warum nicht?", konnte sich auch Josef damit anfreunden. „Es muss nicht immer im Mai oder im Hochsommer sein. Ja, warum sollst du nicht im Hochzeitskleid unter dem Christbaum stehen?"

Beide mussten herzhaft lachen.

Nachdem sie wieder in der Gegenwart angekommen waren, fiel Josef auch das erfreut ein:

„Wie du schon festgestellt hast, musst du nicht weit wegziehen. Von deiner jetzigen Wohnung zur neuen ist es wirklich nur ein Katzensprung. Dadurch musst du dich auch nicht an neue Geschäfte gewöhnen, kannst dein Brot und deine Semmeln beim selben Bäcker kaufen und deine anderen Lebensmittel weiter beim Greißler Burkardt, mit dem du weiterhin ein bisschen tratschen kannst. Und deine Schuhe wird auch der alte Neuberger nach wie vor besohlen.

Und ich habe dann den großen Vorteil, dass ich zur Arbeit nicht mehr sehr lange brauche."

„Gut, dass du hier schon eine Arbeit hast", freute sich Petra, „dadurch musst du um keine Unterstützung ansuchen oder gar in ein Flüchtlingslager gehen."

Josef schüttelte nur beim Nennen des Wortes „Flüchtlingslager" entsetzt seinen Kopf:

„Nein, das wäre nichts für mich, in so einem Lager hausen zu müssen. Mit vielen Leuten in einem großen Raum zu schlafen und den ganzen Tag bloß rumzusitzen und nichts zu verdienen. Ich will niemandem auf der Tasche liegen, keinem Staat und auch keinem Menschen. Ich will mir mein Geld selber verdienen. Wenn ich einmal alt bin und eine Pension kriege, gut, das ist was anderes, die Beiträge dafür hab' ich mein Leben lang eingezahlt, aber Almosen kassieren, nein danke!"

„Weil du ein fleißiger und verlässlicher Mensch bist, hast du das auch nicht nötig", lobte Petra ihren Schatz und stieß kräftig mit ihm an. „Darum hat dich dein Meister auch hier gleich wieder angestellt, und du leitest sogar einen Firmenteil."

„Ja, toll, dass das alles so gut geklappt hat!" Josef musste tief durchatmen und nahm seine liebe Petra erneut fest in den Arm.

Die Sache mit der neuen Wohnung hatte aber ihre zwei Seiten: Keine Frage, zum einen war es herrlich, endlich mit Petra zusammen zu wohnen. Jeden Morgen wache ich neben ihr auf und wir frühstücken gemeinsam. Herrlich, wenn ein Tag gleich so anfängt. Wenn ich zur Arbeit gehe, gebe ich ihr einen Abschiedskuss, weil ich früher aus dem Haus muss als sie.

Abends bin ich dafür manchmal eher zu Hause, kann somit einkaufen gehen und den Tisch zum Abendessen decken und sie freudig umarmen, wenn sie heimkommt, und wir essen gemütlich zusammen … Muss das herrlich sein! Aber es gab auch, wie gewöhnlich im Leben, eine zweite Seite: In seiner Wohnung in der Inzersdorfer Straße fühlte sich Josef nämlich sehr wohl und er genoss sie. Auch Petra kam gern her, und die beiden hatten hier viele nette Stunden verbracht. Schön wär's, wenn wir mal hier und mal da sein könnten. Aber das ging nicht. Leider …

Jedes Stück in Josefs Wohnung erzählte seine eigene Geschichte. Kein Wunder bei der Mangelwirtschaft im Osten, wo ohne Beziehungen nichts lief. Rudi zum Beispiel kannte einen Möbeltischler, der die beiden großen Schränke gebaut hatte. Eine Freundin von Frau Bernert arbeitete in einem Porzellangeschäft und hatte Josef gute Tassen und Teller besorgt, „Bückware", versteht sich …

Den großen Teppich durfte sich Josef aus der Wohnung über ihn nehmen, nachdem die alte Frau Mayer verstorben war. Was kurz nach seinem Einzug passiert war. Ein netter Plausch im Stiegenhaus mit ihrem Sohn hatte dieses zur Folge gehabt.

Nur drei Episoden von vielen.

Dazu hatte Josef eine Menge Arbeitsstunden in die Wohnung investiert, indem er das kleine Bad neu verfliest, die Wände neu ausgemalt und auch die Fenster frisch gestrichen hatte. Neben diversen und diversen Kleinigkeiten.

Der USIA-Laden gleich im Nebenhaus bot auch seine Vorteile. Eine Dose Kaviar, eine Flasche Krimsekt oder eine Flasche echten russischen Wodkas schnell besorgen, das war selbst im Westen nicht so bequem zu haben.

Und jetzt sollte er plötzlich die Tür hinter sich schließen und nie mehr hierher zurückkehren …

Schließlich spielten bei all diesen Überlegungen auch die Eltern eine große Rolle, genauer gesagt, ihr Gesundheitszustand …

Herta plagte sich seit 1957 mit ihren Füßen und musste deshalb schon dreimal ins Spital. Im Herbst 1958 bangte die Familie sogar um ihr Leben, nachdem nach einer Thrombose das Herz zu versagen drohte …

Aber auch Rudis Herz wollte nicht mehr so, wie es sollte, weil der Blutdruck trotz Medikamente kaum noch unter 200 sank. Auch er musste deshalb schon zweimal ins Spital.

Das alles belastete Josef sehr, aber auch Petra, die zu den künftigen Schwiegereltern einen sehr herzlichen Kontakt pflegte und ihnen half, wo sie nur konnte.

Würde Josef jetzt ganz in den Westen wechseln, könnte er seine Eltern nie mehr besuchen, und auch Petra wäre im Osten sehr gefährdet.

Würde es Hertas und Rudis Gesundheit nicht mehr zulassen, Besuche im Westen abzustatten, und damit musste ernsthaft gerechnet werden, sähe Josef seine Eltern womöglich nie wieder.

Auch an Sissi und Poldi hing Josef sehr. Und an Klein Babsi und so weiter. Gut, sie alle hätten ihn drüben besuchen können, solange Besuche von Ost nach West möglich waren. Aber wenn das nicht mehr ging? Auch eine heikle Frage.

Und Josef wollte auf keinen Fall rübergehen, bevor er dort eine Wohnung ergattert hatte. Er wollte sich nicht in ein „gemachtes Nest" setzen, sondern mit Petra total neu beginnen.

Ihm war schon bewusst, dass er bei der gegenwärtigen politischen Lage sehr mit dem Feuer spielte, aber er war nun mal ein äußerst sensibler Mensch und wurde deshalb auch oft missverstanden und belächelt.

So auf die Schnelle rübergehen, ohne nach rechts und nach links zu schauen, nein, das war nicht Josefs Sache.

Der Wechsel von den Fünfzigern in die Sechziger verlief übrigens auch in der österreichischen Arbeits- und Sozialpolitik recht bewegt. In Ost und West. Wie das dazumal immer so war, denn jede Seite wollte die bessere sein. Wenn die eine etwas Neues einführte, zog die andere möglichst bald, zumindest teilweise, nach.

Was in der östlichen Arbeitswelt vor sich ging, kriegte Josef gar nicht mehr hautnahe mit, weil er dort bekanntlich nicht mehr tätig war. Er wohnte doch bloß noch in der Volksrepublik.

An den Zeitungsständern las er lediglich die Schlagzeilen der Tageszeitungen, und diese posaunten in letzter Zeit lauter Lobeshymnen auf die neue Wirtschafts- und Sozialpolitik des sozialistischen Österreichs hinaus.

Die Ersten, welche von der neu eingeführten 43,5-Stunden-Arbeitswoche profitieren sollten, waren die Produktionsarbeiter. Denen galt die größtmögliche Fürsorge des Staates, weil sie die Basis für den ständig wachsenden Wohlstand schufen.

So sollten die meisten von ihnen ab 1. 1. 1961 täglich eine Viertelstunde weniger werken. Natürlich weiterhin an allen sechs Werktagen. Die Arbeitszeitverkürzung sollte bitte nicht dazu dienen, dass sich die Bürger der Hauptstadt der Volksrepublik Österreich den ganzen Samstag lang drüben bei den Kapitalisten amüsieren. Oder sich ein bisschen Westgeld dazuverdienen.

Weniger arbeiten bedeutete aber erfreulicherweise nicht weniger Lohn.

Und Produktionsarbeiter bekamen ab jetzt außerdem generell mindestens 18 Urlaubstage im Jahr, in der Praxis aber meistens 21. Dank der Erschwerniszuschläge auch bei der Urlaubsbemessung.

Die anderen Werktätigen mussten sich weiterhin mit 15 Tagen zufriedengeben, es sei denn, der Kollektivvertrag sah eine günstigere Regelung vor, speziell für leitende Angestellte, Schichtarbeiter oder langjährig Beschäftigte.

Im Westen konnte man die Propaganda im Osten nur müde belächeln, weil dort schrittweise zur 40-Stunden-Woche übergegangen wurde. Der Gesundheitsbereich machte gleich mit Jahresbeginn den Anfang, hauptsächlich des Schicht- und Wochenendbetriebes halber.

Von den Industriebranchen startete die Kraftfahrzeug- und Metallindustrie am 1. April 1961 mit der 40-Stunden-Woche.

Alles getreu dem gewerkschaftlichen Slogan: „Am Samstag gehört der Papi mir!"

Aber die berufstätige Mami auch.

Was den Urlaub anbelangte, hatte jeder im Westen Beschäftigte Anspruch auf 18 Urlaubstage im Jahr. Josef bekam als nunmehr leitender Angestellter 24 Tage und Petra genoss 21.

Auf die neuen Sozialmaßnahmen war Westösterreich schon ein bisschen stolz, galt doch in der Bundesrepublik Deutschland die 40-Stunden-Woche bislang nur in der Tabakindustrie, und mit der Urlaubsgewährung war man dort auch längst nicht so großzügig.

In der DDR wurde ab 1957 die 45-Stunden-Woche zaghaft eingeführt, viele mussten aber noch bis Ostern 1966 fleißig 48 Stunden in der Woche werken, und einige von ihnen bekamen bis 1967 auch bloß 12 Urlaubstage im Jahr.

Also war die Volksrepublik Österreich bezüglich Arbeitszeitverkürzung und Urlaubsgewährung auch für einen Großteil der Arbeiter innerhalb der sozialistischen Staatengemeinschaft federführend, und die Partei war darauf auch sehr stolz.

Doch auch die bereits aus dem Erwerbsleben Ausgeschiedenen durften sich freuen: Ab 1. 1. 1961 bekamen Pensionisten im Monat durchschnittlich 50 Schillinge mehr ausgezahlt. Dieses in Ost und West gleichermaßen.

Gemäß den neuen Arbeitszeitregeln musste sich Petra ab Jänner 1961 nur noch von Montag bis Freitag in die Ordination bemühen. Und statt des langen Freitags konnten die Patienten jetzt am Dienstag bis 20 Uhr kommen. Am Freitag hatte Petra nun sogar schon ab 14 Uhr frei.

Josef musste ab 1. April von Montag bis Donnerstag von 7–16 Uhr und am Freitag von 7–14.45 Uhr in der Werkstatt werken.

Die Frühstückssemmeln gab's jetzt jeden Freitag.

Josef kannte sich längst mit allen gängigen und auch etlichen nicht so gängigen Autotypen gut aus und genoss das volle Vertrauen der Kunden. Und ab April wurde es dann wirklich ernst: Meister Hellgruber eröffnete die geplante zweite Werkstatt in Döbling mit einem kleinen Fest und stellte Josef als den Chef der Hietzinger Werkstatt vor. Das Chefsein war Josef bekanntlich nicht unbekannt, doch war das hier im Westen total anders als drüben. Die Kunden hatten es meistens immer mächtig eilig, wollten am liebsten, dass ihr Wagen schon gestern wieder flott ist und äußerten tausend Sonderwünsche, die auch in der Marktwirtschaft nicht immer leicht erfüllbar waren. Weil sie auch nicht viel kosten sollten. Für Wunderwirkungen fühlte sich Josef aber nicht zuständig.

Meister Hellgruber schaute ein- bis zweimal in der Woche in Hietzing vorbei, nicht, um Josef zu kontrollieren, sondern, um bei den Kunden präsent zu bleiben. Es erwies sich als äußerst nützlich, einen guten Draht zu allen Kunden zu behalten. Und bei einem Kaffeeplausch ergab sich für den einen oder anderen nicht selten, dass der Weg nach Döbling sogar näher war …

Die Freitagssuppe brachte die Chefin nach wie vor treu und brav auch weiterhin in Hietzing vorbei. Nur für die Semmeln musste Josef jetzt selber sorgen, genauso für den Kaffee. Besser gesagt, er erteilte Frau Schreiner den Auftrag dazu, dieses zu beschaffen. Sie sollte sich eine Rechnung geben lassen und sich das Geld aus der Firmenkasse nehmen …

Trotz all der vielen Kunden, welche tagtäglich die Werkstatt frequentierten, fiel Josef der kleine, dickliche, bärtige Besitzer eines grauen VW-Käfers auf, der so um die fünfzig gewesen sein musste und diesem im hellen Lodenmantel entstieg. Irgendwo war er Josef schon einmal begegnet … Er konnte ihn aber nicht so recht einordnen. War er mal in der alten Werkstatt aufgetaucht oder hatte er ihn in der Zentrale bei den diversen Schulungen und Propagandaveranstaltungen gesehen? Oder war er ihm anderswo über den Weg gelaufen?

Der VW-Besitzer kratzte sich mehrmals am mäßig behaarten Kopf und schaute Josef lange durchdringend an, während er auf die Abfertigung wartete, weil vor ihm noch zwei Kunden bedient wurden.

Als er an der Reihe war, murmelte er nur kurz, dass mit dem Vergaser irgendetwas nicht stimme und so weiter. Und ob die Reparatur bis Freitag möglich sei? Was Josef bejahte. Dann zischte er kurz grüßend wieder ab …

Auch den Mechanikern und Frau Schreiner war der Mann komisch vorgekommen.

Am Freitag holte nicht er, sondern ein etwa eins achtzig großer korpulenter Mann im schwarzen Anzug den Wagen, mit einer Vollmacht versehen, ab. Anstandslos wies er seinen Führerschein vor, wie das in solchen Fällen üblich war, und brauste, nachdem er brav gezahlt und ein Trinkgeld in das Sparschwein vor dem Büroeingang geworfen hatte, davon.

„Eigenartige Typen waren das!" Frau Schreiner schüttelte den Kopf, und auch Josef wollten die beiden Männer partout nicht aus dem Kopf gehen. Was hatte das zu bedeuten? Irgendwas stimmte da nicht.

Im Sommer 1961 würde es mit einer Urlaubsreise schwierig werden. Die neue Wohnung, die geplante Hochzeit ... Ja, eine kleine Hochzeitsreise sollte es schon geben, aber nur eine kurze.

Ach ja, dafür war der Vorjahresurlaub ein äußerst geschichtsträchtiger gewesen, wie Josef in den Sinn kam, als er sich mit dem Thema „Urlaub" befasste. Immer noch schwärmte er davon ...

Die beiden weilten zwei Wochen in der Steiermark, ganz in der Nähe vom Gestüt Piber, eine der Heimstätten der berühmten Lipizzaner, und da ging's schon gleich mal ordentlich los.

Von ihrem Zimmer in der kleinen Frühstückspension hatten sie einen herrlichen Blick auf das Gestütsgelände und sahen die Rösser emsig traben. Pferdegetrappel liebte Josef sehr, das erzeugte in ihm ein Gefühl der Gemütlichkeit, der Geborgenheit. Und das noch in Petras Gegenwart ... Konnte es etwas Herrlicheres geben?

Gleich am ersten Tag buchten sie eine ausführliche Führung durch das gesamte Areal, und der junge Gestütsführer vermittelte ihnen wirklich Interessantes: „Beim Schloss Piber, das vormals ein Kloster des Stiftes St. Lambrecht war, wurde 1798 ein Gestüt zur Zucht von militärischen Pferden eingerichtet, das man 1867 dem k.u.k. Landwirtschaftsministerium unterstellte. 1915 wurde die Zucht der Lipizzaner, die bis dahin im Gestüt Lipizza in der jugoslawischen Teilrepublik Slowenien beheimatet war, zuerst nach Laxenburg und 1920 hierher verlegt.

Während des Zweiten Weltkrieges kamen die Pferde nach Hostau, dem heutigen Hostoun, in der Tschechoslowakei. Nach Kriegsende bestand die Gefahr, dass die Zuchtpferde in sowjetische Hände fallen, da Hostau zwischen der amerikanischen und der sowjetischen Front lag. Deshalb überzeugte der damalige Gestütstierarzt den amerikanischen General George S. Patton, dass dieser durch eine Kampfhandlung die Sowjets zurückdrängen konnte und die Pferde zuerst nach Oberösterreich in Sicherheit gebracht wurden und nicht als Kriegsbeute in sowjetische Hände fielen.

Das Gestüt ist weltweit das Einzige, in dem Stuten aller 15 klassischen Stutenfamilien vertreten sind.

Aber zum Gestüt gehören nicht nur die notwendigen Stallungen, sondern auch ausgedehnte Weide- und Almflächen. Alljährlich findet auch für die Pferde ein Almabtrieb von den bis zu 25 Kilometer entfernten Almen zu Fuß mit der traditionellen Pferdesegnung in Maria Lankowitz statt. Es gehören noch vier Gehöfte in der Umgebung dazu.

Um Inzucht zu vermeiden, werden mit anderen Lipizzaner-Gestüten, wie in Lipizza, Ungarn, der Tschechoslowakei und Rumänien, immer wieder Zuchttiere ausgetauscht.

Seit der Teilung Österreichs sehen unsere Rösser hier leider ihren Stall in der Wiener Innenstadt nicht mehr …"

Als Ersatz zu den Vorführungen in der Spanischen Hofreitschule, die ja jetzt in Ost-Wien stand, fanden hier mehrmals in der Woche Vorführungen statt. Natürlich besuchten Josef und Petra einige von ihnen und waren jedes Mal restlos begeistert. Von ihrer kleinen Frühstückspension hatten sie es wirklich nicht weit. Dennoch meinte Josef:

„Wir können ja mal in die Spanische Hofreitschule gehen, nur mit den Karten ist das nicht so einfach. Die müssen lange vorbestellt werden, aber ich kann das gern für uns organisieren, wenn du willst."

Petra nickte freudig: „Ja, mein Schatz, mach das bitte. Das würde mich sehr interessieren, überhaupt, nachdem wir das hier erlebt haben!"

In den beiden sonnigen Wochen – nur an einem einzigen Vormittag schüttete es nach einem Gewitter mal heftig – statteten die beiden auch der nahegelegenen Landeshauptstadt Graz einen ganztägigen Besuch ab. Gemütlich schlenderten sie durch die Annenstraße, die Herrengasse … Am Hauptplatz, vor dem Rathaus, tranken sie einen Kaffee und spazierten an der Mur entlang Und besichtigten auch den großen imposanten Dom samt dem gleich danebenstehenden Mausoleum Kaiser Friedrichs II. Vom

Turm bot sich ein wunderschöner Blick auf die Stadt, natürlich auch zum Schlossberg mit dem bekannten Uhrturm hin, dem anschließend ein Besuch galt. Aber gemütlich mit der Schlossbergbahn. Von hier oben war der Blick natürlich noch herrlicher, bis weit ins Umland hinein.

Ja, ein Berg, so mitten in der Stadt, wo gab es das sonst noch? In Brünn, wusste Josef zu berichten, das war's dann aber auch schon ...

Dem Schloss Eggenberg widmeten die beiden einen eigenen, zweiten Ausflugstag, weil die Besichtigung viel Zeit in Anspruch nahm.

Bei hochsommerlichen 30 Grad stand es in voller Pracht vor ihnen. Petra kam ordentlich ins Schwitzen und musste sich erst mal mit einem großen Schluck Wasser abkühlen, aber auch Josef erfrischte sich aus der mitgenommenen Wasserflasche.

Die beiden nahmen an einer Führung teil, die ein älterer bärtiger Herr mit typischem Steirerhut vornahm, der sich, wie er selber zugab, damit seine karge Pension aufbesserte. Was er zu sagen hatte, faszinierte Josef und Petra gewaltig: „Balthasar Eggenberger hatte zwischen 1460 und 1463 den Orthof auf den Algersdorfer Feldern gekauft. Dieser wurde in der Folgezeit erweitert und umgestaltet. In den frei stehenden Turm wurde ein Kapellenraum eingerichtet. Im 16. Jahrhundert wurde das eintürmige Schloss mehrfach erweitert. Fürst Hans Ulrich von Eggenberg baute es dann im 17. Jahrhundert gründlich um. Er verwirklichte damit ein tief von der magischen Naturphilosophie und von der Vorstellung der Ordnung der Welt geprägtes, architektonisches Konzept. Vor allem Astronomie, Astrologie und Alchemie waren damals wichtige Bestandteile der Bildung eines weltgewandten Fürsten. All diese Aspekte flossen in den Neubau ein, mit dem ein wohlgeordnetes, mathematisch logisches und erklärbares System errichtet werden sollte. Es sollte schlichtweg das Universum repräsentieren."

„Was man damals bei der Errichtung eines Gebäudes alles bedacht hat!", staunte Josef und Petra lachte: „Heute muss alles bloß schnell gehen."

Beim Rundgang hörten die beiden dem Führer weiter aufmerksam zu und versuchten, immer in seiner Nähe zu bleiben, was aber der großen Besuchergruppe halber nicht immer leicht war.

„Das Schloss wurde nunmehr dreigeschossig über einem rechteckigen Grundriss errichtet, dessen geometrisches Zentrum mit der gotischen Kapelle gebildet wird", machte der ältere Herr weiter, als sich alle wieder um ihn versammelt hatten, was seiner Körpergröße von nur eins sechzig halber kein einfaches Unterfangen darstellte. Aber seine kräftige Stimme erleichterte seine Ortung sehr: „Alle vier Ecken des Schlosses sind turmartig über das übrige Gebäude erhöht. Jeder dieser vier Türme ist in eine der vier Himmelsrichtungen ausgerichtet. Die Zahl 4 steht für die vier Jahreszeiten und die vier Elemente. Der Innenhof wird durch einen Verbindungstrakt sowie durch einen Querflügel in einen rechteckigen und zwei kleinere Höfe unterteilt. Er ist an drei Seiten von Pfeilerarkaden umgeben. Um das Schloss ist ein breiter Graben angelegt, wodurch der Eindruck entsteht, das Schloss stünde auf einer Insel. Dabei floss in diesem Graben nie Wasser. Die Insel sollte nur die Harmonie ausdrücken, die hier drinnen im Schluss herrscht, während drum herum das Chos des Dreißigjährigen Krieges wütete. Ja, hier herrschte die Harmonie des Universums. Und eine weitere Grundlage dafür bildete der Kalender, besonders die damals gerade erfolgte gregorianische Kalenderreform. Diese ordnete den Schlossbau logisch und mathematisch und spiegelt zudem sämtliche Werte der Zeitrechnung wider. Schloss Eggenberg besitzt 365 Außenfenster, für jeden Tag eines Jahres …"

„Was hat man denn am 29. Februar gemacht?", unterbrach ein etwa 14-jähriger Bursche den Führer, und der antwortete schlagfertig: „Na, da hat man draußen im Garten ein weißes Zelt aufgeschlagen." Alle lachten und der alte Herr machte munter weiter: „Im zweiten Stock, der Beletage, befinden sich 52 Außenfenster, für jede Woche eines Jahres. Jedes Stockwerk im Haus birgt 31 Räume für die maximale Anzahl der Tage eines Monats. Da war dann der 29. Februar mit eingebaut." Der Führer schaute schmunzelnd in die Richtung des aufmerksamen Burschen, und auch Josef und Petra lachten. „Im zweiten Obergeschoss sind außen ringförmig 24 Prunkräume angeordnet, welche die Stunden eines Tages symbolisieren. Der gesamte Bau ist symmetrisch angelegt. Dadurch ergeben sich im zweiten Obergeschoss zwei gleich große Hälften, zu denen 12 Räume zählen, die für die Tages- und die Nachthälfte stehen, unterbrochen vom großen Planetensaal …"

Dieser faszinierte die Besucher besonders, Petra eingeschlossen, die ihren Mund vor lauter Staunen kaum zukriegte.

„Der Saal ist der Mittelpunkt der 24 Prunkräume." Der Führer wies auf die Gemälde im Saal. „Der von Hans Adam Weissenkircher geschaffene Gemäldezyklus verknüpft das architektonische Programm mit dem Bildschmuck des Schlosses und errichtet damit eine gewaltige Allegorie des Goldenen Zeitalters, das unter der Regierung der Familie Eggenberg herrschte. An der Decke und dem Spiegelgewölbe des Saales befinden sich sieben gerahmte Ölgemälde, welche die sieben klassischen Planeten und deren Eigenschaften repräsentieren. Die symbolische Aussagekraft gipfelt in diesen Gemälden, da sie gleichzeitig für die sieben alchemistischen Metalle, die sieben Wochentage, die sieben großen Besitzungen der Familie und die sieben wichtigsten Mitglieder der Familie stehen. In den Gewölbeecken werden die vier Elemente dargestellt. Die Wandflächen zwischen den Fenstern tragen großformatige Ölgemälde, welche die 12 Tierkreiszeichen darstellen und damit die 12 Monate thematisieren."

In einem weiteren Raum kam der alte Herr auf die spätere Geschichte des Schlosses zu sprechen: „Johan Seyfried von Eggenberg ließ 1666 das Schloss im Sinne barocker Prachtentfaltung fertigstellen. Nach dem Aussterben der Eggenberger im Mannesstamm wirkten die halb leeren Prunkräume vernachlässigt. Der Gemahl der letzten Eggenberger Prinzessin, Johann Leopold Graf Herberstein, gab dann eine umfassende Erneuerung der Anlage im Rokokostil in Auftrag. Womit das Schloss von den Herbersteinern übernommen wurde. Im 19. Jahrhundert wurden lediglich die Wohnräume im ersten Geschoss des Schlosses verändert. Die Beletage blieb unberührt und unbenutzt, weil die Herbersteiner hauptsächlich in Schlesien lebten. Sie besaßen bekanntlich einige Besitzungen, und die hier erschien ihnen nicht so bedeutsam. Sie vernachlässigten das Schloss aber nicht und setzten einen Verwalter ein, der alles in Ordnung hielt, aber sonst wohnte hier niemand.

Und es sind auch alle Räume noch so zu sehen, wie sie damals ausschauten. Die oberen Räume wurden nur als Gästezimmer benutzt oder dienten Freizeitaktivitäten, wie diversen Spielen, zum Beispiel Schach, Backgammon … Oder es wurden hier Feste gefeiert …

Bis 1939 blieb die Anlage im Besitz der Familie Herberstein. Kurz vor dem Krieg erwarb das Land Steiermark das Anwesen. Nach Renovierungsarbeiten war es ab 1953 für das Publikum geöffnet."

Zum Schluss ging es noch durch den Garten, und da hieß es dann: „Schon zur Zeit der Errichtung der Schlossanlage im 17. Jahrhundert gab es südlich des Schlosses einen umfriedeten Garten. Der umfassende Ausbau erfolgte nach der Fertigstellung des Schlosses unter Johann Seyfried von Eggenberg. Ende des 17. Jahrhunderts wurde der Garten um das ganze Gebäude erweitert. Er wurde ein streng italienisch gegliederter Garten mit Parterres, Bosketten, Springbrunnen, Volieren und Fasanengärten. Johann Leopold Graf Herberstein machte aber einen französischen Rokokogarten daraus, und das innerhalb der heute noch bestehenden Umfassungsmauer. Sonst sind aus dieser Zeit nur noch der Pavillon und die vier Kolossalfiguren vor dem Schloss erhalten. Der Garten war schon Ende des 18. Jahrhunderts für das Grazer Publikum geöffnet. Zur Zeit der Aufklärung und unter dem liberalen Kaiser Joseph II. änderte sich das Naturbewusstsein sehr. Somit veranlasste der fanatische Gartenliebhaber Jerome Graf Herberstein ab 1802 die Umgestaltung in einen englischen Garten. Nur der gerade Einfahrtsweg blieb erhalten. Mit der ansonsten geschwungenen Wegführung, den gezielten Blickführungen und den gezielt gepflanzten Einzelbäumen und Gehölzbouquets sollte ein Landschaftsgemälde nachgebildet werden.

Den Höhepunkt dieser Gartenanlage bildete der Rosenhügel, den man über eine geschwungene Wegführung leicht erklimmen konnte, um sich am Plateau, unter einem künstlichen Schatten-spender, der Parapluie, niederzulassen und den ganzen Garten zu überblicken und zu genießen."

Einer der vielen blauen Pfauen schlug vor Josef und Petra ein Rad. Wem wollte der stolze Hahn wohl imponieren? Während der Balz stellen die Hähne gern ihre Schleppen auf und drehen sich langsam um die eigene Achse, um die Hennen zu beein-drucken. Davon liefen genug herum …

Petra hatte dieser Hahn sehr imponiert und sie musste ihn unbedingt fotografieren …

Auch Josef gefiel dieses Vogelschauspiel sehr, aber er fragte sich vielmehr, was dieser Hans Ulrich von Eggenberg wohl für ein Mensch gewesen war? Und weil ihn das brennend interessierte, kaufte er in der Schlossbuchhandlung ein kleines Heft über ihn und las Petra, die das nicht minder wissen wollte, im Pavillon bei einer Melange und einer Kardinalschnitte vor: „Er wurde 1568 in Graz geboren und war der Sohn des evangelisch-lutherischen Seyfried von Eggenberg, Herr zu Erbersdorf und der Anna Benigna, geborene Galler von Schwanberg. Er studierte in Tübingen und kam dort mit Kepler in Berührung …"

„Ach, daher der Planetensaal", reimte sich Petra zusammen, und Josef nickte, las dann aber weiter vor: „Er trat zunächst in spanische Dienste und konvertierte um 1600 zum Katholizis-mus, was seine steile Karriere sehr förderte. Ja, er machte eine sehr schnelle und beeindruckende Karriere, die so niemand zur damaligen Zeit gemacht hatte und die selbst für die heutige Zeit noch ungewöhnlich ist: Ab 1602 war er Landeshauptmann in Krain, Mitglied des innerösterreichischen Geheimen Rates und Präsident der Hofkammer. Als Jugendfreund und Günstling des späteren Kaisers Ferdinand II. wurde er 1615 dessen Obersthof-meister, also sein engster Berater. Im Volksmund nannte man ihn ‚das Ohr an der Pforte des Kaisers'. Der König von Spanien, Philipp III., ernannte 1620 Eggenberg zum Ritter des Ordens des Goldenen Vlieses. Nach der Schlacht am Weißen Berg sprach er sich für Härte gegen die unterlegenen böhmischen Standes-herren aus, was zu gewaltigen Besitzumschichtungen führte.

Während des Dreißigjährigen Krieges kam er aus der Steiermark nach Böhmen, da er als Gegenleistung für ein Darlehen in Millionenhöhe, das er Kaiser Ferdinand gewährt hatte, von diesem die Herrschaft Krumau in Südböhmen erhalten hatte. 1623 wurde er als Herzog von Krumau in den Reichsfürstenstand erhoben. 1625 lässt Eggenberg den mittelalterlichen Stammsitz der Eggenberger zu dem prunkvollen Schloss Eggenberg in Graz umbauen, da ihn Kaiser Ferdinand II. im gleichen Jahr zum Gubernator von Innerösterreich ernannt hat. Innerösterreich, das waren damals die Länder südlich des Semmering, also Steiermark, Kärnten, Krain, Istrien, Görz, Gradisca und Triest. Und die Pläne des Umbaus, die stammen von Giovanni Pietro de Pomis, dem Hofarchitekten Kaiser Ferdinands …"

„Wie weitsichtig und wissenschaftlich ausgebildet die Menschen damals schon waren", wunderte sich Petra und kam aber auch darauf: „Aber das meiste passierte während des Dreißigjährigen Krieges, als auf den Schlachtfeldern Tausende von Menschen niedergemetzelt wurden. Da bauten die Kriegsherren trotzdem prunkvolle Schlösser und feierten rauschende Feste!"

„Und der Bau der vielen Schlösser, Kirchen und Klöster passierte auf Kosten des Volkes, das schwer schuften musste und brutal ausgebeutet wurde", ärgerte sich Josef, aber Petra schlussfolgerte daraus: „Du, andererseits könnten wir heute nicht diese herrlichen Bauwerke bewundern, die Touristen anziehen und eine Existenzquelle der hier lebenden Menschen ist, was natürlich ein riesiger Widerspruch ist und das Verhalten der damaligen Machthaber nicht im geringsten rechtfertigt, aber so ist das nun mal in der Geschichte …"

„Aber die Teilung unseres Landes macht es so schwer, sich richtig mit unserer Geschichte zu beschäftigen, weil man überall so schwer hinkommt", rundete Josef das Ganze nachdenklich ab. „Ja, auch das ist Geschichte, traurige Geschichte."

„Aber das soll uns nicht entmutigen, sondern umso mehr herausfordern, uns immer wieder auf die Reise zu machen", lachte Petra und da konnte ihr Josef wirklich nicht widersprechen …

Jetzt lag aber erst mal noch fast eine Urlaubswoche vor ihnen.

Josef und Petra wurden mit ihren Gedanken abrupt in die Gegenwart zurückgeworfen, als sie am Freitag, dem 24. März, in den 18-Uhr-Nachrichten im Radio von einer gewaltigen Gasexplosion eines Wohnhauses in der Lainzer Straße hörten. Nach näherem Hinhören wollte Josef kaum glauben, was er entsetzt vernommen hatte: „Du, das ist ja das Haus, in das wir einziehen wollen!"

„Was sagst du da?" Auch Petra war außer sich.

Die beiden machten sich sofort auf den Weg.

Als sie aus der Jagdschlossgasse in die Lainzer Straße bogen, erblickten sie, dass Polizisten diese weiträumig abgesperrt hatten. Sie war auch total von Schutt übersät. Selbst die Straßenbahngleise waren kaum noch zu erkennen. Vom besagten Haus stand nicht mehr viel.

Lediglich das Erdgeschoss und das erste Stockwerk waren noch zu erkennen, das zweite war total in Rauch aufgegangen. Und in diesem hätte das junge Paar künftig wohnen sollen, das nach der gemeinsamen Besichtigung ihres neuen Heimes total aus dem Häuschen gewesen war und eifrig Pläne geschmiedet hatte.

„Wie nach einem Bombenangriff!", stöhnte Josef, und die Tränen rannen ihm übers Gesicht.

Auch Petra musste weinen und legte sich in Josefs Arme.

„Nächste Woche wollte ich den Mietvertrag unterschreiben", flüsterte er ihr leise zu.

„Ich weiß!" Petra weinte aber auch deshalb, weil ihr das Folgende sehr nahe gegangen war. Sieben Menschenleben waren zu beklagen, vier aus dem Haus und … Ja, das hatte die Tragödie noch um vieles verstärkt: drei, die in der gerade am Haus vorbeigefahrenen Straßenbahn gesessen waren, als das Unglück passierte. Die Reste der Bim wurden soeben beseitigt, aber auch von ihr war nicht mehr viel zu erkennen. Schwere Gesteinsbrocken hatten das Gehäuse der Bahn total zertrümmert. Am ärgsten hatte es den Triebwagen erwischt, in dem die drei Todesopfer saßen, doch auch der Anhänger wurde schwer in Mitleidenschaft gezogen.

Josef hob ein kleines Schild mit der Aufschrift „NICHT HINAUSLEHNEN" auf, das zwischen Steinen, Glasscherben, Blechstücken lag. Sechs Schwerverletzte mussten ins Meidlinger

Unfallkrankenhaus gebracht werden und schwebten allesamt in Lebensgefahr. Darunter auch eine junge Frau, die am Haus vorbeigegangen war, als es einstürzte …

Bald schon war die Unglücksursache geklärt: eine undichte Gasleitung. Also ein technisches Problem und nicht, wie zuerst von einigen Leuten vermutet, der lange angekündigte Selbstmordversuch der Frau Huber aus dem Erdgeschoss …

Die hatte andauernd angedroht, sie werde sich umbringen, wenn ihr Verlobter nicht bald aus der Kriegsgefangenschaft heimkehren würde. Was keiner mehr hören konnte, wenn sie beim Bäcker, Greißler, auf der Post, im Wartezimmer vom Doktor Brunner davon faselte. Sie hatte bestimmt gewusst, dass die Kriegsgefangenen, selbst die aus der Sowjetunion, längst alle wieder zu Hause waren … Aber jetzt musste sie sich nicht mehr umbringen, sie war als eine der sechs Schwerverletzten drei Tage nach dem Unglück im Krankenhaus gestorben.

Josefs und Petras Wohnungstraum war erst mal ausgeträumt. Jetzt hieß es wieder: zurück an den Start …

Nach wie vor ein schwieriges Unterfangen. Aber die beiden gaben die Hoffnung nicht auf, denn aufgeben tut man bekanntlich nur Briefe und Pakete auf der Post. Oder einen schweren Koffer auf der Bahn.

Schon am kommenden Samstagnachmittag saßen sie wieder bei einer Melange im Café Dommayer und blätterten alle aufliegenden Zeitungen durch, um die Wohnungsinserate zu studieren. Zwei Melangen waren weitaus billiger, als sich sämtliche Zeitungen zu kaufen, nur um Anzeigen zu lesen …

Endlich hatte Josef sein eigenes Auto! Einen roten, fast nagelneuen Volvo P 120, den ihm Franz günstig zugeschanzt hatte. Von einem guten Kunden, der ihn plötzlich einer schweren Krankheit halber nicht mehr fahren konnte. Nur ganze 157 Kilometer hatte der Wagen zurückgelegt, also fast nichts.

Josef konnte es kaum fassen! Ich habe mein eigenes Auto! Und dann noch ein so schickes! Sogar mit einem 3-Punkt-Sicherheitsgurt.

Mit einem solchen war Stuntman Armin Dahl mit einem Volvo 1800 über das Hamburger Hafenbecken geschwebt. Nur an den Sicherheitsgurten hängend. Das sollte zeigen, wie belastbar die waren.

Und jetzt hatte Josef einen Wagen mit genau diesen neuen Gurten, die den Kfz-Markt völlig umkrempelten.

Als Kfz-Meister tätig zu sein und selbst kein Auto zu besitzen, das war Josef immer mächtig sauer aufgestoßen. Immerhin hatte sich bis zur Wende von den Fünfzigern in die Sechziger auch auf West-Wiens Straßen einiges getan. Dank der verbesserten Wirtschaftssituation der meisten Leute war vielen die Anschaffung eines Autos möglich geworden. Und es wurden immer interessantere Typen vorgestellt. Was natürlich lockte. Während zu Beginn der Fünfziger die Kleinwagen und Roller dominierten, protzten nunmehr die Wagen mit mehr Hubraum und vor allem mehr PS. 1960 kamen der schnittige Ford 17M auf den Markt, dann der Ford Falcon, der Porsche 356B, der Opel Rekord Caravan ... Diese Typen tauchten natürlich auch in Josefs Werkstatt auf. Und da sollte er nicht neidisch werden? Und sich sagen: Ich arbeite immer bloß an den Autos fremder Leute, suche oft lange, warum die nicht so wollen, wie sie sollen, flicke herum, setze neue Ersatzteile ein, krieche drunter, mache mich dreckig ... Auch alle nur möglichen Sonderwünsche erfülle ich, wo es nur geht ... Ja und dann ... Dann muss ich die Autos wieder hergeben.

Okay, die meisten Kunden sind sehr freundlich und wissen meine Arbeit zu schätzen.

Ausnahmen bestätigen bekanntlich nur die Regel ... Auch mit dem Trinkgeld sind fast alle sehr spendabel. Und für einen guten Kfz-Mechaniker öffnen sich immer so manche Extratüren. So habe ich drüben im Osten Sachen bekommen, die es nur unter dem Ladentisch gab, und hier habe ich sicher die Chance auf eine gute und preiswerte Wohnung. Alles gut und schön! Trotzdem wollte ich immer mein eigenes Auto besitzen. Eigen ist eben eigen. Aber wie sagt man: Alles im Leben braucht nun einmal seine Zeit und auch Geduld.

Geduld … Oh weh! Die haben die wenigsten Menschen. Auch ich bilde hier keine Ausnahme, wirklich keine.

Als Werkstattleiter verdiente Josef mittlerweile sehr gut, weit über dem Durchschnitt der West-Wiener, und da war die Anschaffung eines eigenen PKWs schon drin. Obwohl er nach wie vor nur die Hälfte in West kriegte, die andere in Ost. Aber drüben hatte er bekanntlich auch Ausgaben: Miete, Strom und Gas. Auch einige Lebensmittel waren im Osten billiger. Und Arbeitskleidung. Was auch zählte. Und nicht nur ein bisschen. Doch auch das war gut bekannt: Handwerk hat goldenen Boden. Bekanntlich hatte sich Josef, als er noch drüben in Favoriten werkte, im Westen so manchen West-Schilling nach Feierabend und am Wochenende dazu verdient. Was aber jetzt, als er ganz im Westen tätig war, keineswegs aufgehört hatte. Im Gegenteil: Er hatte noch viel mehr Zusatzaufträge an Land gezogen. Nicht nur Autos betreffende, sondern genauso, wie schon früher, auch andere handwerkliche Projekte … Für die Zusatzaufträge kassierte er übrigens hundert Prozent West.

Doch auch bei seinen eigenen Belangen ging's ihm gut, die für Petra natürlich eingeschlossen, da er vieles selbst erledigen konnte. Er musste keine Handwerker organisieren und bezahlen, ausgenommen für spezielle Arbeiten, die er nicht ausführen durfte, zum Beispiel Elektroarbeiten. Und da hielt sich Josef konsequent an die Gesetze. Selbst hierbei war er im Plus. Der Elektriker, der die Stromleitung in Petras Wohnung wieder flott gemacht hatte, klagte sehr über seinen schnittigen BMW 507. Josef sorgte dafür, dass er bald wieder über die Straßen brauste. Getreu dem bekannten Sprichwort „Eine Hand wäscht die andere" …

Dabei kommen immer beiden Seiten gut weg.

Apropos BMW 507! Der war ein Trauerspiel im Autojahr 1959! Weil 1959 für ihn das AUS bedeutet hatte. Obwohl er erst vier Jahre zuvor seine große Premiere erlebt hatte. Als es großspurig hieß, er sei schön, schnittig und schnell. Was auch stimmte. Aber trotzdem …

Der wunderschöne Sportwagen wurde nur 251 mal gebaut und verkauft. Das ist natürlich viel zu wenig, das rechnet sich hinten und vorn nicht. Obwohl der offene Zweisitzer mit einem 3,2-Liter-V8-Leichtmetallmotor ausgestattet war, mit 150 oder 165 PS. War es dann der Preis von 189.000 Schillingen, dass er nur schwer die Autosalons verließ? Trotz der Beschleunigung von Tempo 0 auf Tempo 100 in nur 11,5 Sekunden? Josef konnte das überhaupt nicht verstehen und nur den Kopf schütteln. Darum hatte er zu dem Elektrikermeister bei der Abholung des Wagens lakonisch gemeint: „Mit dem Wagen werden Sie immer auffallen!"

Worauf der Angesprochene lachend und kopfschüttelnd erwidert hatte: „Da haben Sie völlig recht, aber ich sag' Ihnen noch etwas: Seinen wahren Wert kriegt dieser Wagen erst in vielen Jahren!" Was sich Josef gut vorstellen konnte.

Josef meldete seinen Volvo auf Petra an, da er als Ost-Wiener in West-Wien noch nicht offiziell in Erscheinung treten wollte. Und da Petra über einen Führerschein verfügte, war das kein Problem. Er konnte sich mit seinem Auto leider nur in West-Wien bewegen, was ihn schon sehr schmerzte. Da habe ich einen so tollen Wagen und kann mit ihm nicht dahin fahren, wohin ich will, denn die Transitwege nach Westösterreich waren tabu und würden es auch bleiben, wenn Josef ganz nach West-Wien übersiedeln würde. Weil er seinen Wohnsitz illegal wechselt, also ohne Genehmigung der Ost-Behörden. Eine solche vergaben diese leider nur äußerst selten. Bei Pensionisten oder Personen, die schon immer im Westen gearbeitet hatten, also schon vor der Teilung Wiens, da kam so etwas ab und zu mal vor. Sonst war nur die Flucht, eben der illegale Umzug, möglich. Womit jeder gen Westen geflohene Bürger der Volksrepublik Österreich beim Passieren der Transitwege zwischen West-Wien und Westösterreich sofort verhaftet wurde.

Josef konnte also nur den Luftweg benutzen, um nach Westösterreich zu gelangen. Wollte er also auch in Westösterreich mit seinem Auto unterwegs sein, müsste er sich ganz nach Westösterreich absetzen. Urlaubsreisen nach Westösterreich mit dem Auto konnten demzufolge nur so erfolgen: Josef fliegt und Petra steuert das Auto allein über die Transitstrecke. Schließlich trifft man sich in Linz oder Graz wieder.

Das Passieren der Transitstrecke war der zweite Grund dafür, dass Josef sein Auto auf Petra angemeldet hatte, damit im Zulassungsschein nicht sein Name aufschien. Saß nämlich bei der Transitkontrolle nicht der Autobesitzer im Wagen, schöpften die ostösterreichischen Grenzsoldaten sofort Verdacht und forschten nach, ob der Besitzer des Wagens Bürger der Volksrepublik sei, und war das der Fall, wurde das Auto beschlagnahmt und der West-Lenker verhaftet. Einem Ehepaar in Petras Siedlung war das widerfahren. Logisch, dass Josef und Petra das unbedingt vermeiden wollten.

Der 10. Mai 1961 war fast schon ein Sommertag. Ganze 25 Grad zeigte das kleine Thermometer an der Schattenseite der Werkstatt zur Mittagspause, die dank dieses Wertes im kleinen Vorgarten verbracht werden konnte. Josef goss das Dahlienbeet, das er immer liebevoll pflegte, da Petra die gelben Pflanzen kurz zuvor eingesetzt hatte. Diese schienen sich dank Josefs Pflege gut zu entwickeln und wurden deshalb immer wieder von manchen Kunden bestaunt. Auch ein Lohn für gute Arbeit. Einige Kunden dachten, Frau Schreiner kümmere sich um die Blumen, die winkte aber immer lachend ab: „Nein, das Beet betreut unser Chef selber. Da lässt er keinen ran. In der Früh schaut er sogar nach, ob wieder lästige Nacktschnecken herumlaufen, um an den Pflanzen zu knabbern. Das mag er nämlich überhaupt nicht."

Heute benötigten die Blumen unbedingt noch etwas Wasser, da es in der letzten Zeit wenig geregnet hatte. Ja, man nutzte diese für die Jahreszeit unverhofft schon warmen Sonnenstrahlen. Doch es gab noch etwas, was diesen Mittwoch unverhofft sonnig gemacht hatte – weshalb Josef, als er nach Feierabend aus der Werkstatt geeilt war, freudestrahlend an Petras Wohnungstür läutete. Es war nicht ausgemacht, dass er heute bei ihr erscheinen würde. Deshalb starrte sie ihn verwundert an, als sie die Tür öffnete, aber er wartete nicht ab, was sie jetzt sagen würde, weil er mit seiner Nachricht sofort rausplatzen musste: „Du, ich habe endlich wieder eine Wohnung für uns!"

„Wirklich?" Petra war sprachlos, was bei ihr viel hieß.

Erst nach einem tiefen Durchatmer bat sie Josef rein. „Komm und erzähl mir!"

Die Neugierde stand Petra unmissverständlich im Gesicht geschrieben, und Josef spannte seinen Schatz auch nicht unnötig auf die Folter: „Es ist wieder ein Glücksfall, einmal von der Miete her, aber auch von der Verkehrslage. Die Wohnung ist auf der Hietzinger Hauptstraße, nahe beim Wolfrathplatz. Im dritten Stock eines Gründerzeitbaues, aber sie hat trotzdem sogar Bad und Innen-WC. Wir haben drei geräumige Zimmer, damit sich auch ein, hoffentlich baldiger, Nachwuchs wohlfühlen kann."

Petra musste schallend lachen und umarmte ihren Schatz. Lange lagen sich die beiden in den Armen, bis Petra wissen wollte: „Wann können wir die Wohnung haben?"

„Der jetzige Mieter hat zum 30. September gekündigt, viel früher, als er hätte müssen, und der Vermieter, ein Freund von Franz, hat gleich reagiert und Franz wissen lassen, dass etwas frei wird. Wir können die Wohnung also zum 1. Oktober haben."

„Dann werden wir sicherlich noch einiges richten müssen", stellte sich Petra vor, aber Josef dämpfte: „Angeblich soll die Wohnung in gutem Zustand sein, sodass womöglich nur neu auszumalen und zu tapezieren sein wird und vielleicht ein paar übliche Kleinigkeiten zu richten, wie das halt so ist."

„Hast du die Wohnung schon gesehen?"

Josef schüttelte entsetzt den Kopf und verpasste Petra ein dickes Bussi: „Nein, ohne dich mach' ich das doch nicht. Nächste Woche können wir sie uns anschauen und dann endgültig entscheiden."

„Na dann bleib aber jetzt hier. Daraufhin muss ich uns schon was Gutes zum Abendessen richten. Du hast, wie ich weiß, immer gern Spaghetti mit Tomatensoße. Ich wusste ja nicht, dass du heute zu mir kommst und da hab' ich nichts Besonderes gekauft."

„Weiß ich, aber das macht wirklich nichts. Spaghetti mit Tomatensoße ist absolute Spitze, überhaupt von dir gekocht."

Die beiden genossen das Essen und leerten anschließend noch eine Flasche Rotwein. Jetzt konnten sie wieder frohgemut in die Zukunft blicken.

„Dann könnte unsere Hochzeit womöglich im Oktober stattfinden!", stellte sich Josef freudig vor, und Petra prostete ihrem Schatz lächelnd nickend zu.

Petra war total aus dem Häuschen! Die Wohnung gefiel ihr auf Anhieb! Was natürlich auch Josef glücklich stimmte, denn er konnte sich auch nur ehrlich freuen, wenn Petra frohen Mutes war.

„Oh, hier werden wir uns pudelwohl fühlen!" Petra hüpfte aufgekratzt durch die Zimmer, was die Noch-Mieterin der Wohnung aufheiterte. Die mollige Mittsechzigerin im langen weiß-blauen Kleid bot Kaffee an, was Josef und Petra dankend annahmen. Der Herr des Hauses war nicht zu Hause, sondern bereits im neuen Domizil des Paares. Die beiden hatten vor, nach Kitzbühel zu übersiedeln, wo sie ein kleines Haus geerbt hatten. Darin wollten sie ihren Lebensabend verbringen.

Die Wohnung war nett eingerichtet. Petra fielen besonders die vielen Bücher auf. „Haben Sie die alle schon gelesen?"

„Oh nein, wo denken Sie hin!", entgegnete die Frau, „natürlich hab' ich einige gelesen, aber die meisten betreffen Interessensgebiete meines Mannes, und der hatte bisher sehr wenig Zeit dazu. Wenn man berufstätig ist, kommt man ja zu nix. Abends und am Wochenende ist man müde, aber ich hoffe, dass er jetzt ein bisschen Zeit zum Lesen hat, denn in dem Haus draußen in Kitzbühel gibt's auch wieder viel Arbeit."

„Was war denn Ihr Mann von Beruf, wenn ich fragen darf?"

„Natürlich, ist ja kein Geheimnis", erwiderte die Frau, „mein Mann war Bilanzbuchhalter in einer größeren Möbelfirma. Da hatte er immer viel zu tun und war oft bis weit in den Abend hinein beschäftigt. Besonders schlimm war das zum Jahresende. Das war die reinste Katastrophe und fing schon in der Adventszeit an. Auf einen Adventsmarkt kamen wir beide zusammen nie, weil da schon die Überstunden am Samstag und Sonntag anfingen. Und von Weihnachten und Neujahr hatten wir auch nichts. Nur mit Mühe und Not kam er am Heiligen Abend gegen sechs Uhr abends heim, musste aber an den Feiertagen und auch zu Silvester und Neujahr wieder drinnen sein. Die obersten Chefs wollten die Bilanz unbedingt bis zum 10. Jänner fix und fertig haben."

„So ein Blödsinn!", stöhnte Josef, „hätte der 10. Februar nicht auch gereicht?"

„Natürlich!" Die Frau war noch immer außer sich, „selbst der 10. März wäre genug gewesen, denn die öffentliche Bilanzpräsentation fand erst weit nach Ostern statt. Aber der oberste Chef bestand auf Biegen und Brechen auf dem 10. Jänner. Koste es, was es wolle. Bitte, der Chef hat immer recht!"

„Aber jetzt können Sie die Feiertage richtig genießen!"

„Das haben wir letztes Jahr auch ausgiebig getan, denn das war doch das erste Weihnachten in der Pension meines Mannes!" Die Augen der Frau glänzten. „Wir sind am Heiligen Abend gemütlich in den Stephansdom gefahren und an beiden Feiertagen sind wir gut essen gegangen. Auch Silvester haben wir ganz beschaulich gefeiert und haben um zwölf mit einem guten Sekt angestoßen. Auf das alles hatten wir uns schon jahrelang gefreut."

„Und heuer gibt's bestimmt noch ein größeres Fest?", stellte sich Petra vor, was die jetzt total locker wirkende Frau vollauf bejahte: „Oh ja! Da wollen wir das Fest in unserem neuen Zuhause feiern, aber nächstes Jahr, da wollen wir mal über alle Feiertage bis nach Heilige Drei Könige wegfahren und in Salzburg feiern! Uns mal bedienen lassen!"

„Recht haben sie!", ermutigte Josef die nette Frau, die dann ergänzte: „Schauen Sie, jedes Jahr wollen wir die Feiertage ein bisschen anders verbringen, vielleicht auch mal im Süden …"

Manche Menschen können sich ihres Lebens erst richtig freuen, wenn sie alt sind, weil das Berufsleben eine einzige Plage ist, resümierte Josef traurig.

Die Vorfreude auf die neue Wohnung bekam in der Woche vor Pfingsten einen kräftigen Dämpfer, als Josef die Nachricht ereilte, sein Vater habe wieder einen Schlaganfall erlitten und schwebe diesmal sogar auf der Intensivstation des Krankenhauses Favoriten in akuter Lebensgefahr.

„Heute Mittag ist es plötzlich passiert!" Herta standen die Tränen im Gesicht, als sie am Abend zu Josef geeilt war, der zum Glück nicht weit weg vom Spital wohnte. Zufällig war auch Petra gerade bei ihm, als Herta eintraf und erzählte, was geschehen war. „Rudi hat fürchterlich nach Luft gerungen, ist zusammengesackt und lag dann röchelnd am Boden. Bin natürlich sofort runter zum Telefonhütterl gerannt und hab' die Rettung gerufen. Die ist sehr schnell gekommen und hat ihn ins Favoritener Spital gebracht. Er liegt jetzt auf der Intensivstation und ist überhaupt nicht ansprechbar."

Josef und Petra gingen mit Herta sofort ins Spital. Petra, die sich bekanntlich berufsbedingt gut in der Medizin auskannte, war leider wenig optimistisch, als sie Rudi da so liegen sah, sprach das allerdings nicht vor Herta aus.

Nur Josef gegenüber war sie ehrlich, nachdem die beiden das Spital verlassen hatten und langsam zum Matzleinsdorfer Platz gingen: „Du, mein Schatz, leider schaut es mit deinem Vater gar nicht gut aus. Das muss ich dir offen sagen, weil ich dir nichts vormachen möchte. Das wäre nicht fair und schon gar nicht liebevoll. Wenn ich ihm helfen könnte, würde ich das bestimmt sehr gern tun, denn du weißt, dass ich ihn sehr mag."

Sie nahm Josef ganz fest in den Arm, und dieser bekannte für Petra überraschend: „Ich sehe das genauso. Und ich mache mir da absolut nichts vor, weil das nichts bringt. So schlimm wie heute war das bei seinem ersten Schlaganfall lange nicht. Glaubst du, ich möchte meinen Vater jahrelang leiden sehen?"

Petra verneinte und Josef fuhr fort: „Für meinen Vater wäre es ein Wahnsinn, nur tatenlos im Bett herumzuliegen. Er, der immer Agile, der Kämpfer, der nur helfen wollte, der immer mit anpackte, der soll nun zum trübsinnigen Nichtstun verdammt werden? Der soll jetzt im Alter zum Pflegefall werden? Nein, das wäre nichts für ihn. Und ich möchte im Alter auch bloß kein Pflegefall werden, und was ich für mich selber nicht möchte, das mute ich auch keinem anderen Menschen zu, meinem eigenen Vater am allerwenigsten!"

Zwei Tage nach Pfingsten brachte Rudi endlich ein paar leise Worte heraus. Man musste schon gut hinhören, um sie zu verstehen, aber alle freuten sich trotzdem mächtig darüber. Das war ein Geschenk und weckte die Hoffnung, dass es wieder aufwärts gehen würde.

Am darauffolgenden Wochenende saß die ganze Familie am Bett des Vaters. Poldi schaute in Weiß kurz vorbei. Sie hatte Dienst auf der HNO-Station, aber ein kurzes Sprüngerl war schon drin …

Sie und Paul, der sich Rudi genauer anschaute, wirkten aber kein bisschen positiv, zeigten das allerdings nicht vor der Familie und äußerten daher nur ganz allgemein: „Wir müssen abwarten und uns in Geduld üben", meinte Paul kurz. Aber zu Petra und Josef war er ehrlich und nahm die beiden in sein Ordinationszimmer, um ihnen reinen Wein einzuschenken.

„Wisst ihr, das ist nur noch ein letztes Aufflackern, was ihr in diesen Tagen erlebt. In Wirklichkeit müssen wir täglich damit rechnen, dass es zu Ende geht …"

„Meine Güte, da hat er sich seit Jahren so sehr auf seine Pension gefreut, und nun erlebt er womöglich gar nicht mal den Pensionsantritt", klagte Josef Petra sein Leid, die auch traurig ihren Kopf senkte: „Da hast du völlig recht! Das ist wirklich eine Tragödie, denn dein Vater hätte sich ein ruhiges, gemütliches Pensionistenleben von ganzem Herzen verdient. Schließlich musste er sich auf dem Bau bei Wind und Wetter mächtig herumquälen. Die Arbeit auf dem Bau ist wirklich nicht leicht."

„Und dazu kommen noch die Jahre in Wöllersdorf und dann die an der Front. Und das Schlimmste war schließlich die Gefangenschaft bei unseren guten Freunden in Sibirien", fiel Josef dazu noch ein.

Die beiden sprachen an, was vielen Männern aus Rudis Generation widerfahren war: In ihrer Kindheit darbten sie unter dem „gütigen" und „christlichen" Kaiser. Als sie Jugendliche waren, tobte der Erste Weltkrieg. Darauf folgten die unruhigen Nachkriegsjahre samt der Hyperinflation. Und schon bald kamen die Hungerjahre der Weltwirtschaftskrise und die Zeit des Ständestaates mit ihren Drangsalierungen. Und dann ging's auch schon „für Führer, Volk und Vaterland" auf die Schlachtfelder des Zweiten Weltkrieges. Daran schlossen sich oftmals noch Jahre der Kriegsgefangenschaft an. Und wer diese zu allem Übel auch noch in der Sowjetunion erleiden musste, war besonders hart dran.

All das zehrte an den Kräften, und Rudi war nur einer von vielen, der dadurch das 65. Lebensjahr nicht erreichte. Vier Jahre hätten ihm noch zu diesem begehrten Geburtstag gefehlt.

Aber auch die Frauen hatten während des Krieges viel durchgemacht. Vielfach mit noch kleinen Kindern mussten sie angstvolle Nächte in den Luftschutzkellern zubringen und unter Lebensgefahr, besonders zu Kriegsende, als die Front durch die Städte und Dörfer tobte, die nötigen Lebensmittel herbeischaffen. Die ersten Nachkriegsjahre dann waren von nicht weniger Hunger und Kälte gefüllt. Was auch Hertas Gesundheit stark zugesetzt hatte. Sie konnte als Frau zwar mit 60 in Pension gehen, musste aber auch darauf noch zwei lange Jahre warten.

Von seinen Kollegen und Genossen wurde Rudi nicht vergessen. Zu den offiziellen Besuchszeiten erschien immer wieder einer, ein paarmal sogar der Leiter der Betriebsgewerkschaftsleitung und Rudis Bauleiter. Natürlich schauten auch Genossen aus seiner SPÖ-Sektion vorbei. Noch wurden die wenigen verbliebenen SPÖ-Lokale in Ost-Wien geduldet. Was sollten sie nun alle sagen? Was redet man im Angesicht des Todes? Da ist guter Rat oft sehr teuer. Und die allseits abgedroschenen Phrasen, wie „Kopf hoch", nützen am allerwenigsten. Vor allem, wenn der Kopf gar nicht mehr hoch konnte.

So oft wie möglich kam Petra zusammen mit Josef ins Spital. Aber auch sie konnte nicht viel helfen, und das war auch nicht nötig, weil die Ärzte und Schwestern sehr fleißig und rührig waren, wie Petra erfreut feststellte. Man konnte einfach nur abwarten. Am Mittwoch, dem 14. Juni 1961 schließlich, schloss er für immer die Augen.

Rudis Krankheit hatte die Vorbereitungen auf den Einzug in die neue Wohnung sehr stark in den Hintergrund gedrängt. Solange der Vater im Sterben lag, wollte Josef den Ostsektor noch nicht für immer verlassen. Wofür Petra natürlich vollstes Verständnis hatte. Abgesehen davon stand die Wohnung sowieso erst ab 1. Oktober zur Verfügung.

Aber wann sollte nun geheiratet werden? Der Tag, an dem Josef ganz in den Westen ziehen würde, denn als noch im Osten Wohnender hätte er im Westen nicht heiraten können. Weil die West-Wiener Gesetze solches nicht zugelassen hätten.

Und im Osten wäre er wegen „ungesetzlicher Verbindungsaufnahme zu feindlichen Institutionen", wozu auch der West-Wiener Magistrat zählte, für mehrere Jahre ins Gefängnis gewandert.

Was auf gut österreichisch hieß: Heirat war nur durch Flucht möglich, aber diese bedeutete, wie schon mehrmals festgestellt: Dann kann Josef den Ostsektor nie mehr betreten.

Er könnte dann auch seine Mutter nicht mehr besuchen, der es jetzt leider auch zunehmend schlechter ging. Sie litt unter Atemnot und tat sich dadurch naturgemäß beim Stiegensteigen schwer. Gut, solange sie es noch schaffte, könnte sie Josef im Westen besuchen, aber wenn es nicht mehr ging, was dann? Und das „was dann?" wird bald Realität werden …

Hier schien sich wieder einmal zu bewahrheiten: Wenn von zwei Eheleuten, die lange harmonisch zusammengelebt hatten, der eine oder die eine ging, folgt der oder die andere bald nach, da nun auch um Herta gebangt werden musste.

Ja, Herta und Rudi, zwischen denen es nie ernsthafte Zerwürfnisse gegeben hatte.

Immer einer Meinung sein, das ist natürlich fad und keineswegs erstrebenswert. Und stets gut aufgelegt ist auch keiner, aber lautstarke Auseinandersetzungen kannten die beiden wirklich nicht.

„Dazu haben wir viel zu viel durchgemacht, als dass wir uns um des Kaisers Bart streiten würden", meinte Herta einmal lachend, und Rudi ergänzte: „Wenn das Glas mit der Zahnbürste rechts steht und ich will es links haben, dann stelle ich es eben dort hin. Das dauert etwa zehn Sekunden, aber die nutzlose Debatte darüber hört oftmals nach Stunden nicht auf. Bitte, solchen Blödsinn tue ich mir nicht an!"

Herta wollte Josef und Petra wegen ihrer bevorstehenden Hochzeit auf keinen Fall im Wege stehen und betonte deshalb immer wieder: „Bitte nehmt auf mich keine Rücksicht. Wenn ihr heiraten wollt, dann tut das! Natürlich ist es schade, wenn wir uns dann nicht mehr so oft sehen können, aber das ist nun mal so. Wenn ihr nach Amerika auswandern würdet, könnten wir auch nicht oft zusammenkommen!"

Schließlich stand in Perchtoldsdorf noch das Knusperhäuschen, das ein neues Dach benötigte. Dazu kannte Josef den Fred, einen alten Schulfreund, der Dachdecker geworden war. Mit ihm wollte er ans Werk gehen und tat's auch …

Josef wusste, auch hierher kann er nach einer illegalen Übersiedlung nicht mehr fahren. Und Petra hätte dann auch keine große Lust mehr, allein herzukommen. Oh, das war alles gar nicht einfach. Guter Rat war jetzt sehr, sehr teuer geworden.

Und wurde noch teurer, als in den Ostzeitungen in zunehmend aggressiver Weise über die noch offene Grenze zwischen Ost-Wien und West-Wien gewettert wurde.

Die offene Grenze, ja, die lockte so manchen Ostbürger zur Flucht in den vermeintlich „goldenen" Westen mit seinen schillernden Leuchtreklamen, den übervollen Schaufenstern, den vielen Kinos, in denen interessante Filme gespielt werden.

Und im „goldenen" Westen kannst du viel Geld verdienen, und dann kannst du dir kaufen, was dein Herz begehrt und erlebst die Freiheit in der großen weiten Welt. Ja, so sahen nicht wenige Ostbürger den österreichischen Westen und Süden. Mit der Realität hatte das herzlich wenig zu tun.

Doch auch das gab es am Anfang der Sechzigerjahre in der Volksrepublik Österreich in zunehmendem Maße. Der Druck auf die noch existierenden Einzelbauern, den landwirtschaftlichen Genossenschaften beizutreten, wurde immer stärker. Die Partei drängte, und die Leiter der Genossenschaften wollten nach oben melden: „Unser Dorf ist vollgenossenschaftlich!" Was im Klartext hieß: Alle Bauern sind der Genossenschaft beigetreten, es gibt bei uns keinen Einzelbauern mehr.

Der Genossenschaftsbeitritt, der in den Fünfzigerjahren noch weithin freiwillig erfolgte, war es jetzt nicht mehr.

Somit gingen jetzt viele rüber. Selten wirklich freiwillig, denn wer verlässt schon gern sein eigenes Haus und seinen eigenen Hof? Aber wenn du nicht mehr Herr auf deinem eigenen Hof sein darfst? Einverstanden, die gemeinsame Bewirtschaftung der Felder, die gemeinsame Viehzucht haben gewiss auch Vorteile, weshalb in den Fünfzigerahren einige Bauern der Genossenschaft beigetreten waren, aber wenn das unter Zwang geschieht, wenn dir keine Zeit zum ehrlichen Nachdenken gelassen wird ...

So hatte es die Familie von Petras Schwägerin Maria am eigenen Leib erfahren, als die Werber für die Genossenschaft bei ihr auftauchten, um ihren Mann, der einen kleinen Bauernhof am Stadtrand von Tulln betrieb, zu überreden, der Genossenschaft beizutreten.

Die Argumente der Werber waren immer dieselben: „Du hast einen geregelten Arbeitstag in einem Zweischichtsystem mit freiem Wochenende oder einem freien Tag unter der Woche. Pro Jahr hast du drei Wochen Urlaub. Du musst also nicht mehr von früh bis spät sieben Tage die Woche schuften. Ist das nix?"

Natürlich war das etwas, aber eben nicht alles. Eigener Herr auf eigener Scholle zu sein ist auch etwas, und für Marias Familie bedeutete das mehr als einen freien Tag pro Woche zu haben und drei Urlaubswochen im Jahr.

Das war aber längst noch nicht alles, denn in der Schule wurden die Kinder der Einzelbauern als „Kinder der Ewiggestrigen" verspottet. Und weitere Probleme hatten sie, weil sie nicht den Jungen Pionieren oder später der FJÖ beigetreten waren und auch nicht mit 14 die atheistische Jugendweihe empfangen hatten, sondern gefirmt wurden. Was natürlich einen gehörigen Spießrutenlauf im Schulalltag nach sich zog. Der sehr wehtat, aber beileibe im späteren Berufsalltag nicht etwa aufhören würde: Im Ausbildungsbetrieb, in der Berufsschule – und sich letztendlich durch das ganze Berufsleben ziehen würde.

Die Werber wurden immer brutaler, frei nach Goethes Erlkönig: „Und bist du nicht willig, so brauch' ich Gewalt …"

Indem sie Bernd und Maria als „Friedensfeinde" beschimpften, die mit ihrer feindlichen Einstellung eine Hungersnot in der Volksrepublik vom Zaum brechen wollten und, wie könnte es anders sein, mit dem US-Geheimdienst und westösterreichischen Agenten unter einer Haut steckten und somit an der Vorbereitung zum Dritten Weltkrieg mitarbeiteten.

In der DDR gibt es seit einem Jahr keinen einzigen Einzelbauern mehr. Immer dieselbe Leier. Kreativität war den Genossen fremd. Sie konnten nur auswendig Gelerntes herunterleiern.

Bernd und Maria flohen mit ihren beiden Kindern Anfang Juni 1961 nach West-Wien. Petra verhalf ihnen schnell zu einer Wohnung und verschaffte ihnen auch eine gute Arbeitsstelle, was dazumal noch kein großes Problem darstellte.

So wanderten allein im Juni 1961 über 2.000 Ost-Bürger in die West-Republik.

Da musste zweifellos etwas passieren! Bloß was? Und wann? Und wie?

Jetzt wurde der gute Rat tatsächlich immer teurer.

Die erste Augusthälfte Anno 1961 zeigte sich meteorologisch von ihrer besten Seite. Die Freibäder quollen von Besuchern förmlich über. Wer konnte, verbrachte seine Freizeit im Garten – was auch Josef und Petra fleißig taten.

Die Hochzeit war nun für den 26. September geplant mit einer anschließenden Flitterwoche im Tiroler Ötztal.

Stimmt, beim Blick auf den Kalender stellt jeder unschwer fest, dieser Tag fiel auf einen Dienstag, aber die Freitage und Samstage waren auf dem Hietzinger Standesamt auf Monate hinaus ausgebucht. Aber selbst eine Anmeldung für eine bevorstehende Hochzeit setzte einen Wohnsitz in West-Wien voraus. Diesen wollte Josef aber erst nach dem 21. August einnehmen, nachdem die Knieoperation der Mutter hoffentlich gut verlaufen sein würde, die nun auch noch notwendig geworden war. Und nicht ungefährlich war, wie die Ärzte ehrlich zugaben. Herta tat sich mit dem Gehen immer schwerer, der Rollstuhl drohte. Würden sich Josef und Petra also Ende August um einen Hochzeitstermin an einem Freitag oder Samstag bemühen, sähe es bitterböse aus. Höchstens im November sei noch etwas frei, würde es dann heißen, aber bitte … Unter der Woche, vor allem am Montag oder Dienstag, ginge alles viel einfacher. Bei einer Mindestwartezeit von vier Wochen.

Nach den schweißtreibenden Arbeitswochen in der Werkstatt genoss Josef die luftigen Wochenenden im Knusperhäuschen sehr. Dieses aber auch deshalb, weil er bald nicht mehr hierher kommen könnte. Petra plagte die Hitze an ihrem Arbeitsplatz nicht so stark, aber auch sie fühlte sich in der freien Natur wohler.

Das zweite Augustwochenende wollten die beiden besonders genießen, weil es das letzte entspannte Wochenende hier draußen sein würde. Eine Woche später stand Hertas Operation am darauffolgenden Montag bevor, und da wollten Josef und Petra lieber bei ihr sein.

Und am Freitag danach hätte Josef seinen Wohnsitz längst gen Westen verlegt.

Womit am Wochenende vom 11.–13. August 1961 im Knusperhäuschen noch einmal kräftig gefeiert werden sollte. Allerdings durften Josef und Petra am Freitag nicht mit allzu schweren Sackerln über die Stadtgrenze marschieren, um nicht aufzufallen. Nicht auffallen, das war beim heutigen Grenzübertritt besonders schwer, weil es dabei nicht wie sonst zuging. Der an sich nette Grenzpolizist grüßte gar nicht so freundlich wie sonst. Er wirkte nervös und beäugte die Ausweise, die er doch längst gut kannte, sehr intensiv. Aber das war's nicht allein, was heute anders war, denn neben dem kleinen Abfertigungshäuschen hatten Armeesoldaten zwei Zelte errichtet. Wozu das?

Ach, immer wenn etwas in der Volksrepublik nicht so lief wie gewohnt, fragte sich jeder besorgt: Führen sie etwas im Schilde?

„Sie", die allgegenwärtige Partei der Arbeiterklasse, die immer recht hatte, die immer wusste, was für das werktätige Volk gut war, die allen Angriffsversuchen des Klassenfeindes kampfentschlossen trotzte. So jedenfalls schrieben es die Zeitungen, besonders in der letzten Zeit, und so verkündeten es Rundfunk und Fernsehen. Letztem lauschten allerdings nur sehr wenige Bürger der Volksrepublik. Sie lauschten und blickten lieber gen Westen …

Die äußerst hektisch wirkenden Soldaten bauten einen Sender oder so etwas Ähnliches auf, musterten jedoch jeden, der die Grenze überschritt, sehr aufmerksam.

Einer älteren Frau forderte der zweite Grenzpolizist, den Josef und Petra auch gut kannten, auf, die Tasche zu öffnen. Sie musste ihm in das Abfertigungshäuschen folgen … Josef war heilfroh, dass er die Flasche Tiroler Marillenbrand, die ihm Doktor Wolf noch kurz vor Feierabend geschenkt hatte, unbemerkt über die Stadtgrenze gebracht hatte. Ja, Doktor Wolf war noch schnell mit seinem schicken roten Borgward Isabella in die Werkstatt gebraust.

„Du weißt, die Zeitungen schreiben seit einigen Tagen, dass es mit der Isabella was hat. Der Motor spinnt angeblich ab und zu. Schau dir den Wagen mal an, weil ich sichergehen will. Man hat schließlich nur ein Leben."

Doktor Wolf klopfte Josef, wie inzwischen längst üblich, freundschaftlich auf die Schulter und gab ihm noch die schon erwähnte Flasche Marillenbrand mit.

„Macht euch ein schönes Wochenende. Ich schau dann nächste Woche vorbei!"

„Gut Herbert, ich mach' mich gleich Montagfrüh an den Wagen!"

Doktor Wolf zog fröhlich ab. An diesem Freitag, dem 11. August 1961 …

Frau Schreiner packte schon zusammen, und die Arbeiter eilten zum Waschraum.

Alle wünschten sich ein schönes Wochenende und winkten einander noch zu. Wie es inzwischen am Freitagnachmittag üblich war. Josef goss noch das Dahlienbeet. Bis Montag würde es schon passen. Ja, bis Montag. Heute war aber erst einmal Freitag. Freitag, der 11. August 1961.

Josef verließ die Werkstatt wie an jedem Freitag in Richtung Petra, um mit ihr saisonbedingt ins Knusperhäuschen zu fahren. Auch sie war vor Kurzem aus der Ordination gekommen. Auch wie inzwischen an jedem Freitag. Die beiden gingen den kurzen Weg zur Straßenbahn, fuhren mit ihr bis zur Stranzerberggasse und von dort weiter mit dem Bus bis zur Stadtgrenze. Von dort ging's mit dem Ost-Bus bis kurz vor das Knusperhäuschen. Auch wie an jedem Freitag …

Sie genossen den Abend gemütlich auf der Terrasse und kamen sich beim Anblick des Sonnenunterganges wie in einer anderen Welt vor. Und grillten am Samstagabend die Hühnerkeulen, die Petra tags zuvor schnell noch bei ihrem Greißler gekauft hatte. Und tranken danach zwei Biere, dazu zwei Gläschen Marillenbrand, sich auf ihre gemeinsame Zukunft, aber vorerst einmal auf das Einlaufen in den Ehehafen freuend. Wieder bei einem wunderschönen Sonnenuntergang, der herrlicher nicht hätte sein können. Blutrot versank die Sonne hinter dem Horizont. Am Samstagabend des 12. August 1961 …

Auch am Sonntagmorgen strahlte die Sonne aus einem wolkenlosen Himmel. Schon kurz vor zehn zeigte das Thermometer auf der schattigen Terrasse ganze 25 Grad. Da ließ sich das Frühstück wahrlich genießen.

Petra kam auch schon lachend mit dem Kaffee und hatte den Frühstückstisch längst gedeckt. Josef holte noch Milch, Butter, Brot und Käse. Auch die Eier standen zum Verzehr bereit. Es konnte also losgehen …

Josef wollte beim Essen die Zehn-Uhr-Nachrichten im Westsender hören und schaltete dazu das kleine Kofferradio ein. Aber was er und Petra da hörten, wollten sie partout nicht glauben:

„Kurz vor sechs begannen Soldaten der ostösterreichischen Arbeiterarmee zusammen mit Angehörigen der Betriebskampfgruppen die Sektorengrenze zwischen Ost- und West-Wien abzuriegeln. Ebenfalls die Außengrenze zwischen West-Wien und dem Umland. Und die Grenze zwischen Ost- und Westösterreich wird auch weiter ausgebaut …"

„Was höre ich da?" Josef starrte Petra entsetzt an. Beide saßen wie versteinert da und hörten weiter aufmerksam zu.

„Zwischen Ost- und West-Wien bleiben folgende Straßenübergänge geöffnet:

Friedensbrücke, Schottentor, Stadiongasse, Wiedner Hauptstraße, Matzleinsdorfer Platz, Gudrunstraße und Wienerbergstraße. Für den Verkehr zwischen West-Wien und dem Umland bleiben die Straßenübergänge Heiligenstädter Straße und Mauerbachstraße geöffnet.

Für den Transitverkehr nach Westösterreich bleiben die Grenzübergänge Mariabrunn und Altmannsdorfer Straße unverändert weiter bestehen. Fernzüge in Richtung Westen fahren vom Südbahnhof ab, der nur nach Passieren einer Kontrolle betreten und verlassen werden kann. Für das Passieren der Übergangsstellen nach West-Wien benötigen Ost-Bürger eine Genehmigung, welche die Polizeidienststellen ausstellen, die auch bisher schon Reisegenehmigungen für Reisen nach Westösterreich erteilt haben …"

Josef und Petra war der Appetit gründlich vergangen. Was sie soeben gehört hatten, würde ihre weiteren Pläne völlig zunichtemachen. An ein gemütliches Frühstücken war nun nicht mehr zu denken … Um elf wollten sie dann auch die Ost-Nachrichten hören, und die begannen mit dem üblichen ideologischen Palaver: „Die Regierung der Volksrepublik Österreich hat gemeinsam mit der Regierung der Deutschen Demokratischen Republik, in Übereinstimmung mit dem Politischen Beratenden Ausschuss des Warschauer Vertrages, beschlossen, Maßnahmen zu setzen, welche die Wühltätigkeit der imperialistischen Geheimdienste der USA, Westdeutschlands, Westösterreichs und der NATO an den Grenzen des sozialistischen Lagers unterbinden. Was besonders für die noch offenen Grenzen zu Westberlin und West-Wien gilt. Da es in den letzten Monaten wiederholt Anschläge auf Einrichtungen der Volksrepublik Österreich gab und westliche Agentenorganisationen besonders Fachkräfte nach West-Wien und Westösterreich mit fragwürdigen Versprechungen abgeworben haben, sieht sich die Regierung der Volksrepublik Österreich genötigt, Maßnahmen zur Sicherung ihrer Staatsgrenze zu treffen.

Wir verstehen, dass es für einige Bürger zunächst Härtefälle geben kann, aber es wird jeder Bürger der Volksrepublik Österreich sehr bald feststellen, dass diese Maßnahmen eine Konsolidierung der wirtschaftlichen und politischen Lage bringen werden und sich somit der Lebensstandard jedes Bürgers spürbar verbessern wird.

Im Einzelnen sind folgende Maßnahmen getroffen worden: Zwischen dem sozialistischen Sektor Wiens und West-Wien bleiben folgende Übergänge geöffnet …"

Josef war am total am Boden zerstört. Petra umarmte und tröstete ihn: „Wir müssen schauen, was wir noch tun können."

„Was können wir denn jetzt noch machen?" Josef war den Tränen nahe.

„Na, sie reden von Genehmigungen, die man beantragen kann!"

„Du glaubst wirklich, dass die mir eine geben?"

„Immerhin arbeitest du im Westen!"

„Na, gerade das wollen sie mit diesen Maßnahmen unterbinden."

Mittags lauschten Josef und Petra einer Fragestunde im Westsender: „Können West-Wiener jemanden im Ostsektor besuchen?", fragte eine Hörerin den Reporter, und der antwortete ihr:

„West-Wiener Bürger und Westösterreicher können die Sektorengrenze mit ihrem Personalausweis passieren."

Und eine andere Hörerin wollte wissen: „Was ist mit den West-Wienern, die ein Grundstück im Osten besitzen?"

Gespannt lauschten Josef und Petra, was der Reporter darauf von sich geben würde:

„Diesbezüglich gibt es noch keine Hinweise, ob sich da etwas ändert."

„Na ja, wenigstens was, aber wer weiß, wie lange?" Josef war skeptisch.

„Momentan kann man einfach nur abwarten und nicht hektisch reagieren", meinte Petra, die natürlich um ihr Knusperhäuschen bangte, es sich aber nicht anmerken ließ und lieber Josef ermutigte: „Geh morgen früh gleich zur Polizei und versuch' einen Passierschein zu kriegen."

Petra versprach noch, Meister Hellgruber anzurufen und morgen Abend in die Inzersdorfer Straße zu kommen.

Gegen vier brachen die beiden auf, schauten aber noch am alten Grenzübergang vorbei, soweit das möglich war …

Der Bus endete an der Kreuzung Atzgersdorfer Straße/ Tullnertalgasse. Dann war Finis! In den paar Stunden seit dem Morgen hatten Grenzsoldaten und Kampfgruppenangehörige einen Stacheldrahtzaun quer über die Straße gespannt, und nicht nur das. Die ganze Stadtgrenze war dicht. Sie hatten schnelle und gründliche Arbeit geleistet. Das musste man ihnen lassen.

Ein junger Soldat befahl den beiden in freundlichem Ton, nicht stehen zu bleiben. Was sie auch taten.

Petra musste Josef bis zum Matzleinsdorfer Platz begleiten. Auch dort sahen sie, was hier inzwischen geschehen war: Ab der Quellenstraße war die Triester Straße gesperrt. Nur eine schmale Öffnung ließ Autos und Fußgänger passieren. Nach einer genauen Ausweiskontrolle … Petra drückte Josef innig und schritt langsam durch die Sperre, um drüben mit dem 62er heimzufahren.

Im Westfernsehen sah Josef dann, wie überall an der Grenze Stacheldrahtzäune errichtet wurden. Nicht nur um Wien und um Berlin. Auch Linz war nun endgültig vom gegenüberliegenden Donauufer abgeschnitten. Aus dem Mühlviertel war kein Hinüberkommen mehr möglich. Die Nibelungenbrücke war nur noch für Westbürger nach einer strengen Kontrolle passierbar …

Am Montagmorgen bemühte sich Josef natürlich vergeblich um einen Passierschein. Solche gab es klarerweise nicht. Der etwa einsfünfundachtzig große korpulente Polizist, der Mitte Vierzig gewesen sein musste, dem Josef sein Anliegen vortrug, brüllte ihn gleich mal an, während er seine Zigarette wütend in den Aschenbecher drückte: „Was wollen Sie? Sie wollen rüber in das Agenten- und Spionagenest, das wir endlich dichtgemacht haben?"

Und wies Josef an: „Sie haben sich unverzüglich zur Arbeitsaufnahme in das Amt für Arbeit und Berufsausbildung zu begeben, aber schleunigst! Haben Sie verstanden? Sonst verhaften wir Sie wegen asozialen Verhaltens! Jeder ehemalige Grenzgänger, der nicht bis spätestens kommenden Montag arbeitet, kriegt Arbeitserziehung verordnet! Wir wollen geordnete Verhältnisse! Wir brauchen jede Arbeitskraft, denn uns ist durch die offene Grenze ein gewaltiger Schaden entstanden!"

Josef nickte und tat, was ihm befohlen worden war. Er wollte auf keinen Fall auffallen, weil er immer noch hoffte, irgendwie rüberz kommen. Bekanntlich stirbt die Hoffnung zuletzt.

Auf dem Arbeitsamt wurde Josef kein bisschen freundlicher behandelt. Erst mal musste er fast zwei Stunden warten und stellte dabei fest, wie viele Ost-Wiener drüben gewerkt hatten. Und der rammelvolle Warteraum hatte bitte nur die Arbeitsuchenden aus dem 10. Bezirk gefüllt …

„So, in der Kfz-Werkstatt Neilreichgasse haben Sie früher gearbeitet, bis Sie Ihre Arbeitskraft an die Kapitalisten verkauft haben!"

Josef bejahte, und die recht korpulente Angestellte, die kurz vor der Pensionierung stand, ordnete sofort energisch an: „Morgen früh beginnen Sie wieder in der Neilreichgasse als Mechaniker. Sie begeben sich um sieben aber erst in die Zentrale in der Brünner Straße, die Sie ja kennen, und alles Weitere hören Sie dann dort."

„Ich bin aber Mechanikermeister und habe diese Ausbildung auch hier absolviert."

„Das können Sie sich mal abschminken", wetterte die resolute Dame los, ihren roten Pullover schmückte gut sichtbar das Abzeichen der VAPÖ, „jetzt müssen Sie sich erst mal in der sozialistischen Wirtschaft bewähren. Immerhin haben Sie die Arbeiterklasse verraten und dürfen nicht glauben, dass wir Ihnen jetzt den roten Teppich ausrollen!"

Petra kam wie versprochen am Abend zu Josef, und dieser musste jetzt loswerden, was ihn zutiefst quälte: „Wieder in der alten Bude hackeln, nein, das ist die Hölle! Da laufe ich nur Spießruten. Die machen mich doch fertig! Die lassen doch ihre ganze Wut an mir aus!

Und an den hiesigen Schrottautos hackeln, das ist der reinste Frust. Wo du keine ordentlichen Ersatzteile kriegst und dich von den Kunden wie der letzte Dreck anschreien lassen musst. Das ist der nackte Wahnsinn!"

„Du, ich möchte dir gern helfen, aber wie?"

Josef überlegte eine Weile, bis ihm einfiel: „Kannst du mir einen West-Ausweis besorgen, mit dem ich die Grenze passieren kann?"

„Das werden sie nicht machen, weil du drüben nicht gemeldet bist. Aber ich werde es trotzdem versuchen, werde mich gern umhören."

Kurz vor sieben stand Josef am Dienstag vor der Kaderabteilung in der Brünner Straße.

Er musste nicht lange warten, Genossin Hübner bat ihn übertrieben freundlich rein.

„Na, so sieht man sich wieder! Hätten Sie bestimmt nicht gedacht, nicht wahr?"

Josef sagte gar nichts und nahm die Bitte, sich zu setzen, an.

„Die Kollegen in der Neilreichgasse erwarten Sie schon sehr. Der Werkmeister, Genosse Greiner, wird Sie einweisen, aber das wird schnell gehen, weil Sie sich ja auskennen."

„Aber ich bin, wie Sie wissen, auch Werkmeister!", wollte Josef auch hier unbedingt noch anbringen.

„Sie waren", besserte ihn Genossin Hübner aus, „durch Ihren Verrat an der Arbeiterklasse haben Sie diesen Titel erst einmal für lange Zeit, wenn nicht für Ihr gesamtes Berufsleben, verwirkt. Sie werden sich jetzt mal ordentlich in der sozialistischen Wirtschaft bewähren und eine sozialistische Erziehung im Kollektiv durchmachen. Wir werden Ihnen den Sozialismus schon einbläuen, verlassen Sie sich drauf! Wenn's sein muss, unterhalten wir uns auch woanders!"

Das war's. Josef zog in seine alte Werkstatt und sah gleich auf den ersten Blick, dass alles beim Alten geblieben war. Die alte Bühne, die alten Maschinen, die alten Werkzeuge, die klapprigen Autos ... Nachdem, was er drüben gesehen hatte, besonders deprimierend. Dazu der unfreundliche Empfang vom Genossen Greiner, natürlich ohne Kaffee und Semmeln:

„Wie ich gehört habe, haben Sie hier schon mal gearbeitet. Dann muss ich Ihnen nicht viel erzählen. Sie können sich gleich an den IFA F8 ranmachen, der mit dem Auspuff was hat."

Von den drei Mechanikern war nur noch Gregor von früher übrig geblieben. Der begrüßte Josef zwar einigermaßen freundlich, drehte aber sofort ideologisch voll auf: „Ja, mein Lieber, jetzt hat's gewaltig 13 geschlagen, hier bei uns und auch in Berlin! Was so viel heißt: ihr Kriegstreiber in Innsbruck und Bonn: bis hierher und nicht weiter! Jetzt haben wir euch gezeigt, wer das letzte Wort hat, nämlich die geeinte Arbeiterklasse, voran ihre marxistisch-leninistische Kampfpartei …"

Josef schaltete ab, er wollte die abgedroschenen Tiraden nicht länger ertragen. Er ging lieber ans Werk und hatte den kleinen Fehler am Auspuff schnell erkannt und repariert. Viel lieber hätte er drüben an Herberts Borgward Isabella herumgebastelt …

Ja, sonst werkten noch Max und Gerhard an den klapprigen Autos herum, und im Büro saß seit zwei Monaten die gerade 20 gewordene Gabi.

Petra war wirklich eine treue Seele und kam am Abend wieder. Einen West-Wiener Personalausweis könne die Behörde nicht so einfach ausstellen, aber es gäbe da eine Chance, der Petra nachzugehen versprach. Ein paar Tage würde das aber dauern. Josef schöpfte wieder Hoffnung …

Hertas Knieoperation war bestens verlaufen. Ohne Komplikationen. Aber viel mehr belastete sie die Tatsache, dass Josef ihretwegen noch hier im Osten geblieben war. Sie fühlte sich schuldig, dass sie Josef und Petra ihr Glück zerstört habe, was die beiden energisch zurückwiesen, als sie Herta am Abend nach dem Eingriff besuchten.

„Das ist wirklich nicht deine Schuld", beruhigte Josef seine Mutter, und auch Petra pflichtete ihm bei: „Red dir bloß nicht solchen Mist ein! Wirklich nicht! Wir sind so froh, dass bei dir alles so gut verlaufen ist. Es hätte viel, viel schlimmer kommen können!"

„Ich hätte ein schlechtes Gewissen und würde mir äußerst schäbig vorkommen, wenn ich jetzt drüben wäre und könnte dich nicht besuchen", bekannte Josef mit Tränen in den Augen und umarmte seine Mutter. „Und natürlich habe ich gehofft, dass die Operation gut ausgeht, aber wissen konnte das vorher keiner."

Poldi, die gerade kurz vorbeigeschaut hatte, fragte Josef und Petra besorgt, wie es mit ihnen nun weitergehen würde, worauf Josef meinte: „Wir hoffen, dass wir noch einen Weg finden werden."

„Dann müsst ihr euch aber sehr beeilen!", konnte Poldi dazu nur sagen. Dann wollte sie Josef aber noch besonders ermutigen: „Wie sie dich gedemütigt haben, das ist der helle Wahnsinn! Die lassen dich allen Ernstes in der alten Werkstatt hackeln, in der du der Chef gewesen bist! Da musst du dich jetzt vor einem Parteiemporkömmling schikanieren lassen! Nein, Josef! Seht nur zu, dass ihr bald wegkommt, denn das wird mit jedem Tag schwieriger! Natürlich ist's schade, dass wir uns dann nicht mehr sehen können, aber darum geht's jetzt nicht!"

„Am Freitag kann ich den Ausweis kriegen!", freute sich Petra am Mittwoch. „Dann kannst du nächsten Montag wieder bei Meister Hellgruber werken, der schon sehr auf dich wartet."

Endlich raus aus der Tristesse, freute sich Josef. Die beiden Tage werde ich auch noch durchhalten …

Am Donnerstag hörte Josef ausgerechnet wieder in den Zehn-Uhr-Nachrichten in der Werkstatt aus dem Ostsender, was in der Öffentlichkeit nicht anders sein konnte:

„Die Kriegstreiber in West-Wien und in West-Österreich versuchen nach wie vor, mit Sabotage- und Spionageaktionen unseren friedlichen sozialistischen Aufbau zu stören. Ständig missbrauchen sie unser humanes Entgegenkommen, dass Bürger West-Wiens und Westösterreichs nach wie vor nur mit dem Personalausweis und ohne Visum in den sozialistischen Sektor Wiens und in die Volksrepublik Österreich einreisen können.

Das können und wollen wir uns aber nicht mehr länger gefallen lassen und aus diesem Grunde hat die Regierung der Volksrepublik Österreich mit sofortiger Wirkung beschlossen:

Bürgern West-Wiens und Westösterreichs ist es nicht mehr möglich, in den sozialistischen Sektor Wiens und in die Volksrepublik Österreich einzureisen. Diese Regelung gilt so lange, bis mit dem Magistrat von West-Wien und der Regierung Westösterreichs eine vernünftige Regelung gefunden wird …"

Josefs Entsetzen wurde dann noch durch diese Nachricht verstärkt: „Grundbesitz und Vermögenswerte von Bürgern West-Wiens und Westösterreichs werden mit sofortiger Wirkung entschädigungslos in Volkseigentum überführt …"

Mehr brauchte Josef an diesem 24. August 1961 nicht zu hören …

KAPITEL 7

Und als ich wanderte im finsteren Tal

Wie im Trancezustand schlurfte Josef an diesem Donnerstag von der Werkstatt nach Hause. Nein, er konnte es noch immer nicht fassen: Jetzt kann ich Petra nie mehr sehen! Jetzt ist es aus! Schon zum dritten Mal in meinem Leben haben mir Politiker mein Lebensglück zerstört! Warum nur? Womit habe ich das verdient? Gibt es wirklich keine Gerechtigkeit auf dieser Welt ...? Hitler hat mir Sara genommen, von der ich mich aber wenigstens noch verabschieden konnte, wenn auch sehr schweren Herzens. Dann hat mir Stalin die liebe Sveti genommen. Wir riefen uns am Freitag noch fröhlich „Bis morgen" zu, aber es gab kein Morgen mehr. Weil es der große Stalin in seiner grenzenlosen Güte und Weisheit so gewollt hatte ...

Und nun meinte die allmächtige Partei der geeinten österreichischen Arbeiterklasse, sie müsse mich vor Petra beschützen, die im Spionage- und Agentennest West-Wien wohnt und bestimmt Kontakte zur CIA oder zum westösterreichischen Geheimdienst hat.

Beinahe wäre Josef beim Überqueren der Gußriegelstraße in ein Auto gelaufen.

Zu Hause angekommen, erblickte er in der Küche Petras kleine grüne Schüssel, in der sich noch ein Stück Marillenkuchen befand, das er gestern nicht mehr geschafft hatte. Aber auch sonst erinnerte einiges an Petra in der Wohnung ... Beim Schein der halb heruntergebrannten weißen Kerze auf dem Wohnzimmertisch erlebten Josef und Petra wunderbare romantische Abende in hoffnungsvoller Atmosphäre. Durch das Foto auf dem Nachttisch wünschte Petra ihrem Josef immer eine gute Nacht und einen guten Morgen.

Und der braune Schirm an der Kleiderablage am Eingang, den Josef von Petra zum letzten Geburtstag geschenkt bekommen hatte, sollte ihn bei Regen nicht nass werden lassen. Ach, von der Kleiderablage grüßte auch noch Petras grauer Anorak, den sie bei ihm gelassen hatte, weil es gestern Abend noch viel zu warm gewesen war. Natürlich kam Petra heute nicht mehr, obwohl Josef noch ein bisschen gehofft hatte, dass sie es an der Grenze doch noch nicht so genau genommen hatten. Kurz nach sieben hörte er Stimmen im Stiegenhaus. War da nicht Petras darunter? Leider nein.

Das Regime zeigte unbarmherzige Brutalität! Koste es, was es wolle!

Am Nachmittag, diesmal sogar während der Arbeitszeit, hatte in der Werkstatt eine sehr intensive außerordentliche „Rotlichtbestrahlung" stattgefunden, auf welcher der noch immer agile Parteisekretär Hinterberger kräftigst vom Leder gezogen hatte: „Genossen und Kollegen! Wir befinden uns auf der Siegerstraße! Gemeinsam mit den Genossen aus der ruhmreichen Sowjetunion und den Genossen aus den anderen sozialistischen Bruderländern, speziell mit den Genossen aus der Deutschen Demokratischen Republik, die am selben Tag wie wir auch ihr Schlupfloch in Berlin geschlossen haben! Wir gehen nunmehr ohne Störungen des Klassenfeindes einer glücklichen Zukunft entgegen! In gesicherten Grenzen! Und unsere Verbundenheit mit unserer Partei- und Staatsführung wollen wir am kommenden Montag um 18 Uhr auf dem Leninplatz auf einer großen Kundgebung zum Ausdruck bringen. Es werden auch Genossen aus der Sowjetunion und der DDR sprechen. Und da wollen wir Solidarität zeigen. Ja, wir stehen an eurer Seite! Wir haben gemeinsam den Klassenfeind besiegt! Nur gemeinsam sind wir stark! Zeigen wir das, indem wir alle auf dem Leninplatz erscheinen. Ja, ich erwarte, dass alle Kollegen geschlossen an der Kundgebung teilnehmen, damit wir uns richtig verstanden haben …!"

„Bravo! Es lebe die VAPÖ, unsere marxistisch-leninistische Kampfpartei!", schrie sich Gregor als einziger die Kehle wund und der Parteisekretär lächelte ihm wohlwollend zu. Die anderen Kollegen starrten den Genossen Hinterberger, genauso wie Josef, regungslos an. Eine gespenstische Atmosphäre.

In der Nacht konnte Josef kaum schlafen. Schweißgebadet wälzte er sich im Bett hin und her und musste immer wieder weinen, ein paarmal auch laut schluchzen.

Hätte ich nicht doch eher abhauen sollen? Aber ohne zu wissen, wie Mamas Operation ausgeht? Und wenn ich noch früher gegangen wäre, hätte ich nicht bis zuletzt an Papas Bett sein können. Aber hätte mir Petra nicht wichtiger sein müssen?

Wichtiger. Wer ist wichtiger als der andere? Ist nicht jeder auf seine spezielle Art wichtig? Jeder zu seiner Zeit. Mal der eine ein bisschen mehr, mal der andere ein bisschen weniger? Wie es das Leben eben so will. Selbst ein Hund oder eine Katze kann momentan mal das Wichtigste im Leben sein, wenn Krankheit im Spiel ist. Darf ich wegen Petra meine Eltern vernachlässigen oder darf ich meine Eltern wegen Petra vernachlässigen? Kommt es nicht vielmehr auf die Situation an? Darf es wirklich keine Menschlichkeit mehr geben? Darf sich nur noch jeder selber der Nächste, der Wichtigste sein, ohne Rücksicht auf Verluste?

Viele sind einfach so rübergegangen, ohne auf ihre Eltern, Geschwister, Freunde zu schauen. Nur weil sie ein besseres Leben führen wollten. Aber kann ich ein besseres Leben führen, wenn ich weder nach rechts noch nach links schaue? Und führe ich im Westen wirklich ein besseres Leben? Ist es wirklich so immens wichtig, im Lebensmittelladen zehn verschiedene Buttersorten zu finden? Muss Politik immer so grausam sein? Warum wird den Menschen andauernd eingetrichtert, die Regierung will stets das Beste für das Volk, aber das Volk merkt nichts davon? Josef kam zu keinem befriedigenden Ergebnis.

Wie gerädert stand Josef kurz nach sechs auf und schlich sich missmutig in die Werkstatt.

Dabei war heute Freitag. DER Tag der Tage. Nach Feierabend ging's zu Petra ins Knuspi oder im Winter zu ihr in die Locker-wiese oder sie kam zu ihm. Aber das war ganz abrupt Geschichte geworden, denn ab sofort war der Freitag ein genauso öder, langweiliger Tag wie die anderen, denn im Osten tickten die Uhren nun mal völlig anders. Natürlich folgte auch im Osten auf den

Freitag der Samstag, doch selbst diese Tatsache war eine andere als drüben, weil hier der Samstag nach wie vor ein ARBEITSTAG war! Weil wir uns hier den SOZIALISMUS aufbauen, müssen wir alle hackeln, hackeln und nochmals hackeln!

Josef hatte sich gefälligst wieder an den 6-Tage-Arbeitsrhythmus zu gewöhnen.

Er musste jetzt 43,5 Stunden in der Woche schuften, und zwar wie folgt: Montag bis Freitag von 7–15.30 Uhr und Samstag von 7–12 Uhr. Von 9–9.15 Uhr war Frühstückspause und montags bis freitags von 12–12.30 Uhr Mittagspause. So war's, und kein bisschen anders! Basta! Pro Jahr genoss er wieder bloß 18 Urlaubstage, aber die interessierten ihn ohne Petra sowieso herzlich wenig. Und die politische Schwafelstunde am Mittwoch nach Feierabend war natürlich auch immer noch aktuell. Jetzt wieder besonders aktuell! Aber selbst die weckte in Josef wehmütige Erinnerungen, hatte er sich doch in der letzten Zeit, bevor er drüben zu arbeiten angefangen hatte, nach dieser Stunde mit Petra im Siebenbrunnencafé oder anderswo getroffen.

Gleich nach Feierabend am Samstagmittag brach Josef nach Perchtoldsdorf auf. Er wollte sehen, was dort los war. Obwohl ihm der Weg sehr schwer fiel. Ohne Petra. Gut, früher war er ab und zu auch mal ohne Petra ins Knuspi gefahren, aber da hatte er gewusst, dass sie ihn dort erwartete. Oder er hatte mal im Haus gewerkt oder Material hingebracht. Aber immer im Bewusstsein, er mache das alles für Petra und zum Wochenende würde man sich wieder treffen. Aber heute …

Der Weg nach Perchtoldsdorf war jetzt viel weiter, da er nicht mehr durch den Westen fahren konnte. In den Südbahnhof kam kein Bürger der Volksrepublik Österreich mehr rein. Schon beim Betreten des Bahnhofsgebäudes verlangten die Grenzer den gültigen Reisepass, mit einem Ausreisevisum versehen. Wollte also ein Bürger der Volksrepublik von hier ins Wiener Umland fahren, blieb ihm bloß der klapperige 208er-Bus, der über eine Stunde bis Perchtoldsdorf brauchte und heute mehr als voll war. Josef hatte gerade noch den letzten freien Platz erwischt.

Ja, auch früher hatte er diesen Bus ab und zu benutzt, wenn er Material ins Knuspi gebracht hatte. Oder eine Geburtstagstorte. Dieses deshalb, um damit nicht durch den Westen fahren zu müssen. Weil das sowohl an der Sektorengrenze als auch an der Stadtgrenze von West-Wien ins Umland äußerst problematisch gewesen wäre.

Der Bus schlängelte sich auf abenteuerlichen Wegen durch Favoriten, bis er endlich die Stadtgrenze erreichte. Obwohl diese hier nur Ost-Wien vom Umland trennte, wurde heute streng kontrolliert, was ganze 20 Minuten dauerte. Früher war das viel schneller gegangen.

Ins Knuspi kam Josef nicht mehr rein. Das Schloss war versiegelt und unter dem Siegel las er in nicht zu übersehenden Großbuchstaben:
AMTLICH VERSIEGELT
GRUNDSTÜCK UNTER SEQUESTERVERWALTUNG GESTELLT
BETRETEN DES GRUNDSTÜCKES BEI STRAFE VERBOTEN

Selbst wenn Josef gewollt hätte, er wäre nicht mehr auf das Grundstück gelangt, weil sie auch das Türschloss ausgetauscht hatten. Sicher ist sicher. Josef war außer sich! Heute vor zwei Wochen saß er hier noch mit Petra im Garten. Der Tisch und die Stühle, alles war noch da. Auf dem Tisch stand sogar noch die kleine rote Vase, die Josef in Graz gekauft hatte.

„Ihr Schweine, ihr Verbrecher, was tut ihr den Menschen an! Ihr Sadisten, was habt ihr davon, das Volk so zu quälen! Und diese Quälerei nennt ihr auch noch Sozialismus! Schämt ihr euch nicht! Das hier ist roter Faschismus! Schleicht euch, ihr niederträchtigen Arschlöcher, ihr elenden Bolschewikenknechte!"

Niemand hörte Josef schreien, was sehr gut für ihn war. Oh, hätte das einer gehört, wäre es nicht ohne böse Folgen für ihn geblieben.

Josef erschrak, dass er sich zu solch niedrigem Vokabular hatte hinreißen lassen! Nein, solche Worte hatte er sonst nie verwendet.

Nein, das war wirklich nicht sein Wortschatz, aber heute konnte er nicht anders. Er war total am Ende. Was er hier gesehen hatte, war zu viel für ihn.

Als er heimkam, schrieb er gleich einen Brief an Petra. Ja, einen Brief.

Eine Premiere in der Beziehung zwischen den beiden …

Meine geliebte Petra!
Ich bin bestimmt kein guter Briefeschreiber, und bisher mussten wir uns auch keine Briefe schreiben, weil wir viel zusammen waren. Ich konnte Dir immer persönlich sagen, wie sehr ich Dich lieb habe. Es ist so schlimm, dass ich Dich nicht mehr sehen kann, dass ich mich nicht mehr mit Dir treffen kann und nicht weiß, wann ich Dich wiedersehen werde.
Heute war ich in Perchtoldsdorf und stand vor dem Knuspi. Aber ich bin nicht reingekommen, weil sie das Schloss ausgewechselt haben und den Eingang versiegelt haben. Sie haben unter das Siegel geschrieben: „Amtlich versiegelt! Grundstück unter Sequesterverwaltung gestellt! Betreten des Grundstückes bei Strafe verboten!“
Jetzt kann ich also nicht mehr in den Garten und natürlich auch nicht mehr ins Häuschen. Ich weiß nicht, ob man dagegen etwas tun kann. Wie geht es Dir? Warst Du schon bei Franz? Was macht er jetzt? Bitte melde Dich, mein Schatz! Ich habe Dich sehr, sehr lieb!
Ich habe unendlich große Sehnsucht nach Dir und vermisse Dich sehr! Bitte melde Dich bald!!!
Viele, viele liebe Grüße von Deinem Josef!

Josef warf den Brief gleich in den Postkasten.
Und fürchtete sich vor dem traurigen Abend und vor dem langen einsamen Sonntag.
Dagegen, so meinte er, helfe nur der Alkohol. Mit dem er sich am Abend noch ordentlich betäubte. Auch etwas, was es bisher in seinem Leben noch nicht gegeben hatte.

Sehnsüchtig wartete Josef auf Petras Antwort, aber nichts passierte. So ab Freitag der nächsten Woche rechnete er langsam mit einem Brief von ihr. Aber vergebens. Immer wenn er von der Arbeit kam, schaute er sehnsüchtig in den kleinen Postkasten an seiner Wohnungstür. Und stellte erneut fest: wieder nichts ... Traurig schloss er die Tür auf und fürchtete sich vor dem Alleinsein. Ein kleiner Gruß von ihr hätte es ihm ein bisschen leichter gemacht.

Je näher der 26. September heranrückte, umso verzweifelter wirkte Josef. Der 26. September! Das sollte doch der Hochzeitstag sein. Und nun? Nun war dieser Dienstag ein Dienstag wie jeder ...

In der Früh schrie ihn Meister Greiner gleich mal an, weil er vergessen hatte, sich den Skoda des Genossen Generaldirektors anzuschauen, mit dessen Lenkrad angeblich was nicht stimmte.

Josefs Gedanken waren aber schon gestern nicht mehr bei der Sache, sondern nur noch bei Petra, die sich noch immer nicht gemeldet hatte. Was war bloß mit ihr los? Warum kam kein Brief von ihr? Eine andere Kommunikationsmöglichkeit als die Post existierte doch nicht. Die Telefonleitungen über die Sektorengrenze waren gekappt, und von drüben durfte keiner in den Ostsektor rein und von hier keiner raus. Lediglich westliche Ausländer konnten hin und her, aber Josef kannte keinen, der als Kurier fungieren könnte ...

Schon seit Tagen hielt Josef in der Nähe des Matzleinsdorfer Platzes Ausschau, ob es von hier aus nicht doch noch eine Chance gäbe. Über die Bahnanlagen, die nicht vollständig abgesperrt werden konnten, weil die Züge vom Südbahnhof hier entlang fuhren, um in Meidling West-Wiener Reisende aufzunehmen, die dann über die Transitstrecken in Richtung Semmering oder St. Valentin nach Westösterreich wollten.

Er musste also einen Weg finden, um in den Güterbahnhof zu gelangen, der noch in vollem Betrieb war, da es bekanntlich einen gut florierenden innerösterreichischen Handel gab. Niederösterreichischer und burgenländischer Wein, Marchfelder

Spargel, Wachauer Marillen, burgenländische Gänse, aber auch Maschinen, Weinpressen, Haushaltsgeräte …

Am besten war es natürlich, nach Einbruch der Dunkelheit loszustarten.

Josef hatte einen Zaun entdeckt, der nicht ganz dicht war. Durch einige dieser Löcher ließ es sich recht bequem durchschlüpfen. Aber wie sah es hinter dem Zaun aus? Vom obersten Stock des Stiegenhauses eines Wohnhauses in der Triester Straße konnte Josef den Güterbahnhof gut überblicken. Wunderbar! Es sollte nicht so schwierig sein, auf den Bahndamm zu klettern und auf einen vom Südbahnhof kommenden Zug zu springen, der hier noch langsam fuhr, weil er sich noch im Grenzgebiet befand. Die Züge fuhren hier sowieso nur langsam, weil gleich hinter der Grenze der Bahnhof Meidling lag.

Gut, das war zwar nicht ganz ungefährlich, aber durchaus Erfolg versprechend, weil das Bahngelände nicht hundertprozentig überwacht werden konnte.

In Meidling musste Josef aber auch noch aufpassen und den Bahnhof so schnell wie möglich verlassen, weil die Bahn in ganz Wien unter östlicher Verwaltung stand. Die im Bahnhofsgelände patrouillierende Transportpolizei konnte ihn durchaus verhaften und in den Osten zurückbringen. Im Bahngelände und auf den Bahnhöfen hatte die Westpolizei keine Befugnisse. Was in Westberlin genauso üblich war und von den Alliierten in Jalta und Potsdam für Berlin und Wien so vereinbart worden war. Josef wollte noch schnell zum Südbahnhof fahren und schauen, wann am Abend von dort die Züge abfuhren. Vor dem Eingang hing ein großer Fahrplan, der für jeden zugänglich war. Jetzt war es kurz nach drei, am Samstagnachmittag des 30. September 1961.

Frohen Mutes hatte Josef das Haus verlassen, als ihn ein Herr im hellen Lodenmantel ansprach. War es nicht der, der mit seinem VW Käfer drüben in der Werkstatt aufgetaucht war und so komisch gewirkt hatte? Oh ja, der war es! Josef erschrak! Was wollte der?

Darüber ließ er Josef nicht lange im Unklaren, weil er wissen wollte: „Sie wohnen nicht in diesem Haus?"

„Wieso?" Josef wollte diese Frage nicht einfach so beantworten. Oh! Sein Ausweis wies ihn als Mitarbeiter des Amtes für Staatssicherheit aus. Da war äußerste Vorsicht geboten. „Wissen Sie, das lässt sich alles viel besser in Ruhe auf der Dienststelle klären!" Der Herr bedeutete Josef, in den bereitstehenden grün-weißen Tschaika GAZ 13 einzusteigen. Auch das noch! Die Fahrt dauerte lange. Weit draußen in Strebersdorf schlossen sich hinter einem von dicken grauen Mauern umgebenen vergitterten Gebäudekomplex die automatischen Eisentore hinter ihm. Ein mit vielen Orden dekorierter uniformierter Offizier befahl ihm in barschem Ton: „Aussteigen, mitkommen und nach unten schauen!"

Er ging ihm voran und öffnete eine große Tür, führte ihn durch lange Gänge, bis er eine kleinere weiße Tür aufschloss und schrie: „Setzen!"

Vor einem langen Schreibtisch mit einem roten Telefon sollte er Platz nehmen. Es dauerte eine geraume Weile, bis ein großer schlanker Herr im schwarzen Anzug und weißem Hemd mit dunkler Krawatte erschien und Josef höflich begrüßte.

„Herr Pospischil, ich bin Oberst Günzel, Ihr Vernehmungsoffizier. Sie befinden sich jetzt in der Obhut der Staatssicherheit und wir wollen jetzt mal ein bisschen miteinander plaudern."

„Ja, warum? Was habe ich denn getan?", interessierte Josef natürlich, aber Oberst Günzel stoppte Josefs Redefluss: „Ich darf Ihnen gleich mal zur Verfahrenslage sagen, dass Fragen ausschließlich WIR stellen! Und da möchte ich gleich einmal mit der interessanten Frage beginnen: Was hatten Sie bitte in einem Wohnhaus nahe der Staatsgrenze zu suchen?"

„Ich wollte nachschauen, ob mein alter Schulfreund Fred noch dort wohnt." Was wirklich stimmte, Fred hatte, nachdem er von der Taborstraße weggezogen war, dort einige Zeit logiert, bis die Familie in Floridsdorf eine Neubauwohnung kriegte. Und weil sich Josef deshalb in diesem Haus gut auskannte und wusste, dass er vom obersten Stock des Stiegenhauses einen guten Blick über das gesamte Bahnhofsgelände genoss, hatte er sich gerade dieses Haus zur Auskundschaftung des Güterbahnhofes ausgesucht.

„So, und Sie haben die Wohnung gefunden?"

„Ja, aber da wohnt jetzt jemand anderer drin. Fred wohnt nicht mehr dort.“

„Ach, Sie wussten nicht, dass Ihr alter Schulfreund die Wohnung gewechselt hat? Ist das nicht ein bisschen komisch?“

Oberst Günzel wurde jetzt lauter, und Josef musste genauestens überlegen, was er antworten sollte. Nach kurzem Nachdenken erklärte er seinem zunehmend ungeduldiger werdenden Gesprächspartner, der seine Nervosität auch dadurch deutlich zeigte, indem er andauernd mit seinem Bleistift auf die Tischplatte klopfte: „Wir haben uns aus den Augen verloren, und da wollte ich eben mal nachschauen.“

„Und das sollen wir Ihnen glauben?“ Oberst Günzel schlug mit der Faust auf den Tisch.

„Halten Sie uns wirklich für so naiv?“

„Aber so war es!“ Josef versuchte sich krampfhaft zu verteidigen, aber Oberst Günzel ließ nicht locker. Er steuerte beinhart auf das Gesprächsziel hin: „Wissen Sie, wir haben Feliks Dzierzynski ausführlich studiert und sind gestandene Tschekisten! Uns macht keiner etwas vor, Sie am allerwenigsten! Bitte bedenken Sie, dass Sie sich beim Amt für Staatssicherheit befinden und nicht in einer Märchenstunde! Und das Amt für Staatssicherheit ist davon überzeugt, dass Sie auskundschaften wollten, wie Sie unsere Republik illegal über die Bahnanlagen am Matzleinsdorfer Platz verlassen können!“

„Wie kommen Sie denn auf diese Idee?“, tat Josef verwundert, aber Oberst Günzel wies ihn sofort mit scharfen Worten zurecht: „Ich sagte Ihnen schon, dass Fragen ausnahmslos WIR stellen! Ist das klar?“

Josef nickte, und Oberst Günzel wurde im Nu ganz ruhig und machte total freundlich weiter, befragte ihn nach seinem Lebenslauf, nach den Eltern, nach Sissi, Poldi und so weiter, bis er schließlich feststellte: „Sie haben im Oktober 1960 die Arbeiterklasse verraten, indem sie beschlossen hatten, ihre Arbeitskraft an den Klassenfeind zu verkaufen …“

„Was nicht verboten war. Es haben viele Ost-Wiener drüben gearbeitet“, unterbrach Josef sein Gegenüber, das davon überhaupt nicht begeistert war: „Wenn ich rede, dann rede ich! Wie kommen Sie auf die Idee, einen Vertreter der Staatsmacht ungefragt ins Wort zu fallen, Sie Volksverräter!"

Das Gesicht des Offiziers lief rot an, er zitterte am ganzen Körper, seine Krawatte rutschte nach rechts. Aber dann machte er plötzlich wieder ruhig weiter: „Ja, ja, es war nicht verboten, drüben zu arbeiten." Einen Moment war es ganz still im Raum, man hätte eine Stecknadel fallen hören können. Oberst Günzel machte es sich in seinem großen Ledersessel gemütlich und plauderte seelenruhig weiter: „Stimmt, ein Bürger des Sozialistischen Sektors von Wien, übrigens gibt es kein Ost-Wien, aber das verlernt man eben, wenn man beim Klassenfeind arbeitet, aber das nur nebenbei. Aber jetzt werden Sie wieder Gelegenheit bekommen, sich mit unserer Politik und der Ideologie der Arbeiterklasse zu beschäftigen …

Ach, wo war ich stehen geblieben?" Der Oberst kratzte sich am Kopf und rückte seine Krawatte wieder in die richtige Stellung. „Stimmt, es war nicht verboten, drüben zu arbeiten. Und weil das so war, haben wir eben kurzen Prozess gemacht und dem ein Ende gesetzt. So einfach ging's und jetzt ist es nicht mehr erlaubt, drüben zu arbeiten! Weil wir das so wollen, wir, das werktätige Volk der Volksrepublik Österreich unter Führung seiner marxistisch-leninistischen Kampfpartei, der VAPÖ. Und daran werden Sie nichts ändern, haben Sie verstanden?"

Josef nickte. Was hätte er sonst auch tun sollen?

Lächelnd machte Oberst Günzel weiter, allerdings etwas lauter und deutlicher: „Dank unserer Grenzsicherungsmaßnahmen können Sie nicht mehr für den Feind der Arbeiterklasse Hellgruber hackeln, der mit dem CIA im Bunde ist. Fest im Bunde. Sonst wohl hätte er sich nicht die noble Werkstatt in der Hietzinger Hauptstraße einrichten können und später dann auch die in Döbling! Und dazu seine moderne Wohnung in Hütteldorf. Ja, ja, wir wissen Bescheid! Wir sind immer auf dem letzten Stand!"

Oberst Günzel lächelte überlegen, machte eine Pause und wurde dann wieder ganz sanft und meinte: „Machen wir eine Pause. Der Genosse wird Sie in Ihr neues Zuhause begleiten." Und nickte dem jungen Soldaten an der Tür zu.

Dieser führte Josef zuerst zur „Abgabestelle". Zu einer total unfreundlichen uniformierten Frau, die um die fünfzig gewesen sein musste und Josef befahl: „Alles ablegen, aber gschwind, gschwind!"

Josef tat wie befohlen und legte seine Habseligkeiten auf den Tisch, die Wohnungsschlüssel, die Armbanduhr und leider auch die kleine Tasche, in der sich die braune Geldbörse befand, in der Petras Foto steckte. Die abzugeben, war das schlimmste.

Als Josef fertig war, befahl die unfreundliche Frau noch: „Auch den Hosengürtel auf den Tisch, aber gschwind!"

Auch das tat Josef. Die unfreundliche Frau steckte die Sachen in einen grauen Sack, band ihn zu und beschriftete ihn. Nun hatte Josef nur noch, was er am Leib trug.

In einem kleinen Zimmer, gleich neben der „Abgabestelle", musste er sich total entkleiden. Jedes Kleidungsstück wurde genauestens untersucht. Danach durfte er sich wieder anziehen und wurde, wie man es aus Kriminalfilmen kennt, fotografiert und es wurden von ihm Fingerabdrücke gemacht. Was in ihm panische Angst aufsteigen ließ: Jetzt bin ich endgültig hinter Gittern, und wer weiß, ob ich hier noch mal rauskomme.

Aber er kam nicht groß zum Nachdenken, da ihm ein Wachsoldat sofort befahl:

„Mitkommen und nur nach unten schauen!"

Und ihn durch endlos scheinende Gänge in den vierten Stock führte. Dazwischen schlossen andere Soldaten dreimal eine schwere Gittertür auf und hinter ihm wieder zu, bis ihm geboten wurde, vor der Zelle 487 stehen zu bleiben. Der in diesem Stockwerk Diensttuende schloss auf und schrie Josef an: „Eintreten und setzen. Aber nicht auf das Bett legen. Erst um 22 Uhr, wenn ich es anordne!"

Nun saß Josef da und fragte sich, was das alles soll und was die noch mit ihm vor hatten.

Wenn sie mir Spionage vorwerfen? Dann machen sie mich einen Kopf kürzer. Da kennen die doch nichts ...

Sind sie auch hinter Franz her? Die haben sicher auch drüben ihre Leute ... Wie lange Josef da saß, wusste er nicht. Er hatte keine Uhr um, und in solchen Situationen werden Minuten zu Stunden und Stunden zu Tagen. Die Tür ging auf. Josef durfte sich schlafen legen. Demzufolge musste es 22 Uhr gewesen sein.

In der Nacht schlief er kaum. Jetzt konnte er verstehen, dass sich Menschen in solchen verzweifelten Situationen das Leben nehmen, sich zum Beispiel aufhängen. Aber das wissen sie, dachte sich Josef, und darum hatten sie ihm auch den Gürtel um seine Hose weggenommen und in den grauen Sack gesteckt.

Die Zelle war eng, das Bett und der Stuhl, auf dem er vor dem Schlafengehen saß, waren das einzige Mobiliar. Gleich rechts von der Tür befanden sich ein kleines Waschbecken und das WC. Das kleine vergitterte Fenster ließ nur wenig Licht in die Zelle. Trotzdem merkte Josef, als es langsam hell wurde. Was würde ihm dieser neue Tag bringen? Der Sonntag, an dem es in der Werkstatt noch nicht auffiel, dass er hier eingesperrt war.

Die Tür ging auf und es hieß: „Aufstehen!"

Bald darauf wurde ihm durch einen Schlitz in der Tür das Frühstück gereicht, bestehend aus einer Scheibe Schwarzbrot, einem Klecks Margarine und zwei Scheiben Käse. Zum Trinken gab's einen Becher lauwarmen, undefinierbaren Tee. Josef nahm es zu sich, denn er hatte seit gestern Mittag nichts mehr im Magen.

Nach einer Weile wurde er zu Oberst Günzel geführt. Der ihn äußerst freundlich begrüßte:

„Guten Morgen, Herr Pospischil! Bitte nehmen Sie Platz."

Vor ihm auf dem Tisch standen eine Tasse Kaffee, ein kleines Milchkännchen, eine Zuckerdose und ein Teller, auf dem eine Semmel, ein Stern Butter und zwei Scheiben Käse lagen.

Auf Josefs verwundertes Gesicht hin bat ihn Oberst Günzel: „Bitte bedienen Sie sich! Das bisschen vorhin, das war doch nichts! Essen Sie mal was Ordentliches, denn wir haben heute noch einiges zu besprechen. Da sollten Sie gut gefrühstückt haben!"

Oberst Günzel lächelte Josef an und Josef schnitt die frische, noch warme Semmel auf und bestrich sie. In die Kaffeetasse goss er Milch und nahm schließlich auch noch etwas Zucker und überlegte sich, was das wohl alles soll. Diese Wechselbäder zwischen Anschreien und totaler Freundlichkeit hatten ihn völlig aus der

Fassung gebracht. Er zitterte am ganzen Leibe. Beinahe wäre ihm die Kaffeetasse aus der Hand gerutscht.

Oberst Günzel befragte ihn zunächst nach seinen Hobbys und erzählte ihm, dass er auch gern schwimmen gehe und oft mit dem Rad in die Wachau fahre – bis er einen Ordner nahm und nervös darin herumblätterte, bis er kaum vernehmbar leise von sich gab: „Ach ja, ich weiß schon, ich weiß schon." Er räusperte sich, musste husten und lehnte sich wieder genüsslich in seinen Ledersessel zurück: „Der Hauptgrund, dass Sie dem Klassenfeind Ihre Arbeitskraft verkauft haben, war Ihre Verlobte Petra Eichberger ..."

„Ja, das stimmt. Ich wollte zu meiner Verlobten und bin deshalb kein Feind des Sozialismus. Ich will keinen Kapitalismus und Imperialismus, ich möchte ganz einfach nur zu meiner Verlobten. Die Liebe kennt nun mal kein Grenzen! Und natürlich musste ich dann drüben auch arbeiten, und warum sollte ich das nicht bei meinem früheren Chef tun, den ich schon kenne?", unterbrach Josef seinen Vernehmer verzweifelt, und dieser ließ sich weiterhin nicht aus der Ruhe bringen: „Das wissen wir. Und uns ist auch klar, dass sich die Liebe nicht an Staatsgrenzen hält. Aber warum haben Sie Ihre Verlobte nicht zu uns geholt? Sie hätte als Krankenschwester hier bei uns gute berufliche Perspektiven gehabt. Jedenfalls eine bessere, als bei dem alten Frauenarzt im 5. Bezirk nur Handlangerdienste zu leisten. Und Krankenschwestern werden hier bei uns auch viel mehr wertgeschätzt als drüben, wo jede junge Frau am liebsten nur in einem Büro arbeiten möchte und abfällig auf das medizinische Personal geschaut wird. Und in der Hietzinger Lockerwiese wohnt Ihre Verlobte auch nicht gerade im Paradies!"

Sie wissen alles, schoss es Josef in den Kopf, sogar Petras Beruf kennen sie und wo sie arbeitet und wohnt. Er rutschte nervös auf dem Stuhl hin und her und überlegte krampfhaft, was er jetzt sagen sollte.

„Petra hatte es drüben in der Arbeit aber gut, und sie hatte auch einen größeren Bekanntenkreis als ich hier", stotterte er vor sich hin. Oberst Günzel hatte Josefs Nervosität unschwer mitbekommen. Deshalb meinte er nur süffisant lächelnd: „Ja, ja, das sagen alle. Der westliche Partner hat immer die besseren Karten, deshalb muss ihm der Partner aus unserer Republik folgen. Immer dieselbe Leier. Nichts Neues unter der Sonne."

Jetzt richtete sich Oberst Günzel aber aus seinem Sessel auf und machte einen total amtlichen Eindruck, indem er sprach: „Schauen Sie, es war gut, dass wir Sie gestern zu uns gebeten haben, um uns ein bisschen mit Ihnen zu unterhalten, denn dadurch haben wir Sie vor einem Schritt bewahrt, der Ihnen nur Enttäuschung gebracht hätte."

Josef schaute Oberst Günzel entgeistert an. Was hatte der jetzt vor? Ihm wurde immer flauer in der Magengegend, er hörte sein Herz wild klopfen, während sein Gegenüber wieder in dem Ordner blätterte, und als er anscheinend gefunden hatte, was er gesucht hatte, fuhr er mit leiser, geradezu sanfter Stimme fort: „Ihren Grund, unseren Arbeiter- und Bauernstaat zu verlassen, gibt es nicht mehr."

Dem ängstlich dreinschauenden Josef präsentierte er ein Schriftstück aus dem aufgeschlagenen Ordner. Was Josef da erblickte, wollte er nicht glauben:

Oberst Günzel präsentierte ihm eine Todesanzeige. Der zufolge war Petra am Mittwoch, dem 13. September 1961, plötzlich auf tragische Weise gestorben und ihr Begräbnis hatte bereits am Montag, dem 25. September um 14 Uhr, auf dem Friedhof Ober St. Veit stattgefunden. Einen Tag vor der geplanten Hochzeit …

Einen Moment saß Josef wie versteinert da und Oberst Günzel ließ ihn auch in Ruhe, bis er schließlich meinte: „Ja, so schnell geht das manchmal im Leben. Aber damit hat sich ja Ihr Begehren, sich nach drüben abzusetzen, erledigt, denn was wollen Sie jetzt noch dort? Außer, Sie wollen Ihrem früheren Chef beim Spionieren gegen unseren Arbeiter- und Bauernstaat unterstützen?"

„Nein, an so etwas bin ich wirklich nicht interessiert", erwiderte Josef entsetzt. „Ich wollte nur zu meiner Verlobten "

Eigentlich hatte Oberst Günzel recht, dachte sich Josef. Bei Franz arbeiten wäre zwar ein Ziel, aber ohne Petra und in der

Nähe ihrer ehemaligen Wohnung arbeiten … „Sehen Sie, wir kümmern uns um unsere Bürger und bewahren sie vor unnötigen Schritten. Wissen Sie, solche Fürsorge kennt nur ein sozialistischer Staat. Und bitte, wir sind keine Unmenschen und sehen noch einmal von einer Strafverfolgung ab, weil wir meinen, mit der eben überbrachten Nachricht hat das Ganze sein Bewenden. Aber wir bitten Sie trotzdem eindringlich, sich in Zukunft von der Staatsgrenze West fernzuhalten. Hinsichtlich Ihres Klassenstandpunktes gibt es allerdings noch eine Menge zu tun, aber das werden wir auch noch hinkriegen …"

Josef konnte nicht mehr. Dieser Zynismus, mit dem sie ihn fertig gemacht hatten! Das war schlimmer als Prügel! Und jetzt war auch das letzte Fünkchen Hoffnung erloschen …

Also gibt es sie, die Auftragsmorde durch das Schwert und Schild der Partei, wie sich die Staatssicherheit offiziell präsentierte …

Josef schloss aus dem Ganzen, dass sie Petra in einen Verkehrsunfall verwickelt hatten. So, wie er es im Fernsehen in amerikanischen Krimis öfter gesehen hatte, wenn die CIA jemanden im Visier hatte …

Und die Todesnachricht hatten sie bei der Postzensur abgefangen, um sie ihm über die Staatssicherheit zu überbringen. Um sicherzugehen, dass er nun keinen Fluchtversuch mehr unternimmt. Was er auch nicht mehr vorhatte, denn was wollte er wirklich ohne Petra im Westen?

Aber wer hatte die Todesanzeige verfasst? In der Schnelligkeit hatte er gar nicht gelesen, wer alles als trauernder Hinterbliebener angegeben war und wer den Brief abgeschickt hatte.

Aber damit wollte sich Josef auch nicht mehr auseinandersetzen. Was half ihm das jetzt noch?

Wahrscheinlich hatten sie mit Franz genauso kurzen Prozess gemacht. Von ihm war Anfang September gerade mal ein Paket mit Kaffee und Süßigkeiten eingetroffen. Jetzt schickten viele West-Wiener und Westösterreicher Pakete an ihre Ostverwandten und Freunde.

Einen Brief von Franz hatte Josef aber nicht bekommen.

Waren Petra und ich für den Staat eine so große Gefahr, dass sie sogar vor Mord nicht zurückschreckten? Oder hatte das alles mit Franz zu tun? War er wirklich ein Spion? Was Josef aber nicht glauben konnte und wollte. Oder doch? Konnte er sich wirklich in den wenigen Jahren drüben eine so noble Wohnung leisten und auch gut einrichten? Und sich zwei Werkstätten aufbauen? Die hätten doch sonst nicht diese Aktion durchgezogen.

Aber was hatte Petra damit zu tun?

Hatte sie sich Hilfe suchend an Franz gewandt und er hatte über seine geheimen Kontakte etwas arrangiert, um mich hier rauszuholen? Hatte das was mit dem Westausweis zu tun, den Petra für mich besorgen wollte? Oder hatten die beiden danach noch etwas organisiert, von dem ich nichts weiß? Aber wie gesagt, was nützten diese Fragen, auf die es sowieso keine Antwort mehr gab, jetzt noch.

Gleich am Montag meldete sich Josef krank. Nicht aus Faulheit oder Provokation. Nein, er konnte nicht mehr und sah diese Krankmeldung sogar als verantwortliche Handlung an. Ein Kfz-Mechaniker, der sich bei seiner Arbeit nicht voll konzentrieren kann, ist eine Gefahr für den Straßenverkehr.

In der Nacht lag er stundenlang wach, und wenn er dann gegen Morgen einschlief, blieb er bis zum Mittag im Bett. Er wollte gar nicht aufstehen. Wofür denn? Es hatte alles keinen Sinn mehr. Appetit hatte er keinen. Nur mühsam aß er etwas, weil das nun mal sein musste. Auch zum Fernsehen hatte er keine rechte Lust, aber er schaltete den Kasten doch an, um sich etwas abzulenken. Nur das Bier und der Wodka schmeckten und entführten ihn in eine freundlich scheinende Welt. Zwei Wochen lang ging das so, bis ihn der Vertrauensarzt von der Staatlichen Sozialversicherungsanstalt wieder für arbeitsfähig hielt.

Martin weilte einer Priesterkonferenz halber einige Tage in Wien. Ein guter Grund für Josef seinen alten Freund zu treffen und dieser konnte dafür einen Nachmittag reservieren. Bekanntlich bleibt bei größeren Tagungen leider oft wenig Zeit für Privates …

Die beiden Freunde fanden ein ruhiges Plätzchen, um ungestört miteinander reden zu können. Josef berichtete Martin, was sich in den letzten Wochen zugetragen hatte. In einem Brief hätte er das niemals so ausführlich und offen tun können. Und Martin ließ seinen Freund auch reden und unterbrach ihn nicht. Erst auf die von Josef gestellte Frage „Habe ich wirklich immer richtig gehandelt oder hätte ich längst rübergehen sollen?" antwortete er ruhig und bedächtig: „Erst mal möchte ich vorausschicken, dass mit dem ‚Hätte ich dies und jenes tun oder lassen sollen' niemandem gedient ist. Was geschehen ist, das ist geschehen und kann nicht mehr rückgängig gemacht werden. Woran wir wieder sehen, wie verantwortlich Entscheidungen, die wir treffen, letztendlich sind. Aber auf deine Frage kann ich ehrlichen Herzens antworten, dass du klug und besonnen gehandelt hast. Du hast nie zuerst an dich gedacht und musst in keine Richtung hin ein schlechtes Gewissen haben. So wie ich dich kenne, wärst du drüben auch nie glücklich geworden, wenn du nicht am Sterbebett deines Vaters gestanden wärst und deine Mutter nach der Operation besucht hättest und damit gesehen hättest, es ist alles gut verlaufen. Das hätte sogar deine Beziehung zu Petra trüben können, obwohl Petra eine äußerst verständnisvolle Frau war. Und die stand dir auch nie im Weg oder hat dich gedrängt, dass du unbedingt rübergehen sollst. Also noch einmal: Du musst kein schlechtes Gewissen haben. Ganz im Gegenteil! Ich muss sagen, dass du mir in deinem Handeln ein großes Vorbild bist, denn ich kenne selbst niemanden, der in vergleichbarer Lage so überlegt gehandelt hat …"

Martin umarmte seinen Freund, und beiden kamen die Tränen, bis Martin dann seinen Freund sehr stark ermutigte: „Wenn du das jetzt auch nicht spüren wirst, so wird dich Gott für dein Verhalten segnen. Vielleicht kommt dir das jetzt alles eigenartig vor oder vielleicht sogar grotesk, aber ich spüre, dass du es erleben wirst, dass sich alles zum Guten hin entwickeln wird. Ich sage das nicht leichtfertig, sondern sehr verantwortungsbewusst."

„Ich möchte das so gern glauben", erwiderte Josef voller Tränen. Martin umarmte seinen Freund wieder und gab ihm zu erkennen, dass er sich seiner Traurigkeit nicht schämen müsse.

„Vertraue darauf, dass Gott keine Fehler macht und von ihm nichts Böses kommt."

„Aber von wem kommen die ganzen Scheußlichkeiten und Leiden dann?", wollte Josef aber wissen.

„Niemals von Gott, denn Gott will uns nur Gutes tun. Die vielen Traurigkeiten und Bosheiten kommen vom Diabolos, dem Durcheinanderbringer, eben Satan", erklärte Martin seinem Freund, „wie ich dir schon ein paarmal gesagt habe, wir müssen diese Macht des Bösen, Satan mit seinem Gefolge, sehr ernst nehmen. Satan will wirklich nie etwas Gutes für uns Menschen."

Martin zog sein kleines Neues Testament aus seiner Aktentasche und las Josef vor:

„Schau, im Johannesevangelium, im 8. Kapitel, ab dem Vers 44 sagt Jesus klipp und klar:

,Er', eben Satan, ,war ein Mörder von Anfang an. Und er steht nicht in der Wahrheit; denn es ist keine Wahrheit in ihm. Wenn er lügt, sagt er das, was aus ihm selbst kommt; denn er ist ein Lügner und ist der Vater der Lüge.'

Satan redet den Menschen ständig ein, dass Gott uns all die schlechten Dinge schickt, aber das stimmt nicht. Weshalb hätte Gott seinen Sohn Jesus in unsere Welt senden sollen, der all unsere Krankheiten, Schmerzen und Leiden auf sich genommen hat, um uns zu erlösen, wenn wir auch selber noch viel leiden müssen? Das wäre doch absurd! Dann wäre das Opfer Christi am Kreuz nur eine halbe Sache. Was wäre das für eine Erlösung, wenn wir auch noch einen eigenen Beitrag leisten müssten? Das hätte bedeutet, Gott ist nicht vollkommen. Genau das will uns Satan ja pausenlos einreden."

„Aber wann hört das ganze Leiden endlich auf?"

„Mit der Wiederkunft unseres Herrn und Heilandes Jesus Christus, wenn er in Herrlichkeit auf unsere Erde kommt. Aber in deinem Leben wird sich vieles ändern, wenn du selber zu dem Erlösungswerk unseres Herrn dein persönliches JA findest. Dann wirst du den Heiligen Geist empfangen, der dir Ruhe und inneren Frieden schenken wird."

Josef überlegte eine Weile, bis er sich fragte: „Dann ist auf einmal alles Leid, aller Schmerz wie weggeblasen?"

Martin lachte: „Nein, natürlich nicht, aber du selbst bekommst zu alldem eine andere Einstellung. Es kommt alles nicht mehr so nahe an dich heran. Gott schenkt dir durch seinen Geist neue Erkenntnisse und hilft dir bei der Überwindung von Schwierigkeiten und öffnet dir Türen, um Veränderungen in deinem Leben zu bewirken. Er bewahrt dich auch davor, Dinge zu tun, die dir und deinen Mitmenschen nur Probleme einbringen würden, denn durch unser falsches Handeln fügen wir oftmals auch anderen Menschen, aber auch Tieren, unnötiges Leid zu. Ja, aber wie wollen wir die richtigen Wege gehen und die richtigen Entscheidungen treffen? Wie wollen wir das alles aus eigener Kraft und Weisheit bewältigen? Da sind wir maßlos überfordert. Wir brauchen Wegweisung und Klarheit, um den richtigen Weg zu gehen. Und dabei möchte uns Gott gern helfen."

„Ja, diese Ungerechtigkeiten sind wirklich so schwer zu ertragen!" Josef musste tief seufzen, worauf Martin behutsam antwortete: „Das weiß ich, und auch mir bereitet das große Schmerzen, obwohl ich keine engen Freunde oder Verwandte drüben habe. Aber ich denke da nicht bloß an mich."

„Aber ist das wirklich Sozialismus hier? Wenn man die Menschen über Nacht hinter Stacheldraht einsperrt? Und auf Menschen, die sich lieben, keine Rücksicht nimmt?"

Josef konnte das nicht verstehen und Martin bemühte sich, seinem Freund alles so gut wie möglich zu erklären, obwohl auch er sich mit den Ereignissen der letzten Wochen sehr schwer tat: „Sozialismus kommt von sozial und sozial ist immer das, was den Menschen nützt. Sozial heißt, auf den anderen zuzugehen, sich um den anderen zu kümmern, ihm zu helfen."

„Aber nicht, ihn einzusperren und zu etwas zu zwingen", stieß Josef sauer auf.

„Nein, natürlich nicht. Soziales Handeln ist immer mit Freiheit verbunden. Ein sozialistischer Staat muss immer ein freiheitlicher Staat sein, der seine Bürger niemals einengt. Aber der Mensch muss auch innerlich frei sein. Wenn ich keinen inneren Frieden habe, tue ich mich mit dem äußeren Frieden auch schwer. Und den inneren Frieden schenkt der Heilige Geist, wenn ich mein Leben Jesus anvertraue."

Josef fuhr sehr nachdenklich, aber auch innerlich gestärkt nach Hause. Martin redet keine oberflächlichen, nichtssagenden Worte … Es soll sich alles zum Guten wenden? Nur wann und wie? Aber man soll die Hoffnung nie aufgeben …

In den Ost-Wiener Geschäften schaute es im Herbst 1961 äußerst mager aus. Überall bildeten sich lange Schlangen, selbst vor kleinen Geschäften, um zum Beispiel weißen Pfeffer, Waschmittel oder Toilettenpapier zu ergattern. Butter, Fleisch, Wurst und Eier waren generell nur nach langem Schlangestehen zu kriegen, und dafür musste sich jeder Bürger der Volksrepublik registrieren lassen.

In den Agitprop-Lokalen der Partei, die in jedem Wohngebiet zu finden waren und in denen neben ideologischer Berieselung auch viele nette Freizeitaktivitäten angeboten wurden, gaben Angestellte der magistratischen Wirtschaftsabteilung Einkaufs-ausweise für Butter, Eier, Fleisch und Wurst aus.

Josef musste überlegen, wo er diese Produkte erwerben wollte. Er konnte alle Ausweise in einem Geschäft abgeben, sie aber auch auf mehrere Läden verteilen. Was er aber nur begrenzt tat, um unnötiges Schlangestehen zu vermeiden.

Also deponierte er die beiden Ausweise für Butter und Eier beim Konsum ums Eck. Und die für Fleisch und Wurst im Fleisch-konsum auf der Quellenstraße. Damit waren ihm 250 Gramm Butter und drei Eier pro Woche garantiert. Jeder Einkauf wurde natürlich peinlich genau vermerkt, damit keiner etwas doppelt bezog.

Beim Fleisch und bei der Wurst war es jedoch komplizierter. Da ging es tatsächlich danach, was so im Laufe der Woche rein-gekommen war. Was konkret hieß, am 11. 11. 1961 brutzelte in kaum einer Ost-Wiener Küche ein Martinigansl. Selbst im dafür typischen Burgenland war das nur höchst selten möglich. Dank der zwangskollektivierten Landwirtschaft wanderten die burgenländischen Gänse in West-Wiener und westösterreichische Küchen. Genauso wie es der Marchfelder Spargel und die Wachauer

Marillen schon seit Jahren taten. Der Ost-Staat benötigte dringend frei konvertierbare Devisen … Die Regierung hatte es nicht für möglich gehalten, dass sich vor der Grenzschließung dermaßen viele Ost-Bürger im Westen versorgt hatten. Es lag auf der Hand, dass die Stimmung überall sehr mies war. In fast jeder Schlange wurde mächtig geschimpft. Natürlich nicht allzu laut. Man konnte nie wissen …

Selbst dem USIA-Laden ging öfter der gute Wodka aus, den billigen kriegte man auch anderswo … Kaviar gab es schon seit September keinen mehr und selbst der Krimsekt sprudelte nur noch kläglich. Einzig Fischkonserven und russisches Eis waren noch reichlich vorrätig. Josef hatte jetzt zwar Zeit genug, wollte diese aber nicht in Warteschlangen verbringen, sondern lieber vor dem Fernseher oder dem Radio, deren Antennen aber auf den Osten ausgerichtet sein sollten … Schon lange vor der Grenzschließung sah es die Partei nicht gern, wenn die Ost-Bürger Westradio oder Westfernsehen empfingen. Jetzt zog die allgegenwärtige und allmächtige Partei der geeinten Arbeiterklasse aber besonders aggressiv gegen die Westmedien ins Feld. Die Parteisekretäre der Betriebe und der anderen staatlichen Einrichtungen wurden angewiesen, die Kollegen dazu anzuhalten, keine Westsender mehr einzuschalten.

In diesem Sinne dozierte Parteisekretär Hinterberger eines Mittwochnachmittags: „Der Klassenfeind weiß, dass wir mit der Schließung unserer Staatsgrenze zum Westen nicht auch die Ätherwellen stoppen konnten. Nein, das ist uns leider nicht möglich, aber jeder einzelne Bürger der Volksrepublik Österreich kann die feindlichen Wellen selber vor seinem Radio oder Fernseher stoppen! Was wir unserem sozialistischen Vaterland auch schuldig sind! Wir lassen uns nicht von der feindseligen imperialistischen Ideologie verwirren! Wir haben einen unerschütterlichen festen Klassenstandpunkt und genießen demzufolge nur Sendungen des demokratischen Österreichischen Rundfunks und Fernsehens oder Sendungen aus den sozialistischen Bruderstaaten."

Jeder Werktätige der Volksrepublik musste eine Verpflichtungserklärung unterschreiben, dass er keine Westsender mehr empfängt.

Natürlich auch die Arbeiter der kleinen Kfz-Werkstatt in der Wiener Neilreichgasse.

Und Josef dachte sich dabei: Papier ist geduldig.

Danach ermahnte Genosse Hinterberger die Kollegen aber noch wegen eines anderen Problems: „Gebt eure ganze Kraft, um unsere Volkswirtschaft zu stärken! Durch die offene Grenze ist uns auch ein gewaltiger wirtschaftlicher Schaden entstanden, den wir momentan alle sehr spüren, weil es Engpässe in der Versorgung gibt. Da brauchen wir uns nichts vorzumachen, auch nichts zu beschönigen, denn das ist eben dadurch entstanden, dass der Klassenfeind unsere Wirtschaft durch Sabotageaktionen gestört hat und dass leider etliche Fachkräfte von imperialistischen Agentenorganisationen abgeworben wurden. Wir wollen natürlich schnellstens wieder zu normalen Verhältnissen zurückfinden, und darum verpflichten wir uns alle, unser Bestes zu geben. Wir wollen unseren Betriebsplan um 5 % übererfüllen. Für uns bedeutet das, dass wir die Reparaturzeit unserer Fahrzeuge verkürzen, damit vor allem die betrieblichen Fahrzeuge schneller wieder zum Einsatz kommen. Das ist unser wertvoller Beitrag zur Stabilisierung unserer Wirtschaft und damit zur Verbesserung des Lebensstandards der gesamten Bevölkerung unserer Volksrepublik!"

Wie das praktisch funktionieren sollte, die Fahrzeuge schneller zu reparieren, war Josef und seinen Kollegen nicht ganz klar. Weil die unnötigen Stehzeiten meistens durch fehlendes Material verursacht wurden …

Ende Oktober herrschte große Aufregung im Haus. Max, der an sich ruhige und pflegeleichte Dobermann der Wilkingers aus dem zweiten Stock, der sich gern streicheln ließ und nur selten bellte, hatte einen Ausflug nach drüben unternommen. Forschen Schrittes war er über den noch provisorisch befestigten Grenzübergang an der Wienerbergstraße stolziert und hatte sich von niemandem stoppen lassen. Die Grenzsoldaten schossen auch nicht auf Hunde, sondern bloß auf Menschen … Erst ein Westpolizist durfte Max streicheln, der ihn dann einem volksrepublikanischen

Grenzsoldaten übergab. An sich eine harmlose Sache, nicht jedoch in der Volksrepublik Österreich …

Hierzulande war alles, was an der Nahtstelle zwischen dem sozialistischen und dem kapitalistischen Weltsystem nicht planmäßig geordnet vor sich ging, verdächtig und musste untersucht werden. Womit auch in diesem Falle die allwissende Staatssicherheit einzuschalten war. Dieses vor allem deshalb, weil die Genossen Grenzsoldaten festgestellt hatten: Max hatte etwas in seiner Schnauze getragen, als er die Volksrepublik verließ, und als er wieder in sie zurückkehrte, war sie leer. So und nicht anders war's, und was die Genossen Grenzsoldaten feststellten, war natürlich die reine Wahrheit. Max hatte sich also verdächtig gemacht …

Es kam, was kommen musste: Herr Wilkinger bekam Besuch von einem Hauptmann des Schwertes und Schildes der Partei und musste diesem auf die Dienststelle folgen. Dort wollte ein Major Meixner wissen, was der Hund in der Schnauze getragen hatte. Er ließ nicht locker, obwohl Herr Wilkinger immer wieder beteuerte, dass der Hund nur ein Stück von einem Ast aufgelesen hatte und es mit sich trug, wie das eben viele Hunde so machen. Aber das hatte ihm Major Meixner partout nicht glauben wollen.

Dieser war der festen Überzeugung, dass der Hund eine Botschaft an einen Agenten der CIA oder des westösterreichischen Verfassungsschutzes überbringen sollte.

Major Meixner verfasste ein zwei Seiten langes Protokoll, das Herr Wilkinger zu unterschreiben hatte. Danach konnte er gehen, hatte sich aber weiterhin zur Verfügung des Amtes für Staatssicherheit zu halten.

Er konnte nur den Kopf schütteln … „Ist doch lächerlich, dass ich meinen Hund rüberschicke, damit er drüben einem Agenten eine Botschaft übermittelt", hatte er Josef gegenüber zu dem Ganzen gemeint, und dieser schlussfolgerte treffend: „Die misstrauen doch jedem Bürger, aber in den Zeitungen steht immer, dass wir alle fest hinter der Partei stehen und die Partei auch uns allen fest und unerschütterlich vertraut …"

Am Heiligen Abend 1961 waren Ost-Wiens Kirchen so voll wie nie zuvor. Auch die große am Antonsplatz, die Josef ab und zu besuchte. Obwohl die Messe erst um 18 Uhr begann, war schon eine halbe Stunde vorher kein freier Platz mehr zu haben, sodass sogar im Altarraum Klappstühle aufgestellt wurden. Trotzdem standen immer noch Leute in den Gängen …

Als beim Singen der „Stillen Nacht, Heiligen Nacht" die Lichter ausgingen und nur noch die Kerzen am großen Christbaum leuchteten, brachen viele in Tränen aus. Auch Josef konnte sich nicht halten. Voriges Jahr saß er noch mit Petra hier …

Der Pfarrer sprach vom Erlösungswerk Christi, das mit der Geburt des Jesuskindes im fernen Bethlehem begann und am Kreuz von Golgatha seine Vollendung erfuhr. Jesus ist in diese Welt gekommen, damit wir Frieden im Herzen bekommen sollen, den besonders jetzt viele Menschen brauchen und den zu geben Gott gern bereit ist …

Nach der Messe fuhr Josef zu Hilde. Die ihr erstes Weihnachten ohne ihren Mann feierte …

Sissi, Poldi und die Kinder kamen später noch dazu. Ja, die Kinder: Sissis hatte im Mai den süßen Michi auf die Welt gebracht, Babsi war inzwischen zwei und ein bisserl mollig geworden. Und Poldi hatte im November vorigen Jahres ihren Rainer geboren … Das war natürlich alles sehr lieb, trotzdem wollte aber keine rechte Weihnachtsfreude aufkommen, weil noch jemand fehlte, nämlich Petra, die durch ihr fröhliches Wesen immer sehr zu einer guten Stimmung beigetragen hatte und selbst bei dieser Feier noch ihre Spuren hinterlassen hatte. Durch die drei kleinen Bilderbücher, die sie Josef bei einem ihrer letzten Besuche in die Hand gedrückt hatte. Er sollte sie Sissi und Poldi geben, wenn er sich von ihnen verabschiedete, bevor er mit dem Westausweis rübergeht …

Im Herbst 1962 verbesserte sich die wirtschaftliche Situation der Volksrepublik langsam. Die Käuferschlangen reduzierten sich auf exotische Artikel, zu denen Orangen, Bananen, Mandarinen, Erdbeeren, Spargel zählten. Um weißen Pfeffer, Waschmittel,

Toilettenpapier, Eier, Fleisch und Wurst musste deutlich weniger angestanden werden. Nur die Rationierung der Butter war noch aufrecht. In den großen Kaufhallen bildeten sich an den Kassen aber nach wie vor lange Schlangen, weil nicht alle besetzt waren …

Personalmangel, Krankenstände, Urlaube, der monatlich bezahlte Haushaltstag für vollbeschäftigte Frauen mit Kindern unter 18 Jahren, der auf drei Monate nach der Geburt eines Kindes verlängerte Wochenurlaub für die jungen Frauen waren die Gründe für die unbesetzten Kassen oder für zu wenig Personal am Fleisch-, Wurst- und Backwarenstand …

Auch im USIA-Laden standen wieder öfter guter Wodka und Krimsekt im Schaufenster. Nur mit dem Kaviar haperte es noch … Der Konsum bot jetzt sogar ab und zu Budweiser oder Radeberger Bier an …

Auch ein Martinigansl war wieder zu haben, allerdings nur nach Vorbestellung, was aber auch früher üblich war. Und selbst drüben in kleineren Fleischereien Usus ist. Herta hatte die Familie zu diesem Fest eingeladen. Aber ohne Petra schmeckte die Gans immer noch nicht so richtig. An ihrem ersten Todestag hatte er im Stephansdom eine Kerze angezündet …

Ja, irgendwie begann man sich mit der vermauerten Grenze abzufinden. Was blieb den Menschen auch anderes übrig? Obwohl vom Staat geächtet, begingen die meisten Ost-Bürger dennoch allabendlich „geistige Republikflucht", indem sie den Fernseher oder das Radio auf den Westen einschalteten. Der Osten sendete nur selten gute Filme. Ab und zu flimmerten welche von Hans Moser über den Bildschirm, aber sonst berichtete der Ost-Sender meistens bloß von der Planerfüllung oder sendete Kriegsfilme über den Siegeszug der Roten Armee im Großen Vaterländischen Krieg …

Einzig Sportsendungen kommentierte der Osten besser und genauer als der Westen …

Nur musste man beim West-Fernschauen aufpassen, wenn es an der Tür läutete oder klopfte. Dann schnell auf den Osten umschalten! Und noch schneller zurück, wenn die Luft wieder rein war … Auch Josef verbrachte die meiste Zeit am Fernseher, wenn er nicht bei seiner Mutter oder bei seinen Schwestern weilte – was hieß, auch bei seinen beiden Neffen und der Nichte Babsi. Die lenkten ihn etwas ab, wenn er mit ihnen spielte oder ihnen Geschichten vorlas. Außer, er las aus den Bilderbüchern vor, die von Petra stammten …

Ja, überall stieß er noch auf Petras Spuren. Wenn er diese in seiner Wohnung auch aus dem Mittelpunkt verbannt hatte. Den Anorak und den Regenschirm hatte er im Kleiderschrank verstaut und die weiße Kerze in den Abstellraum gestellt. Nur ihr Bild stand noch auf seinem Nachtkästchen. Alle Erinnerungen sollten natürlich nicht beiseite geräumt werden.

Ansonsten war bei Josef halbwegs Normalität eingekehrt. So gut es eben ging.

Auf der Arbeit war es politisch etwas ruhiger geworden. Nur noch einmal im Monat gab's am Mittwochnachmittag eine „Rotlichtbestrahlung …"

Ende September 1962 wurde endlich eine neue Hebebühne errichtet, eine kleine Sensation. Aber eine längst überfällige Maßnahme, da die alte immer öfter ihren Geist aufgegeben hatte. Meistens gerade dann, wenn sie besonders dringend gebraucht wurde. Als sich dadurch die Reparatur des Moskwitsch 411 vom 1. Sekretär der VAPÖ-Bezirksleitung Favoriten verzögerte, gab's einen gewaltigen Krach … Woraufhin schnellstens mit der Errichtung der neuen begonnen wurde. Auf einmal ging alles blitzschnell. Zur Einweihung stieß man sogar mit Sekt an. Der Genosse Erster Sekretär war auch erschienen. Heute sehr gut gelaunt.

Und am 3. September hatte ein Lehrling zu werken begonnen, Karl aus Floridsdorf. Der Josef wehmütig an seine eigene Lehrzeit erinnerte. Damals bei Franz. Lang, lang war's her …

Josef war aber wenigstens schon wieder stellvertretender Werkstättenleiter und sollte sich in dieser Funktion mit Karls Ausbildung beschäftigen. Kein leichtes Unterfangen, weil Karl ein flatterhafter Typ war, selten bei der Sache. Auch die Berufsschule meldete nicht unbedingt nur Gutes. „Ich würde viel lieber drüben was lernen, wo sich's lohnt, weil man da gutes Geld verdient und sich was Vernünftiges kaufen kann. Ach, mal auf der Mariahilfer Straße durch die Kaufhäuser schlendern und mal hier und mal da was kaufen, das wär' schon was …"

„Aber mit deinen Leistungen kannst du nur hier bei uns im Kollektiv mitgeschleppt werden. Drüben haut dich jeder Chef im hohen Bogen raus und dann musst du mit dem bisserl Arbeitslosengeld auskommen", entgegnete Josef verärgert, was Karl aber nicht im Geringsten störte: „Meine Güte, das macht auch nix. Drüben kriegst du mehr fürs Nichtstun, als du hier für einen Monat langweilige Hackelei kriegst."

„Dafür hast du aber viel höhere Fixkosten, wie Miete, Strom, Fahrgelder …"

„Ach, da würde ich bei meiner Tante wohnen und muss nix zahlen", lachte Karl, und Josef schüttelte missmutig den Kopf.

Die SPÖ war in Ost-Wien auf ein kleines Häuflein geschrumpft. Nur noch zwei Parteilokale gab es, eins in Floridsdorf und eins in Favoriten. Die Genossen waren in die Jahre gekommen, waren entweder längst Pensionisten oder standen kurz davor. Und leider waren einige verstorben.

Neue Mitglieder konnte die Partei kaum gewinnen. Die VAPÖ-Propaganda gegen die „sozialrevisionistischen Verräter" hatte gewirkt. Und war im Betrieb bekannt, dass ein Kollege oder eine Kollegin SPÖ-Mitglied war, hatte das große Schwierigkeiten zur Folge. Auch das schreckte mächtig davor ab, der Partei beizutreten. Obwohl nicht wenige Ost-Wiener der Sozialdemokratie sehr nahe standen. Vielfach aus alter Tradition, die typischen Arbeiterbezirke Favoriten, Brigittenau, Floridsdorf und Donaustadt lagen im Osten … Aber auch die Politik der SPÖ in West-Wien, die sich angenehm von der konservativen in Westösterreich abhob, machte die SPÖ im Osten sympathisch.

Aber die geschlossene Grenze ließ keine Kontakte mehr mit West-Genossen zu. Es konnte ja keiner mehr von drüben herüberkommen, und die Postzensur war ebenfalls eine gewaltige Hürde.

Was ein halbwegs normales Parteileben unmöglich gemacht hatte. Womit der Parteivorstand im Juni 1964 beschlossen hatte, die SPÖ in Ost-Wien aufzulösen.

Am 2. Oktober 1964 musste Herta wieder ins Spital. Nach einem Herzanfall war sie in der Wohnung zusammengebrochen. Zum Glück war Sissi gerade bei ihr und konnte die Rettung rufen. Die Ärzte taten ihr Möglichstes, konnten ihr aber nicht mehr helfen. Drei Tage später schloss sie ihre Augen für immer. Wie beliebt sie war, zeigte sich noch einmal bei ihrem Begräbnis. Über 150 Genossen, Freunde, Nachbarn und Verwandte begleiteten sie auf ihrem letzten Weg. Fast so viele wie bei ihrem Mann …
Nur etwas über ein Jahr lang konnte sie Pensionistin sein. Leider, denn auch sie hätte sich ein ruhiges Pensionistenleben redlich verdient gehabt. Am liebsten hätte sie dieses allerdings mit Rudi zusammen genossen …

Nach Hertas Tod suchte Josef einen noch engeren Kontakt zu seinen beiden Schwestern und natürlich zu Michi, Rainer und Babsi. Michi spielte schon von sehr klein an leidenschaftlich gern Fußball. Was Josef in seiner Jugend bekanntlich genauso gern mit Martin getan hatte. Also stolzierten Josef und Michi oft in den Augarten, der für ausgedehnte Fußballspiele hervorragende Möglichkeiten bot. Schon bald konnte Michi recht gut mit dem großen Ball umgehen, und Josef bewunderte seine immer gezielteren Torschüsse.
„Wenn du so weitermachst, wirst du mal ein bekannter Fußballspieler!", lobte ihn Josef, und Michi bemühte sich daraufhin noch mehr.
Der gute Augarten war übrigens nicht sehr weit von Sissis und Herberts neuer Wohnung entfernt, denn die Familie hatte endlich nach langem hartem Kampf mit dem Wohnungsamt in der Taborstraße eine geräumige Dreizimmerwohnung ergattert. Auch das Schwimmen lernte Michi sehr schnell, und war es im Sommer zu heiß zum Fußballspielen, zog Josef mit ihm ins Gänsehäuferl. Was allerdings auch oft mit der ganzen

Familie oder besser gesagt: mit den Familien passierte, weil sich Poldi mit ihrem Anhang da gern mit anschloss, sofern es der Beruf erlaubte. Während Michi beim Schwimmen schon bald den Fischen starke Konkurrenz machte, brauchten Babsi und Rainer etwas länger dazu. Als aber der Knoten gerissen war, waren auch sie nur noch schwer aus dem Wasser zu kriegen.

Im Winter ruhte das Schwimmen aber keineswegs, da ging's ins Amalienbad, das nicht weit von Josefs Wohnung entfernt war. Poldi und Paul hatten auf der Wiedner Hauptstraße eine nette Wohnung bekommen, auch mit drei geräumigen Zimmern und sogar mit Balkon. Der Weg zur Arbeit war von hier gut mit der vor dem Haus haltenden Straßenbahn erreichbar.

So eine schöne Wohnung bekamen sie auch nur deshalb, weil Paul als Halbjude ein offizielles „Opfer des Faschismus" war und dadurch einige Privilegien genoss, aber auch Poldi war als Krankenschwester, wie schon erwähnt, eine in der Volksrepublik äußerst wertgeschätzte Persönlichkeit, sorgte sie doch dafür, dass die kranken Werktätigen bald wieder gesund wurden und damit weiter am Aufbau des Sozialismus teilnehmen konnten … Rainer malte leidenschaftlich gern und brachte für sein Alter schon recht gute Zeichnungen zustande.

„Von ihm werden wir noch viel hören, wenn er älter ist", ermutigte Josef seine Schwester, die ihm lachend zustimmte.

So schön auch alles war, alle vermissten das Knusperhäuschen in Perchtoldsdorf noch immer sehr. Und natürlich genauso die liebe Petra. Es wollte nicht in Poldis Kopf, dass die Staatssicherheit zu einem solch grausamen, hinterhältigen Mord fähig war …

„Warum zerstören sie ein Menschenglück? Was haben sie davon?"

Auch Sissi konnte das nicht begreifen …

Und Josef fand das alles äußerst widersprüchlich: „Unser Staat betont immer, dass er den Frieden für alle Menschen will, dass er gegen die Kriege in der Welt kämpft, dass es allen werktätigen Menschen auf der ganzen Welt gut gehen soll und die Partei der Arbeiterklasse für die ureigensten Interessen der arbeitenden Menschen kämpft, und dann das …"

„Da haben wir geglaubt, die Quälerei von Menschen, wie wir sie vom Dritten Reich her kennen, ist endgültig vorbei, aber das scheint wohl ein Irrtum zu sein", wollte Paul dazu noch bemerken.

Eines Sonntags waren sie alle nach Perchtoldsdorf gefahren, um zu sehen ... Vor dem Knusperhäuschen saß eine Familie mit zwei noch kleineren Burschen, gemütlich Kuchen essend und Kaffee oder Kakao trinkend. An dem Tisch, an dem sie einst alle saßen.

Und die neuen Bewohner benutzten sogar noch dasselbe Geschirr.

„Warum können wir nicht im Garten sein?" Babsi verstand das nicht. Wie sollte das ein Kind begreifen, wenn das nicht mal in ein Erwachsenengehirn reinwollte?

Mit der üblichen Propagandaschlacht wurde der VI. Parteitag der VAPÖ im Juni 1965 vorbereitet. Jeder Bürger der Volksrepublik sollte natürlich sein Bestes geben und sich zu Ehren der ruhmreichen Partei der geeinten Arbeiterklasse zu besonderen Taten verpflichten.

Genosse Hinterberger fühlte sich besonders auf den Plan gerufen und schlug eines Mittwochnachmittags den Kollegen vor: „Wir werden uns zu Ehren des VI. Parteitages unserer Partei verpflichten, die Materialkosten für die Reparaturen um 10 % zu senken. Was bedeutet, wir werden ordentlicher und gewissenhafter mit den Materialien umgehen und effektiver reparieren, damit kein Material unnötig verschleudert wird ..."

„Aber wie soll das gehen?" empörte sich Josef, „glauben Sie denn, wir schauen nicht darauf, dass kein Material vertan wird? Es gibt nun einmal bei den Fahrzeugen so vieles, was man nicht vorhersehen kann. Es funktioniert nicht immer alles gleich auf Anhieb."

„Das mag schon sein, aber ich denke, man kann durch intensives Nachdenken einiges zum Guten verändern", entgegnete Genosse Hinterberger in seiner hartnäckigen Art und Weise, was Josef nach der Schwafelstunde zu der bissigen, aber realistischen Bemerkung hinriss:

„Das kann nur jemand vorschlagen, der keine Ahnung von Autos hat!"

Da musste ihm selbst Gregor zustimmen, weil er den Lebenslauf des Parteisekretärs kannte.

Genosse Hinterberger war lediglich der Parteisekretär des Betriebes und hatte von Autos so viel Ahnung wie der Fisch vom Radfahren. Er besaß nicht einmal ein eigenes, was in seiner Funktion leicht zu bekommen gewesen wäre. Ja, er verfügte nicht einmal über eine Fahrerlaubnis, sondern ließ sich vom Firmenchauffeur von Werkstätte zu Werkstätte fahren. Gelernt hatte er Industriekaufmann, hatte den Beruf aber nur kurz ausgeübt. Es zog ihn lieber auf die Parteischule, nach deren Abschluss er dann der Parteisekretär des VÖB Kfz-Reparaturbetriebes „Sieg des Sozialismus" Wien wurde.

Viel diskutieren nutzte beim Genossen Hinterberger nichts, und so beschlossen die Kollegen, zu Ehren des VI. Parteitages der VAPÖ 10 % des Materials bei den Reparaturen einzusparen. Ob die Kollegen diese Verpflichtung auch tatsächlich erfüllen, wird niemand kontrollieren. Hauptsache, es stand auf dem Papier, welches dem Zentralkomitee zugestellt wurde.

Arbeits- und sozialrechtlich war auch wieder einiges in Gang geraten, so wie traditionsgemäß auch bei den früheren VAPÖ-Parteitagen. Die Bevölkerung erwartete solches, ein paar Wohltaten fürs gemeine Volk mussten neben dem ideologischen Geschwafel traditionsgemäß drin sein. Und es wurde auch wieder einiges vermeldet: Die Pensionen steigen um 15 % und die Preise für einige Lebensmittel werden gesenkt. Ab 1966 haben alle Werktätigen auf mindestens 18 Urlaubstage pro Jahr Anspruch. Und die Wochenarbeitszeit wird ab 1. 1. 1966 auf 42 Wochenstunden gesenkt und, das war natürlich der Höhepunkt, es wird gleichzeitig die 5-Tage-Arbeitswoche eingeführt. Die Volksrepublik Österreich ist der erste sozialistische Staat der Welt, der die 5-Tage-Arbeitswoche realisiert, betonte die Parteiführung mit einem gewissen Stolz, und sie hatte recht, denn in der DDR wurde im April 1966 gerade einmal die 5-Tage-Arbeitswoche in jeder zweiten Woche eingeführt, und die anderen Bruderstaaten ließen sich noch länger Zeit damit.

Mit der Einführung der 5-Tage-Woche hielt man es aber genauso, wie es die DDR im Jahre 1967 bei ihrer Volleinführung tat: Einige kirchliche Feiertage mussten dran glauben. Sie waren dem atheistischen Staat sowieso schon lange ein Dorn im Auge. In diesem Sinne galten ab 1966 die Feiertage Heilige Drei Könige (6. Jänner), Christi Himmelfahrt und Maria Himmelfahrt (15. August) nicht mehr als gesetzliche Feiertage. Maria Empfängnis (8. Dezember) war in der Volksrepublik von Anfang an kein arbeitsfreier Feiertag.

Wer an den nunmehr abgeschafften Festtagen nicht arbeiten wollte, konnte dafür unbezahlten Urlaub erhalten.

Josef arbeitete jetzt von Montag-Donnerstag von 7–16.30 Uhr bei 15 Minuten Frühstückspause und 30 Minuten Mittagspause und am Freitag von 7–14.45 Uhr.

Als stellvertretender Werkstättenleiter genoss er jetzt 21 Urlaubstage im Jahr. Beim Urlaub musste allerdings bedacht werden, dass die arbeitsfreien Samstage als Urlaubstage zählten.

Während es mittlerweile zwischen der DDR und Westberlin zu Weihnachten, zu Ostern und zu anderen Anlässen Passierscheinaktionen gab, die es den Westberlinern möglich machten, ihre Ostverwandten besuchen zu können und auch DDR-Rentner einmal im Jahr für vier Wochen zu ihren Westverwandten reisen durften, tat sich zwischen Ost- und Westösterreich lange nichts. Die Grenzen waren in beiden Richtungen dicht. Erst der VI. Parteitag der VAPÖ setzte endlich einiges in Bewegung.

Die Partei signalisierte Verhandlungsbereitschaft hinsichtlich einer Reiseregelung zwischen Ost- und Westösterreich. Dieses auch deshalb, weil bei den westösterreichischen Nationalratswahlen vom Herbst 1967 erstmalig die seit zwanzig Jahren existierende absolute Mehrheit der ÖVP gebrochen wurde. Die Partei verlor durch einen riesigen Korruptionsskandal, in dem auch einige ÖVP-Politiker verwickelt waren, über elf Prozent und musste nun mit der SPÖ koalieren. Wobei die ÖVP hier unschuldig zum Handkuss gekommen war, denn sie schloss die am Korruptionsskandal beteiligten Parteimitglieder sofort nach Bekanntwerden aus der Partei aus …

Der neue Bundeskanzler Hans Geiger, zwar ein ÖVPler, aber einer von der positiven, liberaleren Seite, die es erfreulicherweise drüben auch gab, wollte die streng antikommunistische Politik seines Vorgängers Eisgruber beenden und eine „Politik des Aufeinanderzugehens" einleiten. Dazu hatte ihn wohl der westdeutsche, zwar sozialdemokratische, Außenminister Willy Brandt ermutigt, der ebenfalls die politische Eiszeit zwischen Ost und West durchbrechen wollte …

Für die neue Stoßrichtung gen Westen beauftragte die VAPÖ den Staatssekretär Körner. Dieser sollte Verhandlungen mit der Innsbrucker Regierung ermöglichen. Und Staatssekretär Berger sollte den Kontakt zum West-Wiener Magistrat suchen.

Nach zähem Ringen auf beiden Seiten gelang im Juni 1968 ein Abkommen sowohl mit Innsbruck als auch mit West-Wien, das Westösterreichern und West-Wienern pro Jahr für maximal 30 Tage erlaubte, in die Volksrepublik Österreich einschließlich Ost-Wien einzureisen. Was einmalig oder mehrmalig im Zeitraum eines Jahres geschehen konnte. Die Anträge mussten mindestens vier Wochen vor der ersten Einreise gestellt werden und schlossen auch ehemalige Ost-Bürger, die bis zum 31. 12. 1967 aus der Volksrepublik geflohen waren, ein. Die Anträge konnte entweder ein West-Reisebüro vermitteln oder sie waren direkt an das Verkehrsamt in Ost-Wien zu senden.

Die Antragsteller bekamen dann eine Visabestätigung, mit der eingereist werden durfte. An der Grenze war die Gebühr von 70 Westschillingen zu entrichten und man bekam den Visastempel in den Pass gedrückt, nachdem für jeden Aufenthaltstag ein Mindestumtausch von 50 Westschillingen eins zu eins vorgenommen worden war. Wodurch stattliche Devisenströme in die volksrepublikanische Staatskasse flossen …

Auch für die Pensionisten der Volksrepublik tat sich nun etwas in puncto Westreisen.

Ab 1. 7. 1968 durften Frauen ab dem 60. Geburtstag und Männer ab dem 65. Geburtstag pro Jahr bis zu 30 Tage gen Westen ziehen, was auf einmal oder in mehreren Raten, auf zwölf Monate verteilt, geschehen konnte. Auch diese Reiseanträge mussten bis zu vier Wochen vorher beim polizeilichen Meldeamt gestellt werden. Ein Visum kostete 30 Ostschillinge und es konnten 100 Ostschillinge eins zu eins in West auf der Bank gewechselt werden.

Der Unterschied zur DDR-Regelung bestand darin, dass Pensionisten aus der Volksrepublik Österreich nicht angeben mussten, zu wem sie reisen wollten. Die VAPÖ-Regierung war der Ansicht, dass die Daten über die Personen, zu denen gereist werden wollte, nicht überprüft werden können. Es war bis nach Ost-Wien bekannt geworden, dass die DDR-Rentner mit den Personalien von ihren vermeintlichen Verwandten äußerst großzügig verfuhren und längst Verstorbene wieder auferstehen ließen …

Die Neuregelungen brachten Bewegung unters Volk. Freunde und Verwandte konnten sich wieder sehen, abgesehen von den Pensionisten, wenigstens in West-Ost-Richtung …

Josef nützte das nichts, er hatte drüben keinen, der ihn hätte besuchen können, und selber war er noch lange keine 65.

Und selbst wenn, zu wem hätte er reisen sollen? Mit 100 Schillingen wäre er nicht weit gekommen. Höchstens ein Tagestrip rüber nach West-Wien wäre sich ausgegangen …

Aber halt! So wie die DDR-Rentner im Westen ein Begrüßungsgeld erhielten, gewährten auch Westösterreichs Gemeinden den älteren Herrschaften aus der Volksrepublik eine einmalige Zuwendung pro Jahr. Die Höhe legten die Gemeinden individuell nach ihren finanziellen Gegebenheiten fest. West-Wien ließ jedem Ost-Pensionisten 500 Westschillinge pro Jahr zukommen.

Jetzt waren die Pensionisten auf einmal äußerst gefragte Leute im Volke, wenn sie von ihrem West-Trip heimkehrten. Die West-Tanten, Onkels, Neffen, Nichten steckten ihnen alle etwas zu, was sie „drüben" an ihre Lieben verteilen sollten. Natürlich hatte jeder Ost-Pensionist nur reiche Freunde und Verwandte drüben. Mit nobel eingerichteten Häusern plus Swimmingpool. Und jeder fuhr ein schickes teures Auto und düste schnell mal zum Shopping nach London oder zum Friseur nach Paris. Im „goldenen Westen" lebten nur steinreiche Geldleute.

Und in der Tat: Kam Westbesuch in den „armen Osten", gaben manche auch entsprechend an. Speziell vor Verwandten oder Freunden, die lange noch nicht „reisemündig" waren und ihre Aussagen somit nicht überprüfen konnten …

Die Märchengeschichten über den „goldenen Westen" kursierten logischerweise auch in Sissis Friseursalon. Da war unter den wartenden Frauen fast nur noch das Thema Westen im Gespräch. Selbst über Krankheiten wurde jetzt viel weniger gejammert, und das hieß etwas.

Im 20. Bezirk wohnten verhältnismäßig viele ältere Leute, und etliche von ihnen ließen sich von Sissi und ihren beiden Friseurinnen die Haare bearbeiten. Sissi war inzwischen die Chefin des nach der Pensionierung der Inhaberin in eine Genossenschaft verwandelten Geschäftes.

Besonders die Frau Moser, sie war Ende 70 und kam zweimal im Monat zur Haarpflege, hob ihren kurz vor der Grenzschließung geflohenen Sohn Hans hoch in den Himmel. Im Osten hatte er mit häufigen Krankenständen geglänzt und es nur zum Bauhilfsarbeiter gebracht, und drüben sollte er auf einmal eine Baufirma leiten, einen dicken Mercedes fahren und dreimal im Jahr in die USA zum Shopping jetten. Was allen Ernstes die Leute glauben sollten, und einige taten es sogar.

Josef hatte behauptet, er kenne drüben niemanden, der ihn hätte besuchen können. Was aber nicht stimmte, denn Anfang Oktober 1968 flatterte ein netter Brief aus Graz in seinen Postkasten. Beim Lesen des Allerweltnamens Mayer schüttelte er zunächst nur den Kopf, bis er den Brief öffnete und sich beim Anschauen der beiliegenden Fotos erinnerte.

Ach ja, das sind die Mayers aus der Tolbuchinstraße, die im Sommer 1958 plötzlich rübergegangen waren und ihm noch aus West-Wien geschrieben hatten, dass sie in die Steiermark ziehen würden. Erst wohnten sie in Kapfenberg, und 1963 zogen sie weiter nach Graz. Von dort kamen auch noch einige Grüße, dann aber verlor sich der Kontakt.

Nun hatten sie sich aber wieder gemeldet und einen Besuch angekündigt, der am letzten Oktoberwochenende stattfand. Oh, die Mayers waren ganz normale Leute geblieben.

Nein, sie waren nicht mit einem schnittigen Auto angedüst gekommen. Und hatten nicht von ihren Shopping-Trips über den großen Teich und ihrem Badeurlaub auf den Bahamas geschwärmt. Oh nein! Sie waren auf dem Teppich geblieben. Sie waren damals auch nur rübergegangen, weil ihnen die politische Zwangsberieselung gehörig auf die Nerven gegangen war.

Hartmut hatte in Graz wieder die Filiale eines Drogeriemarktes übernommen, der auch Haushaltsartikel führte. Larissa war eine fesche junge Frau geworden. Gut, sie war auch schon als kleines Mädchen süß. Aber nun erwartete sie selbst im Dezember ihr erstes Kind. Sie war seit zwei Jahren in Salzburg glücklich verheiratet und vor der Babypause in einem Reisebüro tätig gewesen, was sie nach dem Wochenurlaub fortsetzen will.

Joachim hatte im Frühjahr auch ein liebes achtzehnjähriges Mädchen kennengelernt. Für 1969 war die Hochzeit geplant. Er arbeitete als Angestellter bei einer Grazer Bank.

Ja, das waren völlig normale Berichte, nichts hörte sich übertrieben oder gelogen an.

Mit Menschen zu reden, die drüben nicht alles in den Himmel hoben, sondern realistisch die Vor- und Nachteile fair betrachteten, das gefiel Josef sehr.

Für das Frühjahr planten sie ein Treffen, bei dem auch die Zwillinge mit ihrem Anhang kommen würden. Larissa und Joachim erinnerten sich noch immer gern an die Badefreuden mit Josef am Wienerberg oder im Amalienbad.

1968 war bekanntlich ein sehr turbulentes Jahr. Zunächst einmal drüben im Westen, wo die Studenten ordentlich Randale machten. Die Aktionen der Westberliner Studenten hatten auch die West-Wiener Studenten angestachelt. Am 10. Februar gingen sie gegen den Schah auf die Straße, am 13. Februar protestierten sie vor dem Amerikahaus gegen Vietnam und am 12. April gegen das Attentat auf Rudi Dutschke …

Später begehrte der VSStÖ gegen die SPÖ auf, die nach Meinung der Studenten unter anderem zu wenig gegen die Militärintervention der USA in Vietnam eintrat …

Die Einmischung der USA in Vietnam empörte allerdings auch Josef sehr, welcher sich genauso wie die West-Studenten fragte, was die Amerikaner dort zu suchen hätten.

Vietnam war klarerweise auch öfter das Hauptthema der mittwöchlichen politischen Gespräche in der Werkstatt. Und da war Josef sogar auf Linie mit dem Genossen Hinterberger. Was ihm dann Probleme mit dem inzwischen längst ausgelernten Karl einbrachte, welcher der Ansicht war: „Aus Amerika kommen so viele tolle Sachen! Die Super-Musik, die Blue Jeans und noch so vieles andere, was von drüben kommt, das ist Spitze! Aber was haben wir hier? Nur Mist!"

„Gegen die Musik ist auch nichts einzuwenden. Die gefällt mir auch gut und auch die Jeans sind super", entgegnete Josef, „gern würde ich drüben mal einen Urlaub verbringen, weil es bestimmt viel Interessantes in den USA zu sehen gibt. Und man kann bestimmt auch so manch Wertvolles lernen. Und die USA wären auch nicht so ein wirtschaftlich starkes Land, wenn die Menschen nicht so fleißig wären. Aber die Amerikaner sollen sich nicht politisch und militärisch überall einmischen. Was geht ihnen Vietnam an? Das grenzt nicht mal an die USA! Und wie sie mit den Menschen dort umgehen! Das ist absolut nicht in Ordnung!"

„Aber das machen sie nur, um den Kommunismus zu zerschlagen! Die wollen den Vietnamesen die Freiheit bringen! Allen, im Norden und im Süden! Den Vietnamesen soll es so super gehen wie den Menschen in den USA, im Land der unbegrenzten Möglichkeiten, wohin ich auch so gern möchte!", meinte Karl allen Ernstes, was Josef aber keineswegs aus der Ruhe brachte.

„Ich bin wahrlich auch kein Kommunist, aber ihre Ablehnung gegen den Kommunismus gibt den Amerikanern noch lange kein Recht, sich in Vietnam einzumischen. Die USA ist ein Staat wie jeder andere auf der Welt und hat nur dann das Recht, militärisch zu agieren, wenn er selber angegriffen wird, aber ansonsten haben die USA Ruhe zu geben. Auch wenn es ihnen nicht gefällt, dass Nordvietnam kommunistisch ist! Und nicht mal dann, wenn die Nordvietnamesen in Südvietnam einmarschieren, dürfen die USA intervenieren! Das hat dann den Weltsicherheitsrat der Vereinten Nationen zu beschäftigen, der die entsprechenden Maßnahmen zu setzen hat. Für Konflikte zwischen einzelnen Staaten und Regionen ist die UNO geschaffen worden. Da haben sich nicht einzelne Staaten, und seien sie noch so groß oder wirtschaftlich bedeutend, einzumischen!"

Und zu Karls Schwärmerei von den USA wollte Josef noch loswerden: „Und mein Lieber, die USA sind nicht das Paradies, nicht mal die Vorstufe davon. Es ist nicht alles Gold, was glänzt! Und nicht überall, wo Freiheit drauf steht, ist auch Freiheit drin …"

Ende Juli 1968 war Karl nicht von seinem Prag-Urlaub zurückgekehrt. Er hatte sich über die CSSR gen Westen abgesetzt. Was dazumal viele taten, nachdem Alexander Dubcek die Grenzen zu Westdeutschland gelockert hatte …

Am 21. August 1968 marschierten die Truppen der Warschauer Pakt-Staaten in die CSSR ein, um dem Prager Frühling ein Ende zu bereiten. Auch Truppen der österreichischen Arbeiterarmee sollten darunter gewesen sein, hieß es … Genosse Hinterberger beorderte die Belegschaft am Mittwoch, dem 28. 8., allesamt in die Brünner Straße. Dafür durfte schon um 14 Uhr Feierabend gemacht werden … Mit flammenden Worten wetterte er gegen die Reformer in Prag los: „Genossen und Kollegen! Die ganze Welt hat sich von der Kraft der geeinten Arbeiterklasse des sozialistischen Lagers überzeugen können! Wir haben gemeinsam fest entschlossen gehandelt und die Konterrevolution zerschlagen. Die Feinde der Arbeiterklasse wollten die CSSR aus der Gemeinschaft der sozialistischen Staaten herausbrechen, aber das ist ihnen nicht gelungen, weil wir alle wachsam waren, vor allem natürlich die Sowjetunion …"

Das übliche Geschwätz! Josef schaltete ab, weil er das Geplappere nicht mehr hören konnte. Dabei war das, was in der CSSR geschehen war, nicht nur für ihn so hoffnungsvoll gewesen. Den Sozialismus von Alexander Dubcek konnte Josef vollen Herzens bejahen. Das war doch das, was seine Eltern für Österreich wollten. Wirklicher Sozialismus kann nur menschlich sein …

Die Zeitungen, der Rundfunk, das Fernsehen, alles war auf einmal so frei und unabhängig. Wenn Josef auch kein Tschechisch verstand, es erschienen einige Zeitungen auf Deutsch und Radio Prag International sendete auch in deutscher Sprache … Die Medien in der CSSR standen nicht unter US-Kontrolle, mussten also auch den westlichen Einheitsbrei nicht nachplappern, waren somit wirklich frei. Kein Wunder, das die deutschsprachigen Ausgaben sowohl in West- als auch in Ostösterreich nur kurze Zeit erschienen. Später ließen sie CSSR-Besucher nach ihrer Rückkehr kursieren. Weder im Kommunismus noch im Kapitalismus gibt es wahre Freiheit. Im Kommunismus lässt die Ideologie keine Freiheit zu, und im Kapitalismus steht das Gewinnstreben der Konzernbosse und ihrer Helfershelfer der Freiheit im Wege. Es darf überall nur das nachgeplappert werden, was „die da oben" wollen. In Ost und West.

Was wäre gewesen, hätte der Prager Frühling gesiegt? Das fragte sich Josef und kam auf die Idee, dass das für den Westen eine viel größere Gefahr gewesen wäre als für uns hier …

Wir hätten davon nur profitiert, weil wir uns dann ein wirklich sozialistisches System aufbauen könnten, mit einer besser funktionierenden Wirtschaft, weil wir motivierter wären. Es würde mehr Kreativität freigesetzt und auch das Kleinunternehmertum könnte sich besser entwickeln …

Aber drüben? Der Westen könnte nicht mehr behaupten, das bessere politische und wirtschaftliche System zu sein. Er hätte seine Vorbildwirkung verloren, die er doch immer wieder reklamiert. Und die Großkonzerne hätten auf einmal starke Konkurrenz im Osten …

Und nun das! War das nicht blutroter Faschismus? So wie Josef das USA-Engagement in Vietnam verabscheute, so verabscheute er das Vorgehen der Sowjetunion und ihrer Bündnispartner in der CSSR. Keiner hatte die CSSR angegriffen, womit es keine Bündnisverpflichtung gab. Das war rohe Gewalt und hatte mit Sozialismus nicht das Geringste zu tun.

Josef hatte sich vom Prager Frühling ein eigenes Bild machen wollen, aber sie ließen es nicht zu, denn auch für Reisen in sozialistische Bruderstaaten benötigte ein Bürger der Volksrepublik Österreich einen Reisepass mit einem Ausreisevisum versehen. Diesen Pass nannte man im Volksmund „Ostpass", weil auf seiner letzten Seite stand: „Gültig für die Staaten der sozialistischen Staatengemeinschaft". Auch diese Visumanträge waren vier Wochen vor dem beabsichtigten Reisedatum beim polizeilichen Meldeamt einzureichen.

Als Josef seinen Pass abholen wollte, gab der fast haarlose Polizist in Josefs Alter lapidar von sich: „Ihr Antrag konnte leider nicht genehmigt werden. Eine Begründung kann nicht gegeben werden." Das war's. Josef stand noch immer auf der schwarzen Liste der Staatssicherheit …

8. KAPITEL

Die große Reise und ihre Folgen ...

Und doch: Für den Sommerurlaub 1969 bekam Josef einen Ost-pass samt dazu nötigem Ausreisevisum in die CSSR und in die DDR! Weil keine Fluchtgefahr gen Westdeutschland mehr dank der wieder gut bewachten Grenze nach der Niederschlagung des Prager Frühlings bestand und weil er eine organisierte drei-wöchige Busreise durch beide Länder gebucht hatte, die nach diesem Plan verlaufen sollte:

Tag 1: Abfahrt in Wien mit dem Ziel Brno. Dort Stadtrundfahrt.

Tag 2: Weiterfahrt nach Prag über Kutna Hora mit Stadtbesichtigung.

Tag 3: Große Stadtrundfahrt in Prag, Besuch des Traditions-restaurants „U fleku".

Tag 4: Ausflüge nach Karlstein und Konopiste. Abends Besuch der „Laterna Magica".

Tag 5: Weiterfahrt nach Dresden mit Zwischenstopp in Königstein.

Tag 6: Stadtrundfahrt durch Dresden.

Tag 7: Weiterfahrt nach Berlin.

Tag 8: Stadtrundfahrt durch Berlin mit Besuch des Pergamon-Museums.

Tag 9: Ausflug nach Potsdam.

Tag 10: Weiterfahrt nach Rostock.

Tag 11: Stadt- und Hafenrundfahrt in Rostock.

Tag 12 : Weiterfahrt nach Magdeburg.

Tag 13: Fahrt durch den Harz mit Besichtigung von Wernigerode und Quedlinburg und Nächtigung in Nordhausen.

Tag 14: Besichtigung des Kyffhäuser-Denkmals und Weiter-fahrt nach Leipzig.

Tag 15: Stadtrundfahrt durch Leipzig und Abendessen im „Auer-bachs Keller".

Tag 16: Weiterfahrt nach Weimar und Eisenach.
Tag 17: Besichtigung der Wartburg.
Tag 18: Weiterfahrt nach Karlovy Vary.
Tag 19: Besichtigung des Bäderdreiecks und Weiterfahrt nach
       Cesky Krumlov.
Tag 20: Besichtigung von Cesky Krumlov.
Tag 21: Heimreise nach Wien.

Ein mehr als volles Programm, dessen sich Josef völlig bewusst
war. Dennoch oder gerade darum freute er sich sehr auf diese
Reise, brachte sie ihn doch zum ersten Mal über Österreichs
Grenzen, wenn auch nur in östliche Richtung, aber besser dieses
als gar nichts.

Am letzten Wochenende vor der Reise schlief er sich noch
einmal richtig aus, denn ein Erholungsurlaub wird das auf keinen
Fall werden. Höchstens drei Nächte werden ein einziges Mal im
selben Hotel verbracht werden, in Berlin …

Am Samstag, dem 2. August 1969, war es dann so weit. Punkt
6 Uhr startete der IKARUS-Bus bei strahlendem Sonnenschein
vom Rathausplatz. Mit 32 Gästen war er recht gut besetzt und
gelangte nach der relativ schnellen Durchquerung des Wein-
viertels an die tschechoslowakische Grenze.

Ja, auch an den Grenzen zwischen den sozialistischen Bruderstaaten kontrollierten die Organe beider benachbarter Staaten peinlich genau. In Klein-Haugsdorf nahm der in den Bus eingestiegene
Grenzer den Reisenden die Pässe ab und steckte sie in einen Holz-
kasten. Nach dieser Amtshandlung durften alle aussteigen, um sich
die Füße zu vertreten, eine Zigarette zu rauchen oder das WC
aufzusuchen. Was in aller Ruhe vor sich gehen konnte, weil die
Prozedur fast eine halbe Stunde einnahm. Dafür war aber auch
schon die tschechoslowakische Einreisekontrolle mit erfolgt. Die
beiden benachbarten Bruderstaaten arbeiteten eng zusammen …

Brünn erinnerte Josef wehmütig an Graz. Wegen der St. Peter-
und Paul-Kathedrale, der Domkirche des Bistums Brünn, auf
dem Petrov-Hügel thronend. Auch auf einem Berg inmitten
der Stadt …

Die Reise wurde vom Herrn Ludwig Eder, einem Pensionisten, etwa einsachtzig groß, mit schütterem Haar, geleitet, der sich durch die Reiseleitung etwas dazuverdiente und dabei auch noch Neues zu sehen bekam. In den einzelnen Städten oder durch die Burgen und Schlösser führten zusätzlich örtliche Fremdenführer. In der CSSR waren die früheren deutschen Ortsnamen absolut tabu. Weder Herr Eder noch die tschechische Stadtführerin Maria sprachen von Brünn, sondern nur von Brno. Nur Prag bildete später eine Ausnahme …

Josef kam sich auch bei der Stadtrundfahrt wie in einer österreichischen Stadt vor, denn die Häuser und Kirchen im Zentrum schauten vertraut aus, wenn man den Brünner Häusern allerdings teilweise noch die Kriegsbeschädigungen ansah. Die zahlreichen Gerüste deuteten aber darauf hin, dass sich diesbezüglich einiges zu ändern begann.

Die habsburgische Vergangenheit ließ sich nun einmal nicht leugnen. Da half auch das Tabu hinsichtlich der deutschsprachigen Ortsbezeichnung nichts.

Nicht nur Josef hatte sich sehr gewundert, weshalb sich der Busfahrer nach der Grenzabfertigung so beeilt hatte, Brünn zu erreichen. Herr Eder sagte nämlich, dass um elf die Führung durch die Kathedrale stattfinden würde, aber nicht den Grund für diesen frühen Termin. Hätte nicht um zwölf oder noch später auch gereicht?

Hätte nicht, wie die Stadtführerin Maria gleich zu Beginn der Führung erklärte: „Sie werden fragen, weshalb das Mittagsgeläut um elf und nicht, wie normal um zwölf, stattfindet." Alle nickten, auch Josef, und sie lüftete das Geheimnis: „Der Legende nach hätten die Schweden versprochen, die Belagerung der Stadt am 15. August 1645 zur Mittagszeit abzubrechen. Als die Schlacht dann im Gange war, entschieden die gewitzten Brünner daher, bereits um elf zu läuten, und so zogen die Schweden unverrichteter Dinge ab …"

Bei der Rundfahrt lernte Josef aber auch noch den Spilberk kennen, die alte Festung, die neben der Kathedrale das Stadtbild Brünns prägt. Sie ist ein beliebtes Ausflugsziel und bot dazumal ein Restaurant und ständig wechselnde Ausstellungen an.

Die Geschäfte wirkten viel eleganter als in Wien und boten mehr Auswahl, ob es sich dabei um Lebensmittel, Süßwaren oder Textilien handelte. Nur haperte es am Geld …

Der Geldwechsel zwischen den sozialistischen Bruderstaaten war nämlich streng reglementiert. Da die Vollpension samt Hotelübernachtung plus Eintrittsgebühren in die Museen und einige Kirchen schon in Wien bezahlt worden war, durften in der CSSR nur noch pauschal 500 Schillinge gewechselt werden. Und beim „Schwarz"-Wechsel musste in zweierlei Hinsicht aufgepasst werden: Zum einen konnte man ungültige Kronen ausfassen oder von Spitzeln der CSSR-Staatssicherheit beobachtet werden. Weder das eine noch das andere wollte jemand erleben …

Josef hatte aber in Wien von einer USIA-Verkäuferin zusätzlich 300 Kronen eintauschen können, die diese nicht gebraucht hatte, weil sie zu Verwandten gereist war und deshalb nur wenig Geld ausgegeben hatte. Er hatte die Kronen in die Strümpfe gesteckt, um bei einer eventuellen Kontrolle an der Grenze keine Probleme zu kriegen. Wie er gehört hatte, verlangten die Zöllner nur äußerst selten von Reisenden, die Schuhe auszuziehen.

Das zusätzliche Geld erlaubte Josef, sich zwei Dosen gezuckerte Kondensmilch zu kaufen, die es in Wien nicht gab. Und da hier sogar Orangen zu haben waren, schlug er auch dabei ordentlich zu. Eine willkommene Nachspeise zum Mittag- und Abendessen. Auch einem kleinen Süßwarenladen stattete er einen Besuch ab und kaufte lose Pralinen.

Im großen Schallplattenladen am Hauptbahnhof erwarb er eine LP von Karel Gott und, er wollte es kaum glauben, auch eine von Roy Black … Nein, da konnte er wirklich nicht widerstehen.

Am nächsten Morgen ging's weiter nach Kuttenberg, dem heutigen Kutna Hora. Und der Aufenthalt hier war für Josef ein nicht minder unvergessliches Ereignis. Man sah der Stadt immer noch an, dass einst wohlhabende Bürger in ihr wohnten.

Der gotische Dom der heiligen Barbara mit dem dreispitzigen Dach hatte französisches Flair. Und in der Altstadt stachen Josef der Steinerne Brunnen und das Steinerne Haus ins Auge …

Josefs Namensvetter aus der vorletzten Busreihe links hatte gestern Abend im Hotel zu viel Becherovka plus Budweiser getankt, und somit wunderte sich Josef keineswegs, als er vor dem Steinernen Haus die Vögel fütterte. Wird er im Bus bis Prag durchhalten?

Einer der Höhepunkte der Reise war dann natürlich Prag mit dem gewaltigen Hradschin, der Karlsbrücke, dem Altstädter Rathaus, der Teynkirche, dem alten jüdischen Friedhof samt Synagoge …

Natürlich gehörte ein Besuch des „u fleku" dazu. Dort wurde die alte Monarchie noch einmal lebendig, nur durfte auch das nur begrenzt geäußert werden. Man wollte nicht zu sehr an alte Zeiten erinnern, sondern kühn und fest entschlossen den Sozialismus aufbauen. Vor einem Jahr allerdings schaute hier alles ganz anders aus. Im Sommer 1968 …

Es war noch nichts verheilt, die Wunden klafften nach wie vor sehr tief. Und Josef spürte sehr schnell, dass die „Freundschaft zwischen den sozialistischen Bruderstaaten" nur in der Traumwelt existierte. Das zarte Pflänzlein, das zwischen den Völkern der CSSR und den Völkern des übrigen sozialistischen Lagers gewachsen war, hatten die Panzer des Warschauer Paktes jäh zerstört, wie Josef in einem Souvenirgeschäft nahe dem Wenzelsplatz eindrucksvoll erlebte …

Er wollte drei Ansichtskarten kaufen, die er sich an einem Kartenständer ausgesucht hatte, und erbat sich von der jungen Verkäuferin im weißen T-Shirt und pechschwarzem schulterlangem Haar dazu drei Briefmarken: „Wohin wollen Sie die Karten senden?", fragte sie im typischen Schwejkschen Prager Deutsch, und Josef antwortete bereitwillig: „Nach Ost-Wien."

Auf einmal verfinsterte sich ihr freundliches Gesicht und indes sie Josef die Marken gab, erklärte sie ihren Sinneswandel: „Dann gehören Sie auch zu denen, die uns voriges Jahr überfallen haben!"

„Nein, die meisten Ostösterreicher standen, wie auch ich, auf der Seite des tschechischen und slowakischen Volkes. Das waren nur unsere Oberen, die sich den Russen gebeugt haben", versuchte sich Josef zu verteidigen, was ihm aber nichts zu nützen schien, weil er weiter zu hören kriegte: „Das sagen alle, ob ihr oder Leute aus DDR, Ungarn oder Polen …“

„Aber Sie dürfen nicht alle Menschen in einen Topf werfen. Das ist ungerecht“, machte Josef hartnäckig weiter, und die junge Frau hörte ihm jetzt aufmerksam zu, was ihn zum weiteren Reden ermutigte: „Schauen Sie, ich habe schon als kleiner Bursche meine Freundin Sara verloren, die Jüdin war und vor Hitler fliehen musste. Später, Anfang der Fünfzigerjahre, lernte ich eine junge Burjatin vom Baikalsee kennen und wir verlobten uns, und plötzlich hat sie Stalin verschleppt und ich konnte mich von ihr nicht einmal verabschieden. Und schließlich lernte ich meine Petra aus West-Wien kennen und die Staatssicherheit hat sie umgebracht …“

Die junge Frau senkte ihren Kopf und bat Josef dann leise: „Das tut mir sehr leid, und ich möchte gern weiter mit Ihnen reden, aber ich muss hier im Geschäft bedienen. In einer Stunde habe ich Feierabend.“

„Gut, dann komme ich gern wieder.“

Josef verabschiedete sich und spazierte etwas am Wenzelsplatz. Bis zum Abendessen war ja Freizeit angesagt, er hatte also genügend Zeit für ein Gespräch mit der jungen Verkäuferin.

Sie erwartete ihn tatsächlich und war jetzt sehr freundlich. Sie hätte durchaus seine Tochter sein können, mit ihren 19 Jahren, was Josef traurig feststellte. Mit Petra hätte er inzwischen bestimmt eine oder einen Sohn oder auch beides, wenn auch noch nicht in diesem Alter, aber das machte nichts …

In ein kleines Café führte Josef seine Begleiterin und sie stellte sich als Jelena aus Prag-Smichov vor, dem Stadtbezirk, der durch die sich in ihm befindliche Brauerei des beliebten Staropramen bekannt war … Jelena arbeitete nur stundenweise in diesem Geschäft, weil sie Betriebswirtschaft zu studieren begonnen hatte.

„Ich möchte mich bei Ihnen entschuldigen, dass ich vorhin so wütend auf Sie war. Ich habe Sie doch gar nicht gekannt und nicht gewusst, was Sie erlebt haben. Was Sie mir erzählt haben, hat mich sehr berührt, und deshalb wollte ich in Ruhe mit Ihnen reden. Sie haben recht, dass wir nicht alle Menschen in einen

Topf werfen dürfen." Einen Moment blieb Jelena stumm, bis sie am Kaffee nippte, sich aufraffte und weitersprach: „Ich habe mir vom Prager Frühling erhofft, dass ich auch im Ausland arbeiten kann, um einige Erfahrungen zu sammeln, die ich später hier gut anwenden kann. Aber dann kamen die Invasoren und zerstörten alles. Mein Onkel Vaclav hat gegen die Panzer gekämpft, und sie haben ihn verhaftet und vor Kurzem zu vier Jahren Gefängnis verurteilt."

Josef war sehr nachdenklich geworden und sagte leise, dass er Jelenas Schmerz gut nachempfinden könne. Dann fuhr er fort: „Je mehr man von einem Menschen weiß, umso besser kann man ihn verstehen. So kann ich auch Ihre Wut nachvollziehen."

„Wir wollten keinen Kapitalismus einführen", machte Jelena weiter, „sondern einen wirklichen Sozialismus. Dieser Sozialismus sollte menschlich sein und nicht von Moskau diktiert werden, sondern von unserer Mentalität geprägt sein. Und wir wollten auf der anderen Seite auch nicht von den USA abhängig sein, weil auch der Westen nicht frei ist …"

„So wollten es meine Eltern auch, einen Sozialismus österreichischer Prägung. Sie haben sich auch nicht in die VAPÖ übernehmen lassen, sondern sind in der SPÖ geblieben, die es in Ost-Wien noch bis 1964 gab", unterbrach Josef sein Gegenüber, das jetzt tiefer ausholte:

„Wir wollten unseren eigenen Sozialismus, weil wir vom Osten und vom Westen enttäuscht sind. Der Westen hat uns 1938 verraten, als England und Frankreich mit Hitler einen Pakt geschlossen hatten, ohne uns dabei einzuschließen. Sie haben in München unsere Grenzen verschoben und zugelassen, dass Hitler das Sudetengebiet bekommen hat, ohne unsere Zustimmung. Und Hitler hat sich 1939 dann die ganze Tschechei genommen und der Westen und die Sowjetunion haben dabei zugeschaut. Man kann sich nicht auf andere Länder verlassen, sondern muss selber handeln …"

„So war es mit Österreich 1938 genauso", ergänzte Josef, „nur Mexiko hat im Völkerbund gegen Hitlers Einmarsch protestiert, alle anderen haben Hitlers Einmarsch akzeptiert. So verlässlich

ist der gute Westen, der sich immer gern als Tugendwächter ge-
bärdet ..."

Die beiden redeten noch bis kurz nach fünf miteinander und
gingen, nachdem sie sich das Du angeboten hatten, fröhlich auseinander. Natürlich hatten sie auch die Adressen ausgetauscht.

Josef war es um keine neue Beziehung gegangen, dazu dachte
er immer noch viel zu sehr an Petra. Vielmehr hätte er sich Jelena
als Tochter gewünscht. Eine so fesche und intelligente junge Frau.
Darauf hätte er stolz sein können ...

Jelena wünscht sich nach wie vor einen demokratischen,
menschlichen Sozialismus, so wie ich. Vielleicht lässt sich da gemeinsam etwas machen. Langsam, nicht heute und morgen. So
etwas braucht Zeit, aber wir könnten mal beginnen.

Auch gegen die Verallgemeinerungen hatte er sich wehren
wollen, dass immer „die" schuld sind oder die Guten oder die
Bösen sind. Es gibt keine Kollektivschuld. Die gab's weder damals
in der Nazizeit noch jetzt bei der Zerschlagung des Prager Frühlings. Die Schuld trifft immer einzelne Menschen.

Jelena hat eingesehen, sie hat dazugelernt, und das empfand
Josef als Erfolgserlebnis ...

Kann nicht auf diese Weise eine Freundschaft zwischen den
Völkern entstehen, indem man miteinander ins Gespräch kommt
und Vorurteile abbaut?

Josef hatte an diesem Nachmittag eine kleine neue zarte Pflanze
gesät, die eine Verständigung zwischen den beiden Nachbar-
ländern ermöglichte.

Im „u fleku" stieß ein älterer bärtiger Tscheche mit Josef an und
sah die Brüderlichkeit zwischen den sozialistischen Staaten von
der humoristischen Seite: „Wissen Sie, Freunde kann man sich
aussuchen, Brüder nicht ..."

Obwohl die sich für unfehlbar haltenden Westmedien berichteten, neben der Sowjetunion, Polen, Ungarn und Bulgarien
hätten sich auch Truppen der DDR und der Volksrepublik Österreich unter den Invasoren befunden, stimmte das nicht. Weder
DDR-Soldaten noch welche aus der Volksrepublik Österreich sind

auf Befehl Breschnews in die CSSR einmarschiert. Wegen der unrühmlichen Vergangenheit zur NS-Zeit und im Falle Österreichs noch zusätzlich wegen der gemeinsamen Vergangenheit in der Habsburgermonarchie.

Diese Tatsache war jedoch den meisten CSSR-Bürgern nicht bekannt, und so ließen sie ihre Wut auch auf DDR-Bürger und Bürger der Volksrepublik Österreich aus.

In der Laterna Magica, deren Besuch am zweiten Hauptstadtabend auf dem Programm stand, war noch ein Hauch vom Prager Frühling spürbar. Nein, so einen bunten Varietéabend hatte Josef noch nie erlebt. Wie mag's bloß voriges Jahr hier gewesen sein?

In Prag durfte Josef zum ersten Mal zwei Nächte im selben Hotelbett verbringen, aber trotzdem war auch am ersten Morgen das Frühstück um Punkt acht angesagt. Weil ein Ausflug nach Karlstein und Konopiste auf dem Programm stand.

Richtig, auch nach Konopiste ging's, zu dem Schloss, das Franz Ferdinand einst bewohnte, der nach dem Selbstmord des Kronprinzen Rudolf im Jahre 1889 Thronfolger des Kaisers Franz Josef I. wurde, aber am 28. Juni 1914 in Sarajewo einem Attentat zum Opfer fiel und damit posthum den Ersten Weltkrieg auslöste.

Einige ältere Herrschaften aus der Gruppe kamen beim Schlossrundgang mächtig ins Schwärmen, jedoch fernab von aller Realität. Überhaupt, als sie ein großes Bild Seiner Majestät, Kaiser Franz Josefs I., erspähten und ehrfurchtsvoll davor verharrten …

Ach, das waren noch Zeiten, damals unter dem alten so gütigen Kaiser, der unermüdlich fleißig vom frühen Morgen bis in die Nacht für das Volk arbeitete und nur das Beste für das Volk im Sinn hatte. Darum kam es dann auch zum großen Krieg. Ohne ihn hätte es die Donaumonarchie noch immer geben können …

Der Grenzübertritt in die DDR verlief interessanterweise viel unkomplizierter als der von Ost-Österreich in die CSSR. Beide Grenzer stempelten die Pässe direkt im Bus. Die Zollerklärung für die DDR schaute sich der Zöllner nur oberflächlich an. Schon nach zehn Minuten konnte der Bus weiterfahren und der erste Eindruck von der DDR war für alle faszinierend, wie am plötzlichen Stimmengewirr im Bus hörbar war. Die Sächsische Schweiz zeigte sich bei strahlendem Sommerwetter von ihrer schönsten Seite. Besonders nach dem Stopp an der Festung Königstein. Von dort oben bot sich ein wunderbarer Blick hinüber zur Bastei, einem Paradies für Kletterer.

Dresden war trotz der total unnötigen Bombardiererei noch knapp vor Toresschluss, als der Krieg längst zugunsten der Alliierten entschieden war, noch immer oder langsam schon wieder, eine herrliche Stadt. Sie wurde in ihrem alten Glanz neu errichtet, Josef fielen überall die Baukräne und Gerüste auf …

Er stolzierte durch den Garten im Zwingerhof und auch eine Besichtigung der Gemäldegalerie stand auf dem Programm. Höhepunkt hier war natürlich die Sixtinische Madonna. Natürlich waren die Ost-Wiener auf die Mauer-Parallelstadt Ost-Berlin gespannt. Wie sah die Mauer hier aus? Was unterschied sie von der Wiener Mauer? Und was hatte die Stadt sonst zu bieten?

Das Hotel Newa stand, nicht nur zu Josefs großer Verwunderung, ganz nahe an der Sektorengrenze, gegenüber dem ehemaligen Nordbahnhof. Wer, wie Josef, ein Zimmer im obersten Geschoss erwischt hatte, konnte sogar ein Stück von Westberlin sehen. Ab und zu fuhr eine S-Bahn aus dem Tunnel heraus ins Freie entlang der Sperranlagen. Eine Flucht war aber auch hier undenkbar.

Etwas zu früh kam die Gruppe, um den neuen Fernsehturm am Alexanderplatz besichtigen zu können. Er schaute zwar schon fertig aus, aber innen bekam er noch den letzten Schliff. In knapp zwei Monaten, zum 20. Jahrestag der DDR-Gründung am 7. Oktober 1969, soll er eröffnet werden. In Ost-Berlin aß Josef seine erste Currywurst, von der er schon viel Gutes gehört hatte. Und das hatte voll und ganz gestimmt.

Auch in der DDR durften Ostösterreicher nur 500 Ostschillinge wechseln und hier hatte er nichts extra wechseln können. Also musste er beim Einkaufen sehr aufpassen. Sowie beim Genuss des Radeberger Bieres im Hotel. So ein Stück Moskau im typischen Zuckerbäckerstil, wie sich die Karl-Marx-Allee präsentierte, hatte Ost-Wien nicht zu bieten. Der Herr Schäfer, der im Bus vor Josef saß, war schon zweimal in Moskau und sagte, die Architekten hätten sich an der Gorkistraße orientiert. Und die Berliner sollten sich immer voller Dankbarkeit an die ruhmreichen Befreier vom Faschismus erinnern, weshalb es gleich drei sowjetische Ehrenmale in der Stadt gab, eins sogar im Westen, im Tiergarten. Das größte stand im Treptower Park, ein kleineres dann noch in der Schönholzer Heide. Die im Mai 1949 fertiggestellte Gedenkstätte im Treptower Park wurde bei jeder Stadtrundfahrt angefahren …

Über 7.000 Sowjetsoldaten sind hier bestattet. Die zum Monument gehörende Statue ist mit Hügel und Sockel insgesamt 30 Meter hoch und steht inmitten des großen Parks und wurde aus dem Gemäuer der Hitlerschen Reichskanzlei errichtet.

Gegen dieses Monument ist das Wiener Ehrenmal ein Klacks, dachte Josef beim Durchschreiten der Anlage.

Weitaus imposanter war der Besuch des Pergamon-Museums mit dem berühmten gleichnamigen Altar, der in der 2. Hälfte des 2. Jahrhunderts vor Christi Geburt durch König Eumenes II. auf dem Burgberg der kleinasiatischen Stadt Pergamon errichtet wurde. Bis 1878 Carl Humann mit Ausgrabungen begann, und nach zähen Verhandlungen mit der türkischen Regierung wanderte der Altar nach Berlin.

Josef bestaunte ihn und schritt die 20 Meter breite Freitreppe hinauf. Wie die Museumsführerin erklärt hatte, ist der Altar 35,64 Meter breit und 33,40 Meter tief.

Ein Stück vom Mittelmeerraum inmitten Berlins. Wenn man da schon nicht hinreisen darf, kann man wenigstens hier einiges bewundern, dachte sich Josef leise seufzend, und die junge Museumsführerin erklärte es der Gruppe dann auch ganz genau so: „Damit Sie und ich nicht in die Türkei fliegen müssen, wurde der Pergamonaltar und so einiges andere mit dazu hierher gebracht, damit wir das hier bestaunen können …"

Was klarerweise Gelächter erzeugte und so auch nicht stimmte, da diese Altertümer, wie schon erwähnt, bereits zu Kaisers Zeiten nach Berlin gelangten, und dazumal existierten noch keine Reisebeschränkungen.

Von den Potsdamer Schlössern fand Josef das Schloss Cecilienhof am interessanten, weil in ihm die großen Drei im Sommer 1945 auch Österreichs Nachkriegsschicksal beschlossen hatten.

Hier bangte die Gruppe allerdings auch um Herrn Hubers Schicksal, der im Leipziger Auerbachs Keller seinen 75. Geburtstag zu feiern beabsichtigte und nicht zum vereinbarten Treffpunkt erschien. Bisher waren immer alle pünktlich gewesen, was Herr Eder wohl zu früh gelobt hatte …

Als Herr Huber eine Viertelstunde überfällig war, machten sich Suchtrupps von je zwei Personen auf den Weg. Und einer fand ihn schließlich aufgeregt auf einem Parkweg. Er hatte sich verlaufen und war auf geradem Wege zur Glienicker Brücke, die Potsdam mit Westberlin verband und durch den Austausch von Spionen zwischen Ost und West auf ihr berühmt geworden war. In Rostock bestaunte Josef die großen Schiffe, die höher als so manches Wohnhaus waren und die Weite der Ostsee. Das gegenüberliegende Ufer nicht mehr sehen zu können, das war gewaltig für ihn, der bislang nur Binnenseen kannte. Auch als Katholik beeindruckten Josef die Lutherstädte Wittenberg und Eisenach, ganz besonders natürlich die Wartburg, auf der Martin Luther die Bibel ins Deutsche übersetzt hatte. Das war eine Menge Arbeit, fand Josef und somit verwunderte ihn der Tintenklecks in Luthers Arbeitszimmer keineswegs. Da gehen einem schon mal die Nerven durch. Als er durch Weimar schlenderte, wusste er nun auch, wo Goethe und Schiller einst gelebt hatten, mit deren Werken er sich im Deutschunterricht nicht immer nur erfreut beschäftigt hatte.

Frau Friedrich aus der zweiten Busreihe übersah einen Bordstein und stürzte. Es schaute aber schlimmer aus, als es war. Ihr rechtes Knie musste nur ein Pflaster verpasst kriegen. Eines der kleinen Wehwehchen, die es auf so einer Reise nun mal gab.

Beim Genuss einer typischen Thüringer Rostbratwurst fragte sich Josef, warum die österreichischen Bratwürste so fett sein müssen? Eine Frage, die sich noch etliche andere aus der Gruppe stellten, sodass sich daraus eine intensive Bratwurst-Diskussion entspann, die zum unerschöpflichen Thema „Abnehmen" führte.

Im Großen und Ganzen waren die Leute in der Gruppe allesamt nett. Gut, die beiden Brüder aus Wiener Neustadt in der dritten Reihe links schauten etwas zu tief ins Bier- und Schnapsglas, aber sie belästigten niemanden damit. Im Gegenteil, mit steigendem Promillegehalt wurden sie immer lustiger und sorgten für eine ausgelassene Stimmung im Bus und bei den Mahlzeiten.

Josef saß in der 7. Reihe links allein und ihm fiel auf, dass vor ihm rechts die einzige Solo-Frau der Gruppe, ebenfalls allein, saß. In einem ersten Gespräch beim Rundgang durch das historische Kutna Hora erfuhr Josef, dass Grete aus dem 4. Bezirk kam und zwei Jahre jünger sowie nicht verheiratet war. Sie arbeitete bei der Wiener Stadtsparkasse und hatte schon einige Busreisen hinter sich.

Im „u fleku" saß sie rechts neben ihm am großen langen Tisch. Anfangs hatte er sie nicht weiter beachtet, weil er sich mit seinem linken Nachbarn Gerhard ausgiebig über das Grazer Schloss Eggenberg ausgetauscht hatte. Erst später prostete er ihr mit einem Krügerl voll dunklen Gerstensaftes zu, aber ein Gespräch kam nur zögerlich zustande. Grete wirkte sehr zurückgezogen, was womöglich daran lag, weil sie in der Sparkasse beruflich viel mit Menschen zu tun hatte und daher in der Freizeit Ruhe suchte. Aber beim zweiten Bier ging sie dann doch etwas aus sich heraus und auch Josef öffnete sich mehr.

Beim Abendessen in Dresden kamen sie erneut nebeneinander zu sitzen, weil es sich halt so ergeben hatte und da schaute sich Josef seine Nachbarin genauer an.

Ein wenig kleiner war sie als er und blond. Ihr langer Pferdeschwanz stand ihr gut. Genauso die gelbe Bluse mit langem Kragen unter einem dunkelblauen V-Pullover … An sich eine fesche Frau. Und während des Essens taute sie langsam auf. Bei einem anschließenden Spaziergang durch die Ernst-Thälmann-Straße bis hin zum Postplatz noch mehr. Als Josef wissen wollte, welche Busreisen sie schon unternommen hatte, geriet sie regelrecht ins Schwärmen und redete wie aufgezogen: „Ich war schon am Balaton, dann in Budapest, wo wir auch das Donauknie mit Esztergom besucht hatten, dazu später noch Visegrad, Vac und Szentendre. Und auch an der Ostsee war ich, in Rostock, Stralsund."

Aha, sie reiste gern, stellte Josef untrügerisch fest, aber er wollte es genauer wissen und fragte ganz direkt: „Immer allein?"

Grete nickte und schien sich über diese Frage gewundert zu haben: „Ja, warum nicht? Hätte ich zu Hause Trübsal blasen sollen? Und warum soll ich mir irgendjemand suchen, mit dem ich mich dann nicht verstehe und es andauernd sinnlosen Streit gibt, den ich nicht brauche?"

„Da gebe ich Ihnen vollkommen recht, aber hat sich denn nie eine Partnerschaft ergeben?" Was partout nicht in Josefs Kopf wollte, denn Grete war doch eine attraktive Frau. Gut, sie war etwas mollig, was Josef aber an ihr gefiel. Irgendwie passte das zu ihr. Warum, hätte er nicht sagen können, aber das war nun einmal so.

„Einen richtigen Partner zu finden, ist nicht einfach", erklärte sie Josef freimütig, „einer, der ehrlich ist und einem nicht belügt und betrügt. Meine Kolleginnen haben mich darin nicht sonderlich ermutigt. Da bleibe ich lieber allein." Aber dann wollte sie von Josef wissen:

„Aber Sie waren nicht immer allein?" Neugierig, mit aufgerissenen Augen, erwartete sie Josefs Antwort. Der sich davon nicht aus der Ruhe bringen ließ, ihr aber trotzdem bereitwillig Auskunft gab: „Nein, ich hatte schon als Kind eine kleine Freundin, die Sara. Sie war Jüdin und musste mit ihren Eltern Anfang 1939 Wien verlassen. Sie siedelten nach Paris aus und wir schrieben uns noch rege Briefe, bis die Nazis Paris besetzten …"

„Gut, da waren Sie noch Kinder, das war dann halt so eine lockere Brieffreundschaft, wie das in dem Alter üblich ist", stellte sich Grete vor, doch Josef ließ das nicht so stehen:

„Natürlich waren wir Kinder und trotzdem war das mehr als eine bloße lockere Kinderfreundschaft. Oh, der Abschied von Sara ist mir sehr schwer gefallen und ich denke noch heute mit Wehmut daran zurück."

„Aber das war bestimmt nicht alles bei Ihnen?" Grete ist schon mächtig neugierig, dachte sich Josef, aber er hatte keine Geheimnisse und erzählte somit munter weiter, inzwischen überquerten die beiden den Postplatz und bewegten sich dem Zwinger zu: „Dann war erst mal der Krieg und die schweren Jahre danach und 1949 habe ich Svetlana, ich hab' sie Sveti genannt, kennengelernt …"

„Eine Russin?" Grete war außer sich, Josef beruhigte sie aber: „Nein, Sveti war eine Burjatin, sie kam aus Ulan-Ude, nahe am Baikalsee. Sie war die Tochter eines Offiziers, der bei uns in der Werkstatt sein Auto reparieren ließ …"

Josef erzählte Grete die Geschichte vom kaputten Reifen und was dann passierte …

„Ist aber wohl doch nicht das Richtige geworden mit der Sveti?", unterbrach Grete Josef leicht schnippig, aber er korrigierte sie: „Oh doch! Wir waren verlobt, aber dann war Sveti und ihre Familie plötzlich wie vom Erdboden verschwunden. Stalin wollte eben keine so engen Kontakte zwischen Sowjetbürgern und Österreichern."

„Ja, so sind unsere guten sowjetischen Freunde", lachte Grete, aber Josef ergänzte: „Die einfachen Menschen wie du und ich, die sind in Ordnung. Nur die Parteispitze, der Staat, die spielen verrückt."

Grete zuckte mit den Achseln: „Ich weiß nicht, ich halte nichts von den Russen oder wie sie sich sonst nennen. Die sind doch alle falsch und verlogen."

Was Josef längst nicht so sah: „Wir können das nicht verallgemeinern, denn es gibt in jedem Land solche und solche. Was für die Amerikaner, Engländer und Franzosen genauso gilt."

Letztes brachte Grete richtig in Rage, sie ließ Josef kaum ausreden: „Sie können doch die Westalliierten nicht mit den unzivilisierten Russen in einen Topf werden!"

So hatte Josef die ruhige und zurückgezogene Grete wirklich noch nicht erlebt, er musste schmunzeln. Aber er konterte ruhig und gelassen: „Wie ich schon sagte, es gibt in jedem Land gute und weniger gute Menschen. Auch die westlichen Soldaten sind nicht alle Engel, so wenig, wie alle Sowjetsoldaten Teufel sind."

„Lassen wir das", winkte Grete wirsch ab, „Sie waren nach dieser Sveti wieder allein, nicht wahr?"

Josef bejahte und erzählte Grete von Petra: „Ich hab' sie im Siebenbrunnencafé kennengelernt und ihre Wohnung neu ausgeweißt und danach noch kleine Reparaturarbeiten gemacht …"

Josef erzählte weiter, bis hin zu der Sache mit der Staatssicherheit …

„Da haben Sie aber schon viel mitgemacht, muss ich schon sagen."

Josef nickte und wandte sich nun ihr zu, weil er immer noch nicht glauben konnte: „Sie hatten wirklich nie eine Beziehung?"

„Ernsthaft nie, nur so ab und zu mal eine nette Unterhaltung, aber nicht mehr."

„Dann wird es aber Zeit!", ermutigte sie Josef und am Ende des Abends war man dann endlich beim Du angelangt. Am nächsten Morgen saß Grete neben Josef im Bus, was bis zum Ende der Reise so blieb.

Während der Freizeitstunden am ersten Berliner Nachmittag gingen die beiden durch das CENTRUM-Warenhaus am Alexanderplatz und da entdeckte Josef Gretes große Liebe zu Kleidung, Schmuck und Kosmetik. Bei Frauen an sich etwas völlig Normales, doch Grete verweilte hier besonders lange, sodass für einen Bummel durch die bekannte Flaniermeile Unter den Linden bis hin zum gesperrten Brandenburger Tor nicht mehr sehr viel Zeit blieb, was Josef ärgerte. Auch Sveti und Petra liebten Kleidung, Schmuck und Kosmetik sehr, wofür Josef vollstes Verständnis aufbrachte, und dieses Verständnis hatten die beiden immer sehr geschätzt, aber Grete übertrieb hier schon sehr …

Das dann doch noch erreichte Brandenburger Tor ließ einen Blick bis hin zur Siegessäule zu, die unter anderem an den Sieg des Deutschen Reiches über Frankreich im Jahre 1871 erinnerte. Josef hätte sie sich gern näher angeschaut, aber sie stand nun einmal hinter der Mauer im Westen.

In Quedlinburg kam sich Josef wie ins Mittelalter versetzt vor. Die alten Fachwerkhäuser hatte er so noch nicht in Österreich gesehen und wäre gern noch länger durch die Altstadt gebummelt, aber wie das in Reisegruppen leider oft so der Fall ist, die Zeit drängte. Ein Besuch der Nordhäuser Schnapsbrennerei stand noch auf dem Programm, was Josef natürlich auch sehr interessierte. Nicht nur der angekündigten Verkostung des bekannten Nordhäuser Doppelkornes halber.

Grete interessierte das alles herzlich wenig. Sie wollte in die Souvenirgeschäfte und in die Boutiquen. Trotz Warnung hatte sie Tschechenkronen und DDR-Mark schwarz getauscht. Zum Glück war alles gut gegangen. Wie sie aber ihre vielen Einkäufe später den Zöllnern erklären wollte, auf diese Frage gab sie Josef eine ihrer typischen kratzbürstigen Antworten:

„Das lass mal meine Sorge sein …"

Als die Gruppe am Kyffhäuserdenkmal den Bus verließ, staunte jeder. So ein gewaltiges Monument!

„Wir werden aber ein noch größeres Denkmal sehen!", dämpfte Herr Eder die allgemeine Bewunderung, „nämlich das Völkerschlachtdenkmal in Leipzig. Aber jetzt erst mal zum Kyffhäuserdenkmal hier", machte Herr Eder weiter. „Es ist 1896 zu Ehren Kaiser Wilhelms des Ersten eingeweiht worden. Es war aber nur eines der vielen Denkmäler des 1888 Verstorbenen, allerdings das größte von allen ihm gewidmeten.

Dieses hier sollte ein symbolisches Bollwerk gegen äußere und innere Feinde sein. Der innere Feind war zweifelsfrei die Sozialdemokratie, gegen die sich die Kriegervereine als Hüter und Wahrer der Reichseinheit stellten. Und nach außen betrachtet, sollte das Reich, das einst am inneren Zwist zugrunde gegangen war, ein solches Schicksal nicht noch einmal erleiden. Daran sollte das Kyffhäuserdenkmal immer erinnern. Und auch dokumentieren, dass sich das von Preußen dominierte Deutsche Kaiserreich als Nachfolger des Heiligen Römischen Reiches empfand …"

Das Denkmal war 81 Meter hoch. Soweit konnte man aber nicht hinaufklettern. Nach dem Ersteigen der 247 Stufen kam man bis 57 Meter hoch, und es bot sich ein herrlicher Blick auf die umliegende Goldene Aue. Im Norden sah Josef bis weit in den Harz hinein, durch den er gerade erst gefahren war. Und im Süden konnte er schon den Thüringer Wald begrüßen, den er noch kennenlernen sollte.

„Wie weit man von hier oben schauen kann und das noch bei dem herrlichen Wetter!", freute sich Josef, aber die angesprochene Grete sah das völlig anders: „Von dem vielen Stiegensteigen tun mir die Füße weh!"

Ihr Gejammer goutierte Josef aber nicht im Geringsten: „Sieh nicht alles so schrecklich negativ, sondern erfreue dich viel lieber der herrlichen Landschaft! So etwas Schönes kriegst du nicht oft zusehen!" Mit Grete war das eben alles nicht so einfach.

Dennoch beschlossen Grete und Josef, sich nach der Reise weiter zu treffen. Was im Auerbachs Keller unter einem Goethebild passierte.

Und in Karlsbad, das offiziell natürlich nur Karlovy Vary genannt werden durfte, planten die beiden im nächsten Jahr sogar eine gemeinsame Sommerreise zum Balaton. Josef war schon ganz schön mutig.

Aber er fühlte sich mächtig hin- und hergerissen. Zum einen wollte er gern wieder eine nette Frau kennenlernen, andererseits empfand er dabei ein schlechtes Gewissen. Aber Petra war doch tot …

Ich kann sie nicht mehr betrügen. Umgekehrt hätte auch sie wieder jemanden kennenlernen können, wenn ich gestorben wäre. Sogar die strengen katholischen Ehevorschriften erlauben dem hinterbliebenen Partner eine neue Ehe, getreu den Worten der Heiligen Schrift: „… bis dass der Tod euch scheide …" Er hat uns geschieden.

Es kamen Josef aber immer wieder Vergleiche mit Petra, mit Sveti und sogar mit Sara, in den Sinn, die es Grete wahrlich nicht leicht machten. Solche Vergleiche sollte es aber nicht geben, da sie jede neue Beziehung von vornherein scheitern lassen. Grete war eine nette, fesche Frau, auch sympathisch, aber Liebe? So ein Kribbeln wie bei Sveti und Petra kam nur spärlich auf, nur ein bisschen wegen ihrer geschmackvollen Art, sich zu kleiden …

Nein, Liebe war das nicht. Die Gespräche mit ihr waren nett, aber das war's dann auch schon. Immer nett waren sie aber auch wieder nicht, weil Grete sehr negativ eingestellt war und vieles kritisierte.

Die erste Einladung zu einem Glas Wein hatten Sveti und Petra sehr dankbar angenommen. Genauso Jelena die Einladung zu Kaffee und Kuchen. Selbst die kleine Sara war ihm vor lauter Freude um den Hals gefallen, als er ihr die Kette mit dem Herz geschenkt hatte.

Für Grete jedoch schien alles eine Selbstverständlichkeit zu sein. Josef wollte aus Liebe handeln, Freude bereiten und keine Vergleiche ziehen, aber er kam davon nicht los. Nein, diesmal war das ganz anders als früher. Oder hatte er sich geändert?

Trotzdem traf er sich nach der Reise weiter mit Grete, die in einem Altbau in der Gußhausstraße wohnte. Sie hatte die Wohnung im Herbst 1958 nach langem Kampf mit dem Wohnungsamt ergattert und anfangs viel Baulärm erdulden müssen, weil doch die Bezirke Landstraße und Simmering vom übrigen West-Wien getrennt waren und durch einen langen Tunnel mit dem 6. Bezirk verbunden wurden. Das Vorhaben, das nicht sehr weit von ihrem Zuhause vor sich gegangen war, wurde rechtzeitig zum Mauerbau realisiert und hatte der Volksrepublik harte Devisen für die Bewilligung zur Untertunnelung und was mit ihr so verbunden war, eingebracht … Ohne den Tunnel wären der 3. und 11. Bezirk vom übrigen West-Wien völlig getrennt gewesen.

Nach alter Gewohnheit traf Josef seine Grete entweder bei sich zu Hause oder er fuhr zu ihr. Sie hörten zusammen Radio oder schauten fern. Und aßen gemeinsam. Essen. Ja, das war für Grete sehr wichtig. Gut, sie konnte recht gut kochen, aber auch Josef stand ihr um nichts nach. Er hatte von Sveti und Petra gelernt und auch selbst einige Rezepte ausprobiert. Nur das angespannte Versorgungssystem machte hierbei oft einen Strich durch die Rechnung.

Nicht mal der USIA-Laden half da immer aus.

Aber Gretes Tanten und ihre Cousine, wohnhaft in Graz und Fürstenfeld, unterstützten sie dank ihrer regelmäßigen Pakete sehr.

Allerdings musste sich Josef auf die Wünsche seiner nunmehrigen Partnerin einstellen. Sveti und Petra freuten sich sehr über einen Blumenstrauß, einen Kasten Pralinen, eine Einladung auf einen Kaffee plus einem Stück Kuchen oder Torte, einen Kinobesuch. Was für Grete bloß Beiwerk war. Anfangs ging's ja noch, da war Grete froh, endlich jemanden gefunden zu haben. Da gab sie vor ihren Kolleginnen und Kollegen an, nun auch in festen Händen zu sein. Aber bald schon war alles ganz anders.

Jetzt war nämlich Beziehungsalltag angesagt. Auch etwas, was Josef von Sveti und Petra nicht kannte. Nicht einmal von Sara. Er hatte eigentlich immer Feiertagsstimmung erlebt, weil jedes Treffen etwas Besonderes war, auf das er sich freute. Selbst wenn die Unbilden des Alltags bis in die Beziehung reinzureichen drohten.

War man aber zusammen, wirkte es wie eine angenehm kühle Oase nach einer langen Wüstenwanderung oder wie eine Brandung, an welcher der Sturm abprallte. Das war sogar in den Tagen nach der Grenzschließung der Fall, als Petra noch in den Ostsektor rein durfte.

Auch sinnlose Streitereien, wer etwas wie gesagt oder gemeint haben könnte, kannte Josef bislang nicht. Ebenso keine nervtötenden Beziehungsdiskussionen. Nein, für so etwas alles war ihm die Zeit des Zusammenseins viel zu kostbar. Genauso waren ihm Brüllorgien wesensfremd. Und endlos scheinende Schweigestunden, wenn Grete sinnend am Fenster stand und die beleidigte Leberwurst spielte.

Wozu das alles? Das empfand Josef als sinnlos vergeudete Zeit. Das Leben ist doch viel zu kurz und jede Stunde kostbar.

Nein, solche Nutzlosigkeiten hatte Josef weder mit Sara, Sveti noch mit Petra erlebt. Gewiss war man nicht immer einer Meinung, was auch sehr langweilig gewesen wäre, aber bei diesen Auseinandersetzungen ging es um *sachliche* Themen. Da konnten die Diskussionen schon lange und intensiv sein, aber das hatte die Beziehung jedes Mal belebt und nur noch tiefer werden lassen. Solche Gespräche hatte jeder gern, denn man wollte nicht nur übers Wetter oder übers Einkaufen reden.

Aber mit Grete? Sie kannte nur ihre Welt, und die war recht klein. Und nur ihre Meinung war die einzig richtige, und wer die infrage stellte, erntete Zorn. Und wieder einmal stand sie sinnend am Fenster und redete stundenlang kein Wort. Daran hatte sich Josef zu gewöhnen. Womit er sich aber sehr schwer tat, weil er solches nicht einmal von seinen Eltern und von seinen Schwestern kannte. Hatte er sich mit Sissi und Poldi gestritten, was in den besten Familien passiert, wurde Klartext geredet, aber danach war man sich wieder gut. Und die Eltern stritten sich auch immer nur um wichtige Dinge, nie jedoch um langweiligen Alltagskram. Dafür hatten sie keine Antenne. Sie waren im Kampf gegen das Ständestaat-Regime, gegen den Faschismus und gegen den Stalinismus gestanden. Das waren immer abendfüllende Themen, da hatte Alltagsblödsinn keinen Platz.

Grete interessierte sich aber herzlich wenig für Politik, Geschichte, Literatur, Theater.

Bei ihr standen rein materielle Dinge im Zenit, sie begehrte Luxus und Wohlstand.

Was sehr mit ihrer Herkunft zu tun hatte.

Gretes Vater arbeitete in der Zentrale der Staatsbank der Volksrepublik Österreich am Schottenring, wo früher die Creditanstalt Bankverein residierte. Das war noch immer ein ehrwürdiges Gebäude und wer da eintrat, atmete noch einen Hauch der alten Zeit ein, als die erlauchten Bankbeamten in Ehrfurcht vor seiner Majestät werkten. Gretes Vater war Jahrgang 1907, stand also kurz vor der Pensionierung, die er auch sehnsüchtig erwartete, um endlich „rüber" fahren zu können …

Begonnen hatte seine Banklaufbahn gleich nach der Matura, die er mit Auszeichnung bestanden hatte. Am 1. September 1926 trat er in die Bank ein und arbeitete sich schnell hoch. Fortbildungskurse, die er neben der Arbeit absolvierte, beschleunigten seine Karriere sehr.

Wer bei der Creditanstalt beschäftigt war, der war schon etwas.

In der ehemaligen „k. k. privilegierte Österreichische Creditanstalt für Handel und Gewerbe", die am 31. Oktober 1855 von Anselm Salomon Freiherr von Rothschild gegründet wurde, der größten Bank des alten Österreich-Ungarn.

Auch nach dem Zerfall der Habsburgermonarchie war das von den Architekten Ernst Gotthilf und Alexander Neumann errichtete neoklassizistische Gebäude noch immer imposant.

Als Gretes Vater in die Bank eintrat, war diese durch Krisen und Streitigkeiten sehr ins öffentliche Gerede gekommen. 1926 hatte die Creditanstalt gerade die angeschlagene Anglo-Österreichische Bank übernommen. Was längst vor dem großen New Yorker Börsenkrach vom 25. Oktober 1929 passierte.

Kurz zuvor hatte die Regierung Schober die Creditanstalt gezwungen, die Verpflichtungen der, ins Trudeln geratenen Bodencreditanstalt zu übernehmen. Mit dieser Abwicklung hatte Gretes Vater maßgeblich zu tun bekommen und er stellte sich dabei sehr geschickt an, sodass er mit seinen 22 Jahren schon die Leitung dieser Arbeitsgruppe übernahm. Was ihn sehr anspornte und auch schadlos durch die schwerwiegende Bankenkrise von 1931 brachte.

Am 8. Mai 1931 wies die Creditanstalt einen Verlust von 140 Millionen Schilling aus, eine für die damalige Zeit ungeheure Summe. Drei Tage später erklärte die Bank ihre Zahlungsunfähigkeit, was eine Bankenkrise auslöste, die auf ganz Mitteleuropa übergriff und die Weltwirtschaftskrise noch um vieles verschärfte. Immerhin betreute die Creditanstalt damals den Großteil der österreichischen Industriebetriebe, und das veranlasste Bundeskanzler Otto Ender, die Sanierung der Bank zu betreiben. Seitens der Bank war an dieser Aktion auch Gretes Vater beteiligt. Was ihn auf der Karriereleiter wieder eine Stufe höher brachte, während viele Arbeiter und Angestellte um ihren Arbeitsplatz bangen mussten. Gretes Vater war natürlich inzwischen Mitglied der Christlich Sozialen Partei geworden und wurde durch seine Leistungen auch in der Partei sehr geschätzt. Immer öfter lud man ihn ein, vor Partei- und Wirtschaftsgranden Vorträge zu halten. Es lag auf der Hand, dass seine Meinung auch zum Ersten Creditanstalt-Gesetz gefragt war, das eine Garantie für Auslandsgläubiger und eine Aufnahme von Auslandskrediten vorsah. Zudem wurden die Schulden aufgeteilt: 100 Millionen Schilling übernahm der Staat und je 30 Millionen das Haus Rothschild und die Österreichische Nationalbank. Die Sozialdemokraten wollten die Verstaatlichung der Bank, was die Zornesröte in das Gesicht von Gretes Vater trieb: „Was bilden sich diese roten

Banditen ein, die das Volk in den Untergrund treiben? Verbieten sollte man sie, damit sie nicht noch mehr Unheil anrichten!"

Was drei Jahre später passierte, nach dem Arbeiteraufstand vom 12. Februar 1934.

Und das autoritäre Dollfuß-Regime fusionierte im selben Jahr die Creditanstalt mit dem Wiener Bankverein. Jetzt hieß die Bank „Österreichische Creditanstalt – Wiener Bankverein" und war nun wenigstens notverstaatlicht worden, allerdings durch ein ansonsten keineswegs staatswirtschaftlich orientiertes Regime. Aber das war etwas anderes in den Augen von Gretes Vater.

Nach dem von ihm enthusiastisch begrüßten „Anschluss" wurde gleich einmal Louis Nathaniel Rothschild verhaftet und anschließend zur Auswanderung gezwungen, womit auch die 118-jährige Verbindung der Bank zum Hause Rothschild endete. Zeitgleich mit dieser Maßnahme wurden auch die zahlreichen jüdischen Mitarbeiter der Bank hinausgeekelt. Woran Gretes Vater maßgeblich beteiligt war.

Noch im März 1938 trat er der NSDAP bei und avancierte zum Abteilungsleiter für die Arisierung jüdischen Vermögens. Er betreute die neuen Eigentümer der ehemals jüdischen Betriebe seitens der Bank und verhalf ihnen zu günstigen Finanzierungen und Krediten.

Die Aktienmehrheit an der Bank ging zunächst an eine Holdinggesellschaft des Deutschen Reiches über, woran Gretes Vater auch mitwirkte. Bald aber gingen die Aktien an die Deutsche Bank. Und ab 1939 nannte sich die Creditanstalt nunmehr „Creditanstalt-Bankverein".

Die Bank diente bald auch als KZ-Bank. Bankbeziehungen zu mindestens 13 Lagern wurden nachweislich unterhalten, von denen die Bank regelmäßig Todeslisten bekam, sogar vom KZ Auschwitz und Wuchergebühren für Geldüberweisungen von Angehörigen an KZ-Häftlinge berechnete. Diese Abteilung leitete ab 1941 Gretes Vater.

Auch an der Arisierung der Sascha-Filmindustrie wirkte er aktiv mit. Die Creditanstalt übernahm das politisch bedrängte Unternehmen zu einem unrealistisch niedrigen Preis von damals umgerechnet 1.000 Schilling und übergab die Anteile in der Folge an die Cautio Treuhand, ein von NS-Propagandaminister Goebbels gesteuertes Unternehmen. Diese wichtigen Tätigkeiten machten Gretes Vater zum „Unabkömmlichen", der nicht in den Krieg ziehen musste.

Aber es gab in den hohen Positionen der CA-Gruppe auch Widerstand. Der Generaldirektor der Semperitwerke arbeitete mit dem US-Geheimdienst OSS zusammen. Gretes Vater war ihm auf die Schliche gekommen und lieferte ihn ans Messer. Im Frühjahr 1944 wurde er verhaftet und noch am 23. April 1945 ermordet. Nach Gründung der Volksrepublik wurde aus der Creditanstalt die Staatsbank der Volksrepublik Österreich. Aber auch in West-Wien und in Westösterreich blieben die Teile der CA, die sich dort befanden, zunächst verstaatlicht. Frühere Eigentümer wurden entschädigt, sofern es sich nicht um deutsches Eigentum handelte. Erst 1956 wurde der Staatsanteil reduziert und es wurden Volksaktien ausgegeben, 10 % als Stammaktien mit Stimmrecht und 30 % in stimmrechtslose Vorzugsaktien.

Gretes Vater gelang es, sich „entnazifizieren" zu lassen. Er habe doch „nur seine Pflicht getan und durch seine Handlungen größeren Schaden für die Betroffenen abwenden können …"

Er wirkte so überzeugend, dass ihn sogar die Sowjets in Ruhe ließen und ihn nicht zu irgendwelchen Aufräumarbeiten beorderten, weil sie einen solchen Bankfachmann, wie er einer war, dringend benötigten. Die meisten anderen Banker waren in den Westen gegangen. Was war Gretes Vater doch für ein edelmütiger Mensch! Tränen der Rührung müssten einem da aufkommen.

Er blieb auch in der Staatsbank Abteilungsleiter, und niemand wagte es, ihm seine Vergangenheit vorzuhalten, denn er hatte es wieder gut verstanden, sich bei der Geschäftsleitung einzukratzen. Mit seinem guten Fachwissen konnte er auch angeben.

Und wer ihm sonst noch an den Wagen fahren wollte, bekam zu hören: „Wenn Sie provozieren wollen, lasse ich Sie abholen und wir unterhalten uns woanders! Haben Sie verstanden?" Das hatte jeder gut verstanden.

Jetzt war er für die Geschäftsabwicklung mit dem Westen zuständig, für die Außenhandelsbeziehungen und die sonstigen Devisengeschäfte. Sein Fachwissen bewahrte ihn davor, bedrängt zu werden, der VAPÖ beizutreten. Er wurde nun einmal dringend gebraucht, und wer gebraucht wurde, wurde politisch weitgehend in Ruhe gelassen.

Falls jemand Gretes Vater gegenüber anderer Meinung war, musste er damit rechnen, „abgeholt" zu werden, damit man sich „woanders" weiter unterhalten würde. So einfach war das. Gretes Vater war ja noch in Übung. Solange war es noch nicht her, als er Unbequeme „abholen" ließ, mit denen „woanders" Klartext geredet wurde. Übrigens hatte es doch geheißen, in der streng antifaschistischen Volksrepublik sei der Nazismus „mit Stumpf und Stiel ausgerottet worden". Nun, wer daran allen Ernstes geglaubt hatte, in der Volksrepublik Österreich wären keine alten Nazis mehr am Werk gewesen, der hätte getrost auch an den Weihnachtsmann und den Osterhasen glauben können.

In diesem Milieu war Grete aufgewachsen. Als Jahrgang 1933 kam sie, weil im März geboren, 1939 zur Schule. Bis 1943 herrschte noch weitgehend normaler Schulbetrieb, erst ab dem Schuljahr 1943/44 wurde Schichtunterricht eingeführt, weil die Schulen nach und nach als Lazarette fungieren mussten. Und im Schuljahr 1944/45 erlebte Grete dasselbe wie Josef. Immer wieder fielen Stunden wegen der Bombenangriffe aus und es wurden Schulen zerstört, auch Gretes. Dann war der Ofen aus. Sogar im wörtlichen Sinne, weil im kalten Winter 1944/45 kaum mehr eine Schule beheizt werden konnte. Außerdem rückte die Front immer näher und da konnte kein Schulunterricht mehr stattfinden. Womit auch Grete das fast ausgefallene Schuljahr 1944/45 nachholte. Anders als Josef kam Grete wesentlich besser über die Hungerjahre, ihr Vater hatte so seine Beziehungen. Nicht immer legale, aber so eng durfte man das nicht sehen.

Die Frage, rüber in den Westen zu gehen, stellte sich für ihn immer mehr, aber das schöne Haus in Strebersdorf aufgeben? Nein, das wollte er sich nicht antun und er hatte doch bei der

Bank klaglos weiter ungestört werken können und ihm Unbequeme „abholen" lassen.

So lavierte er sich durch und versuchte nirgendwo anzuecken. Und erzog seine Tochter entsprechend.

Seine Frau hatte für das „Familienoberhaupt" und die Tochter zu sorgen, hatte somit die brave treu sorgende Hausfrau zu sein. Nichts gegen diesen leider oft unterschätzten und geringschätzig eingestuften, Beruf, nur in diesem Hause musste die Frau absolut kuschen und hatte dem „Oberhaupt" nicht zu widersprechen. Da sieht das Ganze dann anders aus.

Grete mangelte es als Kind und als Teenager an nichts. Eine Schwester oder einen Bruder bekam sie nicht, weil es der Herr Papa nicht wollte. Ein Kind genügte ihm und was er wollte, hatte zu geschehen.

Für Grete war das Ganze aber nicht nur positiv, denn als wohlbehütetes Einzelkind, dem es selbst in der Hungerzeit nach dem Kriege an nichts mangelte, hatte sie es in der Schule nicht leicht. Schnell galt sie als der „verwöhnte Fratz" und ihr egoistisches Wesen verstärkte das Ganze noch. Zu allem Übel gab sie mit ihrem Wohlstand auch noch gewaltig an, war provokant gut gekleidet. Schokolade und andere Süßigkeiten nahm sie aber nicht mit in die Schule, weil sie nichts mit anderen teilen wollte. Natürlich verhinderte ihr Verhalten Freundschaften, und sie hatte auch nie eine wirkliche Freundin. Ja, ab und zu besuchte sie mal die eine oder andere, um sich richtig satt essen zu können. So findet man zwar schnell eine Verehrerin, aber keine Freundin. Auch später, als sich die wirtschaftliche Lage verbesserte, änderte sich nichts an ihrer Situation. Ihr egoistischer Charakter hatte sie zu einem gemeinschaftsunfähigen Menschen geformt.

Nach der Matura ging auch Grete sofort in den Bankdienst. Ihr Vater verschaffte ihr eine Stelle bei der Wiener Stadtsparkasse, in der sie auch verblieb und sich bis zur Filialleiterin hocharbeitete. Sie wurde natürlich bedrängt, der VAPÖ beizutreten, auch mit dem Angebot, auf diese Weise schneller die Karriereleiter hinaufzuklettern, aber sie widerstand. Mit der Filialleiterin war sie vollauf zufrieden.

Bei dieser Vergangenheit wunderte es Josef nicht, weshalb Grete so war, wie sie war.

Andererseits dachte er hier besonders an Sveti, deren Vater immerhin ein hoher Sowjetoffizier war und mit seiner Familie gut lebte. Trotzdem war Sveti kein bisschen eingebildet, sondern, ganz im Gegenteil, ein bescheidenes und dankbares Mädchen. Und auch Sara kam aus „gutem Hause". Bis zum „Anschluss" lebte sie wohlbehütet in einer gutbürgerlichen Familie. Auch ohne eingebildet zu sein. Es liegt wohl in erster Linie am Charakter des Menschen, wie er ist und nicht an seiner Herkunft. Bei Grete drehte sich nun mal alles um den „Goldenen Westen", wo du kaufen kannst, was das Herz begehrt.

„… wenn du das nötige Kleingeld hast", konterte Josef wieder einmal eines Abends und legte noch ein Scheuferl zu: „Und ist das wirklich alles, nur die Schaufenster zu bestaunen und das zu kaufen, was du gar nicht brauchst?"

„Na, du bist gut", ereiferte sich Grete und drohte, wieder zur sinnenden Frau am Fenster zu mutieren, „was hast du denn vom Leben, wenn du immer nur durch halb leere Geschäfte gehst und wegen jedem Mist Schlange stehen musst?"

„Das Schlangestehen gefällt mir auch nicht, wenn es darum geht, wirklich Nötiges zu kaufen", pflichtete ihr Josef bei, gab aber zu bedenken: „Aber ich will nicht immer bloß einkaufen gehen! Mir sind vor der Mauer die Menschen drüben gehörig auf die Nerven gegangen, die bloß durch die Kaufhäuser gerannt sind. Hatten die nichts Besseres zu tun?"

„Aber ich finde das herrlich, wenn ich wieder etwas Neues anziehen kann oder ein neues Schmuckstück kriege! Das geht mir hier im Osten wahnsinnig ab! Ach, wär' das wunderbar, drüben mal wieder durch die Mariahilfer Straße zu schlendern und mit einigen Sackerln heimzukommen!" Grete kam aus dem Schwärmen gar nicht heraus, aber Josef holte sie auf den Boden der Realität zurück: „Da wüsste ich, wenn ich wieder mal rüber könnte, was Besseres!"

Grete wollte natürlich wissen, was es denn Besseres als Einkaufen geben könnte. Josef enthielt es ihr nicht vor: „Zum Beispiel, einen wirklich guten Film anzuschauen, ins Theater zu gehen oder mir, wenn's schon ums Einkaufen geht, ein gutes Buch zu kaufen."

„Ja, das ist auch nicht schlecht", druckste Grete lustlos rum, wollte dann aber doch bemerken:

„Ein neues Kleid wäre aber besser."

Josefs Antrittsbesuch bei Gretes Eltern wurde zu einem gewaltigen Flopp. Mit Gretes Mutter ging's ja noch recht gut, sie war nett und bewirtete Josef sehr großzügig. Mit einer wohlschmeckenden Griesnockerlsuppe, einem Entenbraten mit Rotkraut und Semmelknödeln. Ausgerechnet eine von Josefs Leibspeisen, da musste die Frau bei ihm gut ankommen. Und der Nachtisch, bestehend aus Eis mit Schlag, rundete das Ganze nett ab. Genauso der gute Kaffee, in diesem Hause logischerweise Westkaffee. Später der Apfelstrudel war auch nicht von schlechten Eltern. Und der Wein entstammte auch keinem volksrepublikanischen Weinberg. Einverstanden, dieser Teil der Einladung war bestens gelungen. Aber dann …

Gretes Vater wollte natürlich wissen, wo und als was Josef arbeitet: „Na ja, Autos werden immer gebraucht und verlangen ihre Pflege", lobte Gretes Vater Josefs Job. Dieser lachte, wollte aber auch das loswerden: „Ich interessiere mich sehr für Autos und habe deshalb diesen Beruf gewählt." Josef berichtete, wie er 1946 bei Meister Hellgruber als Lehrling begonnen hatte und wie sein beruflicher Werdegang weiter verlaufen war.

„Sie haben schon drüben gearbeitet?", wunderte sich Gretes Vater, „und sind nur deshalb nicht rübergegangen, weil Ihre Eltern so krank waren?"

Josef nickte. Gretes Vater konnte es nicht fassen: „Das ist zwar schon ehrbar, aber Sie müssen auch an sich denken, denn Ihre Eltern waren alt, aber Sie sind noch zu jung, um hier in unserem Bolschewikenparadies zu verkümmern. Vor allem, wo Sie drüben eine gute Chance hatten."

„Aber ich kann doch nicht über Leichen gehen. Man muss auch menschlich denken", bemühte sich Josef, zu erklären. Er merkte aber, dass er mit seinen Ansichten in diesem Hause nicht ankam, wie er auch gleich noch stärker zu hören bekam: „Sie können doch Ihre Familie von drüben aus viel besser unterstützen, indem Sie Pakete schicken und sie so wenigstens etwas am freien westlichen Wohlstandsleben teilhaben lassen. Hier gibt es doch keine Menschlichkeit. Nein, die gibt es nur drüben in der freien Welt."

„Na, so frei ist der Westen nun auch wieder nicht", konterte Josef, „hier muss alles nach Moskaus Pfeife tanzen und drüben tanzt man nach Washingtons Pfeife. Wo ist da der Unterschied?"

„Na, so können Sie das nun wirklich nicht sagen", empörte sich Gretes Vater, „drüben können Sie sich frei entfalten, da können Sie was werden, da steht Ihnen die Welt offen."

„Wenn die Kassa stimmt, aber sonst müssen Sie nach der Pfeife des Chefs tanzen, und wenn Sie nicht parieren, werden Sie geschmissen." Josef wirkte jetzt auch erregt, weil er die Verklärung des „goldenen Westens" genauso hasste wie die Lobhudeleien über das Sowjetsystem, erzählte aber trotzdem weiter: „Ich hatte das Glück, einen netten Chef zu haben, aber das ist nicht die Regel. In erster Linie will sich der Chef bereichern und seine Mitarbeiter sind ihm nicht so wichtig. Das ist doch alles nur Augenauswischerei mit dem goldenen Westen. Man darf der verlogenen Werbung mit ihrem Glamour kein bisschen glauben."

„Aber hier, was ist denn das hier?" Gretes Vater wurde zunehmend ungeduldiger. Er mochte es partout nicht, wenn man seinen Schwärmereien widersprach. Trotzdem konnte ihm Josef seine Sichtweise weiter erläutern, wenn diese auch immer nervöser klang: „Ich denke, es gibt nicht nur unser System hier und das westliche drüben, sondern dazwischen auch noch eine Menge. Zum Beispiel ist der Prager Frühling eine gute Alternative."

„Ach", winkte Gretes Vater ab, „das in Prag war nur Theaterdonner. Die wollten den Bolschewismus lediglich ein bisschen netter verpacken, halt in Schokoladenpapier."

„Das glaube ich nicht", widersprach Josef energisch, „da steckte mehr dahinter. Die Menschen in der CSSR wollten von beiden Seiten unabhängig sein. Von Moskau und von Washington. Aber das hat natürlich beiden Großmächten nicht gefallen."

„Sie können niemals Moskau und die freien USA in einen Topf werfen", ärgerte sich Gretes Vater jetzt sichtlich, wie unschwer an seiner Mine zu erkennen war: „Moskau bedeutet totale Sklaverei, aber die USA sind der Garant für die Freiheit in der Welt."

„Darum mischen sie sich auch überall ein."

„Um den Völkern die Freiheit zu bringen", wurde Josef von Gretes Vater schroff zurechtgewiesen, „und das ist eben mit Kampf verbunden, weil die Regimes nicht wollen, dass ihre Untertanen in Freiheit leben können. Aber zu diesem Kampf sind die Vereinigten Staaten von Amerika gern bereit, weil sie die Menschheit von der Versklavung durch Diktaturen befreien wollen!"

„Aber welche Freiheit bieten denn die USA?", fragte Josef achselzuckend. „Erst einmal zwingen sie den Völkern ihren Willen auf und meinen, nur, was von ihnen kommt, ist der große Wurf. Alles andere zählt nicht. Und so frage ich mich eben, was in den USA wirklich frei ist? Noch mehr, wenn ich mich im Inneren des Landes umschaue: Da bilden sich die Weißen noch immer ein, die besseren Menschen zu sein. Auch viele Arbeiter haben einen schlechten Stand, weil sie unter einem miesen Sozialsystem leiden, denn sie können schnell gefeuert werden, und es gibt immer noch immer Arbeiter ohne soziale Absicherung, ohne Krankenversicherung. Und es gibt jede Menge Obdachlose. Bitte, was ist das für eine Freiheit? Das ist blanker Zynismus! Auf diese Freiheit kann ich gern verzichten!"

„Sie sehen das alles durch die rote Brille." Gretes Vater schüttelte entsetzt den Kopf. „Sie haben halt gut gelernt, was man Ihnen hier in der Schule alles aufgetischt hat. Aber das ist nicht das wirkliche Leben. Das wirkliche Leben bedeutet Entfaltung der Persönlichkeit, und die gibt es nur in der freien Welt."

„Ja, wenn ich die nötigen Finanzen habe, um mir etwas aufzubauen, aber die haben die meisten nicht." Josef war genervt von der Amerika-Euphorie seines Gegenübers. Allenfalls konnte er sich noch das vorstellen: „Ja, drüben in Westösterreich, wenn man ernsthaft hackelt, da geht vielleicht noch etwas, solange der Wiederaufbau noch nicht abgeschlossen ist und der Nachholbedarf durch den Krieg noch nicht befriedigt ist. Aber dann?"

Josef zuckte mit den Achseln. Gretes Vater blickte Josef immer ungläubiger an und resümierte: „Sie sind viel zu pessimistisch. So kommen Sie natürlich zu nichts. Hier schleppt man ja auch jeden mit, aber drüben muss man natürlich mehr ran. Aber wenn man das tut, ist man ein gemachter Mann ...“

Die beiden kamen auf keinen grünen Zweig, dazu lagen ihre Ansichten viel zu weit auseinander.

Auch Grete mischte sich immer wieder ein. Auch als Verteidigerin des westlichen Systems, das auch sie über den grünen Klee lobte: „Ich weiß noch, wie ich vor der Mauer drüben auf der Mariahilfer Straße rumgeschlendert bin und mir die Auslagen angeschaut habe. Kaufen war bei dem Wechselkurs von eins zu vier bis eins zu fünf schon schwer, aber ab und zu doch möglich. Und dann hatte ich mal was Vernünftiges. Nicht immer bloß diesen Einheitsmist hier bei uns.“

„Ich habe ja nichts dagegen, dass man gern etwas Gutes kaufen oder auch essen oder trinken möchte. Ich finde es auch interessant, im Ausland durch Geschäfte zu gehen und zu sehen, was dort so alles angeboten wird. Und natürlich kaufe ich auch das eine oder andere. Aber kaufen ist für mich nicht das wichtigste im Leben und bestimmt kein Grund, unter Lebensgefahr rüberzuflüchten“, verteidigte sich Josef mühsam, worüber sich Grete maßlos ärgerte: „Aber warum ist das kein Grund? Was soll dann ein Grund sein? Ich will doch bitte heute glücklich leben und mich nicht nur auf später vertrösten lassen, entweder von der Partei auf ein schönes Leben in dreißig Jahren und später und von der Kirche sogar erst auf ein nettes Leben im Jenseits! Ich lebe heute und nicht irgendwann später!“ Grete stampfte mit den Füßen wild auf den Boden, was Josef aber keineswegs imponierte, wie zu hören war: „Also wegen dänischer Butter oder französischem Parfüm sein Leben riskieren, nein, wirklich nicht. Wenn man rübergeht, weil dort die Frau, die Verlobte, die Tochter, der Sohn oder die Eltern leben und man zu ihnen will, ja, das kann ich verstehen, und weil ich zu meiner Petra wollte, habe auch ich weg wollen, aber nur deshalb und nicht wegen irgendwelcher Fetzen oder Fressalien.“

„Aber willst du hier verkümmern?", wunderte sich Grete.

„Bitte, ich verkümmere doch nicht, nur weil ich nicht zwanzig Sorten Butter im Konsum vorfinde. Gewiss könnte das Angebot in den Läden besser sein, keine Frage. Aber deswegen flüchten, das ist es sicherlich nicht wert. Es ist gescheiter, Möglichkeiten zu suchen, um die Verhältnisse hier zu verbessern. Wozu ich gern bereit bin."

Josef musste erkennen, dass er mit Grete auf keinen grünen Zweig kam. Immer bloß von Einkaufstouren im „goldenen Westen" zu schwärmen, davon hatte er die Nase voll. Ihm ging es um andere Gesprächsinhalte. Er wollte ins Theater oder ins Kino gehen oder nette Gespräche führen. Und er wollte wenigstens die Länder kennenlernen, die ihm zugänglich waren. Reisen, gut, das war mit Grete schon möglich, und auf einer Reise hatte er sie auch kennengelernt. Aber auf der Reise bloß oberflächlich herumzuschwafeln, nein, danke.

Womit im Februar 1970 die Beziehung der beiden zu Ende ging. Josef wollte es in Frieden tun, doch Grete spielte natürlich wieder die beleidigte Leberwurst und stand sinnend am Fenster. Und als sie wieder an den Tisch zurückkehrte, gab sie süffisant von sich: „Na, dann amüsiere dich köstlich im Arbeiterparadies."

„Werde ich machen", lachte Josef und war kein bisschen traurig, dass es nun keine Begegnungen zwischen den beiden mehr geben würde.

Im Gegenteil, er fühlte sich erleichtert, konnte er sich nun seinen Interessen wieder mehr zuwenden. Er machte sich an die noch ungelesenen Bücher und sah sich einige interessante Filme im Fernsehen oder im Kino an. Und im Burgtheater spielten sie gerade „Die letzten Tage der Menschheit" …

Von Beziehungen mit einer Frau hatte er aber genug. Dazu dachte er immer noch viel zu oft an Petra. Aber auch an Sveti und Sara. Dieses Niveau schien aber keine Frau zu erreichen. Wenn er sich in den Reisegruppen oder auch im Kollegen- und Kundenkreis umhörte, drehte es sich oft nur um den Westen und wie schön es wäre, drüben mal die Sau rauszulassen und einkaufen zu gehen. Das schien den meisten das Wichtigste zu sein, und wenn die Grenzen mal wieder aufgingen, dann würde man sofort auf die Mariahilfer Straße zusteuern. Oder man jammerte über seine vielen Wehwehchen und erzählte, wie man von einem Arzt zum anderen lief und dabei immer kränker wurde.

Und die netten Frauen, mit denen er sich einen engeren Kontakt hätte vorstellen können, waren leider vergeben.

Mit Jelena aus Prag unterhielt Josef einen lockeren Briefwechsel. Er staunte dabei immer wieder über ihre guten Deutschkenntnisse. Da gab es Österreicher und Deutsche, die weitaus mehr Rechtschreibfehler machten.

Im August 1971 hatte sie ihren Frantisek geehelicht, den sie auf einem Ball kennengelernt hatte, ihre sprichwörtliche Liebe auf den ersten Blick. Josef freute das ehrlich, denn diese nette junge Frau hatte einen genauso netten Partner verdient. Mit Jelena, die gut und gern seine Tochter sein könnte, hatte er viel besser kommunizieren können als mit Grete. Knapp ein Jahr später kam das Zwillingspärchen Jana und Pavel auf die Welt, das mit großer Freude empfangen wurde.

Im Mai 1973 verbrachten Jelena und Frantisek ein Wochenende in Wien, worauf sich Josef sehr freute. In Sachen Kinder musste er sich aber noch gedulden, die blieben bei Jelenas Eltern. Ein Grund, wieder einmal nach Prag zu fahren. Bei strahlendem Sonnenschein trafen die beiden mit ihrem neu erworbenen grünen Skoda in Wien ein, und Josef musste gleich seine guten Fachkenntnisse beweisen, weil mit der Kühlung etwas nicht stimmte. Zum Glück nur eine Kleinigkeit, wie Josef beruhigend feststellte. Für zwei Nächte konnte er die beiden schon bei sich im Wohnzimmer unterbringen. Weil sie doch auch nur begrenzt Geld wechseln konnten. Hätten sie davon noch ein Hotelzimmer zahlen müssen, wäre nicht mehr viel übrig geblieben.

Weder Jelena noch Frantisek kannten Wien, wodurch Josef als Fremdenführer einiges zu tun bekam. Sie unternahmen einen ausgiebigen Rundgang durch den 1. Bezirk über den Ring, die Hofburg, das Rathaus, das Burgtheater. Damit war der Nachmittag auch schon ausgefüllt, und den Abend verbrachten die drei bei einem Heurigen in Stammersdorf.

„Also, so schön haben wir uns Wien gar nicht vorgestellt", lobte Jelena die Stadt und Josef meinte dazu: „Da hast du schon recht, aber leider könnt ihr nur einen Teil der Stadt bewundern."

„Aber besser als nichts", lachte Frantisek, und Jelena stimmte ihrem Mann voll zu: „Wir wollen nie unzufrieden sein. Es funktioniert nicht immer gleich alles. Es wird nicht immer so bleiben, dass die Grenzen so dicht sind und die Menschen sich nicht begegnen können. Wir müssen Geduld haben."

„Nur die wenigsten Menschen haben aber Geduld", stellte Josef fest.

„Wir sind alle von Natur aus ungeduldig", bekannte Frantisek, „die Ruhe und den Frieden bekommen wir von Gott."

„Glaubst du an Gott?" Josef war hellhörig geworden, „immerhin kommt ihr auch aus einem sozialistischen Staat, in dem der Atheismus propagiert wird."

„Ja, wir kommen aus einem atheistischen Staat, das stimmt schon, aber in den sozialistischen Ländern gibt es mehr Menschen, die ihr Leben Jesus Christus anvertraut haben, als bekannt ist. Der Westen ist gar nicht so christlich geprägt, wie es immer heißt. Dort sind viele Menschen nur nach dem Namen Christen, aus Tradition. Aber das ist nur an der Oberfläche, aber nicht innen im Herzen. Ein solches oberflächliches christliches Leben ist aber in unseren sozialistischen Staaten nur sehr schwer zu realisieren, weil du dich bei uns als Christ sofort offen deklarierst, wenn du die Kirche besuchst oder aus dem Gewissen kommend manche Dinge nicht tun kannst oder umgekehrt manches gerade deshalb tun musst."

Dem konnte Josef voll und ganz zustimmen, und er erzählte von Martin: „Mein Schulfreund Martin ist jetzt Pfarrer im Mühlviertel. Er saß damals in der Schule neben mir und ist dann ins Kloster Aigen-Schlägl gegangen, hat dort studiert und hat jetzt eine Pfarrstelle übernommen."

„Dann weißt du bestimmt einiges von Gott", stellte sich Jelena vor, was Josef bejahte: „Ja, wir haben viel über Gott und auch über Jesus gesprochen."

„Das ist gut, aber zu wenig. Du kannst nämlich eine persönliche Beziehung zu Jesus bekommen, was dein Leben sehr verändern wird. Du wirst Gott nicht mehr als ein fernes undefinierbares Wesen betrachten, sondern Gott ist dir auf einmal ganz nahe."

„Davon hat Martin auch gesprochen, aber wie seid ihr zu diesen Erkenntnissen gekommen?"

„Bei uns gab es während des Prager Frühlings eine große Erweckung im ganzen Land, eine so gewaltige, wie sie die Tschechoslowakei bisher nie gekannt hat", erklärte Frantisek, „und davon profitieren wir noch heute. Ich komme aus einer kleinen Baptistengemeinde in Prag und damals, vor dem Prager Frühling, kamen nur ungefähr 20 Leute zum Gottesdienst am Sonntag, meistens alte Leute, nur wenige Jugendliche, so wie ich. Aber dann im Frühjahr 1968 bekamen wir Schriften aus dem Westen und es kamen einige Prediger aus Westdeutschland und aus den USA. Es fand eine große Evangelisation in einem Stadion in Prag statt, wo ein Prediger aus den USA sprach. Da habe ich mein Leben dem Herrn Jesus anvertraut."

„Und Jelena?"

Die dann ihre Geschichte erzählte: „Ich habe auf dem großen Studentenball im Februar 1970 Frantisek kennengelernt. Wie ich schon gesagt habe, war es die Liebe auf den ersten Blick, und das war auch bei ihm der Fall. Und Frantisek hat mir beim nächsten Treffen sofort von Jesus erzählt. Es hat noch ein bisschen gedauert, bis auch ich mein Leben dem Herrn Jesus übergeben habe, weil ich fast gar nichts vom christlichen Glauben wusste. Ich bin wirklich völlig atheistisch aufgewachsen, und in der Schule wurde der christliche Glauben als Relikt des Kapitalismus hingestellt und im Sozialismus wird sich das alles bald erledigen. In die Kirchen gingen ja auch meistens nur alte Menschen, sodass ich mir das auch so vorstellen konnte. Aber ich habe mich trotzdem gefragt, ob das Leben, das wir hier auf der Erde führen, wirklich alles sein soll. Wir lernen in der Schule oder auf der Universität und arbeiten das ganze Leben hindurch sehr hart, bis wir alt sind. Dann erleben wir noch einige Jahre in der Pension, aber wir werden dann auch allmählich schwach und erleiden einige Krankheiten, und schließlich sterben wir. Und was ist dann? Der Atheismus lehrt uns, dass dann alles zu Ende geht. Nach dem Tod gibt es nichts mehr. Sie sagen, wir geben unser Leben an unsere Kinder weiter. Was ist aber, wenn jemand keine Kinder bekommen hat? Und was ist, wenn die Kinder aus ihrem Leben nichts machen? Wenn sie zum Beispiel kriminell sind? Oder sie können schwer krank sein, was besonders traurig ist.

Ich habe den Atheismus als sehr hoffnungslos empfunden. Er bietet kein Ziel, wenn mit dem Tod alles zu Ende ist und ich auch während des Lebens keinen Schutz genieße. Ich kann mich gegen die vielen schlechten Dinge, die auf mich zukommen und mich quälen, nicht wehren. Ich muss jedes Problem aus meiner eigenen Kraft und Weisheit lösen. Wie soll das funktionieren? Und die Ratschläge von Menschen? Einer sagt das so und der Nächste ganz anders. Das hat mich nur noch mehr verwirrt und völlig konfus gemacht. Ja, dann habe ich durch Frantisek von Jesus gehört, und nach vielem Überlegen habe ich Jesus in mein Leben aufgenommen, und seitdem genieße ich Zufriedenheit und eine innere Ruhe, die mir bisher fremd war. Es war gut, dass ich mir alles genau überlegt habe, denn ich bin an und für sich ein sehr impulsiver Mensch. Aber es geht hier um eine Entscheidung über das Leben hinaus, und das muss in Ruhe geschehen."

„Damals sind so viele Prediger zu euch gekommen?" Josef war sprachlos.

„Ja, es war möglich", erklärte Frantisek, „unter Dubcek ging das. Er hat den Menschen die Religionsfreiheit gegeben. Er hat gemeint, zum Sozialismus mit dem menschlichen Antlitz gehört die Glaubensfreiheit dazu. Sie ist ein Teil des menschlichen Sozialismus. Und Gott hat das wohl auch so betrachtet und es sind damals sehr viele Menschen zum Glauben gekommen. Noch nie waren es so viele. Die Prediger haben alle gesagt, so viel Offenheit und Zustimmung wie bei uns haben sie im Westen nie erlebt. Sie waren völlig überrascht."

„Es wurden auch sehr schwierige Themen angesprochen", ergänzte Jelena, „weil das notwendig ist, wenn es einen Fortschritt im Land geben soll. Dann muss die Vergangenheit aufgearbeitet werden, sonst bleibt alles beim Alten stehen. Also musste auch das Verhältnis zwischen uns und den Deutschen und den Österreichern seit dem Zweiten Weltkrieg angesprochen werden. Dabei ist mir bewusst geworden, dass es ein Unrecht war, die Sudetendeutschen so brutal zu vertreiben, sie auf Todesmärsche zu jagen, wie in Brno. Das hatte Benes verordnet, bevor auf der Potsdamer Konferenz über das Schicksal der Sudetendeutschen gesprochen wurde. Er hätte das allein nicht verfügen dürfen. Dabei hatten wir weitaus bessere Politiker, die das damals besser gelöst hätten, weil wir eine gute demokratische Tradition aus der Ersten Republik hatten. Es hat uns natürlich sehr wehgetan, was die Nazis unserem Volk angetan haben. Aber wir konnten deshalb nicht unschuldige Menschen bestrafen, und manche Sudetendeutsche hatten auch gute Beziehungen zu tschechischen Nachbarn unterhalten. Also es hätten nur diejenigen bestraft gehört, die konkret Verbrechen an unserem Volk begangen haben, nicht aber unschuldige Menschen. Diese brutale Tätigkeit, die Menschen einfach zu vertreiben, das passt nicht zu uns."

„Darüber wird bei uns offiziell kein Wort gesprochen", erläuterte Josef die Situation in der Volksrepublik, „nur privat, wo man sich gut kennt. Offiziell gibt es keine Vertreibungen, sondern nur Umsiedlungen, die nach humanen Maßstäben vor sich gingen."

„Es durfte bei uns in der Öffentlichkeit nicht einmal deutsch gesprochen werden", fügte Frantisek noch hinzu, „das passierte nur privat, zu Hause. Nur einmal war das kurz anders, nämlich bei der Eishockey-Weltmeisterschaft 1947 in Prag. Da hatte Österreich gegen Schweden gewonnen, und dadurch waren wir wegen des Punktestandes plötzlich Eishockey-Weltmeister. Da hat uns Österreich also geholfen, und da war es kurz einmal erlaubt, deutsch auf der Straße zu sprechen. Erst in den Sechzigerjahren hat man entdeckt, dass das Erlernen der deutschen Sprache gut ist für den Tourismus. Immerhin kommen zu uns Touristen, die deutsch sprechen, aus der BRD, der DDR, aus Westösterreich, aus der Volksrepublik Österreich und aus der Schweiz, auch noch einige aus Südtirol, die auch deutsch sprechen. Seitdem ist es auch kein Problem mehr, öffentlich deutsch zu sprechen."

„Nein, von alldem hat man bei uns nie etwas gehört", staunte Josef, „wie schon gesagt, nach dem Kriege ist alles ganz toll verlaufen, total menschlich. Gut, von der Zwischenkriegszeit weiß ich, dass nach dem Bürgerkrieg im Februar 1934 viele Schutzbündler in die Tschechoslowakei geflüchtet sind, weil sie dort so lange sicher waren, bis die Nazis eingerückt sind. Aber was ihr über die christlichen Veranstaltungen berichtet habt ... Bei uns im Osten berichtet man über keine christlichen Veranstaltungen, aber auch im Westfernsehen haben sie davon nichts gesendet."

„Das interessiert den Westen auch nicht", erwiderte Jelena, „im Westen geht es nur um gute Geschäfte und darum, die kapitalistische Ideologie zu verbreiten. Der Westen wollte bei uns seinen Einfluss vergrößern, und sein Ziel war es, dass die CSSR ein westlich geprägtes Land wird. Da verstehe ich es schon, dass sich die anderen sozialistischen Staaten davor gefürchtet haben. Aber das wollte Dubcek nicht. Er wollte, dass die CSSR ein sozialistischer Staat bleibt, aber reformiert wird. Und er hat erkannt, dass er dabei auf uns Christen zählen kann, weil wir das auch so gewollt haben. Hierbei fragte ich mich aber, dass man leider von den vielen Christen drüben nichts in der Politik und in der Wirtschaft gespürt hat, ich meine, damals, im Jahre 1968. Heute sehe ich das schon anders, weil es in Westdeutschland den Bundeskanzler Brandt gibt, der eine große Hoffnung darstellt. Wir können jetzt ruhiger in die Zukunft schauen und hoffen, dass diese Entwicklung auch uns hilft und sich Menschen in Ost und West wieder begegnen können. Aber in den USA? Da gibt es noch viel mehr wirklich ehrliche, glaubwürdige, wiedergeborene Christen. Aber wir spüren sie nicht in der Politik und in der Wirtschaft ..."

„Wir müssen Gott darum bitten, dass es passiert, aber wir müssen auch in unseren Ländern etwas verändern, damit das, was 1968 begonnen hat, nicht vergessen wird, sondern immer lebendig bleibt und schließlich zu einer Erneuerung der Gesellschaft führt", proklamierte Frantisek. Jelena und Josef nickten ihm zu. „Und wir müssen mit den progressiven Kräften, wie sie von der Politik Willy Brandts ausgeht, zusammenarbeiten. Darin sehe ich eine große Chance, nicht nur für uns, sondern für ganz Europa …"

Dazu war Josef gern bereit, und die drei beschlossen, ernst zu machen und sich Menschen zu suchen, die dasselbe Ziel verfolgen.

Josef war an diesem Wochenende sehr gestärkt worden. Wieder hatte er etwas vom Evangelium gehört. Frantisek und Jelena sind wiedergeborene Christen, so wie es Martin von sich behauptet, und von ihm geht wirklich etwas aus. Seine heiligen Messen sind so lebendig, und das spürt die ganze Gemeinde. Da läuft nicht nur ein langweiliges Ritual ab, wie leider in so manchen Kirchen. Gott will, dass es den Menschen gut geht. Von ihm geht nichts Böses aus, er sendet nichts Böses.

Ohne Gott, ohne Jesus Christus sind wir der ganzen Bosheit auf unserer Welt hilflos ausgeliefert. Aber müssen wir das sein? Müssen wir uns mit unserer eigenen Kraft mühsam durchs Leben quälen? Das funktioniert doch nicht. Ich muss diesen Kreislauf der ständigen Frustrationen, der Entmutigungen endlich durchbrechen. Weil ich das aber selber nicht kann, hat es vor fast 2.000 Jahren einer für mich getan.

Eine Woche nach dem Treffen mit Frantisek und Jelena machte sich Josef auf zu Martin, der noch immer die Pfarre in Peilstein leitete. Es war ein schöner warmer Sommertag mit Temperaturen bis knapp an die 30-Grad-Grenze. Josef erzählte seinem Freund von seiner Begegnung mit Frantisek und Jelena und von der großen Erweckung in der CSSR im Jahre 1968. Martin hatte sehr interessiert zugehört und las seinem Freund dann das 13. Kapitel des 1. Korintherbriefes vor, begann aber mit dem letzten Vers im 12. Kapitel, wo der Apostel Paulus schrieb:

„Ich zeige euch jetzt noch einen anderen Weg, einen, der alles übersteigt:
Wenn ich in den Sprachen der Menschen und Engel redete,
hätte aber der Liebe nicht,
wäre ich dröhnendes Erz oder eine lärmende Pauke.

Und wenn ich prophetisch reden könnte und alle Geheimnisse wüsste
und alle Erkenntnis hätte; wenn ich alle Glaubenskraft besäße
und Berge damit versetzen könnte,
hätte aber die Liebe nicht,
wäre ich nichts.
Und wenn ich meine ganze Habe verschenkte
und wenn ich meinen Leib dem Feuer übergäbe,
hätte aber die Liebe nicht, nützte es mir nichts.
Die Liebe ist langmütig,
die Liebe ist gütig.
Sie ereifert sich nicht,
sie prahlt nicht,
sie bläht sich nicht auf.
Sie handelt nicht ungehörig,
sucht nicht ihren Vorteil,
lässt sich nicht zum Zorn reizen,
trägt das Böse nicht nach.
Sie freut sich nicht über das Unrecht,
sondern freut sich an der Wahrheit.
Sie erträgt alles,
glaubt alles,
hofft alles,
hält allem stand.
Die Liebe hört niemals auf.
Prophetisches Reden hat ein Ende,
Zungenrede verstummt,
Erkenntnis vergeht.
Denn Stückwerk ist unser Erkennen,
Stückwerk unser prophetisches Reden,
wenn aber das Vollendete kommt,
vergeht alles Stückwerk.
Als ich ein Kind war,
redete ich wie ein Kind,
Als ich ein Mann wurde,
legte ich ab, was Kind an mir war.
Jetzt schauen wir in einen Spiegel

und sehen nur rätselhafte Umrisse,
dann aber schauen wir von Angesicht zu Angesicht.
Jetzt erkenne ich unvollkommen,
dann aber werde ich durch und durch erkennen,
so wie ich auch durch und durch erkannt worden bin.
Für jetzt bleiben Glaube, Hoffnung, Liebe, diese drei.
Doch am größten unter ihnen ist die Liebe."

Das ist die totale Liebe Gottes zu uns Menschen, wurde Josef bewusst, und Gottes Sohn, Jesus Christus, lebte diese Liebe hundertprozentig aus. Wir werden das niemals so schaffen, aber wir können seine Liebe in uns aufnehmen und uns durch sie verändern lassen. An diesem Samstag, dem 26. Mai 1973, nachmittags kurz vor vier, sprach Josef dieses Gebet:

„Herr Jesus! Ich habe schon viel von dir gehört. Ich weiß, dass du auch für meine Sünden am Kreuz bezahlt hast, dass du sie auf dich genommen hast. Ich bekenne dir, dass ich nicht den Weg gegangen bin, den du für mich vorgesehen hast. Aber ich übergebe dir jetzt mein Leben und bitte dich, mich zu führen und zu leiten und mir den Weg zu zeigen, den ich gehen soll. Amen."

Josef verspürte einen inneren Frieden, der ihm bislang wesensfremd war.

9. KAPITEL

Alltag im real existierenden Sozialismus

„Ein überwältigendes Ereignis für alle Bürger der Volksrepublik Österreich soll er werden, der IX. Parteitag der VAPÖ! Vom 20.– 25. Mai 1975 wird er in der Hofburg stattfinden. Aus allen Teilen des Landes werden die Delegierten herbeiströmen und Rechenschaft über ihre Arbeit seit dem letzten Parteitag ablegen …"

So wie heute im „Radio Demokratisches Österreich" wurde seit Jahresbeginn in allen Medien ein gewaltiger Propagandafeldzug veranstaltet. Verpflichtungserklärungen der Betriebe wurden in den Zeitungen veröffentlicht, und im Radio und Fernsehen lobten Genossinnen und Genossen die Friedens- und Sozialpolitik der Volksrepublik in den höchsten Tönen und versprachen, weiterhin ihr Bestes zum Wohle aller zu geben.

Großspurige Verpflichtungen wurden bekanntlich auch schon zu früheren Parteitagen abgegeben, doch diesmal war der Rummel um einiges stärker, weil die Partei den Tagungstermin kurz nach dem 30. Jahrestag der Befreiung Österreichs vom Faschismus angesetzt hatte. Beides hing bekanntlich eng zusammen, denn ohne die Befreiung Ostösterreichs durch die ruhmreiche Sowjetarmee wäre hier keine Volksrepublik entstanden. Nur dank der Roten Armee konnte sich die erste Regierung der Arbeiter und Bauern auf österreichischem Gebiet formieren. Was würdig begangen werden sollte. Auch in Josefs Werkstatt hatte man sich gefälligst Gedanken zu machen, was dem Parteitag zu vermelden wäre. Genosse Hinterberger hatte die Belegschaft aller Werkstätten und der Zentrale mobilisiert, sich einiges zu überlegen. Auf der großen Betriebsversammlung am 19. März sollte jede Werkstatt berichten …

Josef war mit Jahresbeginn wieder Werkstattleiter geworden. Mit großen Worten hatte Generaldirektor Mayer ihn auf der letzten Jahresendfeier als neuen Chef für die Neilreichgasse vorgestellt. „Kollege Pospischil hat sich als zuverlässiger Kfz-Mechaniker erwiesen und hat wesentlich zum guten Ruf der Werkstatt Neilreichgasse beigetragen, sodass ihn die Betriebsleitung nach dem altersbedingten Ausscheiden des Genossen Greiner mit Wirkung vom 1. 1. 1975 zum neuen Werkstattleiter ernennt …“

Es hatte sich bis in die Zentrale herumgesprochen, dass Josef zu allen Kunden ohne Ansehen der Person freundlich und kompetent auftrat, während es vom Genossen Greiner immer wieder Beschwerden hinsichtlich Unfreundlichkeit hagelte. Einige Male soll er Kunden sogar beschimpft haben, weil sie ihm nicht genau sagen konnten, was an ihren Fahrzeugen zu reparieren sei …

„Wenn meine Waschmaschine streikt, weiß ich doch auch nicht immer genau, was der Grund dafür ist“, konterte Josef seinem Noch-Chef nach einer seiner Schimpfkanonaden, „und so wissen die Kunden das bei ihren Autos auch nicht immer, und um das herauszufinden, sind wir schließlich da.“

Der Angesprochene murmelte etwas Unverständliches in seinen Schnauzbart und schaute Josef bitterböse kopfschüttelnd an. Wenn Blicke töten könnten …

Womit die Werkstatt schlussendlich in Josefs Sinne zu Ehren des IX. Parteitages der VAPÖ „hinauf“ meldete: „Wir Mitarbeiter der Werkstatt Neilreichgasse wollen unseren Kunden stets freundlich begegnen. Wir wollen ihnen eine fachgerechte, kompetente Beratung bieten, ihre Anliegen, soweit es möglich ist, befriedigen und die Reparaturzeit auf die nötigste Zeit begrenzen. Wir wollen Reklamationen weitgehend reduzieren und die Kunden auch prophylaktisch beraten, sodass Reparaturen vermieden oder zumindest reduziert werden können …“

Obwohl keine Zahlen in dieser Verpflichtung enthalten waren, also, dass zum Beispiel die Reparaturzeit um 25 % gesenkt werden solle, wurde sie von der Parteileitung angenommen. Genosse Hinterberger hatte kein einziges kritisches Wort fallen gelassen, was sehr viel hieß.

Bestimmt hatte er sich gefreut, dass sich das Greiner-Problem biologisch gelöst hatte.

„Wenn ich schon eine Verpflichtung abgebe, muss sie Hand und Fuß haben. Ein bloßes oberflächliches Blabla ist nicht mein Fall. Da komme ich mir gepflanzt vor. Wir sind doch nicht im Kindergarten, sondern erwachsene Menschen!" Seinem klipp und klaren Kommentar konnte selbst Gregor nicht widersprechen.

Als besondere Draufgabe zum Parteitag diente noch die Friedensfahrt, das bekannteste und beliebteste Radrennen der sozialistischen Staaten, das seit 1948 alljährlich im Mai stattfand und zunächst die Städte Prag und Warschau verband, seit 1952 auch Ost-Berlin mit einschloss.

Heuer sollte das Rennen erstmalig bis Ost-Wien gehen, also der Schlusspunkt werden, an dem sich entscheiden wird, wer Einzel- und Mannschaftssieger wird. Und das auch noch am vorletzten Tag des Parteitages. So viel Ehre machte die Genossen direkt ein bisschen verlegen. Zu diesem Ereignis musste niemand an den Straßenrand beordert werden, um die Radler anzufeuern. Wie das auch in den bisherigen Austragungsländern immer der Fall gewesen war. Die Volksrepublikaner waren also gut beraten, rechtzeitig am Straßenrand zu erscheinen, um einen guten Platz zu ergattern.

Josef hatte es bis zur Laxenburger Straße nicht allzu weit. Und er erlebte ein sehr spannendes Kopf-an-Kopf-Rennen zwischen dem späteren Gesamtsieger Ryszard Szurkowski aus Polen und seinem Rivalen Hans-Joachim Hartnik aus der DDR. Aber kurz bevor die ersten Radler auftauchten, hatte sich ein dunkelbrauner Schäferhund selbstständig gemacht und lief kreuz und quer über die Straße. Zwei Polizisten rannten hektisch herum und versuchten ihn einzufangen. Im letzten, aber wirklich im allerletzten Moment gelang das Unterfangen. Szurkowski, Hartnik und die anderen Friedensfahrer brausten vorbei. Wenn auch die Volksrepublik nicht vorn mit vertreten war, herrschte trotzdem eine ausgelassene Stimmung. Vor allem an den Bier- und Weinstanderln.

Und was brachte der IX. Parteitag sonst noch fürs gemeine Volk?
Oh, da konnte sich einiges sehen lassen.

Ab 1. 1. 1976 wird die Arbeitswoche für Schichtarbeiter, Schwerarbeiter, Frauen mit drei und mehr Kindern, sowie für Werktätige ab dem 50. Geburtstag auf 40 Wochenstunden reduziert. Der Mindesturlaub beträgt zwar weiterhin 18 Tage, jedoch 18 *Arbeits*tage und nicht mehr *Werk*tage, zu denen bekanntlich die Samstage mitzählen. Bislang mussten bei den 18 Urlaubstagen drei Samstage zwangsweise mit berücksichtigt werden, denn pro sechs Urlaubstage war ein Samstag als Urlaubstag einzubeziehen. Was nun entfallen sollte. Macht nach Adam Riese drei freie Tage mehr im Jahr. Josef genoss als Werkstättenleiter ab jetzt 21 Urlaubstage, hatte also durch die Neuregelung ab dem nächsten Jahr dann noch einmal drei Tage Urlaub mehr. Auch die Nachmittage des 24. und 31. Dezember mussten nicht mehr an einem Samstag eingearbeitet werden. Diese Tage galten nur noch als halbe Arbeitstage, und falls an ihnen Urlaub genommen wurde, als halbe Urlaubstage.

Für die Pflege von kranken, im Haushalt lebenden Familienangehörigen durfte entweder der Mann oder die Frau nunmehr zwei Wochen im Jahr zu Hause bleiben und nicht mehr nur der/die eine. Bei vollem Lohnausgleich, versteht sich. Auch das Kindergeld erhöht sich ab 1. 7. um 20 Schillinge pro Kind und Monat. Schließlich kriegten auch die Pensionisten ab 1. 9. 1975 acht Prozent mehr. Die Partei hatte also niemanden vergessen, und dementsprechend stieg die Stimmung im Volke sehr. Die österreichischen Volksrepublikaner genossen übrigens den höchsten Lebensstandard im gesamten sozialistischen Wirtschaftsgebiet, weil in der DDR noch an 43 ¾ Wochenstunden gearbeitet werden musste, ausgenommen für Schichtarbeiter und Frauen mit drei und mehr Kindern, für die galten günstigere Regelungen. Und bei den 18 Mindesturlaubstagen wurden die Samstage erst ab 1979 nicht mehr als Urlaubstage gezählt. Auch der 24. und 31. Dezember galten bis zur deutschen Vereinigung als volle Arbeitstage. Die Nachmittage dieser beiden Tage mussten am ersten Dezember-Samstag eingearbeitet werden ... Die Löhne,

Gehälter und Pensionen lagen in der Volksrepublik auch um etwa 10 % höher als in der DDR. Dennoch war das noch nicht alles, was dank des IX. VAPÖ-Parteitages auf das Volk zukam, aber das war nicht allein ein Verdienst der Volksrepublik.

So, wie die Regierungsübernahme durch die SPD/FDP-Koalition in der Bundesrepublik Deutschland dank ihres Kanzlers Willy Brandt die Entspannung zwischen Ost und West einläutete, zog im Herbst 1973 Westösterreich nach. Hier übernahm nämlich die SPÖ überraschenderweise die Regierungsverantwortung in einer großen Koalition mit der ÖVP, die nur noch Juniorpartner war. Dadurch wurde Bruno Kreisky Bundeskanzler. Und auch dieser stellte die Weichen in Richtung Entspannung.

Im Frühjahr 1974 kam es zu einer ersten Begegnung zwischen Kreisky und dem neuen Ministerpräsidenten der Volksrepublik, Heckmayer, in Friedrich-Engels-Stadt. Die Fotos auf den Titelseiten aller Ost- und Westzeitungen, aber auch vieler ausländischer Blätter zeigten den Bundeskanzler beim historischen Überschreiten der innerösterreichischen Grenze auf der Linzer Nibelungenbrücke. Im Februar 1975 besuchte Heckmayer Innsbruck. Bei diesen Gesprächen kam es zu einem ersten Durchbruch. Es wurde vereinbart, auf Beamtenebene weiterzuverhandeln, und im April wurde, noch rechtzeitig vor dem IX. Parteitag, ein Abkommen zwischen beiden österreichischen Staaten unterzeichnet, das verstärkte wirtschaftliche Zusammenarbeit beinhaltete, aber auch den Austausch auf wissenschaftlichem, kulturellem und sportlichem Gebiet.

Das für den einfachen Bürger in beiden Teilen Österreichs Wichtigste war aber zweifellos das Reise- und Besucherabkommen. Somit durften nunmehr Westösterreicher und West-Wiener pro Jahr bis zu 60 Tage in die Volksrepublik einreisen, ein- oder mehrmalig. Pensionisten aus der Volksrepublik konnten jetzt ebenfalls bis zu 60 Tage pro Jahr in den Westen fahren, auch weiterhin ein- oder mehrmalig. Erstmalig waren nun aber auch jüngeren Ostösterreichern in dringenden Familienangelegenheiten Reisen zu Angehörigen ersten Grades im Westen bis zu einer Dauer von 14 Tagen möglich. Als Reisegründe galten Geburten, Firmungen bzw. Konfirmationen, Hochzeiten, Silberne, Goldene Hochzeiten und weitere besondere Ehejubiläen, lebensgefährliche Krankheiten sowie Todesfälle. Diese Regelung galt zusätzlich auch für Pensionisten, falls sie das 60-Tage-Kontingent im laufenden Jahr schon ausgeschöpft hatten. Ein erster Schritt zu mehr Begegnungen zwischen Ost und West. Ein sehr ermutigender Anfang, fanden viele. Diese Regelungen sollten ab 1. 7. 1975 gelten und taten es dann auch.

Den reibungslosen Transitverkehr zwischen West-Wien und Westösterreich soll ein neues Viermächteabkommen der Siegermächte des Zweiten Weltkrieges regeln. Nach dem Abschluss des Berlin-Abkommens von 1971 waren die vier Mächte bereit, auch eine aktuelle Regelung für Österreich zu vereinbaren. Im September 1975 würden die Verhandlungen starten. Bruno Kreisky war zweifellos der große Hoffnungsträger für die Ostösterreicher …

Ja, dass er sein Leben Jesus Christus übergeben hatte und sich nun von ihm führen und leiten lassen wolle, hatte Josef schon bald öffentlich gemacht. Nicht mit penetranten frommen Worten, mit denen leicht Menschen erschlagen werden können, sondern immer situationsbezogen und für jeden verständlich. Christ sein in einem atheistisch geprägten Staat war eine große Herausforderung. Da stand man automatisch in Opposition zur vorgegebenen Staatsmeinung. Aber das war für Josef nichts Neues, denn als Sozialdemokrat war er auch früher schon ein Oppositioneller gewesen. Nun kämpfte er an zwei Fronten, denn seine sozialdemokratische Gesinnung legte er nicht ab. Im Gegenteil, er sah zwischen einem sozialen und demokratisch geprägten Denken und der biblischen Wahrheit keinen Widerspruch.

Auf der schon erwähnten großen Betriebsversammlung am 19. März kam Josef mit der älteren Buchhalterin Sophie ins Gespräch und schaute dabei in ihr erstauntes Gesicht.

„Was, Sie sind auch Christ?", fragte sie ihn mit aufgerissenen Augen.

„Sie sagten ‚auch' Christ?", wunderte sich nun auch Josef und bekam von ihr zu hören:

„Ja, ich habe mein Leben dem Herrn Jesus vor zehn Jahren übergeben, nachdem ich jahrelang von Schmerztabletten abhängig war, und ohne sie nicht mehr leben konnte. Seitdem bin ich frei und besuche eine kleine evangelikale Gemeinde in Favoriten."

„Das freut mich, dass Ihnen Jesus geholfen hat. Ich bin vor zwei Jahren zum lebendigen Glauben gekommen und suche eine Gemeinde, in der ich im Glauben wachsen kann.

Ich habe das Evangelium von meinem Schulfreund Martin gehört, der Pfarrer im Mühlviertel ist und dort eine sehr aktive Pfarrgemeinde aufgebaut hat. Hier in Wien habe ich aber eine solche lebendige Gemeinde noch nicht gefunden."

„Dann kommen Sie doch einmal zu uns", wurde Josef von Sophie ermutigt, und dazu war er gern bereit.

Ja, Martin! Der musste Abschied von Peilstein nehmen, was ihm sehr schwerfiel, weil er sich sehr an die vielen lieben Menschen gewöhnt hatte. Die Kirche war jeden Sonn- und Feiertag gut gefüllt, und es gab auch unter der Woche verschiedenste Angebote in der Pfarre. So traf sich am Dienstagabend die Jugend, am Mittwochnachmittag kamen die Senioren zusammen, am Donnerstag die Frauen und schließlich am Freitag um drei die Kinder.

Über 22 Jahre lang hatte Martin die Pfarre geleitet, nun sollte er dem Stift Schlägl vorstehen. Was natürlich eine große Ehre und Anerkennung für seine bisher geleistete Arbeit bedeutete, aber auch eine gewaltige Herausforderung darstellte. Er sollte 41 Chorherren führen. Wie schon gesagt, die Prämonstratenser sind keine Mönche, sondern, so wie auch die Augustiner Chorherren und die Kreuzherren, Priester mit Ordensgelübde.

Mit Wirkung vom 1. 1. 1979 wurde Martin zum Abt des Stiftes Schlägl bestellt.

Dazu fand am Sonntag, dem 14. 1. 1979, die feierliche Amtseinführung statt, zu der sogar der Generalabt aus Rom angereist kam, und auch der Bischof von Linz fand sich im Stift ein. Die Volksrepublik hatte den Staatssekretär für Kirchenfragen und den Vorsitzenden des Rates des Bezirkes Friedrich-Engels-Stadt geschickt.

Josef hatte sich ebenfalls nach Schlägl aufgemacht und war mit zum anschließenden Empfang geladen. Zwischen den hohen Würdenträgern kam er sich schon etwas verloren vor, andererseits war es aber auch interessant, die hohen Herren einmal aus nächster Nähe zu erleben und dabei festzustellen, dass sie eigentlich ganz normale Menschen waren, die am Buffet nicht minder zulangten, so wie du und ich.

Der römische Generalabt schien den Lachs sehr zu lieben, weil er gleich dreimal bei den Lachsbrötchen zuschlug, und der Linzer Bischof sprach der Salami ordentlich zu.

Und den guten Wachauer Wein liebten beide gleichermaßen und stießen ein paarmal mit ihm an.

Martin freute sich sehr, dass Josef sein Leben dem Herrn Jesus anvertraut hatte. Es störte ihn überhaupt nicht, dass er in einer evangelikalen Gemeinde Fuß zu fassen begonnen hatte.

„Das Wichtigste ist, dass du Jesus in deinem Herzen hast und ihm folgst", lautete sein Kommentar dazu, „in der heutigen Zeit, wo der Atheismus und der Materialismus immer mehr um sich greifen, auch drüben im Westen, müssen wir als Christen zusammenstehen und nicht mehr in so engen konfessionellen Grenzen denken."

Genauso sah es Josef. Ihm ging es in erster Linie um Jesus und nicht um eine Kirchen- oder Gemeindezugehörigkeit, wenn er auch sehr daran interessiert war, einer örtlichen Gemeinde anzugehören, in welcher er geistliche Stärkung und Wachstum im Glauben erlebte. Wie der Körper seine tägliche Nahrung benötigte, verlangte auch die Seele danach.

Die kleine evangelikale Gemeinde in der Davidgasse hatte ihre Gemeinderäume in einem Hinterhoflokal, das früher einmal eine Tischlerei war. Als diese zusperrte, durfte die Gemeinde hier einziehen, weil kein anderer her wollte.

Etwa 50 bis 60 Besucher fanden sich allsonntäglich zum Gottesdienst ein, im Winter mehr als im Sommer, weil einige Familien einen Garten außerhalb der Stadt hatten und die Wochenenden im Sommer dort verbrachten. Dafür besuchten sie die Bibelstunde am Dienstagabend.

Der schon ältere Pastor Horwath stammte aus dem südlichen Burgenland, aus der Gegend um Mogersdorf, und stand kurz vor der Pensionierung. Da er seines Glaubens wegen drei Jahre im KZ Mauthausen zugebracht hatte und somit gesundheitlich sehr angeschlagen war, wollte er mit dem Erreichen der Altersgrenze aus dem leitenden Dienst ausscheiden, gern aber weiterhin in der Gemeinde mitarbeiten, nur eben nicht mehr an vorderster Front. Sein Status als „Opfer des Faschismus" hatte der Gemeinde aber einige Erleichterungen gegenüber dem Staat verschafft, so den Erwerb der Gemeinderäume, bestehend aus dem Gottesdienstsaal für etwa 80 Besucher, dem kleinen Raum für die Kinderstunde, der Küche, dem Büroraum und zwei Abstellräumen, dazu die Küche und das WC.

Auch Handwerker bekam die Gemeinde leichter. Na ja, du konntest doch nicht so mir nix, dir nix einen Installateur, Maler, Maurer bestellen. Oh nein! Alles unterlag bitte der gestrengen Planwirtschaft. Vorgesehene Renovierungen für das kommende Jahr mussten bis zum 30. September des Vorjahres beim Bezirksamt, Abteilung Planung, eingereicht werden und wurden gemäß dem zum Gesetz erhobenen Volkswirtschaftsplan entweder bewilligt oder nicht. Bei christlichen Gemeinschaften hieß es gewöhnlich „Njet". Ein Pastor als „Opfer des Faschismus" machte aber aus dem „Njet" oftmals doch noch ein „Da" …

Unvorhergesehene Reparaturen waren natürlich schneller und leichter möglich, dank Pastor Horwath aber noch viel schneller und leichter …

Bei alldem nutzten nicht einmal handwerklich begabte Gemeindeglieder, von denen es natürlich einige gab, denn du hattest die notwendigen Materialien oder Ersatzteile nicht zur Verfügung, zum Beispiel den neuen Wasserhahn mit allem Drumherum. Das bekamst du nicht einfach so im Geschäft zu kaufen.

Nein, das kriegte nur der Handwerksbetrieb gemäß Kennziffer im Volkswirtschaftsplan zugeteilt, und der musste aufpassen, dass ihm bei seiner Arbeit nichts kaputt ging, denn dann „Gute Nacht" …

Der Seniorenkreis stellte für den atheistischen Staat kein Problem dar, Pensionisten konnten ja „rüberfahren" und galten als „schwer ideologisch umerziehbar". Der Kinder- und Jugendkreis war dem Staat aber sehr wohl ein Dorn im Auge. Diese Zusammenkünfte betrachtete er als Konkurrenz zur Pionierorganisation und zur FJÖ.

Junge Volksrepublikaner sollten ihre Verwandten im Westen hassen lernen und nicht lieben, so wie Gott alle Menschen liebt. Lieben durfte ein Volksrepublikaner nur die Menschen in den sozialistischen Bruderstaaten, aber selbst das nur auf Anordnung der Partei auf von ihr organisierten Veranstaltungen. Die Freundschaft, die Josef zum Beispiel mit Frantisek und Jelena verband, war der Partei auch nicht genehm, obwohl die beiden aus dem Bruderland CSSR kamen.

Beim Einholen der Druckgenehmigung für das monatliche Gemeindeblatt fragte die strenge Angestellte auf dem Bezirksamt jedes Mal, was denn in den Kinder- und Jugendstunden so geschehe, bis die glühende Kommunistin endlich ihren Stempel auf den Druckantrag setzte. Ohne diesen durfte in der Volksrepublik nicht mal ein Spruch auf dem Klopapier gedruckt werden.

In den Gottesdiensten und in der Dienstag-Bibelstunde schaute öfter ein „Unauffälliger" nach dem Rechten.

Viele in der Gemeinde beteten, dass diesen Leuten ein Licht aufgehe, wo sie doch das Evangelium klar und deutlich vernahmen.

In der Gemeinde lernte Josef auch das junge Ehepaar Michael und Sabine kennen, das im 4. Bezirk wohnte und einen Hausbibelkreis leitete.

„Was macht ihr denn so in eurem Kreis?", wollte Josef wissen, der von solchen Kreisen noch nie etwas gehört hatte, und Michael gab ihm gern Auskunft: „Wir treffen uns jeden Mittwoch um sieben, und weil die meisten direkt von der Arbeit kommen, essen wir erst mal zusammen. Dabei reden wir darüber, was jeder so in der letzten Woche erlebt hat."

„Auch über Probleme, die einem zu schaffen gemacht haben oder es noch tun?", fragte Josef neugierig. Er war nämlich mächtig gespannt darauf, was da lief. Und Sabine stand ihm freudig Rede und Antwort: „Ja, auch dazu ist ein Hauskreis da. In der Gemeinde kannst du nicht so persönlich reden. Das ist im kleineren Kreis viel besser möglich, wo jeder jeden kennt. Aber beim Austausch geht's nicht nur um Probleme, sondern auch um Ermutigung. Wer etwas mit Gott erlebt hat, eine Gebetserhörung zum Beispiel, erzählt das gern weiter, weil es die anderen ungemein aufbaut."

Josef kam das wie aus einer anderen Welt vor. Was ihm Michael wohl angesehen haben musste und ihm deshalb vorschlug: „Komm doch mal zu uns und schau dir das Ganze an."

Dieses tat Josef am Mittwoch, dem 21. Februar 1979, dann auch und wurde von allen mit einem fröhlichen „Hallo" begrüßt. Er sollte sich mit an den gedeckten Tisch setzen, um den sich schon neun Glaubensgeschwister aller Altersgruppen versammelt hatten. Sandra war mit ihren 16 Lenzen die Jüngste und Otto, gerade 81 geworden, der Älteste. Josef bewegte sich da so im guten Mittelfeld …

Michael und Sabine hatten Brote mit verschiedenen Aufstrichen gerichtet, dazu servierten sie Tee oder Mineralwasser. Und beim Essen berichtete wirklich jeder, was ihn oder sie in der letzten Woche bewegt hatte. Sandra hatte sich über den Einser auf die Matheschularbeit gefreut, Marias Heizung funktionierte endlich wieder richtig, Otto hatte keine Rückenschmerzen mehr, weil ihm die Massagen gut getan hatten, und nachdem Josef von seiner Arbeit erzählt hatte, rückte Günter mit seinem Trabiproblem raus.

„Du, ich schau mir den Wagen am Wochenende gern mal an", versprach ihm Josef, womit in der anschließenden Gebetsrunde nun konkret dafür gebetet wurde, dass Josef den Fehler finden möge.

Das laute Beten für ganz alltägliche, praktische Anliegen oder der Dank für ein gelöstes Problem, für Gesundung oder die sehr gut benotete Schularbeit – nein, das war Josef total fremd. Er kannte nur die vom Pfarrer wohlformulierten Gebete, die manchmal sogar gesungen wurden, und die heruntergeleierten Vaterunser oder Glaubensbekenntnisse. Wobei Martins Gebete schon sehr persönlich formuliert waren, aus ihnen waren viel Wärme, Herzlichkeit und Offenheit spürbar. Aber gut, er war

Priester, und Josef dachte sich, Priester dürfen das, aber ein einfaches Gemeindeglied, durfte das Gott einfach so, mit eigenen Worten, etwas sagen? Nein, das hatte er sich nicht vorstellen können, gefiel ihm aber, denn dadurch rückte ihm der ferne Gott, dem du dich nur ganz vorsichtig, ehrerbietig nähern durftest und den du untertänig um gnädiges Gehör bitten musst, näher. Jetzt war Gott nicht mehr so weit weg in der Ferne, so unerreichbar weit weg, und du musst dich hier unten auf der Erde mit deinem bisschen eigene Kraft herumquälen, wenn er dein Gebet eben nicht gnädig erhört hatte …

Nein, durch dieses persönliche Beten war er ihm ein Freund geworden, mit dem man so reden kann, wie man eben mit einem guten Freund redet. Der würde mich doch komisch anschauen, wenn ich ihm pathetisch etwas vortrage oder gar vorsinge oder ihm etwas langweilig herunterleiere, womöglich zwanzigmal dasselbe.

Nach der Gebetsrunde schlugen alle ihre Bibeln auf und lasen die Seligpreisungen im Matthäusevangelium, im 5. Kapitel:

„Selig sind, die da geistlich arm sind, denn das Himmelreich ist ihr.
Selig sind, die da Leid tragen, denn sie sollen getröstet werden.
Selig sind die Sanftmütigen, denn sie werden das Erdreich besitzen.
Selig sind, die da hungert und dürstet nach der Gerechtigkeit, denn sie sollen satt werden.
Selig sind die Barmherzigen, denn sie werden Barmherzigkeit erlangen.
Selig sind, die reinen Herzens sind, denn sie werden Gott schauen.
Selig sind die Friedfertigen, denn sie werden Gottes Kinder heißen.
Selig sind, die um Gerechtigkeit willen verfolgt werden, denn das Himmelreich ist ihr.
Selig seid ihr, wenn euch die Menschen um meinetwillen schmähen und verfolgen und reden allerlei Übles wider euch, so sie daran lügen.
Seid fröhlich und getrost; es wird euch im Himmel wohl belohnt werden. Denn also haben sie verfolgt die Propheten, die vor euch gewesen sind.“

Dazu meldete sich Josef spontan zu Wort: „So etwas hörst du im Alltag nie! Da musst du Erfolge aufweisen, da musst du heldenhafte Leistungen vollbringen, den Plan übererfüllen. Du musst das werktätige Volk mit der Waffe verteidigen, den Klassenfeind hassen.

Aber auch drüben im Westen musst du jung, dynamisch, erfolgreich sein, gut aussehen und mit 20 über eine 30-jährige Berufserfahrung verfügen und natürlich reich sein und ein schnittiges Auto fahren. Du musst ein Muskelprotz sein, deinen Mann stehen, gefeiert werden … Aber was liest du hier? Vor Gott musst du dich nicht aufspielen, er kennt dich sowieso. Er achtet gerade das Schwache, Unbedeutende. Du bist von ihm angenommen, bist in ihm geborgen und erlebst Frieden nach innen und außen. Du darfst so sein, wie du bist …"

„Das war ein guter Einstieg, Josef!", freute sich Michael. „Da dürfen wir gespannt sein, was uns Gott noch alles zeigen wird, wenn wir uns die Seligpreisungen jetzt Mittwoch für Mittwoch einzeln anschauen werden …"

Im September 1979 musste Sissis Michael seine zweijährige Armeedienstzeit antreten. Natürlich kein bisschen begeistert. Die Zeiten, als die jungen Männer freudig in die Kasernen zogen, waren längst Geschichte. Die Folgen der beiden unseligen großen Kriege des Jahrhunderts waren auch den jungen Leuten gut bekannt. Eine des letzten Krieges war bekanntlich die Spaltung Österreichs …

Michael wurde dummerweise auch noch an der Grenze am Semmering eingesetzt und hoffte innig, keinem Flüchtling zu begegnen, auf den er hätte schießen müssen. Seinem Schulfreund Gerhard war es an der Enns leider passiert. Er hatte einen jungen Mann stellen müssen, der rüber nach Oberösterreich schwimmen wollte. Als dieser auf seinen Anruf „Halt, stehen bleiben!" nicht reagierte, traf er zum Glück nur seinen rechten Fuß, was lediglich eine leichte Verletzung zur Folge hatte, aber trotzdem: Er hatte auf einen Menschen geschossen, was ihn sehr belastet hatte. Noch Jahre später träumte er ab und zu davon …

Michael wurde bei seinen Patrouillen nur einmal von einem Wildschwein aufgeschreckt, das sich am Grenzzaun zu schaffen machte.

Kam Michael auf Urlaub, erzählte er, wie die jungen Soldaten geschult wurden „Wir kommen uns wie im Krieg vor. Wenn wir auf Patrouille sind, blicken wir entweder feindwärts oder freundwärts. Was im Klartext heißt, feindwärts geht der Blick rüber in die Steiermark und freundwärts zu uns hin. Und von drüben droht bekanntlich der dritte Weltkrieg, weil das der NATO zugehörige Westösterreich einen Krieg gegen die sozialistischen Staaten vorbereitet …"

Und nach einem tiefen Seufzer fügte er noch hinzu: „Auf mein Argument hin, dass ein Flüchtling doch auch ein Österreicher ist und ich dann auf einen Landsmann schieße, hat mich der Politoffizier fürchterlich angebrüllt: Wer die Volksrepublik Österreich illegal verlassen will, ist kein Landsmann, sondern ein Staatsfeind, ein Verräter der Arbeiterklasse, und der gehört vernichtet! Wenn Sie da nur den geringsten Skrupel haben, ihn abzuknallen, sind auch Sie ein Feind unseres Arbeiter- und Bauernstaates! Sie müssen solche Verräter aus tiefstem Herzen hassen, das sind Sie dem werktätigen Volke schuldig! Merken Sie sich das gefälligst, sonst müssen wir uns woanders unterhalten!!"

Michael zählte die Tage, bis die sinnlos vergeudete Armeezeit endlich zu Ende ist. Wie es fast alle Soldaten taten …

Babsi beendete Ende Juni 1978 ihre Verkäuferinnenlehre beim Konsum. Oh ja, sie hatte die Lehrstelle völlig problemlos, ganz nach ihren Wünschen, bekommen – obwohl sie, zwei Jahre zuvor, nicht an der staatlich erwünschten Jugendweihe teilgenommen hatte, sondern sich nur hatte firmen lassen. Die Schulleitung, eingeschlossen ihr Klassenvorstand, der „tausendprozentige" Genosse Lohner, hatte das zwar nicht gern gesehen, aber das war's dann auch schon. Vier weitere aus der Klasse hatten es ihr übrigens gleich getan.

Fünf jedoch konnten sich anscheinend nicht entscheiden und hatten beides über sich ergehen lassen. Was Babsi überhaupt nicht verstanden hatte: „Bei der Jugendweihe bekenne ich mich zum Atheismus und bei der Firmung zum katholischen Glauben. Wie passt das zusammen?"

Sissi wusste darauf sehr klar und deutlich zu antworten: „Zur Jugendweihe kriegst du Geschenke von deinen Ostverwandten und -freunden. Und zur Firmung beschenken dich deine Tanten und Onkels von drüben. Und keiner von beiden Seiten weiß, dass du beides mitmachst, eben Jugendweihe und Firmung. So und nicht anders läuft das …"

Babsi schaute ihre Mami total entsetzt an. Es wurde gemunkelt, dass bei der Bewerbung für die Lehrstelle, obwohl das erst so etwa eineinhalb Jahre später passiert, gefragt wurde, ob der Bewerber oder die Bewerberin die Jugendweihe erhalten hatte. Ab und zu kam so etwas schon vor, aber eher selten. Babsi wurde jedenfalls nicht danach gefragt und bestand die Abschlussprüfung am Ende der längst verpflichtenden zehnjährigen Mittelschule mit „Gut". Ja, und jetzt stand sie bereits am Ende ihrer zweijährigen Lehrausbildung zur Fachverkäuferin.

Da sie sich immer schon sehr für Mode interessierte, werkte sie, nachdem sie vorher alle Branchen kennengelernt hatte und überall gute Benotungen erhalten hatte, in den letzten drei Lehrmonaten schon am endgültigen Arbeitsplatz in der Textilfiliale in der Praterstraße.

Die Berufsschule schloss sie mit „Gut" ab, die praktische Ausbildung wurde sogar mit „Sehr gut" bewertet. Eine fünfseitige Hausarbeit, in der sie ihr Wirken am künftigen Arbeitsplatz beschrieb, bekam ein „Gut".

Nach alldem ging sie erst einmal in den dreiwöchigen Sommerurlaub, bis sie im August voll loslegte. Durch ihren Beruf begegnete sie Tag für Tag vielen Menschen. Sie musste die Kunden beraten, welches Kleid, welcher Pullover gut für sie war, und so empfahl sie eines schönen Frühlingstages anno 1980 dem nur ein Jahr älteren Heinz einen weißen Sommerpullover. Es blieb nicht bei der Beratung. Noch im Oktober desselben Jahres wurde Hochzeit gefeiert. Beim Heurigen in Stammersdorf. Und im Februar darauf kam Max auf die Welt.

Babsi war überglücklich! Hatte sie doch mächtige Angst davor gehabt, „keinen abzukriegen". Na, weil sie ein bisschen mollig war und deshalb oft gehänselt wurde. In der Schule und in der Nachbarschaft. Dabei passte das bisschen Molligsein sehr zu ihr. Sie wirkte dadurch richtig süß. Babsi wollte das nicht so recht glauben und haderte mit ihrem Äußeren. Bis sie Heinz kennen-lernte.

Aber das Glück der jungen Familie währte nicht lange. Der „Herr im Hause" liebte den Wein mehr als Frau und Sohn. Die Liebe zum Alkohol, Heinz sprach dem Bier und dem Schnaps gleichermaßen zu, war Babsi sehr wohl von Anfang an bekannt und gefiel ihr überhaupt nicht. Sie selber trank schon ab und zu gern auch mal ein Viertel Wein oder ein oder zwei Krügerl Bier, aber nicht täglich, und schon gar nicht bereits am helllichten Tag. Abends in netter Runde gern, aber Heinz ging am Samstag oder Sonntag sogar schon zum Frühschoppen.

Auf Sissis Feststellung hin: „Du, dass Heinz so viel trinkt, macht mir große Sorgen. Wie soll das noch alles werden?", ent-gegnete Babsi: „Mami, lass mal, das wird schon werden. Die Liebe heilt vieles, und so wird auch dieses Problem durch die Liebe gelöst werden."

„Dein Wort in Gottes Ohr!", vermochte Sissi darauf nur zu vermelden … Die Zukunft zeigte sich auch überhaupt nicht rosig.

Es wurde natürlich nicht weniger mit der Trinkerei, sondern immer mehr. Häufige Streitereien waren an der Tagesordnung, weil sich Babsi vernachlässigt fühlte und auch das Geld immer knapper wurde. Die ständigen Wirtshausbesuche waren auch im Osten nicht billig. Vor allem deshalb nicht, weil Heinz gern „einen springen ließ".

Weilte er mal zu Hause, betrank er sich eben hier und lallte sinnloses Zeug vor sich hin oder er war, falls er noch nichts zu sich genommen hatte, äußerst schlecht gelaunt, und in diesem Zustand konnte schon mal vor Wut etwas durch die Gegend fliegen und Babsi fasste die eine oder andere Watschen aus. Besonders dann, wenn kein Bier, Schnaps oder Wein mehr im Hause war und sie nicht als treu sorgende Hausfrau für Nachschub gesorgt hatte.

Darauf zu schauen, war ihr nun mal nicht das Wichtigste, schließlich hatte sie noch Max zu versorgen, ihr Kind. Und das hatte Priorität. Etwas für eine Mutter völlig Normales. Fand sie. Nicht jedoch Heinz, für den sie seiner Meinung nach zuerst zu sorgen hatte. Für ihren Mann, der gefälligst an erster Stelle zu stehen hatte.

Als sich Babsi über all das bei Sissi mal kräftig ausweinte, war diese außer sich: „In einer Ehe ist nicht immer alles eitel, Friede und Sonnenschein, da fällt schon mal ein unbedachtes Wort, aber schlagen würde ich mich von einem Mann nicht lassen. Das ist das Letzte, das Allerletzte!"

„Geschlagen hat er mich ja nicht, nur eine Watschen hat er mir verpasst", versuchte Babsi das Geschehene mit weinerlicher Stimme abzuschwächen, die Tränen rannen nur so übers Gesicht. Beim Trocknen dieser verschmierte sie auch noch die Wimperntusche.

„Eine Watschen verpasst zu kriegen, ist kein Schlagen?", wunderte sich Josef, der gerade zu Besuch war. „Du, das ist für eine Frau etwas ungeheuer Erniedrigendes! Den Menschen zu schlagen, den man angeblich mal geliebt hat! Nein, das geht zu weit! Und dass du zuerst an Max denkst, ist wohl auch normal. Er ist schließlich dein Kind und ist natürlich wichtiger!"

„Was soll ich denn tun?" Wieder schluchzte Babsi fürchterlich, und Sissi nahm sie in die Arme und streichelte sie. Auch eine erwachsene Frau lässt sich gern einmal von der Mutter trösten.

Man kam überein, Babsi sollte ihrem Mann androhen, dass sie ihn anzeigen würde, sollte er sich noch einmal an ihr vergreifen. Eine in der Tat sehr ernste Drohung, da die Volksrepublik in solchen Fällen keine Gnade kannte. Das würde unweigerlich Gefängnis bedeuten. Und die Gefängnisse in der Volksrepublik waren keine Sanatorien. Da war dann auch erst mal Ruhe, und es schien, als hätte sich die Situation beruhigt. Heinz hatte sie nicht mehr geschlagen, zumindest nicht körperlich, denn sein Stammlokal, das er nach wie vor besuchte, wurde natürlich auch von Frauen frequentiert, die im Alkoholschwange Flirts durchaus nicht abgeneigt waren, und nicht bloß das. Töchterlein Monika hatte nicht der Storch gebracht.

Es kam, was kommen musste, die Scheidung, die allerdings Heinz begehrte, weil er zur „Neuen" nach Kagran gezogen war und sie ehelichen wollte. Die „Neue" schaute übrigens auch sehr gern ins Bier-, Schnaps- oder Weinglas.

Anfang Juni 1985 sprach das Bezirksgericht Floridsdorf die Scheidung aus. So etwas ging in der Volksrepublik schnell und war auch nichts Besonderes. Die Volksrepublik Österreich wies nach der DDR die zweithöchste Scheidungsrate in Europa auf. Für Babsi war das trotzdem kein Trost. Sie fühlte sich zutiefst verletzt und brauchte jetzt viel Zuspruch.

„So ist das mit den Männern heutzutage. Da lässt er dich mit dem Kind allein. Nun sieh zu, wie du zurechtkommst. Er amüsiert sich mit der Neuen, und die ist so blöd und glaubt ihm seine Märchen. Die muss sich doch denken, dass er es mit ihr eines schönen Tages genauso treibt, dass er sie sitzen lässt und sich wieder eine Jüngere angelt, wenn sie ihm zu alt ausschaut und er wieder Abwechslung braucht. Männer werden ja nicht älter, nur wir Frauen. Männer bleiben immer frisch und knusprig."

Josef, Sissi und Herbert hörten ihr geduldig zu, sie sollte sich in Ruhe aussprechen, wenn sie das erleichterte. Sissi hatte sie in den rechten Arm genommen, sie sollte sich beruhigen, denn sie zitterte am ganzen Körper. Langsam wurde sie nun ruhiger, wollte das aber dennoch loswerden: „Stell dir vor, ich hätte ihn sitzen lassen und mir einen neuen geangelt. Was dann passiert wäre! Eine Frau geht fremd! Dieses Flittchen! Was der einfällt, den armen Mann unversorgt zurückzulassen. Wer kocht denn jetzt für ihn? Wer wäscht seine Wäsche? Wer betreut ihn, wenn er krank ist? Der Ärmste! Aber eine Frau muss sich das gefallen lassen und darf sich dann auch noch anhören: Na ja, ganz unschuldig wird sie auch nicht gewesen sein. Die wird ihren Mann bestimmt nicht ordentlich gepflegt haben … Wenn der Mann gestorben ist, ja, dann bedauert man dich schon. Dann drückt dir jeder die Hand und murmelt ein Herzliches Beileid und so weiter. Aber eine geschiedene Frau mit einem Kind noch dazu, die hat kein Mitgefühl zu erwarten. Die muss sehen, wo sie bleibt …"

Natürlich bezog das Babsi nicht auf Mami, Papi, Bruder, Schwester, Onkel und so weiter in der Familie. Deren Mitgefühls war sie sich sicher, sonst wäre sie total verzweifelt. Sie erzählte, wie das die Nachbarschaft, die Kollegen sahen. Und die Familie ihres nunmehrigen Ex-Mannes, für die sie die war, die ihren Mann einfach nicht verstanden hatte, die ihm nicht die Geborgenheit geschenkt hatte, die er gebraucht hätte.

Und ihre Schwiegermutter war die sprichwörtliche „böse Schwiegermutter", wie sie im Buche stand. Sie kam oft, viel zu oft, und natürlich nie angemeldet, und meckerte an allem herum. Babsi kochte nicht gut, das Essen war entweder zu sauer, zu süß, zu heiß, zu kalt, zu salzig, zu fad. Dabei konnte Babsi sehr gut kochen, Josef liebte ihr Essen sehr und lobte sie immer und das aus ehrlichem Herzen. Aber nicht nur das Essen wurde bekrittelt, Babsi hatte einfach alles falsch gemacht, was auch immer sie angefasst hatte.

Bruder Michi war übrigens auch nur gefirmt worden. Seine Lehrer hatten aber wegen der Jugendweihe weit mehr Druck auf ihn ausgeübt und mit Nachteilen bei der Berufswahl gedroht.

„Wer nicht für uns ist, der hat von uns auch nichts zu erwarten", wetterte sein Klassenvorstand, „nur die Ideologie der Arbeiterklasse führt in eine sichere Zukunft und wer sich dazu nicht öffentlich bekennen will, lebt in der Vergangenheit …"

Michi bewarb sich als Elektroinstallteurlehrling bei Meister Wickert, einem noch privaten Unternehmer, und den interessierte die Jugendweihe wirklich nicht. Den begeisterte Michis gutes Schulzeugnis weitaus mehr …

Poldis Rainer hatte die Jugendweihe erhalten, weil er „mit dem Kirchenkram" nichts zu tun haben wollte, dann im Juni 1978 die Matura mit „Gut" bestanden und daraufhin im Herbst sein Medizinstudium begonnen. Er war voll in die väterlichen Fußstapfen getreten, wollte also auch Arzt werden, allerdings war sein

Ziel die Augenheilkunde. Zunächst musste er sich aber natürlich der allgemeinen Medizin widmen.

Vater Paul war nach wie vor im Favoritener Bezirkskrankenhaus tätig. Er hatte es bis zum Chefarzt auf der Chirurgie gebracht und genoss einen sehr guten Ruf. Als anerkanntes „Opfer des Faschismus" wurde er nicht bedrängt, der VAPÖ beizutreten. Auch sein fachliches Wissen war den Genossen bedeutsamer, als ihn zum Parteibeitritt zu drängen. Deshalb durfte er auch schon zweimal zu Ärztekongressen in den Westen reisen, einmal nach München und einmal sogar nach London. Und hatte auf beiden Kongressen das Wort ergriffen.

Alle in der Familie blätterten in den Atlanten rum und schauten nach, wo diese unerreichbaren Städte lagen. Zum Münchener Zug, der am Südbahnhof abfuhr, brachte ihn der ganze Familientross. Wie ein Westbesucher verabschiedete er sich von allen und begab sich in das Bahnhofsgebäude, an dessen Eingangstür in unübersehbaren Lettern zu lesen war:

„GRENZGEBIET!!!
ZUTRITT NUR MIT GÜLTIGEN GRENZÜBERTRITTS-
DOKUMENTEN!!!"

Der Zugausfahrt durfte also keiner nachwinken …

Nach London ging's vom Flughafen Schwechat los. Was noch viel aufregender war, weil von der Familie, abgesehen von Josef, bisher noch keiner ein Flugzeug von innen gesehen hatte.

Schon das Zeremoniell auf dem großen Flughafen war aufregend. Paul musste seinen Koffer am Schalter 24 abgeben, der streng gewogen wurde, weil nur 20 Kilo erlaubt waren. Bevor dieser auf einem Förderband durch eine Luke verschwand und Paul eine Bordkarte ausgehändigt kriegte und von der netten jungen Schalterangestellten gefragt wurde, wo er denn sitzen wolle, am Fenster, am Gang, eher vorn in der Maschine oder hinten, beäugte ein Zöllner seinen Pass und seine ausgefüllte Zollerklärung, wollte aber den Kofferinhalt nicht mehr sehen. Bei Dienstreisenden war man nicht so streng. Bis zur Passkontrolle durfte ihn die Familie begleiten.

„Grüß die Queen von uns!", rief ihm Sissi noch zu, obwohl sie wusste, dass er sie bei der Eröffnungsansprache nur von Weitem sehen würde, aber immerhin. Welchem Bürger der Volksrepublik Österreich war wenigstens das vergönnt?

Rainer verliebte sich während seiner Fachausbildungszeit im Favoritner Spital auf der Jahresendfeier 1979 in Gabi, die Leiterin der Lohnbuchhaltung. Sie entstammte einer sehr streng kommunistisch geprägten Familie, war natürlich aktives VAPÖ-Mitglied und wirkte im Parteiaktiv des Krankenhauses mit. Was für Rainer nicht ohne Folgen blieb. Er trat zum Leidwesen seiner Eltern und nicht nur dieser auch der Partei bei und sah in ihr die große, lichte Zukunft für Österreich.

„Diese beruflichen Aufstiegschancen, so wie ich sie habe, hast du nur in einem Staat, der die Ausbeutung des Menschen durch den Menschen abgeschafft hat", triumphierte er eines Familiennachmittags, worauf Josef konterte: „Aber nur dann, wenn du in der Partei bist und alles nachplapperst, was sie dir vorkauen."

„In unserem Staat musst du nichts nachplappern. Hier kannst du sagen, was du denkst", glaubte Rainer allen Ernstes, worüber sein Vater nur müde lächeln konnte: „Na, dann probier' das mal aus. Dann wirst du schon sehen, wo du landest ..."

Auch Rainer lächelte seinen Vater an und meinte: „Als ein ideologisch reifer Mensch wirst du keinen Blödsinn reden, sondern die Meinung vertreten, die dem Staat der Arbeiter und Bauern nützt und ihn weiter entwickelt. Du wirst als reifer Bürger unseres Staates nicht negativ diskutieren und dich nicht von der kapitalistischen Ideologie vereinnahmen lassen. Wir wissen doch: Freiheit ist Einsicht in die Notwendigkeit."

„Glaubst du wirklich, dass eine kritische Ansicht über etwas in unserem Staat bedeutet, dass ich ihn stürzen will und den Kapitalismus bei uns einführen will?", unterbrach ihn Josef und bekam von seinem Neffen zu hören: „Alles, was sich links oder progressiv anhört, muss noch lange nicht der Ideologie der Arbeiterklasse entsprechen. Es gibt da sehr viele utopische Ansichten, die aber nicht wissenschaftlich fundiert sind. Wir orientieren uns strikt am wissenschaftlichen Sozialismus und bauen keine Luftschlösser."

„Und was am Sozialismus wissenschaftlich ist oder nicht, bestimmt die Partei?" Josef war außer sich. Wie konnte jemand diesen ganzen Mist, den die VAPÖ verzapfte, glauben? Und noch jemand aus der eigenen Familie?

„Nein, wir orientieren uns an den Klassikern des Marxismus-Leninismus, eben an Marx, Engels und Lenin", versuchte Rainer zu erklären, „und es gibt schließlich das Institut für Marxismus-Leninismus an der Uni Wien, das mit den Instituten in den anderen sozialistischen Ländern und auch einigen kapitalistischen Ländern zusammenarbeitet."

Josef, aber auch die anderen Zuhörer aus der Familie schüttelten den Kopf. Wie kann ein Mensch so verbohrt sein?

Leider war eingetroffen, was Josef befürchtet hatte: Die Parteiideologie hatte in der Familie Einzug gehalten. Aus war's mit der innerfamiliären Geborgenheit, wo man offen und ehrlich zueinander sein konnte. Bei den Treffen zu Geburtstagen, Feiertagen und auch sonst musste man sich von nun ab genauer überlegen, was man sagte.

Aber auch der Alltag konnte sehr stressig sein, besonders bei Poldi und Paul. Der Schichtdienste halber, die bekanntlich beide hatten, Poldi als Oberschwester auf der HNO-Station und Paul als Chefarzt auf der Chirurgie. Nicht selten kommunizierten die beiden nur mittels Zetteln auf dem Küchentisch, weil der eine gerade Dienst hatte und die andere einkaufen oder anderweitig unterwegs war beziehungsweise umgekehrt. Trafen sich die beiden kurz an der Pforte, waren wenigstens ein paar Worte möglich und auch ein Bussi war auch noch drin. Besser waren schon Begegnungen im Hause, irgendwo auf den Gängen. Dann konnten die beiden ein bisschen in Ruhe miteinander reden.

Der Höhepunkt war ein gemeinsames Mittagessen in der Kantine. Das war ein kleines Fest.

Leider ermöglichte nicht mal das Wochenende ein normales Familienleben, weil der Spitalsbetrieb bekanntlich nie ruhte. Die

Gewerkschaft hatte allerdings durchgesetzt, dass wenigstens ein gemeinsames freies Wochenende pro Monat möglich sein muss, falls beide Partner im selben Spital im Schichtdienst werkten.

Auch Sissi hatte immer mehr als genug zu tun. Ihr Friseursalon quoll oftmals vor lauter Kundinnen über. Zum einen, weil sie gute Arbeit leistete und zum anderen, weil es viel zu wenig Friseure in Ost-Wien gab. Sie sperrte von Dienstag bis Freitag um neun auf, am Samstag schon um acht, und wenn sie öffnete, warteten bereits einige Damen an der Tür. Offiziell war um sieben Feierabend, am Samstag um zwei. Ja, dann ließ Sissi keine mehr rein, aber die noch wartenden Kundinnen fertigte sie natürlich noch ab, sodass sie unter der Woche selten vor neun und samstags vor vier aus dem Laden kam. Dann waren aber noch die Buchhaltung und anderer Bürokram dran. Letzteres erledigte Sissi nicht selten am freien Montag, dem „Friseursonntag", wie er im Volksmund hieß. Hauptgesprächsthema der Kundinnen war natürlich neben dem Gejammer über Krankheiten nach wie vor der „Reichtum im goldenen Westen" …

Die schon „reisemündigen" Pensionistinnen hatten drüben fast nur Verwandte und Freunde, die in noblen Villen mit einem parkähnlichen Garten samt Swimmingpool logierten oder in sündteuren riesigen hypermodernen Eigentumswohnungen in bester Lage. Jeder fuhr ein schnittiges Auto und hatte schon die halbe Welt bereist. An längeren Wochenenden jettete man schnell mal nach London oder in die Staaten zum Shopping. In letzter Zeit hatte man aber auch die Malediven, die Bahamas, die Fidschi-Inseln und Hawaii als nettes Ziel für einen Oster- oder Weihnachts-/Neujahrstrip entdeckt … Beruflich waren sie alle außerordentlich erfolgreich und wussten gar nicht mehr, was sie mit ihrem vielen Geld anstellen sollten, das sich permanent vermehrte. Die jüngeren Kundinnen kriegten andauernd schwere Pakete zugestellt, die kaum zu tragen waren, und wenn Besuch von „drüben" kam, schleppte dieser an, was mit Mühe und Not in den Kofferraum reinpasste. Klar kam man mit dem dicken Auto angedüst, womit denn sonst? „Drüben" besaß doch jeder ein Auto, das gehörte bitte zum Lebensstandard.

Wer da nicht mitreden konnte, wer seinen Freundes- und Verwandtenkreis nur „hier im schäbigen Osten" hatte, wer also nur im volksrepublikanischen Diesseits lebte, oh, der war in Ost-Wiens Friseursalons ein armer Wicht. Außer, die Gute konnte von ihrer schweren, lebensbedrohlichen Krankheit berichten, die sie monatelang ans Spitalsbett gefesselt hatte.

„Westen", das war die Region, in der Milch und Honig flossen, der Kontinent der unbegrenzten Möglichkeiten und dieser schien immer unbegrenzter zu werden, so unendlich wie das Weltall. Wer dorthin kam, hatte ausgesorgt, der konnte sich kaufen, was das Herz begehrte.

Sissi gingen die Märchen, die sie nun schon seit den Fünfzigerjahren, seit ihrer Lehrzeit also tagtäglich hörte, wahnsinnig auf die Nerven. Bis zum Bau der Mauer mussten die Damen mit der Märchenerzählerei noch vorsichtig sein, weil noch jeder „rüberfahren" durfte und wusste, was „drüben" lief, aber seit der Grenzschließung konnten die Damen ungeniert lügen wie gedruckt. Und wer nach und nach, mit Erreichen des Pensionsalters, einen Westpass kriegte, korrigierte diese Münchhausen-Geschichten leider nicht, sondern trug vielmehr selber noch zur Märchenvermehrung bei.

Ja, da hörte sich Sissi noch tausendmal lieber Krankheitsgeschichten an, aber sie musste zu ihren Kundinnen nun mal freundlich sein.

Herbert war nach wie vor auf den Straßen der Volksrepublik unterwegs, um Friseursalons und Drogerien zu beliefern, vereinzelt auch Konsumkaufhallen, die Haarpflegemittel führten. Da war er immer voll im Stress und kehrte abends müde und ausgelaugt heim. Gemeinsam hatte die Familie nur den Sonntag frei, am Samstag musste Sissi arbeiten und am Montag Herbert. Montags belieferte er zwar keine Friseursalons, dafür aber Drogerien und Kaufhallen.

Fragen über den Sinn des Lebens kamen da schon öfter mal auf. Immer nur hackeln, hackeln und nochmals hackeln! Kann das alles sein, und wofür tust du das eigentlich? Nur, um nicht zu verhungern? Die meiste Zeit des Lebens besteht nur aus gries grauem Alltag, der sich wie Gummi dehnt und unendlich scheint. Die wenige freie Zeit vergeht viel zu schnell, besonders die Feiertage, und der Urlaub ist sowieso im Nu vorbei, und dann beginnt die Tretmühle von Neuem … Von den Kindern hast du nicht viel, du erlebst gar nicht richtig, wie sie aufwachsen. Was sie bewegt, hörst du nur mit dem halben Ohr. Die Partei redet dem Volk zwar ein, das tust du alles zum Wohle von uns Werktätigen. Gewiss verbessert sich immer wieder einiges, was keinesfalls gering geachtet werden soll, aber gemessen an unserer Arbeitsleistung ist das wiederum wenig. Am meisten profitieren die Parteibonzen, die es sich in ihren abgeschotteten Reservaten in der Wachau, an der Rax gut gehen lassen.

Zu Ostern 1980 lud Josef seine beiden Schwestern samt Anhang zum großen Frühstücksgottesdienst ein und sie kamen. Auch Paul und Poldi hatten zufällig beide frei.

Pastor Horwath nahm Bezug auf das Osterei, weil er einen symbolischen Bezug zur biblischen Osterbotschaft entdeckt hatte: „Jesus musste sterben, damit wir leben können. Er ließ sein Leben für uns, aber er stand in einem neuen Körper vom Tode auf. So ist das auch mit dem Ei. Aus dem Ei erwächst neues Leben, aber das Ei selbst wird zerstört, wenn das Küken ausschlüpft. Das Alte stirbt, wird zerstört, damit Neues entstehen kann.

Wie das auch bei uns sein muss. Du musst auch von Neuem geboren werden. Du musst dein Leben Jesus völlig übergeben, nichts zurückhalten, ihm völlig vertrauen. Dann stirbt deine alte Gesinnung. Du wirst den Heiligen Geist empfangen und eine neue Gesinnung bekommen.“

„So hab ich das noch nicht gesehen“, staunte Sissi, und Poldi musste ihr zustimmen. Es entspann sich auch am Nachmittag noch ein sehr intensives Gespräch über die Osterbotschaft.

„Jesus hat all unsere Lasten auf sich genommen, all unseren Schmutz, unsere Verfehlungen, damit wir ein Leben führen können, das diesen Namen auch verdient“, erklärte Josef seinen beiden Schwestern und Schwagern, und die ansonsten üblichen

Einwände wie „Warum lässt Gott das viele Leiden, die vielen Kriege zu?" waren heute nicht zu hören. Wahrscheinlich hatten sie inzwischen von Josef mitbekommen, dass Gott keine Leiden, keine Kriege oder anderen Scheußlichkeiten schickt. Er hat seinen einzigen Sohn geopfert, damit es uns gut geht, dass wir ein frohes, erfülltes Leben führen können. Damit das möglich wurde, gibt es Ostern, das Fest des Sieges über den Tod.

Wir dürfen uns also richtig freuen und alle unsere Lasten, Sorgen, Ängste, Krankheiten bei Jesus, dem Sieger über den Tod, ablegen und uns wahrhaft frei fühlen. Aber die meisten freuten sich auf Ostern in erster Linie auf den noch freien Montag und die Kinder hatten sogar noch am Dienstag schulfrei. Dabei geht es bei Ostern und den anderen christlichen Festtagen eben wirklich um viel mehr als bloß um ein paar zusätzlich arbeitsfreie Tage.

Der atheistische Staat tat sich mit den christlichen Festen ohnehin schwer. Einige hatte er längst zugunsten der 5-Tage-Arbeitswoche gestrichen. Nur Ostermontag, Pfingstmontag, Fronleichnam, Allerheiligen und Weihnachten waren noch geblieben. Und daneben gab's dann noch Neujahr, den 1. Mai und den 25. September, den Gründungstag der Volksrepublik.

Bislang hatte sich die Partei bei ihrer Schwarz-Weiß-Malerei leicht getan: Drüben im bösen Westen sitzen die alten Nazis fest in ihren Ämtern und tyrannisieren die Bevölkerung, aber hier bei uns in der Volksrepublik Österreich und in der DDR regieren kampferprobte Antifaschisten, die während der NS-Zeit entweder im KZ saßen oder in die Sowjetunion emigriert waren. Wer die USA, Kanada, Australien oder ein anderes kapitalistisches Land als Exil gewählt hatte, war nicht ganz so gut angesehen.

Ja, in einigen Fällen hatte die Partei durchaus recht mit der Nazivergangenheit westösterreichischer oder westdeutscher Politiker oder anderer höherer Würdenträger.

Nur, wie schon gesagt, der Osten war auch nicht nazifrei. So weit, so gut. Um die Jahreswende 1969/1970 hatte sich die Situation auch diesbezüglich schlagartig geändert. Oh, da waren die Genossen mächtig ins Schwitzen gekommen. Der im Herbst 1969 zum

Kanzler der Bundesrepublik Deutschland gekürte Willy Brandt war nun wahrlich kein alter Nazi. Ganz im Gegenteil! Er musste vor der Gestapo nach Norwegen fliehen und war in der ganzen Welt als Antifaschist, als gestandener Demokrat bekannt und bekam 1971 sogar den Friedensnobelpreis verliehen. Letzteres passte den Genossen der Volksrepublik Österreich und der DDR partout nicht. Einer der Ihren hätte diese Auszeichnung viel mehr verdient.

Josef musste schmunzeln, als er die Nachricht über die Preisverleihung im „Wiener Abend" unten auf der vorletzten Seite, genau über dem Wetterbericht, las: „Heute wurde dem Bundeskanzler der BRD, Willy Brandt, in Oslo der Friedensnobelpreis verliehen."

Aus! Schluss! Basta! Das war's.

Aber auch Bruno Kreisky schockte die VAPÖ-Genossen gewaltig! Wieder war im Westen ein Antifaschist ans Ruder gekommen! Wieder ein bekennender Demokrat, eine in der ganzen Welt geachtete Persönlichkeit! Was nun?

Auch diese Meldung kam nicht auf die erste Seite der Ost-Zeitungen. Am Tag nach der Angelobung Bruno Kreiskys zum Kanzler schrieb der „Wiener Abend" auf seiner Titelseite:

„Genossenschaftsbauern steigerten die Milchproduktion im ersten Halbjahr 1973 um elf Prozent."

Was die Leser aber wirklich nicht vorrangig interessiert hatte! Die Schlangen vor den Geschäften waren trotzdem kein bisschen kürzer geworden. Die Meldung über den westösterreichischen Regierungswechsel las Josef erst auf Seite 4, wo es lapidar hieß:

„NEUE INNSBRUCKER REGIERUNG GEBILDET

In Innsbruck hat sich gestern eine neue Regierung konstituiert. Erstmalig hat die ÖVP keine absolute Mehrheit mehr erreicht und musste mit der revisionistischen SPÖ eine Koalition bilden. Angeführt wird sie vom neuen Bundeskanzler Bruno Kreisky. Die Anbiederung der SPÖ an die konservative, restaurative ÖVP zeigt deutlich, dass sich die Sozialdemokraten nur lukrative Posten verschaffen wollten. Für die westösterreichischen Arbeiter wird sich durch die neue Regierung nichts ändern. Die Preise werden weiter steigen und die Löhne werden sich kaum bewegen. Die KPÖ, die einzige progressive Kraft Westösterreichs, wurde durch die undemokratische 4-Prozent-Hürde erneut aus dem Parlament ausgesperrt. Ihre Stimme will man im ‚Hohen Haus‘ nicht hören, aber sie hat die Antwort auf die ganze Misere hier im, ach so ‚goldenen‘ Westen …“

Josef konnte über das Ganze nur lachen. Jetzt konnten sie einem hohen Politiker da drüben keine NS-Vergangenheit oder zumindest ein regimekonformes Mitgehen in der Hitlerära nachweisen. Im Gegenteil, Bruno Kreisky musste nach Schweden emigrieren, um von den Nazihäschern nicht geschnappt zu werden. Apropos Schweden. Dass dort auch ein sehr geachteter Sozialdemokrat, nämlich Olof Palme, Regierungschef geworden war, hatten die Volksrepublikaner auch nur aus dem Westfernsehen erfahren. Erst in den 80er-Jahren, als die DDR Olof Palmes Vorschlag eines atomwaffenfreien Korridors befürwortete, schloss sich die Volksrepublik Österreich dieser Bewegung an. 1987, nach der grausamen Ermordung des schwedischen Regierungschefs im Jahr zuvor, fand zwischen Eisenstadt und dem Neusiedler See ein Olof-Palme-Friedensmarsch statt.

Es musste also eine neue ideologische Platte aufgelegt werden. Was auch prompt passierte, wie schon aus dem Zeitungsartikel anlässlich des Antrittes der neuen westösterreichischen Bundesregierung herauszulesen war. Jetzt nahm die VAPÖ die gestiegene Arbeitslosigkeit, die Lohn- und Preispolitik, die höhere Kriminalität und noch so einiges andere im Westen verstärkt aufs Korn. „Wir können stolz darauf sein, dass bei uns Vollbeschäftigung herrscht, dass die Löhne konstant steigen, die Preise aber gleich bleiben und der Lohn eines Arbeiters wird nicht zur Hälfte von der Miete und den hohen Energiekosten aufgefressen. Der Straßenbahnfahrschein in Wien kostet nach wie vor einen Schilling und die Semmel 20 Groschen,,, las Josef schon bald im „Wiener Abend“.

Womit die Volksrepublik in der Tat punkten konnte, denn genau das neideten nämlich viele Westbesucher ihren Ostverwandten und -freunden beim gemütlichen Kaffeestündchen im ostösterreichischen Wohnzimmer. Sissi pflegte noch mit einer alten Westkundin engeren Kontakt, die schon vor dem Mauerbau zu ihr in den Salon gekommen war und es jetzt erneut ab und zu tat, nachdem West-Wiener wieder den Osten besuchen durften. Einmal lud Sissi die ältere Dame am Samstag nach Geschäftsschluss zu sich in die Wohnung ein. Geplant war ein netter Nachmittag bei Kaffee und Kuchen, der sich jedoch, weil er so harmonisch verlief, bis in den späteren Abend ausdehnte. Die Dame musste sich sogar noch beeilen, die Grenze an der Friedensbrücke vor Mitternacht zu erreichen, weil ihr Tagesvisum Punkt 24 Uhr ablief. Aber auch bei dieser fröhlichen Plauderei blieben die stereotypen Lohn- und Preisvergleiche nicht aus, schon auch deshalb nicht, weil Sissi ihrer Kundin berichtete, was sie sich tagtäglich an Lobeshymnen über den „goldenen Westen" anhören musste. Einiges hatte die Dame auch selber vernommen, wenn sie im Salon auf ihre Bedienung gewartet hatte.

Und somit stellte Sissis Gast nun auch fest: „Ihr habt es mit euren billigen Mieten, Strom- und Gaspreisen, den niedrigen Preisen für Grundnahrungsmittel und den niedrigen Fahrpreisen für die Straßenbahn und den Bus gut. Wir müssen ja mehr verdienen oder eine höhere Pension bekommen, um uns die Wohnung und alles drum herum leisten zu können …"

Dem konnte Sissi nicht widersprechen: „Stimmt voll und ganz, viele bei uns sehen aber nur, was ihr drüben verdient und was ihr euch alles leisten könnt, dass ihr nach Mallorca fliegt und tolle Autos fahrt und so weiter und so fort."

„Die dadurch oftmals überzogenen Bankkonten seht ihr aber nicht", lachte die Angesprochene und holte noch tiefer aus: „Autos werden nicht selten auf Kredit gekauft und auch sonst kriegst du in den Geschäften vieles auf Teilzahlung. Aber wenn plötzlich einer arbeitslos wird oder krankheitshalber die Arbeit reduzieren muss, was dann? Dann stehst du da und keiner hilft dir. Besonders schlimm ist es vor Weihnachten. Da werben die Kaufhäuser, vor allem die Versandhäuser, schon im September mit dem Slogan: ‚Heute kaufen – im Jänner zahlen‘.

Ja, das nutzen auch nicht wenige, schon um mit großen Geschenken in der Familie zu protzen. Und im Jänner ist das Bankkonto leer. Dann kommt das böse Erwachen. Aber so schaut der viel gepriesene ‚goldene Westen‘ im Alltag nun einmal aus …“

Überzogene Bankkonten gab es im Osten nicht. Sobald das Girokonto im Minus war, was durch eine Scheckabhebung auf der Post passieren konnte, flatterte ein eingeschriebenes Aufforderungsschreiben der Bank ins Haus, den Saldo binnen zwei Wochen auszugleichen. Geschah das nicht, informierte die Bank den Betrieb des Schuldners, die Arbeitsstelle war bei der Girokontoeröffnung anzugeben. Diese musste nun dem Betreffenden den ausstehenden Betrag vom nächsten Lohn abziehen, je nach Höhe, unter Umständen auch in Raten.

Teilzahlungen bei größeren Einkäufen waren generell nicht möglich.

Kredite wurden nur jungen Familien für die Erstausstattung ihrer Wohnung bis zu 20.000 Schillingen gewährt, die zinsfrei waren und sich durch die Geburt von Kindern um jeweils 3.000 Schillinge reduzierten, das heißt, jede Geburt bedeutete auch eine außerordentliche Kredittilgung …

Auf ein neues Auto musste mindestens drei Jahre gewartet und sofort bar bezahlt werden. Schulden konnten nur privat gemacht werden, was allerdings nicht so selten passierte.

Die VAPÖ-Regierung nutzte die neue Ostpolitik des Westens sehr wohl. Neben den bereits erwähnten Reiseerleichterungen handelten beide Seiten den Bau der Westautobahn aus. Die längst überlastete Fernverkehrsstraße 1 war nicht nur den westlichen Transitreisenden ein Dorn im Auge, sondern auch den östlichen Anrainern, die unter der Staub- und Lärmbelastung litten und oft nur mit großer Mühe die Straße überschreiten konnten. Kinder ließ man nicht mehr vor dem Haus spielen, nicht mal der Hund durfte allein auf die Straße.

Hilde, die neue Friseurin in Sissis Salon, wohnte in Purkersdorf und erlebte die Verkehrslawine hautnahe vor ihrem Haus: „Ich kann am Tage nicht mehr die Fenster öffnen, ich kann das nur noch ganz zeitig in der Früh machen, bevor mein Mann zur Arbeit muss, oder sehr spät abends."

An den Grenzübergängen in Mariabrunn und an der Ennsbrücke kam es an Wochenenden und vor Feiertagen zu stundenlangen Wartezeiten. Ganz schlimm war es zu Beginn und Ende der West-Wiener Sommerferien. Das sollte sich nun ändern. Bis Ende 1976 soll die neue Autobahn fertig sein und an die schon fertige Strecke zwischen Linz und Salzburg anschließen. Auf westösterreichischer Seite wird bis dahin noch die Lücke zwischen Linz und der Grenze an der Enns geschlossen. Am anderen Ende existierte bereits die West-Wiener Stadtautobahn bis fast an die Stadtgrenze heran. Da musste auch nur noch ein kleines Verbindungsstück an die neue Autobahn geschaffen werden.

Der VAPÖ-Regierung kam die neue Autobahn auch noch aus zwei anderen Gründen äußerst gelegen. Einmal natürlich aus finanziellen, den Bau finanzierte ausschließlich Westösterreich. Und später wird die Volksrepublik für die Autobahnbenützung Westösterreich eine höhere Transitpauschale verrechnen können, weil auf der Autobahn bestimmt mehr Fahrzeuge unterwegs sein werden als bislang auf der Fernverkehrsstraße.

Und zum anderen kämen die westlichen Transitreisenden auf der neuen Autobahn nicht mehr so sehr mit den Bürgern der Volksrepublik in Berührung. Die Autobahnraststätten wird die Staatssicherheit gut kontrollieren können, wenn es dort zu Ost-West-Begegnungen kommt.

Auf der Fernverkehrsstraße sahen die Transitreisenden leider viel zu viel vom volksrepublikanischen Alltag. Ihnen begegneten die klapperigen Versorgungsfahrzeuge, sie sahen die mageren Auslagen in den Geschäften und womöglich noch die Käuferschlangen davor, wenn sie ausgerechnet vor einem Dorfkonsum länger im Stau stehen mussten, und auch die abgebröckelten Häuserfassaden entgingen ihnen nicht. All das würde auf der Autobahn weitgehend entfallen. Also drängte die VAPÖ-Regierung auch deshalb sehr auf den baldigen Baubeginn. Ist die Westautobahn einmal fertig, wäre die Südautobahn über den Semmering das nächste Projekt. Die Genossen ließen das schon einmal durchblicken, wenn dieses Vorhaben auch noch nicht ganz so dringend war. Die gut ausgebaute Triester Straße führte längst nicht durch so viele Dörfer.

Im Sommer 1984 feierte der Donauturm sein zehnjähriges Bestehen. Dazumal war er unter großem Propagandagetöse als das höchste Bauwerk Österreichs gepriesen worden „und dieses Bauwerk befindet sich auf dem Boden der Volksrepublik Österreich", hatte Parteichef Heckmayer großspurig posaunt. „Es ist höher als der Stephansdom und andere Kirchtürme im Lande und zeigt, dass die Ideologie der Arbeiterklasse über die christlichen Märchen gesiegt hat und sie wird auch in Zukunft weiter siegen und allen zeigen, wo die Wahrheit zu finden ist."

Zum Jubiläum war der Turm gründlich renoviert worden und das Restaurant wurde neu ausstaffiert.

Der Andrang, auf den Turm zu gelangen, war nach der Wiedereröffnung naturgemäß groß, aber ein Kunde aus Josefs Werkstatt, der mit der Reparatur seines Wartburgs sehr zufrieden war, werkte hier als Kellner und verschaffte Josef Freikarten, einen wartefreien „Aufstieg" sowie einen reservierten Tisch ohne die sonst übliche Verpflichtung, das Lokal nach einer Stunde verlassen zu müssen. Und das auch für Sissi, Herbert, Poldi und Paul …

Beim Studium der Speise- und Getränkekarte glaubten alle, sich im siebenten Himmel zu befinden, denn das empfohlene Menü las sich wie im Märchen: Zum Auftakt eine Spargelsuppe, als Hauptspeise Heilbuttfilet mit Kroketten und Brokkoligemüse und als Dessert Eis mit Schlag plus Erdbeersoße. Wo bekam man das in der Volksrepublik sonst serviert? Zu vertretbaren Preisen? Letzteres lockte natürlich auch viele West-Wiener auf den Turm. Das Budweiser Bier und der Becherovka waren dann noch eine willkommene Draufgabe. Man war kurz nach sieben gekommen und konnte somit den Sonnenuntergang genießen.

Blutrot empfahl sich die Sonne vom Abendhimmel. Allmählich gingen die Lichter an und den Westen musste keiner suchen. Sofort sah jeder, wo es heller strahlte.

Es war herrlich, dass sich das Turmrestaurant in einer halben Stunde einmal völlig drehte. Es musste also keiner aufstehen, um auch mal in die andere Richtung zu schauen. Das hier war perfekter Kundendienst. In jeder Hinsicht. Auch Josefs Kunde zeigte sein kellnerisches Können äußerst eindrucksvoll.

Nach Siofok sollte der 1987er-Sommerurlaub gehen. Diesmal mit der Familie, besser gesagt, einem Teil von ihr, nämlich mit Sissi, Herbert, Michael, Babsi und Max. Was Josef bisher noch nicht erlebt hatte. Aber warum sollte es nicht auch einmal einen echten Familienurlaub geben? Herbert hatte einen großen Bungalow gemietet, in dem Sissi plus Herbert, Michael, Babsi plus Max und Josef ihre eigenen kleinen Zimmer hatten. Babsi wollte eigentlich gar nicht mehr mitkommen, weil sie drei Wochen vor der Reise Markus kennengelernt hatte. Beim großen Sommertanz im Volksgarten. Mit ihren beiden Freundinnen Maria und Susi hatte sie sich aufgemacht, na und dann … Dann hatte es gefunkt und inzwischen hatten sich beide schon sechsmal getroffen. Sissi meinte zu dem Ganzen: „Super, dass du wieder jemanden kennengelernt hast und wie du mir erzählt hast, ist das ein netter Mann, aber trotzdem sag' ich dir: Der Urlaub bietet eine große Chance, denn die zwei Wochen Abstand werden euch zeigen, ob es euch wirklich ernst ist. Bleibt er dir treu und du ihm, dann ist das schon mal ein sehr gutes Zeichen. Natürlich gibt es keine absolute Sicherheit, aber trotzdem ist das dann schon etwas. Überhaupt, weil ihr erst so kurz zusammen seid."

Dem konnte Babsi nicht widersprechen, weil auch Markus Anfang September eine Woche auf einen Lehrgang fahren musste. Er war bei der Staatlichen Versicherung angestellt und sollte in Krems einen Fortbildungskurs absolvieren. Womit es in der Beziehung fast eins zu eins stand. Einmal war sie zwei Wochen weg und kurz danach er eine Woche. Jeder war nun gespannt, wie alles enden würde.

Wie sollte die Familie aber nach Ungarn gelangen? Herberts Skoda hätte zwar allen Platz geboten, aber das wäre dann schon äußerst eng geworden. Besonders die Unterbringung des Gepäcks. Aber da war ja einen Monat vorher etwas für Josef äußerst Erfreuliches passiert: Er hatte wieder ein Auto. Endlich. Lange genug hatte es gedauert. Und das bei einem Kfz-Mechaniker-Meister, aber wahrscheinlich gerade darum. Weil ein solcher nicht irgendein Auto nimmt, nur um eins zu besitzen. Nein, der wartet lieber auf einen ordentlichen Wagen. Und einen solchen hatte Josef nun. Einen Wartburg. Mit nur 17.000 Kilometern auf dem Buckel. Über einen Kunden hatte er ihn bekommen, dessen Onkel plötzlich gestorben war. Josefs Geduld hatte sich also voll und ganz ausgezahlt.

Am Samstag, dem 1. August 1987, starteten die sechs los. Gleich in der Früh, kurz vor sieben, als die Straßen noch leer waren und es damit auch an der Grenze schnell ging. Mit den Visa war's mittlerweile kein Problem mehr, Josef galt längst nicht mehr als „republikfluchtgefährdet", und hattest du einmal einen Ostpass, war das sowieso alles einfacher. Den Bungalow hatte Herbert über seinen Betrieb organisiert, der mit einem ungarischen Haarpflegemittelerzeugerbetrieb einen Freundschaftsvertrag abgeschlossen hatte. Beide Betriebe besaßen eigene Ferienheime, dazu auch Bungalows, und so machten die Ungarn in Weißenkirchen in der Wachau Urlaub, wo sich das Ferienheim von Herberts Betrieb befand, und umgekehrt fuhren Herberts Kollegen an den Balaton. Eine Hand wäscht die andere, wie das im Leben so ist. Dieser Urlaub war auch von der devisenmäßigen Seite große Klasse, weil alles in Ostschillingen gezahlt werden konnte. Auch in Ungarn konnten Ostösterreicher nicht so, wie sie wollten.

Nein, auch da durfte Josef pro Aufenthaltstag vor Reiseantritt nur 200 Ostschillinge in Forint wechseln, was die Angestellte der Staatsbank der Volksrepublik Österreich in Josefs Pass stempelte, und in Ungarn durfte er noch einmal 400 Forint eintauschen, was die dortige nette junge Sparkassenangestellte in seine Zoll- und Devisenerklärung eintrug. Aber Josef hatte dank seiner

Kundenkontakte 1.500 Forint schwarz wechseln können, und auch Herbert steuerte, dank seines ständigen beruflichen Unterwegsseins, 2.000 Extra-Forint bei. Da ging dann schon einiges zusätzlich, und die Familie musste nicht so viele Konserven mitnehmen und nicht täglich selber kochen. Sissi und Babsi sollten den Urlaub genauso genießen und nicht oft in der Küche stehen, und die Männer wollten auch nicht laufend einkaufen gehen. Wenn schon brutzeln, dann höchstens am Grill, der erfreulicherweise vor dem Bungalow stand und auch fleißig genutzt wurde.

Das Wetter hatte es auch sehr gut gemeint, die Tagestemperaturen bewegten sich immer so um die 30 Grad. Nur zweimal gab's kurze, dafür aber heftige Gewitter, und da war's gut, dass es die Familie nicht weit vom Strand zum Bungalow hatte. Der Strand lag nämlich gleich über der Straße. Ja, der Strand … Dort traf sich ganz Europa. Aus Ost und West, weil hierher alle durften. Josef hörte Englisch, Holländisch, Französisch, Schwedisch, Polnisch, Tschechisch und natürlich Deutsch in allen Dialekten, vom schwer verständlichen Schweizerdeutsch bis hin zum reinsten Sächsisch. Was schon Max mit seinen sechs Lenzen spürte, als er mit Kindern seines Alters am Strand spielte und Mühe hatte, seine bayerischen, sächsischen und Vorarlberger Kameraden zu verstehen. „Die reden alle so komisch", beklagte er sich bei Babsi, die ihm dann erklärte, dass die Kinder von sehr weit herkommen, und da redet man eben anders. „Umgekehrt werden die Burschen auch meinen, dass du komisch sprichst, weil sie dich schwer verstehen."

Am nächsten Tag hörte sich dann schon alles völlig anders an, als Max vom Burgenbau schwärmte und beim Wettspringen gewonnen hatte. Und zwei Abende später prosteten sich Josef, Sissi, Herbert und Babsi mit den Eltern der Burschen fröhlich in der Csárdás mit dem guten Balatonwein zu. Äußerlich schien hier alles friedlich und glücklich zu sein, aber es gab sie, die „kleinen Unterschiede".

Der Spruch: „Beim Geld hört die Freundschaft auf" bewahrheitete sich hinsichtlich der Freundschaft zwischen den „sozialistischen Bruderländern" mehr als hundertprozentig, denn die Westtouristen konnten Geld wechseln, so viel sie wollten, und sie konnten außerdem in den „Intertourist"-Läden einkaufen, in denen es die echte Pick- und Herzsalami nur gegen frei konvertierbare Währung gab. Genauso verkauften sie dort bestimmte Alkoholika, wie zum Beispiel den besten Barackpalinka aus Kecskemét, den besten Krimsekt – nur gegen harte Devisen. Das gute Herender Porzellan kriegtest du natürlich auch nicht für Forint. Als Josef vor der Bank die Tafel mit den Wechselkursen sah, war er total geschockt: „Jetzt seht ihr, wie der Wind weht!", seufzte er, Sissi anschauend, nachdem er gelesen hatte:

100 Deutschmark 2.155 Forint
100 DDR-Mark 700 Forint
100 West-Republik-Schillinge 315 Forint
100 Volksrepublik-Schillinge 112 Forint ...

„Ja, so schaut die Gleichheit aller Menschen im Sozialismus in der Praxis aus", kommentierte Babsi das Ganze.

Gabst du dem Kellner im Lokal ein Trinkgeld in harter Währung oder ein größeres in Landeswährung, hat dieser sich dein Gesicht gut gemerkt, und beim nächsten Besuch fand sich garantiert ein freier Platz. Das mit dem größeren Trinkgeld in Forint ließ sich dank des Schwarzumtauschs von Herbert und Josef einrichten, und die Familie genoss in der kleinen Csárdás gleich in Bungalownähe stets einen freundlichen und flotten Service.

Auch dem alten Zigeuner mit dem langen Bart, der ihnen gern ein Lied in guter Qualität vorspielte, gaben sie einen ordentlichen Obolus.

Am letzten Abend luden sie ihn sogar ein, mit ihnen zusammen ein Gläschen „Grauer Mönch" zu trinken, weil er immer lustig war und ihre Musikwünsche weitgehend erfüllte.

Damals waren die Begriffe „Sinti" und „Roma" noch nicht geläufig, aber geht es wirklich nur um Bezeichnungen? Ist nicht die Herzenseinstellung, was ich mit diesen Begriffen verbinde, viel wichtiger? Beim Nennen der Namen „Sinti" und „Roma" kann ich auch böse Gedanken und Gefühle hegen, aber umgekehrt beim Denken an „Zigeuner" mich an Gutes erinnern. Wie es Josef, Sissi, Herbert, Babsi und Michael erging, indem ihnen dabei sofort der alte Mann aus Siofok einfiel.

Michael besuchte am dritten Abend die große Disko. Eine in der Größe kannte er in Wien nicht, und was sie hier spielten, hörte er zu Hause sowieso nicht. Hier in Siofok wurde nicht 75 % Ost und 25 % West gespielt, sondern etwa 90 % West und 10 % Ost, und selbst die 10 % Ost waren nicht ohne, der ungarische Hardrock konnte sich durchaus sehen lassen.

Na ja, dann kam, was bei einem Discobesuch kommen konnte. Michael war inzwischen fast 28 und hatte natürlich schon hier und da geflirtet und auch ein zweites und ein drittes Mal. Er hatte einige lockere Beziehungen hinter sich, die ihn aber nie befriedigt hatten. Die Zeit war eben noch nicht reif gewesen. Sollte es heute anders sein?

Bei einem langsameren Tanz kam er mit Claudia ins Gespräch. Was in einer Disco aber nicht so einfach war, der Lautstärke der Musik halber. Aber es gab Spielpausen, und diese nutzte er, um mehr über seine Tanzpartnerin zu erfahren, aber erst einmal stellte er sich ihr vor: „Du, jetzt können wir endlich mal ordentlich miteinander reden. Ich bin der Michael aus Wien."

„Und ich die Claudia aus Wernigerode am Harz."

Sie lächelte ihn freundlich an und Michael wollte wissen: „Wo liegt denn Wernigerode?"

„Du, das ist eine kleine, aber sehr alte Stadt voller Fachwerkhäuser und liegt am Rande des Harzes", erklärte sie ihm weiterhin lächelnd, „und der Harz ist ein Mittelgebirge mitten in der DDR. Das heißt, so sehr in der Mitte auch wieder nicht, höchstens du siehst das von Nord nach Süd, denn nicht weit von Wernigerode verläuft die Grenze zur BRD. Auf den Brocken, dem höchsten Berg im Harz, der nicht weit weg von Wernigerode ist, kommst du gar nicht rauf, weil der im Sperrgebiet liegt."

„Ist interessant", staunte Michael, „wir hatten in Geografie sehr wohl die DDR recht ausführlich behandelt, aber solche Spezialitäten weiß ich trotzdem nicht. Ich weiß nur von den großen

Städten, von Berlin, Leipzig, Dresden und oben an der Ostsee Rostock und Stralsund und der Fichtelberg ist der höchste Berg der DDR und liegt im Erzgebirge, nicht weit von der Grenze zur CSSR entfernt. Aber was arbeitest du?"

„Ich bin Technische Zeichnerin in einem Konstruktionsbüro in Halberstadt", beantwortete Claudia auch diese Frage und erzählte Michael weiter: „Das liegt eine halbe Zugstunde von Wernigerode entfernt. Da fahre ich jeden Tag hin, aber das ist nicht so schlimm. Ich wohne nicht weit vom Bahnhof entfernt und mein Betrieb ist vom Halberstädter Bahnhof auch nur fünf Minuten weit weg. Ich fühle mich aber in der Arbeit sehr wohl, und da nehme ich die Fahrerei gern in Kauf. Aber was machst du denn?"

„Ich bin Elektroinstallateur in einem kleinen, noch privaten Handwerksbetrieb und bin auch sehr zufrieden", antwortete er genauso offenherzig.

Auch Claudia war mit ihren Eltern hier, die Familie logierte in ihrem kleinen Wohnwagen auf dem Campingplatz am Stadtrand. Weil auch sie mit den eng bemessenen Forints rechnen mussten.

Claudia war ein bisschen kleiner als Michael. Er war 1,75 und sie knapp 1,70. Sie trug ein weißes Top. Die Sympathie schien gegenseitig zu sein. Michael setzte sich nämlich schon nach dem zweiten Tanz zu ihr an den Tisch, an dem noch ihr um zwei Jahre älterer Bruder saß, der Michael auch freundlich willkommen hieß. Claudias Bruder Wolfgang hatte es auf eine fesche Ungarin abgesehen, aber ob aus den beiden was wurde, war noch nicht so klar. Es blieb nicht bei der einen Begegnung zwischen Claudia und Michael. Die beiden trafen sich schon am nächsten Abend wieder, diesmal in einer kleinen Csárdás nahe ihrem Campingplatz. Claudias Familie fuhr leider schon einen Tag früher heim als Michael und der Abschied verlief nicht ohne Tränen. Aber Michael hatte sich längst erkundigt, wie er von Wien nach Wernigerode gelangen könnte.

Der Machtwechsel in der Sowjetunion im Frühjahr 1985 und die darauffolgenden Veränderungen im Lande waren den Ost-österreichern nur dank des Westfernsehens und des Westrundfunks in seiner gesamten Tragweite zur Kenntnis gelangt. Die offiziellen volksrepublikanischen Medien berichteten darüber nur äußerst spärlich und taten so, als ob es in der Sowjetunion nur einen ganz normalen Funktionswechsel in der Staats- und Parteispitze gegeben hätte, so wie bisher immer. Auch den Atomunfall von Tschernobyl im Frühjahr 1986 verschwiegen die Ostmedien. Was eine totale Unsicherheit in der Bevölkerung zur Folge hatte.

Einige meinten: „Die da drüben übertreiben alles, die machen aus allem eine Riesensensation."

Andere wiederum schlussfolgerten: „Wer weiß, wahrscheinlich ist das alles noch viel schlimmer."

Für Josef war Tschernobyl der Auftakt, dass jetzt unbedingt etwas geschehen müsse:

Tschernobyl wollte Moskau noch nach alter Gangart vertuschen, weil da noch viele alte Funktionäre dranhingen. Aber dann setzte sich Glasnost und Perestroika langsam durch …

Bis dato hatte es im ganzen Ostblock geheißen: „Von der Sowjetunion lernen, heißt siegen lernen." Auf einmal wollte aber keiner mehr etwas davon wissen. Jetzt, wo es durchaus einen Sinn gehabt hätte, etwas von der Sowjetunion zu übernehmen.

Nur in Polen und Ungarn wurden die Reformen mitgetragen. Wovon sich Josef auf einem Wochenendausflug nach Budapest im Sommer 1988 eindrucksvoll überzeugen konnte.

Die Geschäfte boten ein viel größeres Warenangebot als sonst an, wobei es in Ungarn auch früher schon viel mehr zu kaufen gab als in Ostösterreich. Und Josef stand vor dem ersten McDonalds im gesamten Ostblock, der kurz zuvor eröffnet hatte. Er hatte schon viel davon gehört, aber selber mal in einen Hamburger zu beißen, das war zweifellos etwas Besonderes. Nicht nur für ihn, viele Volksrepublikaner, DDR- und CSSR-Bürger taten ihm gleich.

In unserer Gesellschaft muss sich jetzt unbedingt etwas ändern! Wir wollen uns nicht mehr mit den alten abgedroschenen Politphrasen abspeisen lassen und von Greisen regiert werden.

Im Herbst 1987 fuhr Josef zu Jelena und Frantisek. Die drei handelten bereits. Sie hatten nämlich beide die „Charta 77" unterzeichnet, keine ungefährliche Sache, die Repressionen waren sofort auf dem Fuß gefolgt. Von der „Charta 77" hatte Josef nur aus den Westmedien einiges gehört, aber Frantisek erzählte ihm alles Wichtige darüber: „Die Charta 77 ist Anfang 1977 entstanden, nachdem sich auch die CSSR durch die Unterzeichnung der KSZE-Schussakte von Helsinki verpflichtet hatte, die Menschenrechte zu respektieren. Das bedeutet unter anderem Meinungsfreiheit, Pressefreiheit, Glaubens- und Gewissensfreiheit.

Die Realität schaut allerdings völlig anders aus, wie wir wissen. Für die Entstehung der Charta 77 spielte aber auch die Verhaftung der Rockband The Plastic People oft the Universe eine Rolle."

„Die kenne ich nicht", wunderte sich Josef, „wo haben die gespielt und vor allem, was haben die gespielt?"

Die Frage beantworte ihm Jelena, die sich da besser auskannte: „Die Band ist im September 1968 gegründet worden, also einen Monat nach der Invasion der Warschauer-Pakt-Staaten. Die Band spielt psychedelische Musik, ist so etwas wie ein musikalischer Protest gegen die verordnete Normalisierung von der Partei nach der Invasion. Sie durften schon bald nicht mehr öffentlich auftreten und haben nur im Untergrund gespielt. Sie haben aber sehr gut gespielt, von ihren Konzerten erfuhr man durch Mundpropaganda. Ich war einige Male zu einem Konzert gegangen. Warst du einmal dort, hast du weitere Termine dann immer erfahren. Im Jahre 1976 fand ein Prozess gegen die Band beim Gericht statt. Der Anklagegrund war ‚Erregen öffentlichen Ärgernisses'. Die Bestrafung lag zwischen acht und achtzehn Monaten Gefängnis. Sie haben dann auch behauptet, die Bandmitglieder sind asozial, arbeitsscheu und drogenabhängig. Das hat natürlich nicht gestimmt, das war nur Propaganda, wie das in solchen Fällen immer so ist. Ja, auch das war dann ein Grund für die ‚Charta 77'."

„Und ihr hattet durch die Unterzeichnung auch Probleme bekommen?", wollte Josef jetzt wissen.

„Das stimmt", antwortete Jelena, „denn ich wurde als Abteilungsleiterin in der Wirtschaftsakademie abgesetzt und zur einfachen Büroangestellten degradiert, und Frantisek wurde die

Promovierung zum Doktor des Werkzeugmaschinenbaus verweigert. Auch er muss jetzt als einfacher Sachbearbeiter im Büro eines Werkzeugmaschinenbetriebes arbeiten."

„Aber ihr macht trotzdem weiter?" Josef zeigte schon durch seinen Gesichtsausdruck seine Besorgnis, Frantisek beruhigte ihn aber: „Natürlich machen wir weiter. Jetzt erst recht, denn wir haben eine kleine Gruppe gebildet, die mühsam Schriften über Glasnost und Perestroika auf einer alten Maschine in einem Keller in Prag kopiert und an Interessierte verteilt. Es arbeiten sogar einige Parteimitglieder mit, die auch Veränderungen wünschen. Das ist sehr gut, weil wir so in das System hineinarbeiten und wir wollen es auch verbessern. Auch wollen wir die schlechte Umwelt, vor allem im Norden um Usti nad Labem, erneuern. Aber wir wollen keinen Kapitalismus einführen. Wenn im Westen das jemand glaubt, dann täuscht er sich gewaltig."

Auch in Josefs kleiner evangelikaler Gemeinde waren sieben Glaubensgeschwister bereit, sich seiner Initiative anzuschließen. Als er sich am 10. November 1987 mit ihnen in seiner Wohnung zum ersten Male traf, betonte er klipp und klar, worum es ihm ging: „Ich strebe eine Demokratisierung unseres bestehenden sozialistischen Systems an. Ich will keine Einführung des westlich-kapitalistischen Systems bei uns. Sich dafür einzusetzen, lohnt sich nicht, denn da drüben ist wirklich nicht alles Gold, was glänzt, und viele blicken auch nur deshalb so sehnsüchtig rüber, weil sie nicht dorthin fahren können. Dass dieses möglich wird, das will ich aber sehr wohl. Es soll sich jeder ein eigenes Bild vom Westen machen. Ich glaube, dann haben viele genug davon, in den ‚goldenen Westen' zu übersiedeln."

Und er machte seinen potenziellen Mitstreitern weiter klar: „Wir können doch nicht ernsthaft glauben, es gäbe nur unser strenges planwirtschaftliches und atheistisch-marxistisch-leninistisch geprägtes System und das kapitalistisch westliche System. Das wäre einfallslos. Nein, da gibt es noch viel mehr, was wir am Prager Frühling 1968 gesehen haben oder sogar schon 1956 in Ungarn. Es geht mir bei allen Veränderungen in erster Linie darum, den

Problemen in unserem Lande zu begegnen. Eine Wiederver-
einigung Österreichs ist nicht das vordergründige Ziel. Das kann
später durchaus ein Ziel werden, aber jetzt sollen mal die nötigen
Veränderungen geschehen, welche die folgenden sind und die in
einem demokratisch-sozialistischen Staat möglich sind: Erstens:
Reisefreiheit für alle Bürger, nicht nur für Pensionisten. Zweitens:
Abschaffung der Stasi-Überwachung. Die Stasi soll nur noch die
Aufgaben durchführen, die der Verfassungsschutz im Westen hat.
Drittens: Wirtschaftliche Liberalisierung, indem Kleinunternehmertum möglich wird, und es soll auch einen Wettbewerb
unter den Staatsbetrieben geben und zwischen Staatsbetrieben
und privaten Kleinunternehmen. Viertens: Entideologisierung des
Bildungssystems. Fünftens: Völlige Glaubens- und Gewissens-
freiheit. Sechstens: Abschaffung der Presse- und Medienzensur.
Siebtens: Abschaffung des Primates der VAPÖ und Neuzulassung
demokratischer Parteien. Achtens: Auflösung der ‚Volksfront
demokratischer Parteien und Massenorganisationen‘. Neuntens:
Abschaffung der allgemeinen Wehrpflicht und Austritt aus dem
Warschauer Vertrag.“

KAPITEL 10

Die geheimnisvolle junge Frau
im weißen Poloshirt

Ein gewöhnlicher Dienstag war er, dieser 22. November 1988. Jedenfalls bis zum Abend gegen halb acht, als sich Josef nach Ladenschluss von Sissi wieder einmal die Haare schneiden lassen wollte. Bevor es aber dazu kam, gab ihm seine Schwester ganz aufgeregt einen Brief mit unbekannten bunten Marken frankiert: „Du, der ist heute gekommen und komischerweise an dich adressiert!"

„Was, jetzt kommt meine Post auf einmal zu dir?", lachte Josef, war aber neugierig, wer sich über diesen Umweg an ihn gewandt hatte. Interessiert beäugte er ihn, besonders die beiden Marken, die ihn stutzig machten und fragen ließen: Wer schreibt mir aus der Sowjetunion?

Und dieser Brief hatte ihn trotz der ungewöhnlichen und unvollständigen Adressierung tatsächlich erreicht:

Frisiersalon Sissi
Zu Händen an Herrn Josef Pospischil

Klosterneuburger Straße
Wien 20. Bezirk
Volksrepublik Österreich/Austria

Josef drehte den Umschlag aufgeregt um und erschrak: „Weißt du, wer den Brief geschrieben hat?", fragte er Sissi, die mit den Achseln zuckte. Sie hatte ihn sich nicht näher angeschaut, weil sehr viel Betrieb im Geschäft war.

„Du, der Brief ist von Sveti!"

„Was sagst du da?" Jetzt war Sissi auf einmal hellhörig geworden. „Nach so vielen Jahren hat sie sich gemeldet. Ein Wahnsinn! Das sie noch lebt!"

Aufgeregt öffnete Josef den Brief. Ein langes Schreiben kam da zum Vorschein …

Lieber Josef!

Leider kann ich Dir erst jetzt einen Brief schreiben, denn erst jetzt in der Perestroika darf ich ohne eine Zensur der Post einen Brief ins Ausland schreiben und so möchte ich das auch wirklich tun. Bitte entschuldige, dass ich nicht mehr so gut auf Deutsch schreiben kann. Ich hatte nicht so viel Möglichkeiten, deutsch zu sprechen und zu schreiben.

Damals an dem Samstag, als wir uns treffen wollten, bin ich um 12 Uhr aus der Schule gekommen und wollte nach Hause fahren. Aber vor der Schule haben mich zwei Männer gefasst und in ein Auto gezogen. Der eine Mann hat seine Hand ganz fest über meinen Mund gehalten, damit ich nicht schreien konnte. Sie sind mit mir nach Baden gefahren und haben mich in die Kommandantur gebracht. Ich bin lange in einer Zelle im Keller gesessen und habe viel Angst gehabt. Ich habe mich gefragt: Warum haben sie mich hierher gebracht? Was habe ich verbrochen? Aber eine Bürgerin der Sowjetunion durfte solche Fragen nicht stellen, weil Väterchen Stalin einen Grund dafür hat und die Partei immer recht hat. Ich habe bestimmt etwas getan, was antisowjetisch ist. Das hat mir dann auch der Offizier gesagt. Er hat mich angebrüllt und gesagt: „Du bist die Tochter von einem Spion. Du hast auch spionisch gearbeitet! Du hast das sowjetische Volk verraten! Du hast den Genossen Stalin beleidigt durch deine Tätigkeit! Das musst du büßen!"

Dann hat er zu einem Soldaten gebrüllt: „Abführen!"

Ich bin wieder in die dunkle Zelle gekommen und dort mehrere Tage geblieben. Nur trockenes Brot, einen dünnen Tee und zum Mittagessen habe ich eine dünne Suppe bekommen. Ich habe viel geweint und habe immer an Dich gedacht. Was wirst Du denken? Werden sie Dich auch abholen? Und was haben sie mit meinen Eltern gemacht? Ich habe nichts von ihnen gehört. Sie haben mir auch nicht gesagt, wo sind sie. Jeden Tag haben sie mich aus der Zelle geholt und zum Kommandanten gebracht.

Der wollte, dass ich soll gestehen. Ich soll sagen, dass ich bin ein Spion. Aber ich habe immer gesagt, dass ich nicht bin ein Spion. Aber das hat er mir nicht geglaubt und hat mich geschlagen. Er hat mich immer weiter geschlagen und gebrüllt: „Gestehe, dass du bist ein Spion! Dann hast du Ruhe!"

Nach einer Woche habe ich viele Schmerzen gehabt und dann habe ich gesagt, dass ich bin ein Spion, dann habe ich wirklich Ruhe bekommen.

Nach dann noch nach einer Woche haben sie mich aus der Zelle geholt und in einen großen Lastwagen gezogen. Dabei haben sie immer gebrüllt: „Dawai! Dawai!"

Der Lastwagen ist zu einem Bahnhof gefahren und sie haben mich in einen Zug gesteckt. Der Zug war sehr lang. Ich kam in ein kleines Abteil. Sie haben es verschlossen und vor dem Fenster hing ein Vorhang, der fest verschlossen war. Ich konnte nicht aus dem Fenster schauen. Der Zug ist einen Tag und eine Nacht gefahren. Dann waren wir in Csop, an der Grenze zwischen Ungarn und der Sowjetunion. Hier musste auf die breite sowjetische Spur getauscht werden. Das hat drei Tage gedauert. Deshalb kamen wir in ein altes Gefängnis. Das war sehr kaputt. In der Zelle standen nur Eisenbetten ohne Matratze und Decke. Es war sehr kalt, und wir haben viel gefroren. Wir haben auch nur wenig Essen bekommen.

Bis Moskau waren wir noch drei Tage unterwegs. Ich kam in einen Zug, der ausschaute wie ein Postzug. Ich kam in ein kleines Abteil, in das nur eine Person hineingepasst hat. Es waren aber noch zwei Frauen darin. Eine konnte aber nur sitzen. Wir haben uns alle drei Stunden getauscht. Eine sitzt, zwei stehen und immer so weiter wie im Kreis.

In Moskau haben sie mich wieder in einen Lastwagen gebracht und mich zur Lubjanka gefahren. Das ist die Zentrale des KGB, das Komitee für Staatssicherheit. Früher hieß der KGB das MWD. Ich bin zu einem Offizier mit vielen Orden gebracht worden. Der hat mich gleich sehr stark angebrüllt. „Du elende Verräterin! Du Spionin! Du hast das werktätige Volk der Sowjetunion verraten! Du hast den Genossen Stalin zornig gemacht!"

Als ich etwas sagen wollte, hat er gleich wieder gebrüllt: „Halte das Maul! Hier rede nur ich! Verstanden!"

Dann hat auch er zu dem Wachsoldaten gebrüllt: „Abführen!"

Einen Monat bin ich in einer Zelle mit zwölf Frauen gesessen. Jeden Tag bin ich geholt worden, und ein alter Offizier hat von mir wissen wollen, mit wem ich im Kontakt war in Wien. Er wollte auch wissen, mit welchen Menschen aus Österreich außerhalb von Wien ich in Kontakt war und ob ich in West-Wien bin gewesen und ob ich auch dort Menschen getroffen habe. Auch wollte er wissen, ob ich Kontakt zu Amerikanern gehabt hatte oder auch zu Engländern und Franzosen. Aber ich hatte das nicht gehabt und von Dir sie haben gewusst und mich nur gefragt, was wir haben zusammen erlebt. Es hat ihnen wohl genügt, was ich habe erzählt. Sie haben dann nicht weiter mich gefragt.

Die Zelle war sehr eng. Ich musste mir eine Pritsche mit einer anderen Frau aus der Ukraine teilen. Jeder hatte Angst. Wir haben uns nicht getraut, viel zu sprechen. Die Frauen sind alle abgeholt worden und wussten nicht, warum das passiert ist. Eine Frau aus Donetsk ist mitten bei der Arbeit vom Fließband geholt worden und ins Gefängnis gebracht worden. Sie durfte nichts mitnehmen und auch ihrer Familie keine Nachricht geben. Nach einem Monat bin ich wieder zu dem Offizier gebracht worden. Der hat mir dann mitgeteilt: „Sie sind nach § 58 des sowjetischen Strafgesetzbuches wegen antisowjetischer Tätigkeit zu 25 Jahren Besserungsarbeitslager verurteilt worden!"

Und dann rief er wieder den Wachsoldaten und brüllte ihn an: „Abführen zum Lagertransport!"

Ich bin wieder zum Bahnhof gefahren worden und in einen Güterzug gebracht worden, der Zug war sehr voll. Jeder hatte nur ganz wenig Platz. Eine Woche waren wir unterwegs und bekamen nur Wasser, Brot, Kascha, etwas Fisch und etwas Tee zum Trinken. Wir sind nach Workuta gefahren. Die Stadt befindet sich im Norden von Sibirien. Es war sehr kalt. Wir haben alle gefroren. Es war mitten im Winter. Es war minus 50 Grad und wir hatten alle schlechte Kleidung. Auch in der Baracke war es nicht warm. Es war nur wenig geheizt. Wir sind am späten Abend angekommen und am nächsten Morgen mussten wir zum Kommandanten. Er hat gesagt, in der ersten Woche müssen wir noch nicht ins Bergwerk. Wir haben in der Küche Kartoffeln geschält und andere kleine Arbeiten gemacht. Aber die Wachsoldaten haben aufgepasst, dass wir keine Kartoffel heimlich aufessen.

Wir Neuen mussten aufpassen, weil uns die schweren kriminellen Häftlinge überfallen haben und sie haben uns geschlagen und uns ausgeraubt. Wir hatten nicht viel, aber sie haben uns noch das genommen, was wir hatten. Einer hat mir die Kette weggenommen, die ich von Dir hatte. Da war ich sehr schwer traurig, aber ich wollte ihm das nicht zeigen. Die Wachsoldaten haben immer weggeschaut, wenn die Kriminellen uns geschlagen haben oder wenn sie etwas von uns gestohlen haben.

In der zweiten Woche und dann immer musste ich im Bergwerk schwer arbeiten. Ich musste die Wagen mit Kohle beladen. Jeden Tag musste ich von 7 Uhr am Morgen bis halb 6 Uhr am Abend arbeiten. Es war nur am Mittag eine halbe Stunde Pause. Wir mussten 6 Tage in der Woche arbeiten. Am 7. Tag durften wir in der Baracke bleiben und schlafen. Nur am 1. Januar, am 1. Mai, am 9. Mai und am 7. November mussten wir nicht arbeiten. Auch am Mittwoch mussten wir nur bis zum Mittag arbeiten. Am Nachmittag mussten wir in einen Klassenraum gehen und wir haben eine politische Belehrung bekommen. Wir sollten zu guten sowjetischen Menschen erzogen werden und Väterchen Stalin aus ganzem Herzen lieben.

Es war an diesem Nachmittag nur gut, dass wir nicht die harte Arbeit machen mussten.

Ich habe aber immer noch nicht gewusst, wo sich meine Eltern befinden. Das hat mich sehr traurig gestimmt und es hat mich auch traurig gestimmt, dass ich Dich nicht mehr treffen konnte. Ich habe oft geweint, aber ich habe das nur gemacht, wenn ich nicht von anderen Menschen beobachtet wurde. Vor allem wollte ich das nicht den Wachsoldaten zeigen. Wir mussten die Arbeitsnorm erfüllen. Sonst haben wir weniger Essen bekommen. Normal habe ich nasses Brot, etwas Fisch oder Fleisch etwas Kascha und Sauerkraut bekommen, manchmal auch eine Graupensuppe. Wenn ich mehr gearbeitet habe, als ich musste, bekam ich mehr Fleisch oder Fisch und auch selten einmal einen Konfekt.

Als Väterchen Stalin gestorben war, war es etwas leichter bei der Arbeit. Wir haben am Samstag nur noch bis zum Mittag gearbeitet, am Sonntag hatten wir alle frei und wir haben etwas mehr zum Essen bekommen.

Wir haben gehofft, dass wir bald frei kommen. Besonders, als wir hörten, in der DDR haben die Menschen gegen die Regierung gestreikt. Da haben einige gemeint: „Die Deutschen haben nach 8 Jahren schon vom Kommunismus genug. Wir haben uns das schon mehr als 35 Jahre gefallen gelassen und nichts dagegen unternommen."

Im Sommer hat es dann aber einen Aufstand gegeben. Es wollten Häftlinge die Freilassung erzwingen, aber der MWD hat über 400 Häftlinge erschossen.

Erst am 19. September 1955 hat der Genosse Chruschtschow eine Amnestie erlassen. Zwei Tage danach bin ich zum Lagerkommandanten gerufen worden. Er hat freundlich zu mir gesagt: „Bitte setzen Sie sich!"

So viel Freundlichkeit war ich gar nicht mehr gewohnt. Ich habe gedacht: Was will er von mir? Aber ich bin nicht lange gekommen, zu denken. Er hat mir gesagt: „Sie werden aus dem Lager entlassen! Der Genosse Chruschtschow hat eine Amnestie erlassen!"

Ich war sprachlos. Ich wurde schwindlig. Was soll das jetzt sein? Der Kommandant hat mir dann gesagt, dass ich in Gorki eine Wohnung bekomme und dort in einer Automobilfabrik arbeiten kann. Und das Schönste, was er mir gesagt hatte, war das: „Sie werden in Gorki auch Ihre Eltern wiedertreffen können!"

Ich musste so stark weinen, dass ich es nicht vor ihm verbergen konnte, aber das war mir auch egal. Er hat mir doch eine gute Nachricht gesagt. Da war das dann nicht tragisch, dass er meine Tränen gesehen hat.

Im Bahnhof von Gorki habe ich dann wirklich meine Eltern wiedergesehen. Es war ein wunderschöner Augenblick, den ich nicht beschreiben kann. Es fehlen mir die Worte dazu. Nach so langer Zeit wir haben erlebt, wir sind noch am Leben und auch mittelmäßig gesund.

Wir haben dann wirklich eine Wohnung bekommen und durften dort wohnen. Ich habe eine Woche später mit der Arbeit in der Automobilfabrik begonnen. Das hat mich so stark an Dich erinnert, weil Du auch in einer Autowerkstatt arbeitest. Ich habe im Lager gearbeitet und habe die Autoteile und das andere Material sortiert. Auch Reifen habe ich sortiert und da musste ich sehr aufpassen, weil es viele verschiedene Sorten gab. Aber es hat immer funktioniert. Auch kleines Material, zum Beispiel Schrauben, habe ich ausgeteilt. Wenn jemand etwas gebraucht hat, ist er mit einem Zettel zu mir gekommen und ich habe das ausgeteilt. Das war eine Arbeit, die leichter war, als ich im Bergwerk gearbeitet habe. Ich habe die Arbeit gern gemacht und sie waren alle mit mir zufrieden.

Wir waren jetzt freier, aber nicht richtig frei, weil wir Gorki nicht verlassen durften. Wir durften auch keine Kontakte ins Ausland haben. Deshalb habe ich Dir nicht schreiben dürfen.

Ich wusste, dass Du nach so vielen Jahren eine Familie haben wirst und so habe ich 1962 meinen Mann Oleg kennengelernt. Wir haben uns bei der Arbeit kennengelernt. Er hat im Personalbüro gearbeitet. 1963 haben wir geheiratet. 1964 ist Mischa geboren, 1966 Wladimir und 1967 Lena.

Mein Mann hat 1975 in Ulan-Ude eine neue Arbeit als Personalleiter in den staatlichen Flugzeugwerken bekommen und ich leite jetzt den Betriebskindergarten. Meine Ausbildung in der Pädagogischen Schule in Wien hat mir da sehr geholfen. Ich habe zu Beginn in Ulan-Ude noch eine zusätzliche Ausbildung in Kindergartenpädagogik absolviert.

Ich war froh, dass wir wieder nach Burjatien ziehen durften. Oleg kommt zwar aus Gorki, aber er fühlt sich hier auch wohl. Auch den Kindern gefällt es hier gut. Mischa ist seit einem Jahr auch schon verheiratet, aber sie haben noch kein Kind. Wladimir studiert Flugzeugbau und Lena arbeitet als Verkäuferin in unserem großen Kaufhaus. Sie hat einen netten Freund und wird im nächsten Jahr heiraten.

Mein Väterchen ist vor drei Jahren gestorben. Er hat an Krebs gelitten und meine Mama ist voriges Jahr gestorben. Sie hatte ein zu schwaches Herz bekommen.

Jetzt in der Perestroika darf ich endlich Dir schreiben und ich habe es sofort getan. Ich hoffe, dass der Brief Dich erreicht, denn ich weiß nicht, ob Sissi noch in dem Friseursalon arbeitet. Ich weiß auch nicht, ob der Friseursalon noch besteht. Aber ich habe gedacht, dass ich es probiere.

Wie geht es Sissi und Poldi? Haben sie schon Familien? Wie geht es Deinen Eltern? Leben sie noch? Sie müssen jetzt schon sehr alt sein? Wenn Du meinen Brief bekommst, würde ich froh sein, wenn Du ihn beantwortest. Sehr froh wäre ich, wenn ich höre, dass es Dir gut geht und Du auch eine glückliche Familie hast.

Es grüßt Dich, Deine Eltern, Deine Familie, Sissi, Poldi und ihre Familien sehr herzlich

Deine Sveti und die ganze Familie.

Josef konnte es nicht fassen! Was hat Sveti alles erlebt. Was haben sie und ihre Eltern durchgemacht! Als Josef mit dem Lesen fertig war, fiel ihm ein Foto von Michael Gorbatschow aus dem „Wiener Abend" ins Auge.

„Warum konntest du damals nicht schon an der Macht sein? Du hättest bestimmt unsere Beziehung nicht zerstört und nichts dagegen gehabt, wenn wir geheiratet hätten."

Josef musste weinen. Warum musste das alles so passieren?

Am Wochenende beantwortete er den Brief, der auch recht lang wurde …

In der Sowjetunion ging es mittlerweile viel freier und offener zu als in der Volksrepublik. Wie Josef heute besonders eindrucksvoll erlebt hatte, als er vor seinem Abstecher zu Sissi, als er gleich nach Feierabend die kleine Trafik in der Neilreichgasse betreten hatte und sich vom netten, kurz vor der Pensionierung stehenden Oskar seine abonnierten Zeitschriften abgeholt hatte. „Du, leider kann ich dir den ‚Sputnik' nicht mehr geben. Den haben sie gestrichen, den krieg' ich nicht mehr."

„Ich weiß, das haben sie gestern im Westfernsehen berichtet." Josef war auf diese Aussage also bereits vorbereitet gewesen.

Den Genossen Stalin durfte immer noch keiner ernsthaft kritisieren, trotz Entstalinisierung. Nicht mal die Sowjetunion. Das aus der DDR stammende „Mosaik" für Max war zum Glück noch zu haben. Meine Güte, schon Babsi, Michi und Rainer haben als Kinder die Abenteuer der Digedags förmlich verschlungen. Inzwischen sind die Digedags längst passé und Max muss sich mit den Abrafaxen zufrieden geben und er tut's auch.

Na dann fasste Josef noch das auch aus der DDR stammende „Magazin" aus, hierzulande genauso eine Bückware. In der DDR war es aber nicht mal an den Kiosken zu haben, nur im Direktabo, und neue Abos wurden gar nicht mehr angenommen. Angeblich wegen Papierknappheit.

So funktionierte eben die Planwirtschaft. Was begehrt war, kriegtest du nicht mehr, und was dich nicht interessierte, lag überall herum und staubte ein. Das Magazin, das besonders in der Männerwelt äußerst beliebt war. Josef schlug die September-Ausgabe kurz auf, das Magazin kam immer erst ein bis zwei Monate später in Ost-Wien an, machte aber nichts, und erblickte den Grund für die Beliebtheit unter Männern wieder mal auf Seite 17. Das obligate Aktfoto einer wohlproportionierten Frau. Deshalb kaufte es sich Josef aber nicht, obwohl ihn der Anblick der unbekleideten Damen nicht gerade störte. Nein, es waren immer interessante Artikel zu finden. Diesmal zum Beispiel einer auf Seite 22 von Miep Gies, die während des Krieges in Amsterdam in ihrem Haus versteckten Juden half, darunter auch Anne Frank …

Es musste also etwas geschehen im Staate Volksrepublik Österreich. Polen und Ungarn hatten längst ernst gemacht mit Glasnost und Perestroika und in der CSSR gab es zaghafte Ansätze, an denen Frantisek und Jelena nicht unwesentlich beteiligt waren.

Nur in der DDR und in der Volksrepublik Österreich blieb alles schön beim Alten, von Rumänien mal überhaupt abgesehen. Von Erwin aus der Gemeinde hatte Josef von einer kleinen Gruppe erfahren, die sich „Initiative Glasnost und Perestroika für

Österreich" nannte. Die kamen jeden Donnerstag um sieben in einem Gartenhäuschen in Leopoldau zusammen. Erwin wollte ihn dort gern einführen, und wenn alles passte, auch die anderen sechs aus der Gemeinde, die mitmachen wollten.

Als Josef am 2. Februar 1989 zum ersten Mal nach Leopoldau fuhr, begrüßten ihn etwa 20 Männer und Frauen zwischen 17 und 63. Alle wollten sie etwas im Lande verändern, nur was und wie? Und genau dafür interessierte sich Josef brennend.

„Wir wollen eine Demokratisierung in unserem Staat erreichen", erklärte ihm Rolf das Ziel der Gruppe, „also Meinungsfreiheit, Pressefreiheit, Religionsfreiheit und so weiter, sowie die Abschaffung des Monopols der VAPÖ über die anderen Parteien und Massenorganisationen."

„Das hört sich gut an", frohlockte Josef, begnügte sich aber keineswegs mit dem, was er gehört hatte: „Wie stellt ihr euch das in der Praxis vor?"

„Wir haben beim Innenministerium um Registrierung unserer Initiative angesucht", berichtete ihm Gerhard, „aber sie haben abgeblockt und gemeint, dass wir unsere Anliegen in den bestehenden Massenorganisationen anbringen können."

Worüber Marion bloß laut lachen konnte: „Die halten uns wirklich für naiv! Was können wir denn in der FJÖ, in der Gewerkschaft oder in der VAPÖ erreichen? Da hörst du doch nur die abgedroschenen Phrasen. Gut, die ÖVP versucht einiges, und mit denen ließe sich was zusammen machen, aber sonst ist das doch alles tote Hose."

„Aber wir lassen uns nicht unterkriegen!", triumphierte Ingrid kämpferisch, „wir setzen Zeichen. Öffentliche Räume kriegen wir zwar keine gemietet, aber es gibt einen Kontakt zur Kirche und dabei kann uns die ÖVP schon helfen, und ich denke, sie wird es auch tun."

„Zur Kirche gibt's Kontakte, zur katholischen etwa?", wunderte sich Josef, „das wäre ja großartig, wenn da was laufen könnte."

„Ja, ich kenne den Dompfarrer Braun", berichtete Margarete aufgeregt weiter. „Der hat uns angeboten, im Stephansdom eine

Friedensandacht zu organisieren. Der Donnerstagabend stünde uns dafür zur Verfügung."

„Im Stephansdom! Ein Wahnsinn! Nein, das sollten wir uns auf keinen Fall entgehen lassen", ermutigte Josef die Gruppe, wollte aber noch wissen: „Ihr nennt euch ,Initiative Glasnost und Perestroika für Österreich'. Für Österreich, nicht nur für die Volksrepublik Österreich?"

„Du, Glasnost und Perestroika sind nicht nur für uns wichtig, sondern für den Westen nicht weniger", erklärte Gerhard, sich dabei am Kopf kratzend, dass ihm die Haare ins Gesicht flogen und er sie nervös beiseite wischte, „du brauchst nicht zu glauben, dass drüben alles eitel, Friede und Sonnenschein ist! Deren angebliche Pressefreiheit besteht auch nur auf dem Papier. Was das Volk zu denken und zu glauben hat, bestimmen die Medienkonzerne. Das Kapital bestimmt, was in deinen Schädel rein darf und was nicht! Kein Wunder, was dabei rauskommt! Nein, was die so über uns berichten, nicht nur über uns hier, sondern auch über die anderen sozialistischen Länder, stinkt zum Himmel! Hinter jedem stehen drei Spitzel. Wir müssen hungern und frieren und beschäftigen uns den ganzen Tag pausenlos mit Politik und haben nichts zu lachen. Dann müssen wir natürlich erst mal arbeiten lernen, weil nur im Westen ordentlich gearbeitet wird. Unser Wissensstand ist der des 19. Jahrhunderts und auch technisch leben wir hinter dem Mond." Gerhard musste husten, so sehr hatte er sich aufgeregt. Er griff zur Mineralwasserflasche und nahm einen großen Schluck. „Klar habe ich jetzt übertrieben, aber nur deshalb, um euch das Problem vor Augen zu führen. Im Grunde genommen stimmt das aber schon, was ich gesagt habe, schaut euch die Sendungen von drüben nur mal genauer an. Dann werdet ihr auch verstehen, warum die West-Journalisten für unsere Regierungen rote Tücher sind und sich nicht wundern dürfen, dass immer mal wieder einer rausgeschmissen wird. Und wer dann mal ordentlich berichtet, kommt drüben schlecht an, wird als ,Roter' diffamiert. Denkt doch nur an den Otto Lohmer, der es gewagt hatte, im zweiten Westprogramm positiv über unser Gesundheitssystem zu berichten. Wie sie ihn fertig gemacht haben! Wenn er das alles so über den grünen Klee lobt, soll er rübergehen und es sich im sozialistischen Osten gut gehen lassen! Es hält ihn doch im Westen keiner zurück. Im Gegensatz zu uns hier, wo sie auf dich schießen, wenn du raus willst! Ja, so schaut das drüben mit der viel gepriesenen Freiheit aus! Die werden genauso ideologisch gedrillt wie wir hier! Das passiert alles nur subtiler! Oh ja, die brauchen Glasnost und Perestroika genauso wie wir!"

Josef freute sich! Was er gehört hatte, klang wie Musik in seinen Ohren. Jetzt wusste er, in der richtigen Gruppe zu sein: „Da kann ich nur vollen Herzens zustimmen! Die ganze Berichterstattung von drüben ist uns, von einzelnen Ausnahmen abgesehen, keine Hilfe. Im Gegenteil. Und die denken drüben wirklich, wir Oppositionellen wollen ihr marodes politisches System übernehmen. Ja, das denken die allen Ernstes! Und leider gibt es hier bei uns auch viel zu viele Leute, für die das Wort ‚Westen‘ gleichbedeutend ist mit ‚Paradies‘. Also, dafür lohnt es sich aber wirklich nicht, zu kämpfen! Nein, dafür stehe ich nicht zur Verfügung!" Josef unterstrich seine Worte durch ein lautes, deutliches Klopfen auf den großen runden Tisch, sodass die auf ihm stehenden Mineralwasserflaschen und Gläser schepperten.

„Josef, keine Sorge!", beruhigte ihn Ingrid, „wir setzen uns doch nicht etwa dafür ein, dass die ehemaligen Barone ihre Schlösser wiederkriegen und die alten Konzernbosse ihre früheren Betriebe! Dafür würde ich nicht den kleinsten Finger rühren ..."

„Ist ja interessant", schaltete sich wieder Josef ein, „dass die meisten drüben glauben, dass wir, wenn wir von Veränderungen und Erneuerungen bei uns reden, gleich an die Wiedervereinigung denken und dass damit automatisch das westliche System in ganz Österreich eingeführt wird. Als ob es nichts anderes gäbe! Eine Wiedervereinigung sollte auch nicht unser erstes Ziel sein, als ferneres Ziel dann schon, aber so etwas kann nicht in einer Husch-Pfusch-Aktion passieren. Wir waren über 40 Jahre getrennt und haben uns in zwei unterschiedliche Richtungen entwickelt und können das nicht von heute auf morgen überwinden. Und das Resultat einer Vereinigung soll eben nicht sein, dass wir das westliche System einfach übergestülpt kriegen. Nein, da muss etwas ganz Neues entstehen, etwas Neues für den Osten und Westen gleichermaßen. Interessant ist, dass die westösterreichische Verfassung ganz klar besagt, dass sie automatisch mit der Wiedervereinigung Österreichs endet und dann die Verpflichtung besteht, eine neue zu schaffen. Im Gegensatz zum Grundgesetz der BRD, wo durch den Artikel 23 die Möglichkeit besteht, dass sich zum Beispiel die DDR einfach diesem Grundgesetz anschließt und damit die ganze Gesetzgebung der BRD automatisch übernimmt …"

„Ein Anschluss hat uns aber voll und ganz genügt", rief Ingrid empört in die Menge, „das bitte kein zweites Mal! Nicht mal einen innerösterreichischen Anschluss wollen wir haben!"

Was Josef nur dick unterstreichen konnte: „Nein, das kommt für uns absolut nicht infrage. Wir sind mündige Bürger und lassen uns von niemand unterkriegen und vereinnahmen! Und übrigens, diese ganzen Eigentumsfragen, wem was gehört und wo Unrecht passiert ist und was drüben schon entschädigt wurde und so weiter, das sind keine einfachen Sachen. Die müssen ordentlich recherchiert werden, denn geschehenes Unrecht können wir natürlich nicht einfach so stehen lassen. Wenn wir echte Demokratie wollen, müssen wir uns auch diesen Fragen korrekt zuwenden. Und klarerweise auch der Problematik, wer als Kriegsverbrecher keinen Anspruch auf Entschädigung hat, weil er zum Beispiel KZ-Häftlinge unverschämt ausgebeutet hat und sich an ihnen eine goldene Nase verdient hat."

„Da hast du recht", stimmte ihm Martina zu, „und weil das so kompliziert ist, wollen wir uns erst mal dafür einsetzen, dass wir hier in unserem Staat mehr Freiheiten erkämpfen, so auch die Reisefreiheit. Wir wollen nicht alle nach drüben übersiedeln, sondern nur mal in Tirol in den Bergen wandern oder in Kärnten Ski fahren."

Auch das wollte Josef ja, ergänzte aber noch: „Ich denke, die Forderungen der Reformer des Prager Frühlings können ein guter Ansatz für uns sein." Worauf die anderen von ihm wissen wollten, was damals in der CSSR gefordert wurde. Josef versprach, zum nächsten Treffen Unterlagen mitzubringen …

Tatsächlich fand am 11. Mai um 19 Uhr die erste Friedensandacht im Stephansdom statt, die sehr gut besucht wurde. Dompfarrer Braun mahnte zum Frieden, „den wir aber nur ausleben können, wenn wir ihn von Gott empfangen haben. Wer keinen Frieden in sich trägt, kann auch nach außen keinen ausstrahlen. Unsere Mitmenschen müssen unseren inneren Frieden spüren, nur so können wir überzeugend nach außen wirken …"

Zwei Wochen später, am Fronleichnamsabend, gingen die meisten Dombesucher nach der Andacht mit Kerzen auf den Stephansplatz hinaus und stellten sich in einem großen Kreis um den ganzen Dom herum auf und sangen christliche Friedenslieder. Die Staatsmacht war mit einigen schweren LKW aufgefahren, sah der Aktion jedoch tatenlos zu. Was eine Woche später ganz anders aussah. Weil da einige mit Transparenten erschienen waren, auf denen zu lesen war:

„MEHR DEMOKRATIE"
„FREIHEIT DER MEINUNGEN"
„ABRÜSTUNG IN OST UND WEST"
„SOLIDARITÄT MIT DEN STUDENTEN IN PEKING" …

Mitarbeiter der Staatssicherheit entrissen den Demonstranten die Transparente aus den Händen und prügelten einige auf die bereitstehenden LKWs.

Was sich in den folgenden drei Wochen wiederholte. Dennoch strömten immer mehr Leute in den Dom.

Am 29. Juni mussten sogar Besucher die Andacht stehend erleben, weil der Dom bummvoll war. Durch Mundpropaganda war zu dieser Friedensandacht besonders aufgerufen worden, und es war gebeten worden, mit Kerzen zu erscheinen. Am Nachmittag dieses Donnerstags waren nirgendwo mehr welche zu haben. Nach der Andacht war ein Marsch über den ganzen Ring geplant … In den Nebenstraßen waren schwere LKWs der Polizei, der Staatssicherheit und sogar der Armee aufgefahren.

Kurz nach 20 Uhr strömten die Dombesucher mit Kerzen in der Hand in die Rotenturmstraße und dann über den Ring,

Kirchenlieder singend. Der Demonstrationszug wurde mit einem großen weißen Transparent angeführt, auf dem in roten Buchstaben zu lesen war:

„FRIEDEN MIT GOTT – FRIEDEN UNTER DEN MENSCHEN – VERTRAUEN SCHAFFEN OHNE WAFFEN ZWISCHEN OST UND WEST – OFFENE GRENZEN UND OFFENE HERZEN"

Immer mehr reihten sich ein. Aus allen Nebenstraßen strömten sie herbei. An die 100.000 Teilnehmer wurden geschätzt. Die Menschen hatten die Angst überwunden, denn gewagt war das Unternehmen sehr wohl. Drei Wochen zuvor erst war der Studentenprotest auf dem Platz des Himmlischen Friedens in Peking niedergeschlagen worden. Die DDR-Regierung hatte Beifall gespendet, die ostösterreichische bislang noch nicht. Entgegen der Meldungen in etlichen Westmedien wollten die chinesischen Studenten Veränderungen im bestehenden System, keinen Sturz der Regierung und schon gar keinen Kapitalismus.

Die Demonstrationen in den sozialistischen Ländern hatten auch früher nie auf eine Restauration des Kapitalismus gezielt. 1956 wollte ihn keiner in Ungarn, 1968 keiner in der CSSR, auch die polnische Solidarnosc hatte ihn nicht zum Ziel, und in Peking stand er nun schon ganz und gar nicht auf der Tagesordnung. Der Westen hatte sich jedes Mal schwer getäuscht. Es blieb an diesem Abend ruhig in Wien. Die Staatsmacht griff nicht ein. Ein kleines oder doch nicht so kleines Wunder? Die Menschen hatten Mut gezeigt. Sie wollten nicht mehr so wie bisher regiert werden.

Am darauf folgenden Montag trat Heckmeier zurück, einen Tag später das gesamte Politbüro.

Neuer VAPÖ-Chef wurde der bisherige Parteichef des Bezirkes Wiener Neustadt, Jürgen Roland, ein vorsichtiger Reformer, der in einer normalen Dreizimmerwohnung mit seiner Frau und seinen beiden Kindern lebte. So wie eben das gemeine Volk.

Und erstmals wurden die Ämter getrennt. Der Parteichef war nicht gleichzeitig auch Ministerpräsident. Dieses Amt übernahm der relativ unbekannte Wolfgang Rieder, bislang Direktor der staatlichen österreichischen Mineralölverwertung. Also ein Mann aus der Wirtschaft. Auch ein Novum. Die bisherigen volksrepublikanischen Spitzenpolitiker waren allesamt aus dem Parteiapparat gekommen. Die Demonstrationen breiteten sich in den kommenden Tagen schnell über die gesamte Volksrepublik aus. Selbst in kleinen Orten, wie auch in Aigen-Schlägl, gingen die Menschen auf die Straße. Im Stift fanden jeden Dienstag Friedensandachten statt. Martin unterstützte die Friedensinitiative sehr, sprach sich aber auch gegen die ungeprüfte Übernahme des westlichen Systems aus.

Am 12. und 13. Juli trat das Zentralkomitee der VAPÖ zu einer außerordentlichen Tagung zusammen und beschloss unter anderem die Zulassung der „Initiative Glasnost und Perestroika für Österreich" und schließlich eine neue Reiseregelung, deren Verkündigung am Nachmittag des 13. Juli 1989 einen gewaltigen Jubel in der ganzen Volksrepublik auslöste:

„Auf Empfehlung des Zentralkomitees der Vereinigten Arbeiterpartei Österreichs hat der Ministerrat der Volksrepublik Österreich beschlossen: Ab Samstag, dem 15. Juli 1989 zehn Uhr, können Bürger der Volksrepublik Österreich Privatreisen nach Westösterreich, West-Wien und ins Ausland über alle Grenzübergangsstellen unternehmen, ohne dass hierfür eine besondere Genehmigung notwendig ist. Es genügt beim Grenzübertritt die Vorlage des gültigen Personalausweises. Wer in ein Land zu reisen beabsichtigt, in das nur mittels gültigen Reisepasses eingereist werden darf, kann einen Reisepass beantragen, der von den zuständigen Polizeidienststellen kurzfristig auszustellen ist. Ständige Ausreisen sind ebenfalls ab dem 15. Juli 1989 ohne Genehmigung möglich. Gleichzeitig können auch Bürger Westösterreichs und West-Wiens ab dem 15. Juli 1989 ohne Visum in die Volksrepublik Österreich einreisen und sich bis zu einer Dauer von 90 Tagen im Lande aufhalten. Erst längere Aufenthalte sind genehmigungspflichtig."

Josef freute sich, dass zwei Ziele erreicht waren: die Zulassung der „Initiative Glasnost und Perestroika in Österreich" und die Öffnung der Grenzen für alle Bürger der Volksrepublik.

Er hatte vor, sich am Samstag das Begrüßungsgeld in Höhe von 500 Westschillingen zu holen. Alle West-Wiener Banken werden für die Auszahlung am Samstag und Sonntag ihre Pforten öffnen, der Ansturm wird gewaltig sein.

Genau zu derselben Zeit, als sich Josef Gedanken über seine kommende Wochenendgestaltung machte, spazierte eine fesche junge Frau im weißen Poloshirt durch die Inzersdorfer Straße in Richtung Triester Straße. Sie war aus der Gußriegelstraße gekommen, wo sie eine Freundin besucht hatte, die sie im Vorjahr auf ihrer Ungarnrundreise kennengelernt hatte. Nun war sie auf dem Heimweg, blieb aber vor Josefs Haus neugierig stehen und schaute hinein. Beim Beäugen der Postkästen las sie unter anderem den Namen „Pospischil" und stutzte. Was sie dazu veranlasste, sich im Hause näher umzuschauen. Im ersten Stock wurde sie auch gleich fündig, als sie an der rechten Tür erneut den Namen „Pospischil" entdeckte. Noch neugieriger geworden, läutete sie.

Josef wunderte sich, wer jetzt, um halb sieben, etwas von ihm wollte und öffnete gespannt.

„Guten Abend, entschuldigen Sie die Störung! Hat hier mal ein Herr Josef Pospischil gewohnt?", fragte die junge Frau zaghaft. Josef erschrak heftig, als er sie anschaute und antwortete leicht verstört: „Der hat nicht hier gewohnt, ich bin nämlich der Josef Pospischil, aber bitte kommen Sie herein, da lässt es sich besser reden."

Er bat die junge Frau, im Wohnzimmer Platz zu nehmen und begründete sein Verhalten: „Verzeihen Sie, dass ich so erschrocken reagiert habe", er musste husten und fuchtelte nervös mit den Händen herum, „Sie erinnern mich so stark an meine Verlobte Petra, die vor nunmehr fast 28 Jahren plötzlich gestorben ist. Sie wohnte drüben und wir wollten heiraten, aber dann kam die Mauer, und kurz danach kriegte ich ihre Todesnachricht. Natürlich konnte ich nicht einmal zum Begräbnis, ja, ich habe die Todesnachricht sowieso auch erst einen Tag nach ihrem Begräbnis bekommen …"

Die junge Frau hatte interessiert zugehört, verzog aber ihr Gesicht, wie es ihr Josef ansah, räusperte sich und fragte ihn noch mal, um sich zu vergewissern: „Sie sagten, dass Sie Josef Pospischil heißen?"

„Ja", antwortete der Angesprochene sichtlich verwundert, und die junge Frau riss ihre hellblauen Augen ganz weit auf: „Das ist komisch. So viel ich weiß, ist der Herr Josef Pospischil auch so vor etwa 28 Jahren gestorben, jedenfalls hat mir das meine Mami so erzählt." Als sie sich ein wenig nach rechts drehte, sah sie Petras Bild an der Wand hängen und strahlte Josef, ihre hellblauen Augen noch weiter aufreißend, an: „Das ist ja meine Mami, da auf dem Bild!"

„Was sagen Sie da?" Jetzt war Josef total baff! Er zitterte am ganzen Körper, beinahe hätte er den blauen Teller mit den Keksen vom Tisch gerissen, „das heißt, dass Petra lebt, dass sie damals gar nicht gestorben ist?"

„So ist es", lächelte ihn die junge Frau wieder an. „Meine Mami ist munter und frisch und es geht ihr gut."

„Sie hat dann irgendwann geheiratet?", interessierte Josef jetzt logischerweise und die junge Frau antwortete ihm noch fröhlicher: „Nein, das hat sie nicht, sie hatte kurz mal jemanden kennengelernt, aber das war dann weiter nichts."

„Aber, Sie …"

„Ach ja, wie das kam, dass es mich gibt, wollen Sie natürlich wissen? Ja, ich bin am 16. Mai 1962 geboren."

Die junge Frau sah Josef an, wie er rechnete und sie dann fassungslos anstarrte: „Dann …" Nur langsam und stotternd kam es aus ihm heraus. „Ja, dann bist du, und jetzt darf ich wohl ,du' zu dir sagen …" Er wagte es kaum auszusprechen, was er festgestellt hatte. „Du bist meine Tochter?"

„Ja, das bin ich!", lachte die junge Frau, und Josef schüttelte den Kopf. Er konnte es nicht glauben …

„In der letzten Nacht, die wir vom 12. auf den 13. August 1961 miteinander verbracht haben, bist du entstanden …"

Josef war außer sich. Er musste weinen und fiel seiner Tochter in die Arme, sie streichelte ihn sanft übers Gesicht, bekam aber auch feuchte Augen.

„Ich habe mir immer einen Sohn oder eine Tochter gewünscht und habe meine beiden Schwestern immer um ihre Kinder beneidet, mit denen ich viel zusammen war und noch immer bin, jetzt auch schon mit Sissis Enkelsohn Max. Ich habe gar nicht gewusst, dass ich eine Tochter habe, noch dazu eine so fesche …" Josef musste jetzt lachen, und die Angesprochene erwiderte verlegen: „Danke für dein liebes Kompliment, aber jetzt muss ich mich endlich richtig bei dir vorstellen: Ich bin die Angelika, aber sag Geli zu mir, so wie mich alle nennen."

Josef bot Geli an, von den Keksen auf dem blauen Teller zu nehmen und erzählte ihr, wie er von der Stasi verhaftet und verhört wurde und wie sie ihm Petras Todesanzeige präsentiert hatten und wie er die ganzen Jahre so zugebracht hatte.

„Ich hatte ja gedacht, die Stasi hat Petra umgebracht, hab' mich dabei aber gefragt, weshalb sie das gemacht haben? Nur, damit ich wieder in der alten Werkstatt arbeite. War das so wichtig für sie? Aber bei denen hast du nie gewusst, was sie im Schilde führen, was ihre Strategie ist …"

Josef schaute auf seine Armbanduhr. „Was, halb acht ist's schon! Du, dann muss ich uns was zum Essen herrichten!"

Er ging in die Küche, holte zwei Teller, zwei Gläser, dazu Besteck und aus dem Kühlschrank Butter und die noch recht lange Pfefferwurst. Und vergaß natürlich auch die Semmeln, das Brot und das Mineralwasser nicht. Dann bat er Geli zuzulangen. Was sie auch fröhlich tat. Sie schnitt sich ein paar Scheiben von der Pfefferwurst ab und verteilte sie auf die beiden Semmelhälften.

„Wo hast du die tolle Wurst her?", wunderte sie sich und Josef freute sich: „Schmeckt sie dir?"

„Oh ja, sehr", antwortete Geli erfreut, was Josef zu der Feststellung veranlasste: „Wenn ich so mit dir zusammen esse und es dir auch noch schmeckt, finde ich das umso mehr schade, dass ich das nicht miterlebt habe, als du ganz klein warst, das erste Zähnchen gekriegt hast, deine ersten Schritte gemacht hast, dann in die Schule gekommen bist, bestimmt fleißig gelernt hast, gute Zeugnisse heimgebracht hast, dann ein Teenager wurdest, den ersten Liebeskummer hattest und dann vielleicht deine große Liebe gefunden hast und so weiter und so fort. Da ist mir wirklich sehr viel verlorengegangen ..." Josef musste wieder weinen und Geli kramte in ihrer Tasche herum, nahm ihre braune Geldbörse in die Hand und zeigte ihm ein Foto, auf dem ein kleines Baby zu sehen war.

„Da kannst du das alles miterleben. Schau's dir an. Das ist Andrea."

„Deine Tochter?", fragte Josef verwundert, und Geli bejahte.

„Andrea ist jetzt sechs Monate alt und freut sich bestimmt, wenn ihr Opi lieb zu ihr ist."

Josef musste wieder schlucken, das war wirklich sehr viel für ihn an diesem Abend. An einem Tag gleich Papi einer erwachsenen Tochter zu werden und dann noch Opi dazu, da gehört schon was dazu.

Schließlich zeigte ihm Geli noch das Foto von ihrem Wolfgang: „Du, das ist mein Wolfi, mein Wolfgang, und darum heiße ich seit dem 27. Juni 1987 auch Angelika Kogler."

Ach ja, dann zeigte Geli ihrem Papi noch ein weiteres liebes Foto, nämlich von Susi, einem ganz süßen Kätzchen.

„Susi habe ich im Mistkübel gefunden ..."

„Was? Im Mistkübel?" Josef war außer sich.

„Ja, da war ich auch entsetzt, als ich den Kübel geöffnet habe und ein armes kleines Katzi miaute. Ich hab's natürlich gleich mitgenommen und dachte mir: Nicht zu fassen, dass es so herzlose Menschen gibt, und auch Wolfi war sofort dafür, dass wir das Katziputzi zu uns nehmen."

„Wo es das Katzi bestimmt gut hat", stellte sich Josef vor, und Geli nickte.

„Ja, für Andrea und Susi will ich gern viel Zeit verbringen, jetzt, wo die Grenzen aufgehen. Wenn ich schon für dich nicht da sein konnte." Josef senkte seinen Kopf, aber Geli musste lachen: „Na, da kommt auf die beiden was zu! Vor allem auf Andrea, die von ihrem Opi nach Strich und Faden verwöhnt werden wird."

„Aber bestimmt nicht im negativen Sinne", konterte Josef, „aus ihr soll schließlich auch so ein lieber Mensch werden wie du. Ich werde bestimmt nichts machen, was nicht mit euch abgestimmt ist."

„Na, da bin ich aber sehr gespannt." Geli musste noch herzhafter lachen und klopfte Josef freundschaftlich auf die Schulter.

Dann wollte Josef aber wissen: „Was arbeitest du eigentlich und was macht dein Mann?" Neugierig war er schon, aber das war wohl auch verständlich.

„Ich bin Physiotherapeutin im Krankenhaus Lainz, das nicht weit von mir weg ist. Gut, momentan bin ich im Karenzurlaub wegen der Kleinen, aber wenn sie ein Jahr wird, gehe ich wieder arbeiten, nicht voll, so etwa 10–20 Stunden die Woche, damit ich genug Zeit für Andrea habe. Aber mir macht das Spaß, mit Menschen zu arbeiten und zu erleben, wie es ihnen wieder besser geht, wenn ich sie therapiere. Das baut mich ungemein auf, wenn zum Beispiel jemand nach einem Schlaganfall wieder normal gehen kann. Aber ich habe auch noch einen Massagekurs gemacht …"

„Einen Massagekurs auch, sagst du?" Josef zeigte auf seinen Nacken. „Da tut es mir manchmal weh."

Geli schaute sich ihn genau an und fühlte sehr schnell, dass es da wohl einiges für sie zu tun gäbe.

„Na ja, das wundert mich nicht, dass es dir da weh tut", trumpfte sie auf, „das ist alles total verspannt. Du, es könnte jetzt am Anfang sein, dass es dir etwas weh tut, aber das hört bald auf." Und legte los. Als sie nach etwa zehn Minuten fertig war, fragte sie ihren Papi: „Fühlst du dich jetzt besser?"

„Oh ja, das hat sehr gut getan!"

„Das freut mich wirklich sehr", frohlockte Geli und schlug vor: „Das werde ich jetzt öfter machen, dich ein bisschen massieren. Wie du richtig und erfreulich festgestellt hast, können wir uns jetzt ohne Probleme besuchen."

„Stimmt, das macht vieles einfacher", freute sich Josef.

„Ach, du wolltest noch wissen, was Wolfi macht?" Josef nickte, und Geli sagte es ihm: „Er ist Deutsch- und Geschichtslehrer an einem Gymnasium bei uns im 13. Bezirk und liebt seinen

Beruf auch so wie ich meinen. Aber jetzt hat er ja Ferien und konnte deshalb auf Andrea aufpassen, sodass ich Karla hier in der Gußriegelstraße, weshalb ich rübergekommen bin, besuchen konnte. Die haben wir voriges Jahr auf unserer Busreise durch Ungarn in Esztergom kennengelernt. Da saßen wir in einem Kaffeehaus und sie suchte an unserem Tisch einen Platz, und so kamen wir ins Gespräch. Und jetzt endlich habe ich sie mal besucht, was schon lange geplant war. Und da hab' ich, weil das in der Nähe ist, geschaut, wo du nach Aussage meiner Mami mal gewohnt hast. Mami hat doch damals auch einen Brief bekommen, in dem stand, dass du gestorben bist. Der lag den von ihr an dich geschickten Briefen bei, die sie wieder zurückgeschickt hatten."

„Das sind Schweine, die von der Stasi! Wie die Menschenleben zerstört haben! Was hatten sie bloß davon!" Josef war mächtig wütend geworden, aber Geli beruhigte ihn: „Du hast schon recht, es ist schade, dass wir uns die vielen Jahre nicht gesehen haben. Mami hat mir viel von dir erzählt, wenn wir abends so zusammengesessen sind. Sie hat mir Fotos gezeigt und mir erzählt, was ihr alles unternommen habt. Schon als ich noch klein war, sind wir so zusammengesessen, und da hab' ich sie mal gefragt, warum ich keinen Papi habe, so wie meine Freundinnen. Da hat sie mir drauf geantwortet, dass mein Papi schon im Himmel ist. Was ich sehr traurig gefunden habe, denn ich hätte doch gern einen gehabt. Aber da hat sie mich getröstet und gemeint, dass es viel schlimmer wäre, wenn ich einen Papi hätte, der nicht lieb zu mir ist, der mich schlägt oder sich überhaupt nicht um mich kümmert, so, wie das in einigen Familien meiner Schulkollegen der Fall war. Das habe ich dann akzeptiert, aber eigentlich nur ein bisschen, nie so richtig. Wie sie mir später erzählte, hatte sie, weil sie das wohl mit dem Brief vom Ost-Magistrat nicht so recht geglaubt hatte, versucht, ein Visum für Ost-Wien zu kriegen, als es dann möglich wurde, dass West-Wiener auf Besuch nach Ost-Wien fahren durften. Aber sie haben ihr das abgelehnt und damit begründet, dass die zu besuchende Person verstorben sei. Du musstest doch auf dem Antragsformular für das Visum angeben, zu wem du fahren möchtest. Sie hat aber trotzdem noch mal versucht, ein Visum zu kriegen, indem sie eine Busreise durch die Volksrepublik gebucht hat. Dazu wäre dann ein Touristenvisum nötig gewesen. Aber auch das haben sie abgelehnt. Ja, wenn sie mir von dir erzählt hat, war das immer ein bisschen wehmütig. Aber dann hat sie wieder gemeint, du bist bestimmt jetzt beim Herrn Jesus, und da geht es dir viel besser als hier unten auf der Erde und wir werden uns wiedersehen, wenn der Herr wiederkommt oder wenn wir auch gestorben sind. Ja, dass nun alles so gekommen ist, wie es jetzt ist, das hätte keiner mehr gedacht. Aber sind wir doch froh, dass wir uns jetzt haben, und wollen wir die Zeit auch richtig genießen! Schau, es gibt Andrea, der du deine Liebe zeigen kannst, und wie ich weiß, wirst du das auch ausgiebig tun. Und in der Bibel, in Joel 2, in den Versen 25 und 26, kannst du lesen:

Ich ersetze euch die Ernten, die von der Wanderheuschrecke und der Larve, vom Nager und vom Grashüpfer gefressen wurden, von meinem großen Heer, das ich gegen euch sandte.

Ihr werdet essen und satt werden und den Namen eures Gottes preisen, der für euch solche Wunder getan hat …

Weißt du, das heißt, dass uns Gott diese traurigen Jahre, als wir nichts voneinander wussten, durch eine sehr intensive Zeit segnen wird, dass wir uns jetzt umso mehr aneinander freuen dürfen, weil wir viel Liebes miteinander erleben können. Wie viele Familien streiten sich andauernd sinnlos herum oder haben gar keinen Kontakt mehr? Was ist das denn? Genießen wir vielmehr die Zeit jetzt miteinander. Glaub mir, das wird bestimmt noch eine sehr schöne Zeit werden."

Beide fielen sich in die Arme, bis Josef natürlich wissen wollte: „Du hast viel von Gott geredet und hast sogar einen Bibelvers auswendig zitiert. Gehst du regelmäßig in die Kirche?"

„Ja, ich habe mit sieben dem Herrn Jesus mein Leben anvertraut und bin mit Mami in einer Baptistengemeinde bei uns im 13. Bezirk. Mami ist mit mir aber schon länger da hingegangen, ich glaube, seit ich zwei oder drei war. Eine Freundin hat sie in die Gemeinde eingeführt. Und den Vers eben, den haben wir in der Kinderstunde mal auswendig lernen sollen und den habe ich mir besonders gemerkt, weil er so ermutigend ist. Aber du hattest doch auch einen Schulfreund, der Pfarrer irgendwo im Mühlviertel ist, nicht wahr? Mami hat mir das erzählt.“

„Dass du dir das gemerkt hast!“, wunderte sich Josef, „ja, den Martin gibt es noch, der ist jetzt der Abt vom Stift Schlägl. Es stimmt, er hat mir viel von Jesus erzählt. Er hat den Grundstock für meinen Glauben gelegt. Ich habe aber in Prag noch Jelena kennengelernt, eine junge Studentin. Und die ist durch ihren Freund und jetzigen Mann zum Glauben gekommen und die beiden haben dann sozusagen den Punkt auf das i gesetzt, als ich sie mal besucht habe, und nach diesem Besuch kam ich schließlich zum lebendigen Glauben.“

„Dann sind wir nicht nur Papi und Tochter, sondern auch Bruder und Schwester in Jesus“, freute sich Geli und umarmte Josef noch mal innig.

Dann aber blickte sie entsetzt auf ihre Armbanduhr: „Wo ist bloß die Zeit geblieben? Kurz vor neun ist’s schon! Da muss ich mich aber auf den Weg machen. Ich will doch Mami noch sagen, was ich heute alles erlebt habe, aber am Samstag um zehn sind wir alle an der Grenze am Matzleinsdorfer Platz!“

„Wohnt Mami noch in der Wohnung in der Hietzinger Hauptstraße?“, wollte Josef unbedingt noch wissen.

„Ja, in der bin ich groß geworden. Ist eine schöne Wohnung. Hast du damals gut ausgesucht.“

„Und du? Wo wohnst du, besser gesagt, ihr?“

„Wir haben eine Gemeindewohnung in der Egon-Schiele-Gasse bekommen. Du, das ist nicht weit weg, wo Mami früher gewohnt hat, auch in der Lockerwiesensiedlung.“

Josef überlegte eine Weile und erinnerte sich dann: „Ja, ich weiß. Aber jetzt grüß Petra von mir und bis Samstag!“ Noch mal drückte er Geli weinend an sich und auch sie verpasste ihm ein dickes Bussi.

„Du, hier hast du noch Mamis und meine Telefonnummer, aber warte bitte noch, bevor du Mami anrufst.“ Seit einiger Zeit waren Telefongespräche zwischen Ost- und West-Wien wieder möglich geworden. „Lass mich erst erzählen. Versprich’s mir, bitte!“ Josef tat es und winkte ihr noch vom Fenster zu, bis sie in die Triester Straße entschwand.

Aufgeregt öffnete Geli die Tür zur mütterlichen Wohnung. Petra wunderte sich natürlich über den späten Besuch ihrer Tochter und fragte dementsprechend: „Geli, was führt dich zu so später Stunde noch zu mir?"

Das mit der späten Stunde war kein bisschen übertrieben, es war mittlerweile halb elf geworden. „Mami, Mami, ich muss dir ganz was Wichtiges sagen." Aber um Petra nicht zu beunruhigen, schob sie gleich nach: „Aber nichts Schlimmes, sondern was ganz Tolles!"

„Na, da bin ich aber mächtig gespannt." Petra war ganz Ohr.

Geli nahm ihrer Mutter gegenüber am Wohnzimmertisch Platz und legte gleich los.

Nur kurz berichtete sie von ihrem Besuch bei Karla, um dann auf des Pudels Kern zu kommen: „Weil ich in der Gußriegelstraße war, bin ich dann die Inzersdorfer Straße runtergegangen und hab' geschaut, wo das Haus ist, wo dein Josef gewohnt hat. Und als ich in das Haus reingegangen bin, lese ich an einem Postkasten den Namen Pospischil. Klar bin ich rauf in den ersten Stock, und da stand an der Tür gleich rechts auch am Türschild Pospischil …"

Petra lauschte sichtlich gespannt, was Töchterlein da von sich gab. „Und ich hab' geläutet. Es öffnete auch ein Herr von so Ende fünfzig, und ich fragte ihn, ob hier mal ein Herr Josef Pospischil gewohnt hat …"

Jetzt spannte Petra Mund und Nase auf und hielt den Atem an.

„Ich heiße Josef Pospischil, hat er gesagt und mich reingebeten."

„Geli, mein Schatz, was sagst du da?" Petra war ganz weg. Sie wusste nicht, was sie tun oder sagen sollte. Geli spürte das und umarmte ihre Mutter ganz fest und erzählte weiter: „Er hat mich total erschrocken angestarrt und das damit begründet, weil ich ihn so sehr an dich erinnere. Er hat gesagt, du seist vor 28 Jahren gestorben und er hat eine Todesanzeige gekriegt, auf der das gestanden ist …"

„Das ist ja ein Wahnsinn! Ihm haben sie das auch so mitgeteilt! Unvorstellbar!"

„Ja, dann hab' ich ihm gesagt, dass du lebst und damals auch eine Mitteilung gekriegt hast, dass er gestorben ist und dass du noch zweimal versucht hast, ein Visum zu kriegen. Dann wollte er natürlich wissen, wer ich bin, ist ja klar." Petra musste jetzt herzhaft lachen, aber Geli redete munter weiter: „Als ich ihm mein Geburtsdatum genannt habe, konnte er nicht mehr. Er hat mich in die Arme geschlossen und hat mich dann erst mal bewirtet, und als ich ihm das Foto von Andrea gezeigt habe, hat er sich riesig gefreut und das als Entschädigung betrachtet, dass er nicht hat mit anschauen können, wie ich groß geworden bin. Du, er war ganz lieb zu mir und freut sich auch schon riesig auf Andrea und klarerweise darauf, dich wiederzusehen, aber das muss ich wohl nicht extra betonen …"

Petra weinte und Geli nahm sie noch fester in ihre Arme und eine Weile blieb es still im abendlichen Wohnzimmer, bis Petra leise seufzte: „Nein, das hätt' ich nie mehr geglaubt, obwohl ich die Hoffnung nie ganz aufgegeben habe. Irgendwie ist mir das Ganze immer komisch vorgekommen, aber was sollte ich machen? Sie haben mich ja nie reingelassen …" Petra zitterte am ganzen Körper. Es tat ihr gut in Gelis Armen. Auch eine Tochter kann ihre Mutter manchmal wunderbar trösten und beruhigen. Genauso, wie sie's vor Kurzem mit ihrem Papi getan hatte.

„Aber es stimmt: Die Hoffnung stirbt zuletzt und ganz ist sie ja nie gestorben. Und wie wir heute sehen, war das auch gut so. Aber dass ausgerechnet du mir diese wunderbare Nachricht überbringst, hätte ich am allerwenigsten gedacht …"

Jetzt musste Petra in Gelis Armen noch mal kräftig schluchzen. Aber dann freute sie sich sehr darüber, dass Josef auch zum lebendigen Glauben gefunden hat: „Er hat ja durch Martin schon viel von Jesus gehört. Da wundert es mich dann nicht mehr so sehr, freut mich aber trotzdem riesig …"

Und gleich nachdem Geli gegangen war rief Petra Josef an.

Als Josefs Telefon um viertel zwölf läutete, ahnte er, wer am anderen Ende war.

Als er abhob, stellte Petra gleich erfreut fest: „Deine Stimme ist immer noch dieselbe, so, als hätten wir erst gestern miteinander am Telefon gesprochen. Wunderbar, wieder mit dir zu reden, wenn auch erst mal am Telefon. Du, was mir Geli da erzählt hat, ist ein Wahnsinn!" Petra kämpfte immer noch mit den Tränen, jetzt, da sie Josefs Stimme hörte, umso mehr. „Ich kann's immer noch nicht glauben, dass es dich noch gibt. Nein, das hätte ich nie mehr geglaubt, obwohl, so ganz hatte ich ja die Hoffnung doch nicht aufgegeben, aber dann dachte ich doch wieder, wir sehen uns erst in der Ewigkeit wieder!"

„Du, mir geht's ganz genauso!" Auch Josef schluchzte. „Das ist wirklich ein Wunder, dass ich jetzt wieder deine wunderbare Stimme höre, die noch genauso wie damals klingt. Meine Güte, nach den vielen Jahren! Aber wenn's die liebe Geli nicht geben würde, hätten wir nie erfahren, dass wir beide noch leben."

„Ja, die Geli", seufzte Petra, „die ist wirklich ein Schatz! Sie hat mich immer an dich erinnert, an ihr hatte ich doch immer ein Stück von dir! Aber wunderbar, dass wir uns wieder problemlos sehen können, wenn am Samstag die Grenzen geöffnet werden. Natürlich werden wir um zehn am Matzleinsdorfer Platz sein. Die ganze Familie."

„Außer die Susi", lachte Josef, „die werde ich bestimmt erst ein bisschen später kennenlernen."

„Ach, die Arme!" Petra war immer noch entsetzt. „Wie kann ein Mensch ein so süßes Katziputzi in den Mistkübel hauen? Aber jetzt hat sie es dafür gut …"

Die beiden redeten noch eine gute halbe Stunde miteinander. Dann aber tat Josef etwas, was ihm nach dem, was er an diesem Tag alles erlebt hatte, wohl kaum jemand verübeln wird:

Er öffnete seinen Kühlschrank und nahm die noch geschlossene Flasche echten Kecskemét Barackpálinka raus, die er in Budapest sogar für Forint gekauft hatte, ging zum Wohnzimmerschrank, entnahm diesem ganz stilecht ein Schnapsglas, in dem das Logo der Kecskeméter Schnapsbrennerei eingraviert war, füllte es, erhob es und jubilierte: „Auf Petras Auferstehung!"

Und die zweite Befüllung bejubelte er mit diesen Worten: „Auf die Vaterwerdung!"

Und weil alle guten Dinge drei sind, begründete er diesen Schluck mit den Worten: „Auf die Opawerdung!"

Aber das durfte wirklich nicht fehlen, weil der Tisch nun einmal vier Füße hat: „Auf die liebe arme Susi!"

Dann war aber Schluss, denn morgen war Arbeitstag.

Aber wer wird an einem Abend Vater und Opa zugleich? Und telefoniert dazu noch mit seiner seit fast 28 Jahren für tot geglaubten Verlobten? Was an einem einzigen Tag so alles passieren kann ...

So froh wie am nächsten Morgen war Josef seit Jahrzehnten nicht mehr aufgewacht.

Petra lebt! Und ich habe eine Tochter! Noch dazu eine so liebe und so fesche! Und ich habe ein süßes Enkeltöchterlein! Und dann gibt's noch die süße Susi, das herzige Katziputzi!

In der Werkstatt konnten die Kollegen kaum glauben, was ihnen Josef offenbart hatte.

Interessant, wie auffallend sich Gregor zurückhielt und nichts sagte. Er wirkte fahrig, sichtlich nervös, verschüttete sogar eine kleine Ölkanne.

Überhaupt: Als er die Kommentare der Kollegen vernahm, unter anderem den vom „Langen", von Andreas, der seiner einsneunzig wegen so hieß: „Was diese elende Stasibande alles verbrochen hat! Diese Schweine! Diese Lumpen! Am nächsten Laternenmast aufhängen sollte man jeden Spitzel! Kriegen sollen sie, was sie verdient haben! Ja, wir werden mit euch abrechen! Darauf könnt ihr euch verlassen!"

In der Frühstückspause, nachdem Josef vom vorherigen Abend berichtet hatte, ließ er seinem Ärger und Frust zugleich freien Lauf. Sie hatten ihn nämlich im Februar nicht zum Begräbnis seiner Tante Johanna nach Bregenz fahren gelassen. Sekretärin Paula freute sich auf ein tolles Shoppingerlebnis auf der Mariahilfer Straße gleich morgen Vormittag.

Eine riesige Menschenmenge hatte sich bereits vor der Grenzübergangsstelle Matzleinsdorfer Platz eingefunden, als Josef am Samstag, dem 15. Juli 1989, kurz nach halb zehn dort eintraf. Er hatte sich nicht darüber gewundert und hoffte mit den anderen

Wartenden, dass der Schlagbaum tatsächlich um Punkt zehn hochgehen wird. Was auch unter großem Gejohle passierte. Womit die Grenze urplötzlich ihren Schrecken verloren hatte. Ja, auf einmal beäugten die unbewaffneten Grenzsoldaten die Personalausweise der Volksrepublikaner nur ganz flüchtig. Keinen gültigen Pass, keinen gültigen Visumstempel, keine rote Zählkarte ..., wollten sie mehr sehen. Unglaublich.

In der riesigen Menschenmenge hoffte Josef, seine Lieben schnell zu finden, aber noch bevor er sich darüber große Gedanken machte, winkte ihm Geli fröhlich zu, die weiten Ärmel ihrer bunten Sommerbluse flatterten im lauen Sommerwind.

Aber Josef rannte verständlicherweise zuerst auf Petra zu, die ihn in ihrem blau-weißen Dirndl empfing, dass sie immer nur zu besonderen festlichen Anlässen getragen hatte, und fiel ihr in die Arme. „Petra!" stöhnte er laut auf. „Dass ich dich in deiner nach wie vor vollen Schönheit sehe und an mich drücken kann ..."

„Geht mir doch genauso!" Auch Petra musste vor Freude weinen. „Ich hab' doch nicht vergebens gehofft, obwohl sie's mir so amtlich mitgeteilt hatten. Aber gut, dass ich's nie so richtig geglaubt habe! Lügen haben immer kurze Beine. Gut, manchmal nicht ganz so kurze, weil sie fast 28 Jahre durchgehalten haben, aber dann war doch mal Schluss damit ..."

Die beiden lagen sich eine ganze Weile innig in den Armen, bis Josef auch Geli herzte, dann Wolfi und schließlich Klein Andrea, die Geli aus dem Wagen holte.

Die Kleine weinte kein bisschen, als sie Josef fest an sich drückte, wie sie's sonst tat, wenn sie ein ihr noch Fremder anfasste. Nein, diesmal lächelte sie sogar. Was Geli, Josef zugewandt, freudig kommentierte: „Das hat sie noch nie gemacht, einen Fremden anzulächeln. Und für sie bist du ja noch ein Fremder. Sie muss sich doch erst an dich gewöhnen. Aber mir scheint, dass sie sich damit nicht schwertut."

Aber da fiel Josef noch etwas auf, worüber er lächeln musste: „Petra, mein Schatz, du trägst immer noch das gute alte rote Sackerl in der rechten Hand! Bei dir hält wirklich alles lange."

„Aber nicht nur das", konterte Petra ebenso lachend, „ich fahre auch noch immer deinen guten alten Volvo, der mich klarerweise auch immer an dich erinnert hatte und darum lange halten sollte!"

„Der ist inzwischen ein Oldtimer." Josef musste den Kopf schütteln. „Der Wagen ist inzwischen etwa dreißig Jahre alt." Dann aber nahm er Petra in seinen rechten Arm und flüsterte ihr leise zu: „Aber du bist immer noch so schön wie an dem Abend, als ich dich im Siebenbrunnencafé kennengelernt habe und da müssen wir jetzt unbedingt hin. Ich hoffe, das Café gibt es noch."

Petra verpasste Josef auf diese Aussage hin ein dickes Bussi und flüsterte auch ihm leise zu:

„Dein liebes Kompliment gebe ich gern zurück." Und hinsichtlich seines Vorhabens stimmte sie ihm vollauf zu: „Dass wir jetzt in unser Kennenlern-Café gehen, das es tatsächlich noch gibt, hatte ich mir auch so vorgestellt!"

Aber erst holte sich Josef sein Begrüßungsgeld ab. Für den Empfang dieser 500 Westschillinge waren eigens dafür Bankcontainer vor dem Eingang zur Schnellbahn aufgestellt worden. Obwohl viele anstanden, ging's rasch, weil an fünf Schaltern ausgezahlt wurde. In knapp zehn Minuten hatte Josef sein Geld und staunte, was sich seit dem August 1961 hier alles verändert hatte …

Seit 1965 fuhr auch auf West-Wiener Seite eine Schnellbahn vom Südbahnhof bis nach Hetzendorf beziehungsweise nach Hütteldorf. Im Osten war schon ein Jahr zuvor eine Strecke vom Praterstern nach Stockerau und nach Gänserndorf eröffnet worden. Und die Straßenbahn fuhr jetzt unterirdisch bis zur Eichenstraße und auf der anderen Seite unter der Reinprechtsdorfer Straße bis zur Wienzeile. Josef schaute sich das gleich mal an, um mit seinem Anhang zum Siebenbrunnencafé zu fahren. Volksrepublikaner durften die West-Wiener Öffis gratis nützen. Die Vorlage des Personalausweises oder Reisepasses genügte im Falle einer Kontrolle.

Das Café war natürlich inzwischen mehrmals renoviert worden, auch das Mobiliar war neu. Gut, nach fast 28 Jahren. Aber die Aufteilung der Tische und Sessel innerhalb des Lokals war noch dieselbe wie früher. Erfreulicherweise war der legendäre Tisch, an dem Petra und Josef damals saßen, noch frei. Auch Geli und Wolfi fanden Platz und Andreas Kinderwagen störte auch keinen.

„Euch hier mal beide zusammen sitzen zu sehen, freut mich riesig", lachte Geli und erzählte Josef: „Mami hat mir natürlich gezeigt, wo ihr einst gesessen seid. Wir sind beide ein paarmal hier gewesen und haben einen Kaffee getrunken, weil Mami immer noch hier in der Nähe arbeitet."

„Was, du arbeitest immer noch in derselben Ordination?", staunte Josef und Petra bestätigte es ihm: „Ja, ich arbeite noch immer in der Ordination. Natürlich ist mein früherer Chef längst in Pension, aber sein Sohn hat die Ordination übernommen und mich dazu, und es gefällt mir nach wie vor. Warum hätte ich wechseln sollen?"

Josef nickte zustimmend und wollte dann zahlen. Die Kellnerin, die Petra gut kannte, rief die Chefin, die inzwischen von der historischen Begegnung wusste. Dementsprechend das herzliche Willkommen: „Petra, toll, was ich gehört habe! Dass dein Josef doch lebt, das ist einfach herrlich! Ich freue mich wirklich so sehr für euch alle! Uns lieb, dass ihr gleich hergekommen seid, um bei mir einen Kaffee zu trinken, so nach guter alter Tradition.

Kommt's, trinkt noch einen Kaffee und esst dazu ein Stück Malakofftorte auf meine Kosten! Die ist ganz frisch! Und der erste Kaffee geht natürlich auch aufs Haus! Du, das ist mir diese schöne Begegnung wert!"

Alle freuten sich riesig über diese nette Geste und genossen Kaffee und Torte. Dann aber ging's ab nach Hietzing. Mit der legendären 62er …

„Mit dem Auto hätte ich hier bestimmt keinen Parkplatz gekriegt", erklärte Wolfi, warum sie mit der Straßenbahn hergekommen waren, und Josef fragte Petra wegen des Stichwortes „Auto": „Was macht denn Franz? Lebt er noch?"

„Nein, er ist leider im Oktober 1979 gestorben und Helga vor vier Jahren. Die Werkstatt hat er verkaufen können, als er 1970 in Pension gegangen war. Ein Rolf Bittner aus Linz hat sie gekauft, und der ist auch sehr freundlich und kompetent. Den jährlichen Service und den Räderwechsel lass ich immer noch dort machen. Die sind auch nicht teuer und es geht schnell. Ansonsten hatte ich mit dem Auto auch nur einmal ein kleines Problem, als was mit dem Auspuff nicht gestimmt hatte."

Zuerst wollte Geli ihre Wohnung präsentieren und alle marschierten von der 62er-Endhaltestelle, an der sich kaum etwas verändert hatte, wie Josef feststellte, in die Egon-Schiele-Gasse, vorbei an Petras früherer Wohnung. Die Siedlung war auch noch immer dieselbe. Was hätte sich da auch ändern sollen?

Gelis Wohnung war ähnlich der alten von Petra, nur etwas größer. Auch sie hatte einen hinteren Garten, in dem alles grünte und blühte. Geli hatte ihn gut in Schuss. Nach der Besichtigung bat sie ihre Gäste, draußen Platz zu nehmen: „Kommt's, setzen wir uns raus. Es ist heute so schönes Wetter. Das müssen wir ausnutzen!"

Sie hatte den Tisch längst gedeckt. Es sollte Hühnerschnitzel mit Kartoffelsalat geben.

„Mami hat mir gesagt, dass du Huhn sehr magst", erklärte sie Josef ihre Speisenwahl, und er freute sich auch sehr darüber. „Danach gibt's dann noch Sachertorte mit Schlag."

Geli gefiel sich sehr in der Rolle der Hausfrau und Gastgeberin, aber Wolfi ging ihr auch fleißig zur Hand. Die beiden waren ein eingespieltes Team, sie taten nicht nur heute so.

Josef nahm, während die Schnitzel brutzelten, Andrea aus dem Wagen und herzte sie. Sie war weiterhin zutraulich und lächelte ihn an. Später wandte er sich dann aber auch Susi zu. Er hielt ihr einen kleinen Stock hin, an dem sie sich emsig zu schaffen machte. Es gefiel ihr, damit zu spielen. Sie war ein süßes Kätzchen, braun-weiß gescheckt. Josef konnte nicht fassen, dass ein Mensch ein so süßes Kätzchen in den Mistkübel werfen kann.

Noch während des Essens lobte Josef Gelis Kochkünste in den höchsten Tönen: „Das Kochen hast du gut von der Mami gelernt."

„Stimmt", pflichtete sie ihm lachend bei, „wir haben öfter was zusammen gekocht oder gebraten, als ich so im Teeniealter war, weil mir das Spaß gemacht hat."

Später wiederholte er seine Lobeshymne nach dem Genuss der Sachertorte.

Zum Abendessen gingen alle zu Petra. Josef staunte, was sie aus der Wohnung gemacht hatte. Von der gemütlichen Sitzecke im Wohnzimmer hatten Josef und Petra damals nur gesprochen. Ja, damals …

Nach dem Essen, es hatte Forelle gegeben, verabschiedeten sich Wolfi und Geli, aber vorher massierte Geli ihren Papi noch, was ihm auch heute gut tat. Dann machten es sich Josef und Petra gemütlich und leerten eine Flasche Schilcher. Nach fast 28 Jahren.

„Es ist herrlich, wieder so mit dir zusammenzusitzen und gemütlich ein Glaserl Wein zu trinken", freute sich Josef. „Und es ist so harmonisch wie damals."

„Obwohl inzwischen viel passiert ist", lachte Petra.

„Aber auch viel Schönes, Geli ist ein lieber Kerl, sie hat einen lieben Mann und Andrea ist so süß. Und auch Susi …"

„Ja, Geli hat sich riesig gefreut, dass sie dich jetzt kennt und dass du gleich so lieb zu ihr warst. Du, sie hat dich sehr lieb. Ist ja nicht so einfach für eine erwachsene Frau, die selber schon Mutter ist, plötzlich ihren Vater kennenzulernen. Aber du hast es ihr sehr leicht gemacht, mein Schatz. Sie hat das sehr berührt, als du ganz entsetzt auf die Uhr geschaut hast und gemeint hast, jetzt musst du das Abendessen richten. Na, weil du nun plötzlich eine Tochter hast, für die du sorgen musst, dass sie nicht verhungert …"

Beide lachten und gaben sich ein langes Bussi.

„Ja, ich hab' Geli auch sehr ins Herz geschlossen, und wenn sie mich nicht besucht hätte, hätten wir uns nie wiedergesehen", seufzte Josef tief und drückte Petra noch fester an sich.

Dann erzählte er ihr, wie er geplant hatte, zu fliehen, wie er erwischt wurde, von der Stasi verhört wurde und wie sie ihm die Todesanzeige unter die Nase gehalten hatten.

„Ich hatte deinen Westausweis an dem Tag bekommen, als die Grenzen auch für uns dicht gemacht wurden", begann Petra, Josef ihre Erlebnisse zu schildern. Sie ging zur kleinen braunen Kommode neben dem linken Fenster, zog ein kleines Fach auf und entnahm ihm ein Kästchen, das sie öffnete, und zeigte Josef den Ausweis, der ihm den Grenzübertritt ermöglichen sollte.

Josef sah ihn sich an und es kamen ihm wieder die Tränen.

„Als ich an dem Donnerstag … Ich weiß, das war ein Donnerstag, weil du ja sagtest, am Freitag bringst du mir den Ausweis und ich hatte mich schon auf morgen gefreut, dass ich endlich zu dir komme und am Montag wieder bei Franz arbeiten kann. Ja an dem Donnerstag, in den Zehn-Uhr-Nachrichten, haben sie im Radio gemeldet, dass nun auch keine West-Wiener mehr rüber können. Das hat mich dann total fertig gemacht …"

„Mich doch auch", schluchzte Petra. „Und ich hab' gleich an dich geschrieben, mich aber gewundert, dass keine Antwort von dir kam, bis nach ein paar Wochen ein Brief vom Ost-Wiener Magistrat, Abteilung Inneres, kam, in dem sie mir mitgeteilt hatten, dass du verstorben bist."

Petra zeigte ihm auch diesen Brief und ihre Briefe, die ihr zurückgeschickt wurden. Josef las sie und musste wieder weinen. Er fiel Petra in die Arme und fragte sich: „Wo sind bloß meine Briefe an dich hingekommen?"

Aber dann kam Petra auf ein anderes schönes, aber doch auch trauriges Thema zu sprechen:

„Ende September meinte ich zu meinem Chef, ich sitze ja, wie du weißt, berufsbedingt an der Quelle, er solle mal einen Test machen, weil die Regel ausgeblieben war. Und der Test war positiv. Ja, einesteils hat mich das gefreut, andererseits konnte ich es dir ja nicht mitteilen. Das war schon ein großer Zwiespalt. Ich hätte mich so gern mit dir zusammen auf das Baby gefreut, und ich weiß, dass du meine Freude geteilt hättest."

Josef lächelte und verpasste ihr ein dickes Bussi.

„Dabei ergaben sich doch auch solche Fragen, wie das Baby heißen soll? Wenn es ein Bursche wird oder wenn es ein Mädchen wird? Das musste ich mir nun allein überlegen, auch die Einrichtung des Zimmers und so weiter."

„Wie hättest du denn das Kind genannt, wenn es ein Bub geworden wäre?"

„Thomas", antwortete ihm Petra.

„Aber es ist eine Angelika geworden", stellte Josef freudig fest.

„Ja, Geli hat mich immer an dich erinnert, an ihr sah ich immer ein Stück von dir."

„Aber sie sieht dir mächtig ähnlich." Josef strahlte im ganzen Gesicht, „Darum war ich doch zunächst so erschrocken, als sie bei mir geläutet hatte. Natürlich ist sie eine sehr fesche junge Frau. Nur diese Ähnlichkeit, die hat mich fragen lassen, was das auf sich hat …"

„Ich weiß schon", winkte Petra ab, „mir wäre das umgekehrt bestimmt nicht anders ergangen, so nach den Mitteilungen, die ich gekriegt habe." Petra musste wieder seufzen. „Ich habe noch zweimal versucht rüberzukommen. Als West-Wiener wieder Besuche drüben machen durften, habe ich das auch beantragt, aber sie haben es mir mit dem Vermerk abgelehnt: Zu besuchende Person verstorben. Und dann habe ich es noch mal versucht, indem ich eine Busreise durch Ostösterreich buchen wollte. Da haben sie den Antrag auf das Touristenvisum mit dem Vermerk abgelehnt: Visum kann nicht erteilt werden. Ohne weitere Begründung. Aber sind wir froh, dass sich alles zum Guten gewendet hat. Gott wollte es einfach so. Wir wurden geprüft, aber wir haben durchgehalten, durch seine Güte und Treue. Ohne ihn, ich weiß nicht …"

„Ich auch nicht", meinte Josef nachdenklich, und Petra resümierte weiter: „Wir könnten jetzt Gott und die Welt anklagen, sinnlos in der Vergangenheit herumwühlen, Depressionen kriegen und endlose Therapien absolvieren, deren Erfolg fraglich ist. Aber was hätte das für einen Sinn? Es ist viel besser, jetzt die Zeit zu nutzen, lieb zueinander zu sein, viel Schönes miteinander zu unternehmen, einander Freude bereiten, anstatt dass wir uns sinnlos herumstreiten, wie das leider in nicht wenigen Familien passiert. Oder man redet gar nicht miteinander, geht sich aus dem Weg oder besucht sich nur pflichtgemäß am Muttertag oder zu Weihnachten und redet nur oberflächliches Zeug und mimt den guten Menschen …"

„Trotzdem ist es eine Gnade Gottes, dass wir uns nicht auseinandergelebt haben. Oder dass wir nach den vielen Jahren kein Gefallen mehr aneinander haben, uns nicht mehr lieben. Wie vielen Familien ist das nach dem Krieg so ergangen, nachdem der Mann, der Vater, Bruder aus der Gefangenschaft heimgekommen ist, sich gefreut hat, alle wiederzusehen, und dann?"

„Stimmt voll und ganz." Petra wirkte nachdenklich und ergänzte: „Oder wir hätten neue Partner gefunden. Was wäre dann? Zum Glück hatten wir beide nur je eine kurze Plänkelei gehabt …"

Josef stimmte Petra vollen Herzens zu: „Da hast du absolut recht, aber da gibt's für mich doch noch was ganz Tolles: Ich darf jetzt ungeniert vier weibliche Wesen lieb haben, und wehe, ich tue es nicht!" Josef musste herzhaft lachen, und Petra überlegte, wie er auf die Zahl vier gekommen war. Was Josef merkte und es ihr erklärte: „Na, dich natürlich, dann Geli, Andrea und Susi!"

„Ach ja, Susi darf natürlich nicht fehlen!" Auch Petra musste lachen, holte dann aber ihre Fotoalben hervor und zeigte Josef Geli als Baby, als kleines Mädchen, beim Schulanfang.

Es wurde noch ein sehr langer Abend, an dem eine weitere Flasche Schilcher dran glauben musste.

Sissi wollte nicht glauben, was sie von Josef gehört hatte. Als Petra in den Laden trat, fiel sie ihr vor lauter Freude um den Hals: „Nein, das hätte ich nie gedacht! Aber herrlich, dass es so ist! Mir hat das damals so wehgetan, was ich da von Josef gehört hatte, das kannst du dir nicht vorstellen." Sissi wischte sich die Tränen von den Augen. „Und Josef hatte sich doch auch immer so sehr ein Kind gewünscht und nun hat er eine so liebe und fesche Tochter, von der er so lange nichts wusste."

Sissi drückte auch Geli ganz fest an sich und hieß sie und Wolfi genauso herzlich willkommen. Wie auch Andrea.

„So ein herziges Putzerl. Wie lieb sie schon lachen kann." Sissi streichelte Andrea über ihr kleines Gesichtchen und meinte dann aber: „Du wirst nicht lange so ein süßes Putzi bleiben. Bald wirst du laufen lernen, die ersten Worte sprechen und eben so weiter. An den Kindern sehen wir immer am besten, wie die Zeit vergeht."

Sie bat alle, Platz zu nehmen und servierte Kaffee, dazu ein paar Waffeln. Sie konnte immer noch nicht fassen, was geschehen war: „Ach, wenn Josef von dir, liebe Petra, gesprochen hat, klang das immer traurig, wehmütig. Und er wollte immer ein Kind oder auch zwei, aber doch wenigstens eins. Und hat sich darum immer sehr lieb mit Babsi und Michi beschäftigt, ist mit ihnen ins Kino oder Theater gegangen, hat mit Michi Fußball gespielt und mit Babsis Puppen. Und hat Babsi später oft getröstet, wenn sie wieder mal einer Dicki oder Molli genannt hat, weil sie nun mal ein bisschen rundlich war und noch immer ist, aber ist das wirklich so schlimm? Muss jede Frau dünn wie eine Bohnenstange sein? Damals nach dem Krieg waren wir froh, wenn wir ein bisschen was zugenommen hatten, weil wir uns wieder satt essen konnten. Da wollte keiner auf Diät sein. Gut, ich versteh's ja, dass man etwas aufs Gewicht schauen muss, vor allem, wenn es gesundheitlich nötig ist, denn wenn man zu dick ist, fühlt man sich auch nicht wohl, aber die da drüben übertreiben schon sehr."

„Da hast du recht, Sissi", bestätigte ihr Petra, „ich kann diese Abnehm- und Diätempfehlungen in den Klatschillustrierten bei uns im Wartezimmer nicht mehr ertragen. Aufpassen muss man beim Gewicht schon, aber alles im Rahmen, und der Körper signalisiert einem auch, wenn was geändert werden muss. Man muss bloß drauf hören und sich nicht von der Werbung beeinflussen lassen."

Sissi nickte und lachte: „Ach, die scheußliche Werbung, die macht hier auch viele narrisch. Jeder will die neueste Mode tragen! Wir haben früher drauf geschaut, dass die Kleidung im Winter warm hält, weil wir bis weit in die 50er-Jahre mit dem Heizen sparen mussten. Du kriegtest Holz und Kohlen nur begrenzt auf der Karte. Gut, als es sich dann so halbwegs normalisierte, bin ich nun mal etwas rundlicher geworden. Na und? Ich hab' meinen Herbert trotzdem gekriegt, und er ist bei mir geblieben. Und meine Kunden kommen auch weiterhin. Die wollen nur ordentlich frisiert werden und schauen nicht drauf, wie viele Kilos ich habe und ob ich immer nach der neuesten Mode gekleidet bin. Die da drüben spinnen, wenn sie meinen, eine Friseurin muss schlank und rang sein und Pariser Kleider tragen und den ganzen sonstigen modischen Firlefanz mitmachen. Dafür zahlst du als Kundin auch Länge mal Breite … Wir hatten bei der Mode nicht so viel Auswahl, aber musst du wirklich 50 Kleider haben? Und nach einem Jahr sollst du sie am liebsten alle wegwerfen, weil die Mode dir wieder etwas Neues vorschreibt? Und du kannst auch hier bei uns nett gekleidet gehen. Babsi hat da viel Geschmack bewiesen. Sie hat die Leute immer gut beraten in ihrem Textilkonsum und tut's noch immer. Die kommen gern zu ihr, obwohl sie mollig ist. Aber sie werden freundlich begrüßt und nie betrogen. Ach, wenn das hier auch so kommt, dass du als Verkäuferin rank und schlank sein musst und immer modisch adrett auftreten musst, oh, da kommt dann was auf uns zu, aber nichts Gutes, das kann ich euch sagen. Oh, ich hab' von dem ganzen Westquatsch genug hier im Laden gehört, wenn meine älteren Kundinnen, die schon rüber fahren durften, vom ‚goldenen Westen' geschwärmt haben. Klar, dass sie uns hier eingesperrt haben, das war nicht in Ordnung. Ich möchte schon mal im Urlaub nach Italien oder Spanien fahren oder auch nur in die Steiermark. Aber den ganzen ideologischen Mist von drüben, den brauche ich wirklich nicht samt der viel gepriesenen Marktwirtschaft. Die macht sowieso nur die Reichen reicher und die Armen ärmer. Wir kleinen Leute haben davon bestimmt nix …"

Sissi musste tief durchatmen, während ihr zugenickt wurde, bis sie das Thema wechselte und damit wieder auf die Familie zurückkam: „Ach, die Babsi hat immer geglaubt, dass sie nie einen Mann kriegen wird, und Josef hat es ihr immer wieder ausgeredet und ihr klargemacht, dass es im Leben nicht auf Äußerlichkeiten ankommt und er eine ein bisschen mollige Frau sogar reizvoll findet und mit dieser Meinung nicht der einzige Mann auf der Welt ist. Das hat sie dann getröstet, vorerst zumindest."

Sissi musste erneut tief durchatmen, bevor sie fortsetzte: „Na, dann hatte sie ausgerechnet das Pech in ihrer Ehe, aber Josef ist ihr sehr lieb beigestanden, was ich ihm hoch anrechne.

Das war damals schon alles traurig und schwierig, als das mit der Scheidung war. Als ihr Heinz ihr dann auch noch ins Gesicht schrie: Schau dich doch im Spiegel an, wie du ausschaust, du fette Plunzen!, hat ihr das sehr wehgetan. Da hat er ihren empfindlichsten Nerv getroffen. Wo sie doch immer mit ihrem Äußeren gehadert hat. Da ist ihr Josef wirklich sehr zur Seite gestanden, und das dankt sie ihm noch heute sehr. Aber auch Michi hat seine Schwester immer lieb getröstet. Aber nun gut, jetzt hat sie endlich einen lieben Mann gefunden. Im nächsten Sommer wollen sie ja heiraten."

Was fröhlich-erstaunte Blicke unter den Anwesenden auslöste.

An diesem zweiten Samstag nach der Grenzöffnung war wenig los im Geschäft, sodass Sissi schon kurz nach zwei Feierabend hatte. Entweder waren die Kunden auf Urlaub oder rübergefahren, um auf der Mariahilfer Straße zu shoppen.

So konnte Sissi den „Familienzuwachs" in Ruhe frisieren, bevor es raus nach Jedlersdorf ging, wo Sissi und Herbert vor zehn Jahren ein kleines Gartengrundstück gepachtet hatten. Mit einem nur kleinen Häuschen, in dem die Familie gerade mal schlafen und essen konnte. Mehr wollten sie auch nicht, viel wichtiger war es ihnen, an der frischen Luft zu sein und ein paar Erdbeeren und ein bisschen Obst zu ernten. Letztes gaben der Apfel- und der Birnenbaum auch Jahr für Jahr bereitwillig her.

Babsi, Max und Michael stießen gegen Abend dazu. Michael begrüßte die Gäste sehr freundlich und schwärmte ihnen von seiner Claudia vor, auf deren Besuch in zwei Wochen er sich schon riesig freute.

„Musst sie uns unbedingt vorstellen, bin schon sehr gespannt", ermutigte ihn Geli, und Babsi bedauerte sehr, dass sie ihren Schatz nicht mitbringen konnte: „Markus liegt im Spital. Sie haben ihm gestern den Blinddarm rausnehmen müssen."

Was auch Geli traurig fand, aber sie tröstete Babsi: „Du, er wird nicht lange drinbleiben müssen. Wenn alles gut geht, ist er in einer Woche wieder zu Hause."

Die beiden redeten gleich vom Hundertsten ins Tausendste, so, als ob sie sich schon jahrelang kennen würden. Nach einer Stunde kannte Geli Babsis Geschichte von ihrem Verflossenen. An sich öffnete sich Babsi nie so schnell jemandem, aber bei Geli war das etwas anderes. Die beiden waren sofort ein Herz und eine Seele. Der mittlerweile achtjährige Max schaute sich Andrea ganz interessiert an. Dieses kleine Menschlein! Der an sich nervöse, fahrige Bursche war auf einmal ganz ruhig und staunte. Er wollte nicht glauben, dass die Kleine seine Großcousine sein soll, wie ihm erklärt worden war.

Geli und Babsi spielten nachher noch mit ihm Karten, und dabei erzählte er Geli von seinem guten Zeugnis. Die zweite Klasse hatte er mit lauter Einsern, nur in Musik und Zeichnen mit 'nem Zweier abgeschlossen, wofür ihn Geli sehr lobte.

„Geli ist ein ausgesprochener Familienmensch", erklärte Petra das offenherzige töchterliche Verhalten ihren neuen Verwandten gegenüber. „Sie pflegt alle familiären Kontakte sehr, zum Beispiel die zu meinem Bruder in Kärnten sowie zu meiner Schwägerin in Feldbach. Sie lädt gern Gäste ein und bewirtet sie liebevoll. Na ja, ihr werdet es erleben, wenn ihr uns besucht."

Tags darauf gab's ein Wiedersehen mit Paul und Poldi, und auch sie wollten es nicht glauben. „Es gibt wirklich noch Wunder!", staunte Poldi und Paul fand: „Mir kommt das wie im Traum vor. Aber in einem schönen Traum!"

Poldi hatte den Kaffeetisch auch liebevoll gedeckt und alle lobten ihre Topfentorte in den höchsten Tönen, nicht minder den Nudelauflauf am Abend.

Rainer und Gabi kamen nur kurz vorbei. Ihre Begegnung mit der „Westverwandschaft" war sehr kühl. Sie wollten noch immer keine Kontakte nach „drüben" pflegen, obwohl es ihnen die Partei nicht mehr verboten hatte. Mit den politischen Veränderungen kamen sie einfach nicht zurecht. Ihre Weltanschauung war ins Wanken geraten. Was ihnen eingetrichtert worden war, glaubte auf einmal die eigene Partei nicht mehr, und jetzt tauchte sogar in der Familie eine auf, die vom Staat der Arbeiter und Bauern für tot erklärt worden war.

Da half nicht mal die Tatsache etwas, dass Petra und Geli gar keine typischen „Wessis" waren, die nur für gut, richtig und glückselig hielten, was aus dem ach so „freien und goldenen" Westen kam, wie Rainer und Gabi auch zu hören kriegten, nachdem Gabi geschimpft hatte: „Alle rennen wie verrückt rüber in den Scheißwesten, als ob einem dort die gebratenen Tauben in den Mund fliegen!" Und Petra erwiderte darauf: „Du, da hast du gar nicht so unrecht, weil ich Angst habe, dass ihr euch hier im Osten zu viele Illusionen macht, dass wir alle reich sind, im Geld nur so schwimmen und so weiter …"

Was leider nicht geholfen hatte. Die beiden verabschiedeten sich sofort nach dem Essen.

Erst nachdem sie gegangen waren, hob sich die Stimmung beträchtlich. Woran das gute Radeberger Bier und der tschechische Becherovka nicht unwesentlich beteiligt waren.

Die geöffneten Grenzen lockten nicht nur die Ostösterreicher gen Westen, nein, auch CSSR- und DDR-Bürger hatten von den offenen innerösterreichischen Grenzen erfahren und wollten sie zum illegalen Grenzübertritt nutzen.

Was aber nicht unproblematisch war, weil in der Volksrepublik noch immer das Abkommen zwischen den Warschauer-Vertragsstaaten in Kraft war, das besagte, dass ein Bürger eines Warschauer-Vertragsstaates die Westgrenze eines anderen Mitgliedsstaates nur dann überschreiten durfte, wenn ihm das sein Heimatstaat erlaubt hatte. Aber was nicht offiziell ging, wurde jetzt illegal praktiziert, weil die strenge Grenzbewachung weggefallen war, wie sich bis an die Ostsee herumgesprochen hatte. So kam es auch an den Bahnanlagen am Matzleinsdorfer Platz immer wieder zu Fluchtversuchen. Wie eben auch Ende August, als zwei Jugendliche aus der DDR von einer Schnellbahn erfasst wurden und tödliche Verletzungen erlitten.

Ab September erteilten die CSSR und die DDR ihren Bürgern keine Reisegenehmigungen mehr für die Volksrepublik Österreich. Diese beiden Länder widersetzten sich nach wie vor jedweder politischen Öffnung. Dort herrschte ungebrochen das alte strenge Regime.

Womit nun die volksrepublikanischen Grenzen zur CSSR und zu Ungarn tagtäglich unzählige Male von DDR- und CSSR-Bürgern illegal überschritten wurden. Die zumeist jungen Leute schlugen sich entweder bis nach Wien durch oder probierten es über den Semmering.

Wurde jemand erwischt, schickten ihn die Grenzer lediglich ins Landesinnere zurück, ohne die Personalien aufzunehmen. Zu einer Verhaftung und gar Auslieferung ins Heimatland kam es nicht mehr. Was sich genauso wie ein Lauffeuer in den beiden Ländern verbreitete und noch mehr Fluchtwillige motivierte …

Erst Mitte Oktober, nach den großen Demonstrationen in Leipzig, Berlin und anderen Städten, öffnete sich endlich auch die DDR. Am 9. November 1989 gingen die Schlagbäume auch an der Berliner Mauer hoch.

Die CSSR brauchte dann noch eine gute Woche, bis am 17. November 1989 auch in Prag eine große Demonstration stattfand. Schwer bewaffnete Polizei stand den Demonstranten gegenüber, als ein Jugendlicher einem Polizisten eine Rose reichte. Ja, das war eine Demonstration von sehr hohem Niveau, ähnlich wie in Leipzig, als die Marschierenden laut gerufen hatten: „Wir sind das Volk!"

Oder wie im Sommer in Wien, als Tausende singend mit Kerzen über den Ring gezogen waren.

Abgesehen von der Anfangsphase der Bürgerrechtsbewegung, als Stasi und Polizei die Proteste noch gewaltsam auflösten, floss weder in Leipzig, in Prag, in Wien noch in anderen Städten der DDR, der CSSR sowie der Volksrepublik Österreich auch nur ein Tropfen Blut, und es wurde nicht eine einzige Schaufensterscheibe zerschlagen und kein Mistkübel umgeworfen. So darf der Nachwelt übermittelt werden, dass erfolgreiche Demonstrationen immer ohne Gewalt stattfinden. Die Volksrepublik Österreich, die DDR und die CSSR haben gezeigt, dass und wie es geht. Auch Jelena und Frantisek standen auf dem Wenzelsplatz und waren damit Zeitzeugen der samtenen Revolution und riefen Josef am 30. November zum ersten Male ohne Mithörer von der „Firma Horch und Guck" an und besuchten ihn eine Woche später, wobei sie auch Petra, Geli und Andrea kennenlernten.

„Ich freue mich so sehr darüber, dass Josef eine Tochter hat. Er hat in mir immer ein wenig seine Tochter gesehen", meinte Jelena zu Petra gewandt und fügte noch hinzu: „Und er hat immer so wehmütig von seiner Petra gesprochen, die er sehr vermisst."

Am Samstag, dem 28. Oktober 1989, machte sich Josef mit seinem „Anhang" auf den Weg zum Stift Schlägl. Martin erwartete sie schon sehr neugierig, und umso freudiger empfing er sie dann, um sie zum Mittagessen einzuladen, denn sie waren knapp vor zwölf im Stift eingetroffen.

„Das ist ein großes Wunder unseres Herrn, dass wir uns wiedersehen dürfen!" Martin begrüßte Josef, Petra. Geli, Wolfgang und Andrea überaus herzlich, wie es so seine Art war: „Und dass ihr, Josef und Petra, auch frei seid, um eure Beziehung fortsetzen zu können, das ist genauso großartig."

Nachdem sie sich intensiv ausgetauscht hatten und Martin auch Andrea auf den Arm genommen und geherzt hatte, wollte er natürlich wissen: „Wie soll es nun mit euch beiden weitergehen? Wie habt ihr eure Zukunft geplant? Ihr habt doch eure beiden Wohnungen? Und auch eure Arbeitsstellen?"

„Wir werden hauptsächlich in Petras Wohnung leben", erzählte Josef seinem alten Schulfreund bereitwillig. „Das hatten wir auch damals schon vorgehabt, und in Petras Wohnung ist auch genug Platz. Aber das Schöne ist jetzt, dass ich meine Wohnung nicht aufgeben muss. Ich muss im Osten nicht mehr alle Zelte abbrechen. Was ich auch auf keinen Fall möchte, weil ich in der ‚Initiative Glasnost und Perestroika für Österreich' weitermachen will, und meine Arbeitsstelle will ich auch behalten. Drüben kriege ich in meinem Alter wirklich keinen Job mehr, das kann ich getrost vergessen."

„Und bei mir ändert sich an der Arbeitsstelle auch nichts, warum auch?", ergänzte Petra und Geli meinte zu alldem: „Papi soll bloß seine Wohnung behalten! Die ist so gemütlich! Ich bin sehr gern dort und fühle mich pudelwohl!"

„Martin, du, wir haben bezüglich unserer Zukunft aber auch an dich ein Anliegen", lenkte Josef auf ein anderes Thema über, das aber mit dem bisherigen durchaus einen Zusammenhang hatte: „Wärst du bereit, uns zu trauen?"

Worauf Martin freudestrahlend antwortete: „Natürlich gern, sehr gern sogar, wenn ihr hier im Stift getraut werden möchtet."

„Das freut uns sehr, wenn du das tun würdest", jubelte auch Petra, und Geli strahlte nicht weniger …

„Habt ihr schon einen Terminvorschlag?", wollte Martin nun klarerweise wissen. „Wenn ja, machen wir das doch gleich fest."

Diese Frage konnte Josef schnell beantworten: „Am 2. Juni, das ist der Samstag vor Pfingsten, hätten wir das gern. Da haben es die Gäste, die von weiter herkommen, leichter, weil der Montag noch frei ist."

Martin blätterte aufgeregt in seinem Kalender und atmete sichtlich erleichtert auf: „Ja, das ginge auch von meiner Seite. Dann sollten wir uns aber noch mal zusammensetzen und Näheres besprechen. Am besten auch hier in Schlägl, weil es auch um Organisatorisches geht, was am Ort einfacher abzuklären ist."

Auch darüber herrschte Einigkeit. Anfang Februar sollte das geschehen. Und zu einem Punkt, der bei der Vorbereitung auf eine kirchliche Trauung an sich eine wichtige Rolle spielte, musste Martin dann aber lachen: „Also, einen Eheunterricht braucht ihr wirklich nicht mehr. Durch das, was so alles hinter euch liegt, habt ihr hinlänglich bewiesen, dass ihr felsenfest zueinander steht. Ihr seid für alle Familien ein sehr großes und ermutigendes Vorbild. Und dass ihr nicht schon längst verheiratet seid, liegt wirklich nicht an euch. Ihr hattet das längst gewollt, euch haben nur die politischen Verhältnisse in unserem geteilten Land einen Strich durch die Rechnung gemacht. Wir sollten uns nur darüber noch absprechen, welchen Trauspruch ihr euch wünscht, welche Lieder gesungen werden sollen und so weiter ..."

Damit war nun klar: Der 2. Juni 1990 wird ein großer Tag werden ...

Josef und Petra hatten sich natürlich gefragt, ob sie überhaupt noch eine Hochzeit feiern sollten? Sie waren längst ein Paar, und ihre Liebe zueinander hatte die langen bitteren Jahre überdauert. Wozu dann noch so ein Fest? Aber sie wollten es, um Gott zu danken und zu preisen. Ihm zu Ehren wollten sie dieses Fest feiern, auch als Zeugnis, dass von Gott nichts Böses, nichts Trauriges kommt, dass er aber Traurigkeit in Freude verwandeln kann. Nur ER sollte im Mittelpunkt stehen.

Mitten in die Hochzeitsvorbereitungen platzte am 2. Mai 1990 noch ein anderes großes Ereignis: Josef durfte in seine Stasiakten reinschauen.

Was ab 1. April 1990 möglich war. Die Bürgerbewegungen, eingeschlossen die ‚Initiative Glasnost und Perestroika für Österreich‘, hatten es mühsam erkämpft und durch Sitzstreiks verhindert, dass Akten die Stasigebäude verließen, um vernichtet oder irgendwo anders versteckt zu werden. Sie waren sogar in die Gebäude eingedrungen und hatten auch dort die Aktenzerstörung verhindert. All das war im Herbst 1989 vor sich gegangen … Und nun durfte jeder Volksrepublikaner erfahren, was das Schwert und Schild der Partei über ihn zusammengetragen hatte …

Josef war für 10 Uhr in die ehemalige Stasizentrale in der Troststraßenkaserne bestellt worden. Er hatte Petra und Geli mitgenommen, was erlaubt war. Die drei nahmen gespannt in einem kleinen Warteraum Platz. Eine Tür öffnete sich und eine junge Angestellte begrüßte die Anwesenden freundlich, einen Aktenwagen mit fünf prall gefüllten Ordnern vor sich her rollend. Sie bat die drei in einen Nebenraum, in dem ein großer Tisch, von mehreren Stühlen umgeben, stand. Am Fenster befand sich ein Kopierer auf einem kleinen Tisch, der benutzt werden durfte. An ihm war ein Zählwerk angebracht, und nach Abschluss der Einsichtnahme würde abgerechnet werden, hieß es. Jede Kopie kostete einen Schilling … Josef war fassungslos! Fünf dicke Ordner hatten sie über ihn angelegt.

„Falls Sie mehr Zeit benötigen, können wir uns einen weiteren Termin ausmachen“, erklärte ihm die nette junge Angestellte noch.

Josef seufzte und glaubte felsenfest, dass er heute bestimmt kaum fertig werden würde.

Langsam blätterte er im ersten Ordner. Er kam aus dem Staunen nicht heraus, was sie alles über ihn zusammengetragen hatten. Da berichtete immer wieder ein IM, ein inoffizieller Mitarbeiter, „Herbststurm“ … Josef kam schnell drauf, dahinter verbarg sich Gregor. Oh, war der ihm oft auf den Fersen gewesen! Viel zu oft.

„… Kollege Pospischil beklagt sich laut über die fehlenden Materiallieferungen, weshalb Termine nicht immer eingehalten werden können. Er zieht Vergleiche mit West-Wien und Westösterreich, wo das angeblich besser klappt. Damit schürt er große Unzufriedenheit unter den Kollegen und Kunden und stellt unser sozialistisches Wirtschaftssystem als das schwächere hin. Einige Kollegen und Kunden pflichten ihm bei, aber nachdem ein M.S. (nähere Personalien anliegend) aus Perchtoldsdorf in die Menge geschrien hatte: Das hat selbst im Krieg unter Hitler noch besser funktioniert!, sah ich mich gezwungen, die Sicherheitsorgane einzuschalten …"

Aha, deshalb kam der nette alte Herr Siebert nicht mehr zu uns …

Dann war da ein Vermerk, den der „Herbststurm" nach der Verhaftung von Franz angelegt hatte: „Kollege Pospischil missbilligt die Verhaftung des Volksschädlings Hellgruber und vergleicht sie mit den Verhaftungen durch die Gestapo. Dem stimmen einige Kollegen zu. Die Überführung des Betriebes in Volkseigentum empfindet Kollege Pospischil als staatlich sanktionierten Raub. Außerdem würde der Betrieb als volkseigener Betrieb bestimmt nicht mehr so gut funktionieren, weil die nunmehrige Leitung nur aus Parteikadern besteht, die über keinerlei Fachkenntnisse verfügen. Kollege Pospischil betreibt damit Boykotthetze …"

Jetzt weiß ich endlich, warum mich der Generalboss in der Brünner Straße damals so runtergeputzt hatte und mir gedroht hatte, wenn ich weiter so negativ eingestellt bleibe, würden wir uns woanders unterhalten müssen, wo ich mich dann wegen dieser Boykotthetze zu verantworten hätte. Und warum sie mir wirklich die weitere Meisterausbildung für Jahre blockiert hatten …

Natürlich wurde auch seine Weigerung, sich der Betriebskampfgruppe anzuschließen, nachdem er dann doch Werkstattleiter geworden war, gebührend festgehalten:

„Kollege Pospischil wiegelt die Kollegen auf, sie sollen sich bloß nicht der Kampfgruppe anschließen. Auch er sieht als Staatlicher Leiter nicht die Notwendigkeit ein mitzumachen. Für ihn sind die Kampfgruppen total überflüssig. Wer im Westen hat schon Interesse an unseren heruntergewirtschafteten Betrieben?"

Es hätte Josef sehr gewundert, wenn nicht auch etwas über seine Haltung zum Ungarn-Aufstand kommentiert worden wäre. „… Kollege Pospischil stellte sich bei der Betriebsversammlung aus Anlass der Niederschlagung der Konterrevolution in der Ungarischen

Volksrepublik auf die Seite der Verräter unter der Führung von Nagy. Er befürwortete die Maßnahmen des von den USA unterstützten Volksverräters Nagy, dass Ungarn aus dem Warschauer Vertrag und aus dem RGW austreten soll … Auch das aggressive Auftreten der USA, Großbritanniens und Israels in der Suez-Krise billigte Kollege Pospischil … Es wird eine ernste Belehrung des Kollegen Pospischil durch die BPO angeregt …" Die interessanterweise nie stattgefunden hatte.

Es bedarf wohl keiner besonderen Erwähnung, dass auch seine Kündigung gebührend kritisiert wurde: „… Kollege Pospischil hat seine Kündigung zwar mit der freien Wahl des Arbeitsplatzes innerhalb ganz Wiens begründet. In Wirklichkeit ist er damit nur der mehrmaligen Aufforderungen ausgewichen, sich der Kampfgruppenausbildung zu unterziehen …"

Ach, und dann stocherte auch noch ein IM „Wühlmaus" in Josefs Leben herum, der ihn im Westen beschattet hatte. Ja, ja, das war der, der mir so komisch vorgekommen war, als er seinen VW Käfer bei uns reparieren ließ und der mich dann nach der Grenzschließung verhaftet hatte, als ich an der Triester Straße zu fliehen versuchte, dämmerte es Josef. Der stand jetzt vor seinem geistigen Auge, wie er sich so merkwürdig umschaute und seine Ohren spitzte. Ein bisschen professioneller hätte er das schon machen sollen, Josef musste lachen. Die CIA, der KGB, der Mossad, selbst die DDR-Stasi hätten sich konspirativer verhalten …

Aber er wusste genauestens, was Josef in Hietzing so trieb. Er kannte Franz' Privatadresse und auch über Petra war er genau informiert. Sogar die Gasexplosion in dem Haus in der Lainzer Straße war vermerkt, in das Josef und Petra ziehen wollten. Logisch, dass ihm auch Petras Wohnungswechsel in die Hietzinger Hauptstraße bekannt war. Warum sie ihn deshalb damals noch nicht verhaftet hatten, wo sie das alles wussten …? Auch dafür gab's eine Antwort in den Akten: „Hinsichtlich Zuführung des J. P. durch unsere Organe bitte noch warten. Er zögert noch wegen der Krankheit seiner Eltern. Es ist besser, wenn wir ihn noch zappeln lassen, weil wir so noch einiges erfahren können. Besonders wegen des Volksschädlings H. soll IM unbedingt versuchen, herauszukriegen, wie H. zu Geld gekommen ist. Gibt es Verbindung zu CIA, Mossad, BND, westösterreichischen Verfassungsschutz ... Ja, unbedingt noch fest dranbleiben. Auf normale Weise kann H. nicht zu diesem Wohlstand gekommen sein ..."

Unterschrieben war das von einem Oberst Harald Binder ... Nach der Grenzschließung kam dann gleich wieder ein Auftrag von oben: „Hinsichtlich Josef Pospischil ordne ich Zersetzungsmaßnahmen an. Mittels Desinformation ist er gefügig zu machen. Sein Ziel, unsere Republik zu verlassen, besteht nämlich einzig darin, zu seiner Verlobten Petra Eichberger zu gelangen. Wenn dieses Ziel wegfällt, wird J. P. nicht mehr die Absicht hegen, die VRÖ (Volksrepublik Österreich) zu verlassen. Um dieses Ziel zu erreichen, ist ihm eine Todesanzeige der P. E. zur Kenntnis zu bringen. Abt. XIX ist anzuweisen, alle Post von P. E. an J. P. abzufangen und ihr zurückzusenden. Auch ihr ist mitzuteilen, dass J. P. verstoben ist, damit sie Ruhe gibt. Abt. XVII ist anzuweisen, nachzuforschen, ob weitere Kontakte von P.E. in die VRÖ bestehen, und wenn dem so ist, diese geeignet zu unterbinden."

Unterschrieben wieder vom Oberst Harald Binder.

An diese Anweisung hing die Josef bekannte Todesanzeige ... Mit dem Vermerk: „Auftrag ausgeführt. B. Kreitner, Major ..."

Alle drei waren außer sich. Welcher Abgrund menschlicher Boshaftigkeit hatte sich da aufgetan! Können Menschen wirklich so grausam sein? Ja, du hörst und liest von Scheußlichkeiten aller Art, die Menschen überall auf der Welt angetan werden, aber wenn es dich selber, deine nächsten Angehörigen oder Freunde betrifft, bekommt das plötzlich eine total andere Dimension. Geradezu zynisch war das Protokoll von Josefs Verhaftung verfasst, in dem es am Schluss hieß: „... Das erklärte Ziel, J. P. von einer Republikflucht abzuhalten, scheint erreicht zu sein ..."

Das bestätigte IM „Herbststurm" dann auch noch einmal ein paar Tage später: „Kollege Pospischil hat sich mit der Todesnachricht sichtlich abgefunden. Es besteht keine Gefahr mehr, dass er unsere Republik illegal verlässt ..."

IM „Wühlmaus" war aber noch immer aktiv. Er berichtete von der Reparatur seines VW Käfers in Franz' Werkstatt am

27. Oktober 1961. „… Ich tat so, als ob ich mich darüber wundere, dass J. P. nicht mehr in der Werkstatt tätig ist. Die Kollegen bedauerten das sehr und meinten, es sei schade, dass J. P. so plötzlich gestorben sei. P. E. hatte es ihnen mitgeteilt, als sie kürzlich wegen ihres Volvo in der Werkstatt war, an dem eine kleine Reparatur nötig war. Sie hatte auch erzählt, sie sei schwanger und sei darüber sehr traurig, dass sie das J. P. nicht mehr mitteilen kann …"

Auch das wusste die Stasi! Nur Josef nicht! Und damit Josef diese Nachricht auch wirklich nicht erfahren sollte, wurden Abt. XVII und XIX nochmals angewiesen, alle an Josef gerichtete Post unbedingt verlässlich abzufangen … Als später West-Wiener Bürger Besuche im Ostsektor abstatten durften, kam noch mal eine dringende Anweisung, eventuelle Einreiseanträge von P. E. abzulehnen, und zwar mit der Begründung: „Zu besuchende Person verstorben." Es wurde auch darauf hingewiesen, dass „P. E. versuchen könnte, als Touristin einzureisen. Auch das ist unbedingt zu verhindern …"

„Und ich hatte immer gedacht, Franz hatte wirklich im Osten spioniert und ich hänge dadurch mit drin, weil ich bei ihm gearbeitet habe und Petra auch, weil ich ihretwegen bei Franz gearbeitet habe und deshalb haben sie den ganzen Wirbel verursacht", seufzte Josef. Er las weiter, und dann offenbarten sich noch andere Dinge, nämlich seine Haltung zum Prager Frühling, die festzuhalten eine absolute Selbstverständlichkeit war. „Hier zeigte sich in aller Deutlichkeit, dass Kollege Pospischil immer noch der sozialrevisionistischen Einstellung der SPÖ anhängt. Er wünscht sich, dass die konterrevolutionären Ideen des Alexander Dubcek auch bei uns Einzug halten, und wiegelt die Kollegen auf, es ihm gleich zu tun …"

Oh, jetzt wurde es sehr interessant. Josef schüttelte entsetzt den Kopf.

Das folgende hatte ein IM „Präsident" verfass und hinter diesem verbarg sich Gretes Vater. Ja, der Banker aus der Staatsbank, der kein gutes Haar an der Volksrepublik gelassen hatte, war äußerst aktiv gewesen, hatte gewaltig in Josefs Leben herumgestochert.

Von der Wahrheit hatte er allerdings nichts gehalten, denn was er gemeldet hatte, war erstunken und erlogen, dass sich die Balken nur so biegen. „Herr Josef Pospischil äußert sich auffällig negativ über unsere Republik. Er wünscht sich einen baldigen politischen Umsturz und sucht Leute, die ihm dabei helfen."

Was dieser noble Herr selber im Visier hatte, hatte er Josef angedichtet. Und in diesem Sinne ging es munter weiter: „Herr Pospischil sieht in der Planwirtschaft keine Zukunft. Österreich müsse schnell vereinigt werden und dem kapitalistischen Wirtschaftssystem einverleibt werden …"

Nicht zu fassen! Jetzt dämmerte es Josef. Er sollte schon im Sommer 1970 wieder Werkstattleiter werden, aber dann war auf einmal davon keine Rede mehr. Stattdessen war er ein paarmal zu ihm merkwürdig vorgekommenen Kaderaussprachen in die Zentrale geladen worden. Da hatten sie ihn befragt, was er von unserem Wirtschaftssystem halte und so weiter … Jetzt war ihm alles klar.

Als ein IM „Kirchenmaus" seinen Bericht über Josefs Aktivitäten in der Gemeinde und über seine Kontakte zu Martin abgab, schluckte Josef dann noch viel mehr. Dieser IM war nämlich Rainer, sein Neffe. In seiner politischen Verblendung hatte er sich zur Bespitzelung der ganzen Familie hinreißen lassen. Josef las hier nur das, was ihn betraf. Wer weiß, was er über seine Eltern, über Sissi, Babsi, Michi noch verfasst hatte?

In die Gemeinde hatte Josef oft eingeladen, besonders zu Spezialveranstaltungen, eben Taufen, Hochzeiten, Chorabende, Evangelisationen, Adventsfeiern, Osterfrühstücke.

Gabi und Rainer waren ein paarmal mitgekommen, und prompt hatte Rainer darüber berichtet. Auch über einen Heilungsgottesdienst.

„… Der Prediger Horwath legte etwa zehn Männern und Frauen, die auf seinen Aufruf nach der Predigt hin nach vorn gekommen waren, nacheinander die Hände auf und sprach ein Gebet. Ein älterer Mann ist auf zwei Krücken nach vorn gekommen, und nachdem der Prediger für ihn gebetet hatte, ging er ohne Hilfe der Krücken wieder an seinen Platz zurück.

Abt. XXII soll klären, ob dieser Paul Richter die Heilung nur gespielt hat. War er wirklich gehbehindert? Dazu auch Nachfrage über Abt. XXV.Es sind unbedingt Maßnahmen zu ergreifen, damit diese Scharlatanerie aufhört. Die Mitglieder sprechen immer von Kontakten zum Himmel, dass sie von dort etwas an sich nehmen können, um es auf die Erde zu bringen. Es konnte konkret nicht festgestellt werden, dass diesbezügliche Gegenstände aufgetaucht sind. Aber es ist trotzdem unbedingt zu klären, ob Gegenstände illegal, ohne die Staatsgrenze offiziell zu passieren, in die VRÖ eingeführt wurden und noch werden und wenn ja, welche konspirativen Wege beschritten werden und welcher Geheimcode, von welcher Geheimorganisation stammend, sich hinter dem Wort Himmel verbirgt …"

„Jetzt spinnen sie aber total!" Josef musste laut lachen, Petra und Geli genauso.

„Wenn das nicht so einen traurigen Hintergrund hätte, würde man die Stasi-Aktivitäten für ein Kasperltheater halten." Geli konnte nur entsetzt den Kopf schütteln.

Josef erinnerte sich, dass Bruder Horwath nach diesem Gottesdienst, es war der erste Heilungsgottesdienst, zur Stasi vorgeladen wurde und daraufhin noch einige weitere Schikanen zu erdulden hatte und immer wieder die Gemeinde um Gebet ersucht hatte.

Zu den nächsten Gottesdiensten kamen dann ein paar „Unauffällige", aber das Beste war, dass beim vierten Heilungsgottesdienst einer dieser „Unauffälligen" nach vorn ging, weil er über starke Rückenschmerzen geklagt hatte, die nach dem Handauflegen und dem Gebet von Bruder Horwath verschwunden waren. Seitdem war kein „Unauffälliger" mehr zu den Heilungsgottesdiensten erschienen, die an jeden zweiten Samstagnachmittag im Monat, außer im August, stattfanden. Auch Josefs Kontakte zu Frantisek und Jelena waren dokumentiert. Mit voller Adresse und Ersuchen an den CSSR-Geheimdienst, weiter nachzuforschen, was es mit den beiden auf sich hat … Natürlich war auch Josefs Mitarbeit in der „Initiative Glasnost und Perestroika für Österreich" registriert. Und als Josef am Freitag, dem 14. 7. 1989, in der Firma von Gelis plötzlichem Besuch erzählte, notierte auch dieses IM „Herbststurm" noch pflichtgemäß: „Kollege Pospischil hat gestern Besuch von seiner Tochter Angelika Kogler erhalten, die ihm berichtete, dass Petra Eichberger lebt. Sie werden sich morgen treffen ..."

Da jedoch war die Roland-Regierung schon im Amt und die interessierte sich nicht mehr dafür. Es fand sich im Akt auch kein Kommentar der Stasi-Behörde mehr dazu. Josef, Petra und Geli waren außer sich und kämpften immer abwechselnd mit den Tränen. Sie konnten nicht fassen, was sich ihnen in den Ordnern offenbarte, richtig gesagt, in den ersten beiden von den fünf. Was wird wohl in den restlichen drei noch zum Vorschein kommen?

Fünf äußerlich normal ausschauende, gepflegte Aktenordner. Aber was in ihnen abgelegt war ... Nicht nur ein Menschenleben, da es auch Bezüge zu Petra, Geli, Sissi, Poldi, Josefs Eltern, zu Nachbarn, Kollegen, Freunden gab. Josef, Petra und Geli hätten empört, verzweifelt, gedemütigt sein können, aber sie beteten in dem Geiste, wie einst Jesus am Kreuz von Golgatha: „Vater, vergib ihnen, denn sie wissen nicht, was sie getan haben ..."

Jesus hatte für all ihre Schandtaten schon damals, vor fast 2.000 Jahren, vor den Toren Jerusalems, bezahlt ...

Am Sonntag, dem 27. Mai 1990 kurz nach 16 Uhr, traf Sveti mit ihrem Mann Oleg auf dem Flughafen Schwechat ein. Die beiden waren den ganzen Tag über unterwegs gewesen, erst sieben Stunden von Ulan-Ude bis Moskau, wo sie zwei Stunden warteten, bis es in einer IL 62 bis Wien weiterging, ein noch einmal drei Stunden langer Flug.

Es war eine so herzliche Begegnung, und obwohl Josef Sveti schon viel von alldem, was so in den letzten Jahren passiert war, geschrieben hatte, gab es immer noch viel zu reden, weil reden nun einmal viel leichter ist als schreiben. Die beiden Gäste sollten in Josefs Wohnung schlafen, in ihr war für die zwei Urlaubswochen wirklich genug Platz. Aber am Abend wurde erst mal mit einem echten „Baikal"-Wodka angestoßen.

Seit dem 24. November 1950, also seit fast 40 Jahren, hatte Josef Sveti nicht mehr gesehen.

Sie war damals nach einem netten Kinobesuch in die Straßenbahn eingestiegen und hatte ihm noch fröhlich zugewunken. Die beiden hatten sich so sehr auf morgen gefreut, doch es gab kein gemeinsames „Morgen" mehr.

Josefs Wohnung kannte Sveti nicht mehr, in ihr hatte er aber noch oft an sie gedacht.

Und nun lernte sie Petra, Geli, Wolfi und Andrea kennen. Gehört hatte längst jeder von jedem, wenn man Andrea einmal ausnimmt, aber nun konnte man endlich auch miteinander reden. Der Abend wurde noch sehr, sehr lang. Für Oleg war er anstrengend, weil er nur wenig Deutsch verstand und Sveti übersetzen musste, was auch für sie mühsam war, aber die beiden störten sich kein bisschen daran … Am Dienstagabend besuchten sie alle zunächst den Platz vor dem Bahnhof Floridsdorf, wo sich natürlich viel verändert hatte.

Sveti staunte, dass die 26er-Tram noch fuhr, allerdings mit moderneren Wagen, aber die Strecke war noch dieselbe. Genauso die Haltestelle, an der sie immer ein- und ausgestiegen war, um zu ihrem Haus zu gelangen. Das Haus hatte inzwischen eine neue Fassade und einen kleinen Anbau bekommen, der wahrscheinlich als Lager diente. Der Garten sah aber früher gepflegter aus, weil Sveti sehr drauf geschaut hatte, wie das Burjaten gern tun.

Das Schild am Eingang verriet: Hier wohnte eine Familie Steinkellner. Ein schwarzer Pudel hielt Wache und bellte die vermeintlichen Eindringlinge laut und eindringlich an.

Neununddreißigeinhalb Jahre waren seit damals vergangen …

Der Mittwochabend gehörte der Ettenreichgasse, wo Sveti die Pädagogische Schule besuchte, die auch jetzt noch der Ausbildung künftiger Lehrer und Lehrerinnen diente. Untertags spazierten Sveti und Oleg allein durch Wien, besuchten die Museen im 1. Bezirk und dank der offenen Grenze auch das Schloss Schönbrunn. An vielen Stellen kamen in Sveti alte Erinnerungen hoch, die sie ihrem Mann gern offenbarte.

Am Donnerstag aber lud Geli die beiden zum Mittagessen ein, weil sie am Nachmittag frei hatte. Josef und Petra stießen am Abend dazu. Ja, Geli war nun mal ein sehr gastfreundlicher Mensch.

Am selben Sonntag, dem 27. Mai 1990, traf Paul eine Gruppe von Juden, die während der NS-Zeit Wien verlassen mussten und die Stätte ihrer Kindheit gern einmal wiedersehen wollten. Die Stadt Wien, zum ersten Male Ost- und West-Wien gemeinsam, hatte zu diesem Besuch eingeladen. Ost-Wien spielte hierbei ohnehin die größere Rolle, weil die Wiener Bezirke, in denen früher Juden lebten, zu Ost-Wien gehörten. Weshalb auch der Ost-Wiener Oberbürgermeister die Gäste zuerst willkommen geheißen hatte. Paul sollte die medizinische Betreuung der Gäste übernehmen. Beim gemeinsamen Kaffeetrinken im Rathauscafé setzte er sich zu einer Dame mit ihrem Mann und ihrer erwachsenen Tochter und meinte freimütig: „Ich hoffe, dass ich heute nichts zu tun habe", woraufhin sie ihn alle verdutzt anschauten. Paul hatte damit gerechnet und erklärte ihnen klipp und klar: „Schauen Sie, ich bin als Arzt hier und wünsche mir, dass Sie hier nette Tage erleben und Ihre kostbare Zeit nicht in einer Arztordination oder gar im Spital verbringen müssen."

Die Dame lachte: „Da haben Sie natürlich recht, denn ich möchte in erster Linie den 2. Bezirk wiedersehen, wo ich als Kind gelebt habe, bis wir Anfang 1939 nach Paris ausgewandert sind, besser gesagt, auswandern mussten."

„Wo haben Sie denn im 2. Bezirk gewohnt?", interessierte sich Paul sehr, und die Dame enthielt es ihm auch nicht vor: „In der Großen Mohrengasse. Ich sag's Ihnen, das war eine schöne Zeit, selbst noch nach dem sogenannten ‚Anschluss' so halbwegs, weil ich einen netten kleinen Freund hatte, der mich manches vergessen ließ oder nicht so sehr an mich rankommen ließ, was um mich herum passierte."

„Ja, da haben Sie zweifellos liebe Erinnerungen, und ich kann gut nachfühlen, dass Sie alles einmal wiedersehen möchten", pflichtete ihr Paul bei, wollte dann aber wissen: „Wie hieß denn Ihr Freund?"

„Josef", antwortete die Dame und ergänzte: „Er hatte noch zwei Schwestern, die auch meine Freundinnen wurden, die Sissi und die Poldi. Wir haben viel zusammen gespielt. Wer weiß, ob die drei noch leben, und wenn ja, wo?"

Paul hatte genauestens zugehört und konnte nicht fassen, was er da soeben vernommen hatte. Bei den vielen Juden, die Wien verlassen mussten, sollte ausgerechnet … „Sagen Sie, heißen Sie Sara?"

„Ja", wunderte sich die Dame natürlich. „Wie kommen Sie darauf?"

„Na, ich bin mit der Poldi verheiratet und der Josef ist somit mein Schwager!"

Jetzt musste Sara schluchzen, sie umarmte Paul und fragte ihn leise: „Kann ich Josef sehen und natürlich auch Sissi und Poldi?"

„Natürlich sehr gern!", frohlockte Paul. „Sie kommen nämlich gerade recht, denn Josef heiratet kommenden Samstag. Aber dass es dazu erst jetzt kommt, erzählt er Ihnen gern selber und viel genauer, als ich das kann. Kommen Sie morgen Abend zu uns, da sind wir alle wegen der Hochzeitsvorbereitungen zusammen. Aber Sara, wir sollten jetzt doch Du zueinander sagen? Ich bin der Paul!"

Sara willigte bereitwillig ein und kam mit ihrem „Anhang" tatsächlich am Montagabend.

Paul hatte Josef nichts von seiner ungewöhnlichen Begegnung erzählt. Es sollte eine Überraschung werden …

Es wurde auch eine, als Sara an der Sprechanlage zu Petras Wohnung läutete und Paul den Türöffner betätigte: „Jetzt werdet ihr aber Augen machen!" Pauls geheimnisvolles Tun erzeugte in der Tat eine große Spannung unter den Anwesenden. Nach dem Eintritt von Sara, ihrem Mann Itzak und Tochter Mirjam staunten sie dann wirklich alle. Itzaks Kippa ließ Josef vorsichtig fragen: „Bist du etwa Sara?"

Die Angesprochene bejahte und Josef lief auf sie zu, ihr um den Hals fallend.

„Ja, du hast wirklich noch gefehlt. Jetzt sind wir alle zusammen, die wir zu unserer Hochzeit zusammen sein sollten, sicherlich nicht heute alle hier, aber verlässlich am Samstag."

Josef stellte Sara und ihre Familie den Anwesenden vor. Und auch Sissi und Poldi umarmten sie mit feuchten Augen.

„Von dir hat mir Josef viel erzählt", fiel Sveti dann ein, und Petra ergänzte: „Stimmt, auch mir hat Josef viel von dir erzählt, und das immer etwas wehmütig."

„Ich hab' ihn ja auch nie vergessen", bekannte auch Sara, und nachdem ihr Josef seine Geschichte mit Sveti und Petra erzählt hatte, und Sara und ihr „Anhang" nun wussten, weshalb es erst jetzt zu Josefs und Petras Hochzeit kommt und sie sich riesig darüber freuten, Zeuge dieses Ereignisses sein zu dürfen. Sara erzählte von ihren Erlebnissen, wollte zum Anfang aber auch das gesagt haben: „Ja, wir haben alle viel Trauriges hinter uns, aber natürlich auch Frohes erlebt, und ich freue mich, heute neue Freunde gefunden zu haben. So etwas tut immer sehr gut, aber nun solltet ihr endlich hören, was ich so hinter mir habe."

Alle lauschten gespannt: „Wir sind, wie gesagt, im Jänner 1939 nach Paris gezogen und haben in der Nähe vom Montmartre gewohnt. Das war so lange gut, bis Paris von den Nazis besetzt wurde. Wir konnten uns noch eine Zeit bei Freunden verstecken, bis sie uns im Frühjahr 1942 geholt haben und deportierten. Tagelang sind wir in Güterwagenzügen unterwegs gewesen, kreuz und quer durch Europa, bis wir nach zwei Wochen Fahrt in Auschwitz ankamen. Wir hatten kaum etwas zu essen und zu trinken gekriegt, und wenn sie uns einen Kübel Wasser in den Waggon gestellt hatten, gab's fast eine Schlägerei darum. Genauso, wenn sie uns halb verschimmeltes Brot reingeschmissen hatten. Ja, in Auschwitz dann wurden wir gleich an der Rampe getrennt. Meine Eltern nach links, ich nach rechts. Meine Eltern habe ich nie mehr gesehen, und bald wusste ich, dass alle, die nach der Ankunft nach links mussten, sofort in die Gaskammern kamen. Ich konnte das gar nicht fassen. Warum so viel Grausamkeit? Mein Papa hat früher als Rechtsanwalt vielen zu ihrem Recht verholfen und nun musste er das erleiden? Und meine Mami hat sich um uns in der Familie gekümmert, und nun das? Das kann ich immer noch nicht verstehen, wahrscheinlich werde ich das nie verstehen können, dass Menschen so grausam sein können …" Sara musste weinen, Petra, die neben ihr saß, nahm sie in ihren rechten Arm. Nur langsam beruhigte sie sich, bis sie weitererzählte: „Ich kam in eine große Baracke und musste arbeiten. Ich musste die Räume der Verwaltung putzen, den Mist raustragen und alle möglichen anderen Dreckarbeiten machen. Und wenn ich das nicht schnell genug gemacht habe, gab's Prügel. Aber ich habe, zusammen mit zwei Mädchen aus Deutschland und Holland, herausbekommen, wann die Ablösen der Wächter an den elektrischen Zäunen stattfinden. Wir hatten ja manchmal an der Nähe der Zäune zu tun. Und wir waren noch nicht so groß, dass wir nicht unter die elektrische Leitung durchpassten. Allerdings nur an einigen wenigen Stellen, die wir inzwischen kannten. Und an einem Abend im Herbst 1943 haben wir es gewagt. Es war auch sehr schlechtes Wetter und daher am Abend besonders dunkel. Wir haben uns erst hinter einer kleinen Baracke versteckt, in der Material gelagert war, und während der Ablöse des Wachpersonals, als nicht ganz so scharf geschaut wurde, sind wir schnell durch und haben es wirklich geschafft. Diesen kurzen Moment haben wir unbedingt abpassen müssen.

Wir sind schnell bis zum nächsten Dorf gelaufen und eine ältere Frau hat uns gesehen und die Tür geöffnet. Es war eine polnische Frau. Für uns als zehn- bis zwölfjährige Mädchen war sie alt, ja, für Zehn- bis Zwölfjährige ist eine etwa 40-jährige Frau schon alt. Sie hat etwas deutsch sprechen können und hat gemeint, wir müssen mindestens drei Tage bleiben, denn drei Tage suchen sie Ausbrecher aus dem Lager. Dann hat sie uns die Haare blond gefärbt und uns neue Kleidung gegeben, die noch von ihren Kindern stammte. Wir dürfen nicht wie Juden ausschauen, hat sie streng gesagt. Das musste sie uns so einschärfen, weil sie uns helfen wollte. Sonst war sie sehr nett zu uns, was uns gut getan hat. Wir haben zu essen bekommen und konnten uns nach langer Zeit wieder einmal satt essen. Das war ein wunderbares Gefühl, was sich mit normalen Worten nicht beschreiben lässt. Wir waren zur Sicherheit aber eine Woche bei ihr, und dann hat sie einen ihr vertrauten Kutscher gebeten, uns bis nach Krakau zu bringen. Wir konnten uns auf seiner Kutsche gut verstecken. Der Kutscher brachte uns zu einem Güterbahnhof und kannte dort einen Arbeiter, für uns war es jedenfalls ein Arbeiter, der

uns in einem Güterwagen versteckte. Der Zug würde bis Gotenhafen, dem heutigen Gdynia, an die Ostsee fahren, sagte er uns,
und wir blieben auch ganz ruhig in dem Wagen. Der Mann hat
uns auch etwas zum Essen mitgegeben und auch zu trinken. So
haben wir die zwei Nächte und den einen ganzen Tag durchgehalten. Der Mann hat uns noch gesagt, wir sollen versuchen,
auf die ‚Svenska‘ zu kommen, die nach Malmö fährt.

Wir sind dann auch in Gotenhafen vorsichtig aus dem Güterwagen geklettert, als der geöffnet worden war, aber es hat uns ein
älterer Wehrmachtsoffizier entdeckt, der uns aber gedeutet hat,
wir sollen ruhig bleiben. Natürlich hatten wir Angst, dass er uns
an die SS ausliefert, aber irgendwie hatten wir doch Vertrauen
zu ihm geschöpft, dass er uns helfen möchte. Ich kann dieses Gefühl nicht beschreiben, es kam von Jahwe, so in dem Sinne: ‚Seid
getrost, es wird euch nichts passieren‘. Ja, der ältere Offizier hat
wirklich einem Hafenarbeiter, den er anscheinend gut kannte, gebeten, uns auf die ‚Svenska‘ zu bringen. Was auch geklappt hat.

So kamen wir nach Malmö, und dort übergab man uns an
das Schwedische Rote Kreuz. Die haben uns bei einer Familie
in Göteborg untergebracht, in der auch zwei Kinder lebten, ein
Bursche und ein Mädchen, die etwa in unserem Alter waren. Mit
denen haben wir uns gut verstanden, und auch die Eltern waren
sehr lieb zu uns. Jetzt konnten wir uns immer satt essen, normal
spielen und mussten keine Angst mehr haben, auf die Straße
zu gehen. Wir sind bis zum Sommer 1948 dort geblieben und
wollten dann in das neu gegründete Israel. Dabei haben uns die
Schweden sehr geholfen und die Kontakte hergestellt. Immerhin waren wir erst zwischen 15 bis 17.

Wir sind dann mit dem Schiff bis Haifa gefahren und dort in
einem Internat untergekommen, haben unsere Schulausbildung
abgeschlossen und dann zu arbeiten oder studieren begonnen.

Dadurch sind wir zwar voneinander getrennt worden, aber
wir haben den Kontakt bis heute erhalten, und auch mit der
schwedischen Familie sind wir noch verbunden. Ich war dreimal
bei ihnen zu Besuch und sie haben uns zweimal in Israel besucht.
Ich habe dann Wirtschaft studiert und arbeite jetzt als Leiterin

der Exportabteilung bei einem Lebensmittelgroßhandel. Wir exportieren zum Beispiel die bekannten Jaffa-Orangen und die guten palästinensischen Oliven. Ja, 1956 habe ich meinen Mann kennengelernt, der aus der Sowjetunion ausgewandert war, und zwei Jahre später kam unsere Tochter auf die Welt. Und nun wollte ich meiner Familie zeigen, wo ich als Kind gelebt habe und habe nicht gedacht, dass ich dabei Josef wiedersehen werde, was mich aber ganz besonders freut."

„Du bist aus Auschwitz geflüchtet!", staunte Geli. „Ich darf doch ‚du' zu dir sagen?" Sara nickte lächelnd und meinte: „Natürlich dürft ihr alle ‚du' zu mir sagen, das ist doch selbstverständlich. Ja, dass wir drei aus dem Lager fliehen konnten, war schon eine große Hilfe Jahwes. Jahwe hat auf uns aufgepasst, denn auch als wir glaubten, es schon geschafft zu haben, lauerte noch immer große Gefahr, weil es ein großes Sperrgebiet gab, in dem Soldaten patrouillierten. Daher war auch die polnische Frau so aufgeregt und hat uns gleich ins Haus gezogen. Die kannte das Ganze gut, ja, wenn man da in der Nähe gewohnt hat."

„An eurer Befreiung haben einige Länder mitgewirkt", stellte Josef erfreut fest. „Einmal Polen, dann Deutschland durch den Offizier und schließlich Schweden. Das war gelebte internationale Solidarität!"

„Ja, das stimmt", seufzte Sara. „Dass uns sogar ein Wehrmachtsoffizier geholfen hat, war etwas ganz Besonderes und zeigt, dass wir nicht alle Menschen in einen Topf werfen dürfen, auch nicht alle Deutschen, denn es gab nicht wenige von ihnen, die uns Juden geholfen haben und uns damit das Leben gerettet haben. Das sind die Gerechten unter den Völkern. Und solche finden sich eben auch unter Soldaten der deutschen Wehrmacht, die treu ihrem Gewissen als Soldaten und nicht als Mörder gefolgt sind. Ja, es gibt in jedem Land gute und weniger gute Menschen. Das ist bei uns in Israel nicht anders, obwohl ich mich in Jerusalem, wo wir jetzt wohnen, sehr wohl fühle und auch hinter unserer Regierung stehe."

„Aber es heißt doch immer, dass es immer wieder Anschläge und Bombenabwürfe gibt", wunderte sich Geli.

„Ja, das stimmt", antwortete Sara. „Fast täglich passiert etwas, besonders nahe dem Gazastreifen, wo meine Freundin Rahel wohnt. Ich habe das selbst schon erlebt, dass fast jeden Tag dort Alarm ist, weil etwas von drüben herüberkommt."

„Fast jeden Tag? Dass es so schlimm ist, weiß man hier gar nicht!", staunte Geli. „Es wird doch meistens nur davon berichtet, dass Israel die Palästinenser angreift und die sich dann wehren müssen."

„Ja, mit der Wahrheit ist das so eine Sache. Die erlebt man am besten vor Ort. Und noch besser, wenn du, übers Land verstreut, viele Freunde hast, die du öfter besuchst oder mit ihnen telefonierst. Aber ich habe auch zwei palästinensische Freundinnen, die Ayasha in der Westbank, nicht weit von Bethlehem entfernt, und die Djamila in Gaza-Stadt. Und eben meine jüdische Freundin Rahel nahe der Grenze zu Gaza. Natürlich dann auch meine beiden Freundinnen, mit denen ich gemeinsam aus Auschwitz geflohen bin. Die wohnen beide in Tel Aviv. Nun ja, so bekommt die ganze Problematik zwischen uns und den Palästinensern auf einmal ein Gesicht. Jetzt sehe ich dahinter Menschen, die ich kenne. Das ist jetzt nicht mehr anonym. Der Sohn meiner Freundin Ayasha in der Westbank dient sogar in der israelischen Armee. Auch das gibt es, dass ein Palästinenser in der israelischen Armee dient. Da wird dann alles noch ganz anders, denn jetzt kann es passieren, dass ein Palästinenser auf einen anderen Palästinenser schießen müsste. Das ist natürlich sehr tragisch und keinem zu wünschen.

Ja, wir bangen bei solchen Angriffen immer sehr. Bei einem Angriff aus Gaza ruft Djamila bei uns an, ob wir noch leben und umgekehrt. Wenn es einen Angriff von uns gibt, rufen Rahel und ich bei ihr an, und wir sind immer gegenseitig froh, wenn wir noch miteinander am Telefon sprechen können und wissen, es wurde bei keinem etwas zerstört. Was bedeutet, wir wollen alle keinen Krieg, und wenn jeder Israeli einen Freund drüben hat und umgekehrt auch, dann muss doch das ganze Bombenwerfen einmal aufhören, denn wer will schon seine Freunde töten? Wir müssen im Kleinen beginnen, Frieden zu stiften. Das können wir nicht nur den Politkern überlassen. Das ist zu wenig. Wir sind da alle gefragt."

Alle hatten still zugehört. Aber sie gaben Sara recht. So hatte das noch keiner gesehen. Saras Erkenntnis konnte jetzt aber auch den Österreichern in Ost und West helfen, wieder in Frieden und im gegenseitigen Verstehen zueinanderzukommen …

Ein strahlender Sommertag war er, dieser ersehnte 2. Juni 1990. Das Thermometer zeigte in dieser Mittagsstunde 31 Grad im Schatten. Da war es für Josef schon recht mühsam, im schwarzen Anzug zu erscheinen … Sie waren zahlreich erschienen, die geladen waren:

Geli und Babsi in farbenfrohen Dirndln, Sissi, Herbert, Poldi, Paul, Markus, Max, Wolfi, Andrea … Michi hatte seine Claudia mitgebracht, auch sie trug ein Dirndl, ein rot-weißes.

Petras Bruder Viktor war mit seiner Herta da und Tochter Cordula hatte ihren Bernd samt ihrem Sohn Gerhard mitgebracht. Und auch Margret aus Feldbach war mit von der Partie.

Auch Maria, die früher in Tulln gewohnt hatte und jetzt in Wien-Währing.

Dann waren natürlich Sveti, Oleg, Sara, Itzak und Mirjam anwesend. Auch Jelena und Frantisek waren pünktlich aus Prag angereist. Und die noch „unbemannte" Karla durfte wirklich nicht fehlen, die doch irgendwie „schuld" daran war, dass Geli an Josefs Haus vorbeimarschierte. Obwohl unter den weiblichen Gästen nichts abgesprochen war, erschien auch sie in einem Dirndl, in einem grün-weißen.

„Dass mein Ausflug damals nach Ungarn, als ich mich in Esztergom zu Geli und Wolfi an ihren Tisch setzte, solche Kreise ziehen würde, dass ich damit sogar eine Hochzeit auslöse, nein, das hätt' ich wirklich nicht gedacht", kommentierte sie das Ganze kopfschüttelnd lachend und wollte aber auch das noch festhalten: „Die beiden waren gleich so lieb zu mir, denn sie hätten mich auch mit mürrischen Blicken abschießen können, so nach dem Motto: Schleich dich! Was willst du denn hier? Aber genau das Gegenteil passierte! Wir haben uns sofort lieb unterhalten, und die beiden waren ganz normale Menschen, keine überheblichen Wessis, die mit ihren Westschillingen glaubten, ihnen gehöre die Welt …"

Außerdem kamen noch Freunde aus Josefs und Petras Gemeinde, klarerweise auch der gesamte Hauskreis aus dem 4. Bezirk. Und schließlich der Chor aus Petras Gemeinde.

Pastor Horwath wollte nach dem Segen noch ein paar Worte sprechen. Die recht zahlreichen Besucher des Stiftsgeländes an diesem sonnigen Pfingstsamstag staunten, was da wohl für eine große Hochzeit vom Stapel lief. Wenn sogar der Chef vom Ganzen die Trauung vollzieht … Bloß Gabi und Rainer waren nicht gekommen.

Punkt 14 Uhr läuteten die Glocken, als Josef und Petra langsam in die gut gefüllte Stiftskirche zogen. Für die Ehrengäste waren in den ersten Reihen Plätze reserviert worden. Beim Einzug spielte die Orgel den Hochzeitmarsch. Die Gäste erwiesen dem Brautpaar stehend die Ehre.

Dann begrüßte Martin die Gemeinde und betete für das Paar. Nach dem Choral des Stiftschores „Lobet den Herren, den mächtigen König der Ehren" und der für eine Hochzeitsmesse üblichen Liturgie sang der Chor aus Petras Gemeinde „Stern auf den ich schaue …"

Dann begann Martin seine Ansprache: „Ja, meine Lieben, heute erlebe ich die ungewöhnlichste Trauung, sei es als Priester oder als Hochzeitsgast. Ein Paar, das sich schon 31 Jahre lang kennt, aber von diesen fast 28 Jahre unfreiwillig getrennt war und sich trotzdem noch immer die Treue hält, obwohl die beiden nicht wussten, dass sie sich je wiedersehen werden, weil sie davon ausgehen mussten, dass der andere Teil nicht mehr am Leben ist, das kommt wahrlich nicht alle Tage vor. Es zeigt uns aber umso deutlicher, dass Gott immer das letzte und entscheidende Wort spricht, wenn wir uns ganz auf ihn verlassen und dieses in seiner unermesslichen Liebe und Treue, die wir nie ganz begreifen werden. Auch wenn es um uns herum dunkel ist und hoffnungslos scheint, sind wir nicht allein. Auch wenn wir Gottes Nähe nicht spüren, ist er da. Er hält uns an seiner rechten Hand und führt uns durch die Dunkelheit hindurch und bringt uns wieder ans Licht, an ein Licht, das dann heller ist als je zuvor und uns auch wieder viel froher sein lässt als vorher. Ja, Josef und ich, wir kennen uns von klein auf, weil wir derselben Schulklasse zugeteilt waren und während der gesamten Grundschulzeit im Klassenraum nebeneinander saßen. Wir haben zusammen die schwere Zeit des Ständestaates und die sich daran anschließende NS-Zeit erlebt, aber auch noch das erste Nachkriegsjahr. Ich kannte seine erste kleine Freundin Sara, mit der er sich gut verstanden hat und die dann als Jüdin leider mit ihrer Familie nach Frankreich emigrieren musste. Eine Zeit lang hat Josef noch etwas von ihr gehört, bis die Nazis auch Frankreich besetzt hatten.

Später, nach dem Krieg, lernte ich auch seine Freundin Sveti kennen. Da war ich schon hier im Stift zur Priesterausbildung. Eines Samstags stellte er sie mir vor, die Tochter eines hohen Sowjetoffiziers. Sie kam aus Ulan-Ude, der Provinzhauptstadt Burjatiens, nahe dem bekannten Baikalsee. Die beiden verlobten sich, bis Sveti und ihre Eltern eines Tages plötzlich wie vom Erdboden verschluckt waren, was damals während der Stalinära leider nicht ungewöhnlich war.

Es vergingen einige Jahre, bis mir Josef schließlich seine Petra vorstellte, eine Wienerin aus dem Westteil der geteilten Stadt. Auch sie verlobten sich und wollten heiraten, was damals im geteilten Wien nicht so einfach war, denn im Westen durfte er nur heiraten, wenn er dort auch seinen Hauptwohnsitz hatte, und im Osten war die Hochzeit mit einer West-Wienerin absolut unmöglich. Eine illegale Übersiedlung in den Westen, eine legale war bekanntlich nicht drin, hätte bedeutet, dass Josef den Ostteil der Stadt nie mehr hätte betreten können, ohne verhaftet zu werden. Aber im Osten lebten seine Eltern, und die waren sehr krank. Sein Vater starb im Frühjahr 1961 und der Sohn hätte ihn nicht im Spital besuchen und auch nicht auf seinem letzten Weg begleiten können. Aber auch seine Mutter musste sich noch einer Operation unterziehen, deren Ausgang Josef erleben wollte, bevor er in den Westen geht. Doch da kam die Grenzschließung dazwischen und ein illegaler Grenzübertritt wurde von der Staatssicherheit vereitelt. Diese verhaftete ihn und präsentierte ihm Petras Todesanzeige. Und auch Petra erhielt eine Todesnachricht von Josef und durfte nie mehr in den Ostsektor einreisen. Petra wurde schließlich noch von Josef schwanger, konnte ihm dieses aber nicht mehr mitteilen. Tochter Angelika besuchte dann aber im Juli vorigen Jahres, zwei Tage vor der Grenzöffnung, eine Freundin im Ostsektor, die sie ein Jahr zuvor in Ungarn kennengelernt hatte und die übrigens auch heute unter den Gästen ist. Ja, diese wohnt in Josefs Nähe, und das veranlasste Angelika schließlich dazu, an Josefs Haus vorbeizuschauen. Dabei entdeckte sie das Namensschild Pospischil. Neugierig geworden, begegnete sie tatsächlich Josef, wodurch es am Tage der Grenzöffnung zu einem Wiedersehen mit Petra kam.

An dieser Geschichte erkennen wir, wie wunderbar und unerforschlich Gottes Wege sind. Die beiden und auch Tochter Geli haben Gott vertraut, haben dem Herrn Jesus ihr Leben übergeben und wurden nie enttäuscht. Josef hat aber auch erfahren dürfen, dass Sveti noch lebt und inzwischen eine Familie hat. Sie hat leider die Grauen des Stalinschen Gulags erleben müssen. Aber als es seit Beginn der Perestroika durch Michail Gorbatschow möglich wurde, hat sie sich bei Josef gemeldet, und der Kontakt konnte wieder neu aufleben. Sie ist heute mit ihrer Familie unter uns, was außerordentlich erfreulich ist. Seine kleine Freundin Sara hat die Hölle von Auschwitz überlebt. Sie konnte sogar aus dem Lager fliehen und gelangte dank der Solidarität von Menschen aus mehreren Ländern in die Freiheit. Heute lebt sie mit ihrer Familie in Israel und kam auf einer Reise an die Stätten ihrer Kindheit auf wunderbare Weise mit Josef in Kontakt und ist heute auch mit ihrer Familie unter uns, was genauso höchst erfreulich ist. Seine ersten beiden Freundschaften sind durch die Gewaltherrschaft zweier Diktatoren unfreiwillig getrennt worden, aber sie haben gehalten. Nicht der Tod hat den Sieg davongetragen, sondern das Leben hat gesiegt und der, der den Tod in der Osternacht überwunden hat, unser Herr Jesus Christus! Ja, wir sollen wissen: Bei Gott ist kein Ding unmöglich! Es gibt keine Grenzen für Jesu Macht! Auch wenn alles noch so hoffnungslos scheint! Die Ideologien dieser Welt verfliegen, aber Gottes Weisheit bleibt immer dieselbe und auf Gott ist immer Verlass.

Wir dürfen ihm von ganzem Herzen danken und fröhlich miteinander feiern. Das Brautpaar hat sich den Vers aus dem 2. Korintherbrief, im 3. Kapitel, den Vers 17 gewählt: Wo der Geist des HERRN ist, da ist Freiheit. Gerade in diesen Monaten wird besonders viel von Freiheit geredet, weil die Grenzen, die uns jahrelang eingeengt hatten, gefallen sind, worüber wir natürlich sehr froh und dankbar sind. Aber wir erleben auch, dass uns die offenen Grenzen noch lange keine wirkliche Freiheit bringen. Es entstehen neue Zwänge, woran wir erkennen, dass Freiheit mehr ist als das Öffnen von Grenzen. Freiheit fängt im Inneren des Menschen an. Wir müssen frei sein für Gott, wir müssen die Befreiung von persönlicher Schuld erfahren, die Befreiung von Bindungen, von inneren Belastungen. So wie uns unser Herr Jesus im Matthäusevangelium, im 11. Kapitel, Verse 28–30 sagt: Kommet her zu mir alle, die ihr mühselig und beladen seid; ich will euch erquicken. Nehmet auf euch mein Joch und lernt von mir; denn ich bin sanftmütig und von Herzen demütig; so werdet ihr Ruhe finden für eure Seelen. Denn mein Joch ist sanft, und meine Last ist leicht. Ja, aus seiner Kraft werdet ihr die Aufgaben, die euch gestellt sind, erfüllen. Durch seine Kraft und Hilfe werdet ihr auch weiterhin einander beistehen können …"

Nach seiner Ansprache segnete Martin die beiden, und sie steckten sich gegenseitig die Trauringe an den rechten Ringfinger.

„Nun geht beide weiter getrost euren Weg mit Gottes barmherziger Führung und wisset, dass der HERR euch immer vorangehen wird …"

Josef und Petra wandten sich der Gemeinde zu, und alle winkten fröhlich. Pastor Horwath sprach noch ein kurzes Grußwort und Petras Gemeindechor sang danach: „Wenn Friede mit Gott meine Seele durchdringt …"

Schließlich sang noch der Stiftschor: „Wenn Himmel und Erde sich berühren …"

Danach zogen Josef und Petra, von der Orgel begleitet, aus der Kirche aus.

Im Stiftskeller war heute „geschlossene Gesellschaft". Es hätte auch kaum noch jemand Platz gefunden. Bis zum Abend wurde ausgelassen gefeiert. Dabei wollten Geli und Babsi aber auch das unbedingt noch loswerden, die Anwesenden aus ihren festlichen Dirndln zulächelnd:

„Auch wir haben heute etwas zu feiern, denn wir sind nun offiziell Cousinen geworden, worüber wir uns riesig freuen."

„Ja, das ist zweifellos ein sehr guter Grund zur Freude", fand Martin und stieß mit ihnen zusammen an und daraufhin lachte ihn Geli noch mit dieser freudigen Botschaft an: „Mitte Juli fahren wir vier, natürlich mit Max und Andrea, eine Woche gemeinsam nach Kärnten, was ich ganz super finde …"

Und es wurden überall an den Tischen fleißig Adressen und Telefonnummern ausgetauscht und Einladungen ausgesprochen, sodass die Eisenbahnverwaltungen, die Busunternehmen, die Fluggesellschaften bald gute Umsätze machen würden.

Also wechselten Zettel zwischen Geli, Babsi und Mirjam, zwischen Sara, Itzak, Sveti, Oleg und Sissi., zwischen Geli, Babsi, Mirjam und Karla und noch so weiter und so fort. Später wollte Viktor noch von Josef wissen: „Wie geht's nun mit euch weiter, so im Alltag?" Worauf Josef gern antwortete: „Erst mal fahren wir zwei Wochen nach Italien auf Hochzeitsreise. Venedig, Mailand, Rom. Dann ändert sich äußerlich aber kaum etwas. Meinen Job behalte ich, denn in meinem Alter hätte ich drüben im Westen keine Chance mehr. Und ich will auch weiter in der ‚Initiative Glasnost und Perestroika für Österreich' tätig sein. Ich freue mich sehr, dass Petra, Geli und Wolfi auch mitmachen wollen. Das ist jetzt auch besonders nötig, nachdem nun klar ist, wie man die deutsche Vereinigung im Eiltempo durchziehen will. Das wünsche ich mir für Österreich wirklich nicht so. Nein, für das, was sich in Deutschland vollzieht, bin ich nicht unter Lebensgefahr auf die Straße gegangen! In der DDR gibt's schon die ersten Arbeitslosen, da werden die volkseigenen Betriebe an die Kapitalisten verscherbelt, ohne Rücksicht auf Verluste, und die Wirtschafts-, Währungs- und Sozialunion bringt den kleinen Leuten auch viele Verschlechterungen. Sie jubeln alle über die D-Mark-Einführung, aber das bedeutet für die vielen Ostbetriebe, dass ihnen die Kunden hier im übrigen Osteuropa abhandenkommen werden, weil die nicht in harter Währung zahlen können. Wir hier werden das sehr spüren, weil es sehr viele wirtschaftliche Kontakte zwischen uns und der DDR gibt.

Da müssen wir schauen, wie wir uns da gegenseitig helfen können, was mit viel Arbeit und vor allem mit vielen guten Ideen verbunden sein wird. Einiges ist auch schon ins Rollen gekommen, denkt an die Spreewälder Gurken, an die Halberstädter Würstchen, an das Eis aus Sachsen, das du seit einiger Zeit in den Kaufhallen haben kannst. Dafür zahlen wir zum Beispiel mit Marillen oder Wein an eine Außenhandelsgesellschaft, also es fließt kein Geld, sondern dafür gibt's nur eine fiktive Verrechnungswährung. Das ist eigentlich ein Warenaustausch wie zu Urzeiten. Klar wird das nicht ewig so laufen können, uns aber allen ein bisserl Luft verschaffen. Aber auch die kleinen Leute in der DDR erleben den Kapitalismus in brutaler, unverschämter Weise, indem sie den Menschen zum Beispiel mit dem Slogan kommen: ‚Heute genießen – wenn die D-Mark kommt, bezahlen'. So locken sie mit Kurzreisen nach Paris, West-Wien, London, Hamburg, München und so weiter. Das zieht natürlich sehr, weil die DDR-Bürger, so wie wir, früher nicht in westliche Städte reisen durften. Wobei diese Angebote noch zu verstehen sind. Viel schlimmer ist jedoch, wie sie mit Autos locken, die sehr gefragt sind, weil es West-Autos sind. Und dabei hat's schon jede Menge an Betrügereien gegeben, vor allem mit den Gebrauchtwagen. Da wurden unbrauchbare Schrottwagen verscherbelt, deren Mängel nicht gleich auf den ersten Blick erkennbar waren. Und die Leute dürfen den Mist dann nach der D-Mark-Einführung in harter Währung bezahlen. Also hört mir bloß mit der freien Marktwirtschaft auf! So bitte nicht, aber wirklich nicht! Dafür sind wir nicht auf die Straße gegangen! Nein, dafür nicht!"

Wer ihm zuhörte, nickte zustimmend, sei es aus Ost oder West, und Josef setzte fort:

„Wir sollten diese große Chance des Neuanfanges intensiv nutzen. Im Gegensatz zu Deutschland müssen wir uns eine neue Verfassung geben, weil es die westösterreichische Verfassung im Falle einer Vereinigung des Landes so vorsieht. Und das ist gut so!

Legen wir alles auf den Tisch, alles Gute aus beiden Teilen unseres Vaterlandes, wovon es eine ganze Menge gibt, in Ost und West gleichermaßen. Und halten wir auch über unsere Grenzen hinaus Ausschau. Auch da gibt es viel Interessantes, sei es die direkte Demokratie in der Schweiz, sei es einiges aus dem Rechtssystem der USA, sei es das Sozialsystem in den skandinavischen Ländern. Oder noch so manch anderes Wertvolles. Wir wollen bitte Gerechtigkeit, aber bloß keinen Rechtsstaat! Mit dem kommt uns bloß nicht! Mit eurem Paragraphendschungel, bei dem sich kein Normalsterblicher auskennt, selbst Juristen tun sich damit schwer. Und die kleinen Leute hier dürfen gesalzene Honorarnoten an Rechtsanwälte zahlen, wenn sie ihr Recht durchsetzen wollen, und wissen dabei nicht im Geringsten, ob sie Recht kriegen, selbst wenn sie recht haben. Nein, das bitte alles nicht! Bei vielen kleinen Rechtsstreitigkeiten haben das hier die Schiedskommissionen super gelöst, und es hat fast nix gekostet. Und im Super-Rechtsstaat zahlst du ein Riesenvermögen an Anwälte und Gutachter. Dabei ruinierst du dich, und Recht kriegst du trotzdem nicht, weil der Gegenanwalt ein Haar in der Suppe gefunden hat. Noch mal, nein, nein und immer wieder nein zu dem komplizierten, unüberschaubaren Rechtssystem da drüben …"

Die wohl nachdenklichste Festteilnehmerin war zweifellos Karla, die Martin kopfschüttelnd bekannte: „Ich kann's immer noch nicht begreifen … Da sitzt du nichts ahnend an einem Tisch in einem ungarischen Kaffeehaus mit zwei freundlichen Leuten zusammen und du kommst mit ihnen in ein nettes Gespräch. Und du tauschst dir Adresse und Telefonnummer aus, und die eine der beiden besucht dich nach fast einem Jahr und auf dem Heimweg lernt sie ihren Vater fast zwei Monate nach ihrem 27. Geburtstag kennen, und der kommt dadurch nach fast 28 Jahren wieder mit seiner Verlobten zusammen und die können endlich heiraten. Verstehst du da die Welt noch?"

„Nein, wir können Gottes Gedanken längst nicht immer begreifen", antwortete Martin darauf genauso nachdenklich.

Dann stießen alle mit einem guten Wachauer Weltliner an, und Petra meinte leise: „Danken wir Gott, dass die Hoffnung immer zuletzt stirbt, dass sie aber in unserem Falle nie ganz gestorben ist, dass Gott das letzte Wort hatte und immer haben wird und er für uns nur das Beste will und wir sehr gespannt sein dürfen, was er mit uns noch alles vorhat."

Und dann verpasste sie ihrem Josef ein ganz, ganz dickes Bussi.

... und wie kam es zur Einheit Österreichs?

Die „Vier-Plus-Vier-Gespräche" waren im September 1990 erfolgreich über die Bühne gegangen, als die Außenminister der UdSSR,
der USA, Großbritanniens, Frankreichs, der BRD, der DDR,
der Freien Republik Österreich und der Volksrepublik Österreich
in Moskau die Verträge über die Wiederherstellung der vollen
Souveränität Deutschlands und Österreichs unterzeichneten.

Österreich hatte dabei nur eine Nebenrolle gespielt und konnte
sehr dankbar dafür sein, dass sich Deutschlands Kanzler Kohl so
stark bei den großen Vier, hauptsächlich bei Michail Gorbatschow,
für diese Verträge eingesetzt hatte, obwohl auch Westösterreichs
sozialdemokratischer Kanzler tatkräftig mitgewirkt hatte und mit
dem deutschen Kanzler freundschaftlich kooperiert hatte. Was
ohne dieses Engagement hätte passieren können, vermag sich
heute kaum jemand ausmalen, als Ende 1991 die Sowjetunion
auseinanderbrach. Dann hätten sich wohl alle ehemaligen Teil-
republiken mit ihren Forderungen an Deutschland und Österreich gewandt, und ein Krieg zwischen den ehemaligen Sowjet-
republiken wäre durchaus realistisch geworden.

Die DDR hatte sich gemäß Artikel 23 des bundesdeutschen Grund-
gesetzes der Bundesrepublik Deutschland angeschlossen. Die Volksrepublik Österreich konnte solches mit Westösterreich nicht tun,
weil hier die historische Ausgangslage eine völlig andere war als in
Deutschland. Bei der Spaltung Österreichs existierte bereits eine
österreichische Regierung, wenn auch eine vom Westen nicht
anerkannte. Deutschland war dagegen bloßes Besatzungsgebiet.

Jeder Flüchtling oder Übersiedler aus der Volksrepublik war
im Westen nicht automatisch westösterreichischer Staatsbürger,
sondern musste um die Staatsbürgerschaft ansuchen, wobei er sie

dann schnellstens problemlos verliehen bekam. Die westösterreichische Regierung hatte keinen „Alleinvertretungsanspruch" für sich reklamiert, das heißt, sie betrachtete nicht jeden Volksrepublikaner automatisch als westösterreichischen Staatsbürger. Weil sie auch nicht jeden Südtiroler automatisch als ihren Staatsbürger ansah. Man wollte da keinen Unterschied machen. Also, es war nicht alles so wie zwischen der DDR und der BRD …

Wie schon erwähnt sah die westösterreichische Verfassung auch vor, dass im Falle einer Vereinigung der beiden Österreichs der bisherige Staat Freie Republik Österreich zu existieren aufhört. Es erlöschen dann auch alle völkerrechtlichen Verträge und alle Bindungen an internationale Organisationen, Staatenbünde, Verbände. Eben auch die Mitgliedschaft in der NATO und in der Europäischen Gemeinschaft. Es entsteht etwas völlig Neues.

Eine großartige Chance, wie das nicht nur in der Volksrepublik so empfunden wurde. Wodurch sich die Verhandlungen zwischen den beiden Österreichs dadurch in die Länge zogen, und das nicht etwa aus Boshaftigkeit, sondern aus Verantwortungsbewusstsein.

Es bestand auch kein Zeitdruck, weil die finanzielle Lage der Volksrepublik weit besser ausschaute als die der DDR.

Der niederösterreichische und burgenländische Wein, die Wachauer Marillen, der Marchfelder Spargel, die Exporte aus dem Industriegebiet im Süden Niederösterreichs, der gut florierende Donautourismus, um nur einige Beispiele zu nennen, spielten eine gewichtige Rolle dabei. Und die Volksrepublik Österreich war viel kleiner und überschaubarer als die DDR. In all diese Überlegungen wurde auch das „Zehn-Punkte-Programm zur Einheit Deutschlands", das Helmut Kohl am 28. November 1989 dem Deutschen Bundestag präsentiert hatte, mit einbezogen. Daran hielten sich die beiden Österreichs im Großen und Ganzen, natürlich auf die österreichische Situation zugeschnitten.

Auch die Forderungen der Prager Reformer von 1968 wurden berücksichtigt, und man schaute sich dann tatsächlich im Ausland um. Vertreter beider Österreichs fuhren in die Schweiz, um sich über das Volksabstimmungssystem zu informieren, und in Skandinavien studierte man das dortige Sozialsystem. Sogar bis nach Kanada, Australien und Neuseeland flogen österreichische Abgeordnete. Und auch das Rechtssystem der USA ließ man nicht aus.

An dem inzwischen vereinigten Deutschland sah man, dass die totale Übernahme des bundesdeutschen Rechtssystems durch die DDR nicht unproblematisch war. Das sollte in Österreich tunlichst vermieden werden. Meinten beide Teile Österreichs, in Westösterreich regierte eine rot-grüne Koalition …

Beide Regierungen feilten intensiv und engagiert an einer neuen Verfassung. Dabei spielten neben der „Initiative Glasnost und Perestroika für Österreich" die in der Volksrepublik neu gegründeten Parteien FPÖ und Grüne eine wichtige Rolle. Ebenso die wieder neu gegründete SPÖ. Aus der VAPÖ war die „Neue Linkspartei Österreichs" entstanden, die sich völlig neu formierte und kein Abklatsch der alten VAPÖ war und sich engagiert einbrachte. Natürlich arbeitete auch die Ost-ÖVP fleißig an der neuen Verfassung mit.

Alle volksrepublikanischen Parteien waren sich bald darüber einig, dass Teile des Sozialsystems, des Bildungssystems, ausgenommen der „ideologische Überbau" und das Rechtssystem, im neuen Gesamtösterreich erhalten bleiben müssen. Wo es zu unrechtmäßigen Enteignungen von Betrieben gekommen war, soll geprüft werden, ob und wie hoch bereits entschädigt wurde. Eine Rückgabe an die ehemaligen Eigentümer sei möglich, sofern der Betrieb noch existiere. Enteignungen von Privatgrundstücken können nur finanziell entschädigt werden, da die jetzigen Besitzer der Grundstücke diese nach dem Recht der Volksrepublik korrekt erworben hatten. Betriebe, die nicht privatisiert wurden, sollen staatlich bleiben. Durch ein leistungsbezogenes Lohn- und Wettbewerbssystem soll die Belegschaft zu guten Leistungen motiviert werden. Man hatte aus den Fehlern der früheren verstaatlichten Industrie in Westösterreich, siehe VÖST, gelernt. Die erzielten Gewinne der Betriebe, man rechnete ernsthaft mit solchen, sollen der Finanzierung des Sozialsystems in ganz Österreich dienen. Das System der direkten Demokratie soll weiter ausgebaut werden. Dazu sollen aus der Schweiz noch nähere Informationen eingeholt werden. Die Schiedskommissionen in den Wohngebieten sollen ebenfalls erhalten bleiben, um kleinere Rechtsstreitigkeiten so für die Beteiligten schneller und kostensparend beilegen zu können.

Dieses alles wurde tatsächlich Teil der neuen Verfassung und des Einigungsvertrages zwischen beiden österreichischen Staaten. Was sich im Osten bewährt hatte, sollte auf den Westen ausgedehnt werden, aber auch umgekehrt: Was im Westen gut war, sollte auch dem Osten zugutekommen ...

Es sollte das westösterreichische Rechtssystem überarbeitet werden und für den einzelnen Bürger überschaubarer werden Aber auch das wurde vereinbart: Das vereinigte Österreich soll neutral bleiben und weder der NATO noch der Europäischen Gemeinschaft, der späteren Europäischen Union, angehören, aber Assoziationsverträge mit der EU nach dem Muster der Schweiz abschließen. Gerade die Schweiz beweist, dass auch ein neutraler Staat sehr erfolgreich sein kann und für die Bevölkerung stabilen Wohlstand sichert. Sollte die österreichische Bevölkerung einen EU-Beitritt oder einen zur NATO wünschen und sich in einer Volksabstimmung dafür entscheiden, ist das selbstverständlich möglich.

Die Besatzungstruppen der Westmächte hatten Österreich bis Ende 1992 verlassen. Damit auch die Sowjettruppen schnell abziehen, baute auch Österreich nach deutschem Muster in der nunmehrigen Russischen Föderation Wohnungen für die rückkehrenden Soldatenfamilien. Bis zum 30. 9. 1994 hatten auch diese Österreich verlassen.

Am 1. März 1992 wurde die „Föderative Republik Österreich" gegründet. Ein erfolgreicher, demokratischer, krisenfestester und wohlhabender Staat.

Zum Schluss wieder in der realen Welt und Zeit

„Ja, so hätte unser Leben verlaufen können, wäre die Länderkonferenz im September 1945 tatsächlich gescheitert …"

Josef wirkte nachdenklich, aber auch Petra, als die beiden Ende Mai 2015 wieder einmal durch den Belvederepark spazierten. Dieser Samstagnachmittag hatte viele Wiener in den Park gelockt. Die Feiern zum 60. Jahrestag der Unterzeichnung des österreichischen Staatsvertrages lagen gerade mal zwei Wochen zurück. „Ob sich noch einer von den Spaziergängern mit dem Staatsvertrag beschäftigt, den es bei einer gescheiterten Länderkonferenz erst recht nicht gegeben hätte?", fragte Josef seine Petra, die vehement verneinte: „Das kann ich mir kaum vorstellen. Die Leute sind mit ganz anderen Themen beschäftigt."

„Das glaube ich auch", pflichtete ihr Josef bei. „Sie denken ans Shoppen und möchten sich am liebsten auch noch am Sonntag ins Einkaufsgetümmel stürzen, um ihr Konto bis zum äußersten zu überziehen."

„Dabei hatte, damals vor 60 Jahren, die Gewerkschaft gerade kurz zuvor jubiliert, dass die Verkäuferinnen jetzt endlich am Samstagnachmittag frei haben", erinnerte sich Petra.

„Und damals waren wir froh, von keiner fremden Macht mehr abhängig zu sein, und heute …" Josef wirkte enttäuscht: „Aus der erkämpften Meinungsfreiheit und der politischen Freiheit ist die ‚politische Korrektheit' geworden. Der Mainstream bestimmt, was du für gut und schlecht zu halten hast, und wehe, du tust es nicht …"

„Und wir wollen allen Ernstes der Dritten Welt die Freiheit bringen. Ich frage mich dabei nur, welche Freiheit? Unser Lebensstil, unsere Denkweise, was hat das mit Freiheit zu tun?", fragte sich Petra und fuhr fort: „Wo der Westen die angebliche Freiheit exportiert hat, was ist dort jetzt los? Schau dich doch um, Josef! Den Irakern geht es jetzt schlechter als vor dem sinnlosen Krieg der Amerikaner, und auch in Libyen ist es viel schlimmer geworden, wobei das nur zwei Beispiele sind. Dabei möchte ich unbedingt festhalten, dass ich kein Freund von Diktaturen bin. Ich stelle nur schlicht und einfach Tatsachen wertfrei fest, und mir wird dabei immer klarer, dass Kriege keine Probleme lösen, sondern nur neue schaffen …"

„Und denk an die vielen Flüchtlinge", fiel Josef dazu auch aus aktuellem Anlass ein. „Ohne den scheußlichen Krieg da in Syrien würde keiner weggehen. Es muss also vor Ort etwas passieren, damit die Menschen dort vernünftig leben können. Dafür muss sich die UNO stark machen. Und wirklich die UNO! Die USA sind bitte nur ein Staat wie jeder andere auf der Welt, und die haben sich gefälligst nirgendwo einzumischen! Was genauso für Afrika gilt. Die G7 sollen ihre sinnlosen kostspieligen Treffen, bei denen sowieso nur heiße Luft rauskommt und die Millionen kosten, streichen und sich lieber mit den afrikanischen und arabischen Regierungsvertretern an einen Tisch setzen und Maßnahmen festlegen, die den Menschen dort helfen, ordentlich leben und arbeiten zu können. Dabei können die USA herzlich gern mitarbeiten, denn bei solchen Aktionen haben sie schon viel Gutes getan, das muss man ihnen lassen – wenn man von den Großkonzernen absieht und den Fokus auf reine Hilfsorganisationen richtet. Bitte, es können nicht alle Afrikaner und Araber nach Europa kommen. Bei aller Liebe und bei allem Verständnis, wir haben nicht die Kapazitäten für so viele Menschen. Ihnen hier ein Leben im Wohlstand zu versprechen, ist unseriös. In Wirklichkeit fristen sie hier nur in überfüllten Lagern ein armseliges Dasein bei 40 Euro Taschengeld im Monat ohne irgendeine Perspektive. Kann auch nicht anders sein, wenn wir selber schon etwa 400.000 Arbeitslose haben."

Petra nickte und fügte seufzend hinzu: „Das Schlimmste an dem Ganzen sind die skrupellosen Schlepper. Die versprechen den armen Leuten das Blaue vom Himmel und kassieren Unsummen für die klapperigen Boote, die nicht mal die gefahrlose Überfahrt übers Mittelmeer garantieren. Du, für das Geld, was die zahlen müssen, haben wir voriges Jahr eine herrliche Mittelmeerkreuzfahrt mit allem Drum und Dran gemacht. Und die armen Leute verkaufen alles, was sie haben, und die Familie legt noch ihr ganzes Vermögen dazu, dass die jungen Leute auf die Schrottboote steigen, die ihnen den Tod oder wenn sie's überleben, nur ein Leben ohne Hoffnung hier in Europa bieten. Du, mir tun die Menschen sehr, sehr leid und ich möchte ihnen gern helfen. Aber das geht nur vor Ort, in ihrer Heimat! Wenn dort eine gut florierende Wirtschaft entsteht und die Menschen zu Wohlstand kommen, indem auch die Arbeitsbedingungen menschenwürdig gestaltet werden, ohne Ausbeutung durch Großkonzerne, dann gibt es weltweit noch einmal einen gewaltigen wirtschaftlichen Aufschwung, weil dann ein aktiver Handel und Wandel zwischen dort unten und uns entsteht, der dort und bei uns viele neue Arbeitsplätze schafft. Ja, dann kommen die Afrikaner und Araber trotzdem zu uns. Aber First Class im Airbus als Touristen, um bei uns Urlaub zu machen …"

„Aber was die EU derzeit an Hoffnung bietet, erleben wir auch in Griechenland", lenkte Josef auf das nächste große europäische Problem über. „Wenn du erst mal in deren Würgegriff bist, dann gute Nacht! Dann erlebst du Kapitalismus pur! Dann ist Schluss mit lustig! Die von Brüssel befohlenen Sparmaßnahmen erdrücken die Menschen, und die können sich nichts mehr leisten. Wie soll es da zu einem Wirtschaftsaufschwung kommen? Die machen doch das ganze Land kaputt, was jammerschade ist, denn wir haben schon so nette Urlaube in Griechenland erlebt und wurden immer korrekt und freundlich behandelt!"

„Und auch die Menschen in der Ostukraine haben sich ihr Leben nach dem Ende der Sowjetunion anders vorgestellt", wollte Petra auch noch das dritte aktuelle politische Thema ansprechen, was sie zu der Feststellung veranlasste: „Nehmen wir uns ein Beispiel an Sara: Wenn jede ostukrainische Familie Freunde in Russland und in der übrigen Ukraine hat, werden sie dann noch aufeinander schießen?"

„Das kann ich mir nicht vorstellen", antwortete Josef leise. „Der Frieden muss eben im Kleinen beginnen, bei den einfachen Leuten wie du und ich. Das können wir nicht nur den hohen Politikern überlassen."

Und schlug Petra vor: „Beten wir dafür, dass Gott in den Menschen wirkt, in den kleinen und den großen ..."

Der Autor

Peter Neumann wurde 1947 in Berlin geboren.
Von 1954–1964 besuchte er die Mittelschule, es
folgte eine Lehre als Außenhandelskaufmann von
1964–1967. Danach arbeite er als Buchhalter in
einem Berliner Außenhandelsbetrieb, daneben absolvierte er bis 1971 ein Fernstudium an der Fach-
schule für Außenwirtschaft. Von 1971–1976 war er
Amtsleiter eines kirchlichen Verwaltungsamtes der
Evangelischen Kirche in Berlin. 1976 reiste er aus
der DDR nach Wien aus, dort war er in diversen
Steuerberatungskanzleien tätig. 2006 machte er
sich als Buchhalter selbstständig und arbeitete in
diesem Beruf bis zur Pensionierung.
Er interessiert sich sehr für die Philatelie, schwimmt
und wandert gerne, und natürlich gehören
auch das Schreiben und die Literatur zu seinen
Interessen. 2005 veröffentlichte er bereits den
Roman „Das verbrannte Puppenhaus".

Der Verlag

*Wer aufhört
besser zu werden,
hat aufgehört
gut zu sein!*

Basierend auf diesem Motto ist es dem novum Verlag
ein Anliegen neue Manuskripte aufzuspüren, zu ver-
öffentlichen und deren Autoren langfristig zu fördern.
Mittlerweile gilt der 1997 gegründete und mehrfach
prämierte Verlag als Spezialist für Neuautoren in
Deutschland, Österreich und der Schweiz.

**Für jedes neue Manuskript wird innerhalb
weniger Wochen eine kostenfreie, unverbind-
liche Lektorats-Prüfung erstellt.**

Weitere Informationen zum Verlag und
seinen Büchern finden Sie im Internet unter:

w w w . n o v u m v e r l a g . c o m